袁世海自述

壹

袁菁　执笔

山西出版传媒集团　山西人民出版社

图书在版编目（CIP）数据

袁世海自述 / 袁菁执笔. —太原：山西人民出版社，2016.10
ISBN 978-7-203-09649-8

Ⅰ.①袁… Ⅱ.①袁… Ⅲ.①袁世海（1916-2002）—生平事迹 Ⅳ.①K825.78

中国版本图书馆CIP数据核字(2016)第150391号

袁世海自述

出 品 人：姚　军
责任编辑：郝文霞（壹贰分册）
　　　　　吕绘元（参肆分册）
装帧设计：谢　成
合作出版：北京市问鼎坤豪图书有限公司

出 版 者：山西出版传媒集团·山西人民出版社
地　　址：太原市建设南路21号
邮　　编：030012
发行营销：0351—4922220　4955996　4956039　4922127（传真）
天猫官网：http://sxrmcbs.tmall.com　电话：0351-4922159
E—mail：sxskcb@163.com　发行部
　　　　　sxskcb@126.com　总编室
网　　址：http://www.sxskcb.com

经 销 者：山西出版传媒集团·山西人民出版社
承 印 厂：北京宏伟双华印刷有限公司

开　　本：787mm×1092mm　1/16
印　　张：111.5
字　　数：1531千字
印　　数：1—3000套
版　　次：2016年10月　第1版
印　　次：2016年10月　第1次印刷
书　　号：ISBN 978-7-203-09649-8
定　　价：418.00元（全四册）

如有印装质量问题请与本社联系调换

目录
CONTENTS

序　　　　　　　　　　姚雪垠　　　/ 001
往事历历忆恩师　　　　杨　赤　　　/ 003
写在前面的话　　　　　袁　菁　　　/ 007

童　年

壹　家清贫　入迷梨园　　　　　　/ 003
贰　结良友　志趣相投　　　　　　/ 017
叁　初拜师　决心学艺　　　　　　/ 024
肆　怀壮志　写契入科　　　　　　/ 032

坐　科

伍　学老生　罩棚练功　　　　　　/ 041
陆　除夕近　封箱算账　　　　　　/ 050
柒　新起点　改学净行　　　　　　/ 058
捌　勇上阵　一波三折　　　　　　/ 066

玖	《取金陵》 猜拳演戏	/071
拾	学看练 功不负人	/075
壹拾壹	风霜苦 苦中思变	/082
壹拾贰	绥津行 错得诨名	/084
壹拾叁	遇良机 初露锋芒	/090
壹拾肆	演堂会 昼夜连转	/093
壹拾伍	斗病魔 自强不息	/099
壹拾陆	偷听戏 乐极生悲	/106
壹拾柒	三兄弟 情真意切	/110
壹拾捌	蒙指点 巧演伊立	/117
壹拾玖	度年假 初登师门	/123
贰拾	宗郝派 "小小桥红"	/133
贰拾壹	学侯派 博采众长	/140
贰拾贰	师患病 矛盾四起	/143
贰拾叁	富社兴 结业出科	/149

觅路

贰拾肆	出茅庐 顺事连连	/165
贰拾伍	心气高 首演成功	/174
贰拾陆	路难行 几度失意	/178
贰拾柒	处困境 继续发愤	/185
贰拾捌	解危难 时逢转机	/193
贰拾玖	闯新路 离开"重庆"	/199
叁拾	返北平 处境凄凉	/206

叁拾壹	铁蹄下 横遭欺诈	/212

求师（一）

叁拾贰	显身手 响名天津	/227
叁拾叁	识英才 通力合作	/230
叁拾肆	应邀请 郝老观戏	/241
叁拾伍	赴盛会 恭听赐教	/245
叁拾陆	雕美玉 有幸旁听	/254
叁拾柒	鬼门关 严查受辱	/262
叁拾捌	访卧龙 各施所长	/265
叁拾玖	新春乐 三战三捷	/269
肆　拾	受教诲 语重心长	/278
肆拾壹	大合作 五老二小	/284

求师（二）

肆拾贰	一炮红 不虞之誉	/291
肆拾叁	游上海 洁身自爱	/300
肆拾肆	探慈母 旧居新颜	/306
肆拾伍	结良缘 新婚之喜	/313
肆拾陆	鸡爪宴 拜师有望	/323
肆拾柒	三结合 精改《回书》	/331
肆拾捌	度蜜月 海滨趣话	/336
肆拾玖	演道济 群情激昂	/341
伍　拾	《连环套》 久经考验	/348

伍拾壹	赞高老　观众情深	/ 355
伍拾贰	颂郝师　一代名净	/ 361
伍拾叁	偿夙愿　喜拜良师	/ 375

序

姚雪垠

三年以前,在全国政协开会时,袁世海同志将他发表在《文化史料》上的最初一部分回忆录送给我看,题目是《我的舞台生活》。我平日喜读传记文学作品,带有文学笔调的回忆录也属于传记文学。世海同志的回忆录引起我的很大兴趣,一口气读完。一读完就忍不住找他谈论我的一些不成熟的想法,总的意思是希望他赶快写完。政协会议闭幕以后,我就向出版社推荐了这部稿子。书稿排出来了,我以很大的兴趣读完清样,认为这部书在近几年所出版的各种回忆录中是一部有特色、很值得一读的作品,而且文笔生动,富于幽默感。这部书令我拿起来就不愿放下,我相信它也会使广大读者深深地感兴趣,得到益处。

袁世海同志是我国老一代卓有成就的京剧表演艺术家,在海内外享有很高盛名。在六十年的艺术活动中,世海同志经过了曲折艰苦的历程,积累了非常丰富的人生经验和表演艺术经验,这后一种经验对目前的中青年演员具有很重要的教育意义。据我看,他的许多走向成功道路的艺术经验和体会,不仅对中青年演员有用，就是对其他门类的艺术工作者，例如像我这样从事文学创作的，也有启发和借鉴作用。他自幼便醉心于唱戏，利用各种机会学艺，如饥似渴地吸取别人的长处，将整个生命献给京剧表演艺术，不断追求，不断攀登，这种对艺术事业的执着精神、锲而不舍的精神、刻苦精神，至老不衰。我以为这些可以说是他在回忆录中写出的最主要和最宝贵的经验。他写的虽然是他个人六十年走过的道路，实际也是一切成功者的道路。道理有共同性，所以对读者有普遍的教育意义。

在回忆录中，袁世海同志也写到了一些他的前辈和许多与他同时代的京剧著名演员，写出各个京剧著名演员的艺术成就、不同贡献、对艺术的严肃态度和做人风格，读之令人敬佩。这一部分的内容很值得重视。我国有许多曾经在艺坛上闪着奇光异彩的表演艺术家，有的是艺术大师，在生前没有留下亲自写的回忆录，使我们深为惋惜。这一缺陷，已死者无法补救，只能依靠生者通过写回忆作品为他们介绍。我读过果素瑛、赵荣琛等同志所写的两三篇回忆程砚秋的文章，认为写得很好。通过这些有具体内容的回忆文章，使一代京剧表演大师的艺术成就和做人风貌跃然纸上。世海同志在回忆录中写到他的不少前辈和同代人，读来也往往能够使我如睹其面，如闻其声。同辈们如何互相帮助，而长辈对晚辈如何要求严格、一丝不苟，这种风气到今日仍值得提倡。另外，新中国成立已经三十五年了，几十年前的学戏生活，科班制度，各种习俗，包括封建性的陈规陋矩，以及旧时代的社会情状，今天的中青年人多不清楚。书中很注意写生活，在这方面提供了不少生动具体的资料，颇为珍贵。我希望此书出版之后，不仅能引起广大读者的兴趣，也希望有很多老一代著名演员、导演以及地方剧种的著名表演艺术家，都趁着精力尚健的时候写出不同形式的回忆录，留下历史，教育后学，丰富我们的精神财富。

一九八四年八月十四日

往事历历忆恩师

杨赤

正值恩师袁世海先生诞辰一百周年之际,欣闻由老师口述、袁菁大姐整理的全套回忆录,在各级领导的关心支持下即将出版。受哥哥姐姐们的嘱托,特撰写此文。

对于这部书稿我并不生疏,曾听老师多次介绍,全国政协遵从周总理搞好文史资料的指示,鼓励老一辈艺术家将所经历的艺术春秋记录下来,以教育后人。此举得到文化部、中国京剧院领导及大姐单位领导的支持,特批袁菁大姐随行,照顾老师生活之余帮助将自述整理成书。

这次,我接到稿件迫不及待地阅读着,心潮澎湃,激动难抑,爱不释手!

老师的一生是拼搏不息、创新不止、处处闪光的一生!

一个外行子弟,酷爱京剧,靠苦练和领悟,克服舞台上下各种困难勇猛精进,短短几年成了科班的顶梁柱。前行的路上,老师没有片刻停止,拜师深造、精益求精、博采众长。新中国成立后到新世纪,老师始终奋进不息。在党的领导下,加入中国京剧院,带头实施戏剧改革,编排出以架子花脸为主的大戏《黑旋风李逵》《九江口》等。

几次出国审查剧目时,老师得到敬爱的周总理的关怀,也目睹了外国友人对京剧的赞赏和对中国传统文化的喜爱,感悟到学演京剧不仅仅是一个职业,更是党的文艺事业的重要组成部分。经新旧社会对比,让老师更加坚定了跟党走的信念。在党和国家大力扶持、关怀下,架子花脸行当得以飞跃发展到新的里程碑!老师历经二十五年坎坷考验,终于成为光荣的共产党员!

我回首细思:老师一路行来的艺术足迹,步步践行在毛主席"百花齐放、推陈出新"的文艺路线上……我惊觉这本书就是党执行文艺路线结出的硕果,其社会价值不可估量!

因为老师有如此崇高的思想、宽广的胸怀,面对京剧人才青黄不接、艺术质量下降的状况,才不顾年事已高果敢地肩负起时代赋予的使命,率领着青年演员奔赴全国各地登台实践,到剧团、艺术院校去做传帮带工作。他不畏南方的酷暑和北方的严寒,积极主动、满腔热忱地进行京剧传承工作,收徒清水一杯,演出不取分文……

重温老师生活中的点点滴滴,我仿佛又回到了当年。

在漫长的二十年里,老师像慈父般呵护、教育着我。他不但教会我怎样演戏,更教会我怎样做人。我还深深地记得老师给我上第一堂课就要求我写入党申请书;记得老师在简陋的排练场上教演陈友谅、华云龙,一丝不苟地要求龙套神态严肃齐整;记得老师踏雪前行奔赴课堂的背影和辛苦劳累一天晚上依然炯炯放光的眼神!历历往事重现眼前,真是令人心动!

老师的一生,是对京剧事业无比热爱与执着追求的一生,是对京剧事业拼搏进取与忘我奉献的一生!

今天,袁菁大姐克服透析、肾脏移植的病痛,历经数十年的不懈努力,终于完成了老师的遗愿:将毕生艺术征程中所总结出的艺术成果与心得传授给更多为京剧事业而奋斗的后生晚辈!

这些年,每当我回想起老师对我的教育和培养所花费的心血,感激之情难以言表！这次纪念恩师百年诞辰的活动如此隆重，如此受欢迎，足以说明老师的德高望重，也足以说明老师的精神引领和激励着越来越多的人投入到京剧事业中。老师和师母最终选择把骨灰海葬在大连，我还牢记着老师的教导："就是我不在的那一天，我也要看着你们把京剧艺术传承下去并发扬光大。"此刻，我要对老师说："老师，您放心，我们赶上了好时代，国家非常重视传统文化的弘扬和发展，我们一定不辜负您的期望，将国粹艺术代代传承、发扬光大！"

二〇一六年七月

写在前面的话

袁 菁

笑对人生的父亲去了。

意外的是没有丝毫征兆，神采奕奕的父亲竟在我们毫无准备、措手不及的早上匆匆而去……

我总以为父亲仿佛从来都不曾真正地离我们而去，他只是跟往常一样应邀去外地讲学或演出了，几天后就会回到我们身边，与我们这一大群儿孙们团团围坐桌前共进晚餐，随之又会在一起悠闲地玩扑克争上游。父亲一旦又甩出那自创的、独一无二的同花顺（只同花并不连顺），酷毙了！我们乖乖地给老爹进贡，父亲仍又开怀大笑："这是为父今天第十二次吃贡！"只有此时，我们才会感到我们的爸爸是八十六七岁的老爸啦！

家中的生活是那么和谐、温馨！父亲自己也经常知足地说："我赶上好时代啦！"

仿佛，我又陪父亲走在西长安街木樨地一带散步……到夏天，父亲穿着一件特别凉快的中式鸡心领短袖汗衫和一条宽松肥大的半长绸裤，我们手中每人拿一块自制削薄的白泡沫板，走累了可以马上垫坐在路边水泥台上休息。每每此时父亲都会挥着手中大蒲扇笑谈八十多年的以往，家中的陈谷趣事，甚或对艺术的见解。这也正是我收集、整理父亲回忆录素材的最佳时机。

父亲望着长安街上如彩虹般高耸的立交桥，拔地而起的座座高楼大厦，流光溢彩的霓虹灯，川流不息的行人车辆——一派繁华景象，风趣地说："看，天上人间！咱北京发展得多快，一天一个样，完全变了样。可爸爸这身打扮五六十年没有变！你妈说，这种衣服宽松、凉快。今儿再看看，可着满长安街的人，也找不着我这身穿戴扮相儿了，再配上我这剃得锃光瓦亮的头，算得上是真正少有的老北京的'光头'老百姓了。"

还有许许多多其乐融融的场景会无数次地浮现在眼前……

是呀，因为此时的父亲不再是京剧舞台上胸怀雄才大略而又奸诈多疑的曹操，不再是粗粗鲁鲁、冲冲打打的草莽英雄李逵，不再是侠肝义胆、进退有度的花和尚鲁智深，也不再是老谋深算、忠心报国的老元帅张定边……这时，父亲才是真正属于我们的，是我们温馨家庭中的主角，我们至亲至爱的父亲！

然而，父亲真的已去大连燕窝岭海下去寻找我们的母亲定居不返了。

父亲和母亲这对多年离情萦怀的金婚夫妻再聚首，想象得出会多么的激动！祖母更会喜笑颜开。父亲肯定会风采依旧地向家人及仙逝的先生、故友，讲述改革开放以来祖国的繁荣富强，二〇〇八年奥林匹克运动会将在北京举办的喜讯，全国人民齐心奔小康的坚定信心……讲述多次修改《群英会》《龙凤呈祥》《霸王别姬》等名剧的过程，探索使这些历经百年的京剧骨子戏能焕发新世纪艺术光彩的途径。

听，那边早已锣鼓喧天，脍炙人口的《群英会》开戏了："统雄兵下江南……"曹操踌躇满志、气势昂扬的演唱使台下又爆发出热烈的掌声……

对父亲无尽的思念，时常引我回忆小时候心目中父亲的影子，竟然是断断续续的几个片段，整体上很模糊！细想起来，难怪。不怕您笑话，回想在我小的时候，父亲虽亲，但和我们相处的时间并不多。恐怕在我们这种演员家庭，孩子们和父亲的接触一般都是会很少的。

我们生活在一个以祖母为中心，由父亲、母亲、伯父、伯母、姑母、表哥和我们五个兄弟姐妹组成的温馨和谐的大家庭里。父亲无怨无悔地实践着入科前的誓言，挑起全家人生活的重担。二十世纪四十年代，他终日到各地演出奔波忙碌。五十年代，父亲被誉为文艺工作者，除了在北京和全国各地演出外，还有幸参加中国文化代表团，先后去了印度、缅甸、印度尼西亚、智利、阿根廷、巴西、瑞士、日本、委内瑞拉、哥伦比亚、古巴、加拿大等国家访问演出。每每离家三五个月，甚至十个月才凯旋，以至于我们几个孩子降生时父亲都不在家。

父亲即使在家时，生活起居也反常，深夜十二点演出后方归，我们早已进入梦乡；早晨，我们去学校上学，父亲还未起床；中午，我们回家吃饭，父亲又外出了；等我们下午放学回家，父亲早已去剧场演出。

只有到了星期日的上午十点多钟，父亲房间的门一打开，我们姐弟几个才充满激情地高喊着"爸爸"，一窝蜂似的跑到住在后院的父亲面前问好。父亲一边不停地问："功课怎么样？挨没挨老师的批评？有没有受老师表扬？"一边会手托弟妹们的腋下将他们依次举过头顶。

我最大，个子比他们高，胳膊的劲儿也比他们大，我会把手放在父亲的手掌心上，像撑双杠似的用力撑起，父亲再将我高高托起举过头顶，比弟妹们高多了！这是父亲给予我们每个孩子的见面礼。我犹如得到父亲的最高奖赏一样格外满足。紧接着，母亲说："去做功课吧，你爸爸吃完早点还有事！"其实我心里明白极了，不等父亲洗漱完毕，家里准又会来许多剃光头的大男孩、小男孩，他们都是中国戏校和北京戏校学花脸的学生。父亲和他们谈表演、议唱腔，给他们说《将相和》《除三害》等戏……

我听得母亲一声令下，只好率领着弟妹一窝蜂似的急忙跑着退出。

瞧，像不像舞台上按程序编排好的一堂龙套？踩着"急急风"的鼓点儿跑上来，点个卯，再踩着"急急风"的鼓点儿全跑下去。这就是我们和父亲的团聚。

下午，祖母、母亲嫌我们在家太乱，放我们随父亲去剧场看戏，这也是我们一个星期的热盼。在后台，我们亲手掂量过父亲的盔头和戏装有多么沉重，亲手抚摸过父亲额头上被盔头勒过后留下的深深的红紫色沟痕；我们亲眼见过父亲演《李逵探母》《九江口》时一出戏要倒换下四五件被汗水浸透的贴身布衣（水衣子）。如果我们帮他脱下厚底靴，更会惊讶地发现连靴筒里的彩裤都溻湿贴在腿上。

这些在我们幼小的心灵中，深深地刻上了"爸爸演出太累""爸爸演出太辛苦"的认识，从心底里涌起要体恤爸爸的纯真情感。我们都清楚地知道，不能吵了父亲的早觉和午觉，尤其是父亲连续演出时，我们会自觉地到前院东屋关起门来"造反"，不干扰后院，吃饭时也会自觉地将最好吃的东西、最好吃的部位首先孝敬给父亲和其他长辈。

其实，我们能这么做也是从小耳濡目染顺理成章的事。我们一直在晚辈尊重长辈、长辈珍爱晚辈、姐弟情深祥和的氛围中生活着。父母每天早晨起来，第一件事就是到祖母房里问候。父亲晚上演出回来不管多晚，必得先去看望祖母。祖母即使躺在床上，就是听话匣子也会等到父亲回家后才安睡。

父亲每次外出，不管时间长短距离远近都要及时给祖母打电话问候，都要给祖母精心挑几件可心的礼物。这些都是习以为常、天经地义的事！

祖母七十岁上得了肾癌，由于发现、治疗及时，在父亲和母亲的精心护理下，祖母很快奇迹般地恢复了健康，重新又过上舒心、愉快的生活。她常和邻居们说："我这个儿子让我指望上啦，我享了三十年的清福！"

祖母八十岁上患脑溢血，成了植物人。虽然祖母神志不清、卧床不起，父亲依旧像以往一样，每日早晚请安，事无巨细地了解祖母当日状况。

祖母由我们贤惠至极的母亲和伯母亲自全方位悉心护理，每天四次翻身，温水擦身，喂饭喂水，清理大小便……在她们的精心照料下，卧床达两年多的祖母，直到去世没有生褥疮，干干净净、平平静静地离去。

父亲那充满尊重、饱含着深情的床前叫"妈"的声音，几十年后的今天仍然在我心中回荡。《李逵探母》一剧中父亲所成功展现的李逵孝敬母亲的情感就是父亲孝敬祖母的内心剖白和真情流露！

我们在这和和美美一家亲的氛围中成长，尽管如此，我们对父亲总还是存有"怕"的心理。

父亲呢，对我们疼爱是疼爱，可在生活上对我们要求很严，动辄就拿富连成科班的生活当成尺子来丈量我们，批评我们的口头语是："我小时候都吃什么呀？你们身在福中要知福！"父亲绝不允许我们挑食，谁若表示（还没敢正式说）不太爱吃胡萝卜，得，父亲只要听说，就会让母亲将半碗的胡萝卜飞到谁的碗里；过年过节，一家人好不容易高高兴兴凑在一起吃饭，父亲一旦瞧见谁的饭碗里剩下饭菜，哪怕剩有几个米粒也不放过，我们得在挨批后被监督着吃光。大过节的，或许还当着亲朋，真怕父亲一点儿面子不留。

遇到淘气的弟弟们惹长辈们生气时，哪怕事情已过了好几天，父亲在家休息才知道，盛怒之下，父亲也会两道浓眉拧成一团，怒目圆睁，旋风般地冲到窗台前抄起放在上面的练功用的竹刀坯子，高高举起狠狠地"教训"弟弟们的屁股！随之响起弟弟们的哭叫声、哀求声……此时，我感觉父亲简直比在台上演的鲁智深、李逵要可怕多了！真的！

父亲对我们做了明智又果断的安排，不分男孩女孩一律去过集体生活。父亲的理论根据是："家里的生活太优越，应该放出去锻炼锻炼，才能适应社会！"

祖母坚决投反对票，说这是花钱买罪受。父亲笑着对祖母说："妈，您那么疼我，不还是送我去受苦啦？我不去坐科七年，能有今天吗？孩子们长大了绝不能依赖父母。得培养他们的独立性，让他们学会自力更生！"

祖母是经过风雨明白事理的人，尽管挚爱孙辈，也不得不同意父亲的意见。

于是我和大弟住校读书，小弟和小妹去幼儿园整托，全都每周才回家一次。随后又将我们分别送至北京、西安、福建、沈阳等戏校学习。我们姐弟多年远隔千里，再和父亲团聚时已是一九六六年了。这期间，我们生过虱子、吃过高粱面……三年困难时期身在外地的我们饱尝了加倍的饥饿滋味！这使我们适应了集体生活，培养了吃苦耐劳的精神和独立生活的能力。我们深知父亲是非常疼爱我们的，深知父母心中的主角是我们。

回想这个阶段，我们对父亲的认知只是儿女对父亲的一种发自天性的崇拜，再加上所听到的掌声、赞扬声，崇拜的感情又增加了几分，其他均不甚知。唯一了解到的是父亲在解放前尤其长年在上海演出竟没沾染上嫖、抽、赌恶习，这使我小有庆幸和骄傲之感。

我真正了解父亲还是二十世纪七十年代末以来的事了。

当时，父亲积极响应了全国政协落实周总理遗嘱的号召，计划将自己的艺术生涯写成书，也借此将自己在六十年艺术征程中所总结出的艺术成果与心得传授给更多的为京剧事业而奋斗的后生晚辈以及广大爱好京剧的朋友们，希望他们能在探索京剧艺术的道路上少走弯路。他经常说："这些感受来之不易，不要带到八宝山和我一起付之一炬。"

自此，我开始追随父亲，帮助记载、整理有关文章。二十多年来，虽然时断时续，却使我从另一个侧面了解了父亲。

父亲酷爱京剧艺术，视京剧艺术为生命，以毕生的精力对京剧艺术执着追求、奋力开拓、与时俱进、不断创新，走在艺术探索的前列。

是呀！父亲虽是外行子弟，但正是由于执着追求、奋力探索，年仅二十几岁就红遍大江南北。新中国成立时年仅三十四岁，他响应党的号召与李少春和叶盛章等组建了新中国第一个集体所有制的新型民营剧团——新中国实验剧团，排出《将相和》《云罗山》《逼上梁山》《虎符援赵》等优秀剧目。一九五一年父亲加入国家京剧院，积极投身到党的京剧事业，在党的文艺方针指引下，连续打造出以架子花脸为主的一系列大型剧目《黑旋风李逵》《李逵探母》《九江口》《西门豹》……

父亲积极热情地投入到探索京剧如何表演现代剧目的课题中，在《白毛女》《林海雪原》《社长的女儿》《红灯记》《平原作战》中分别塑造了恶霸地主黄世仁、解放军战士刘勋苍、人民公社社长、日本军官鸠山、敌后村支书、日军小队长龟田等众多现代人物形象，使架子花脸这一行当得到突破性的长足发展。

二十世纪七十年代末以来，心中充满阳光的父亲焕发了艺术青春，排演了优秀新编历史剧目《闯王旗》。而后，带领青年演员们赴河北、山东、黑龙江、辽宁、河南各省，上矿山、下农村，四处巡演。

在恢复传统戏时，社会上出现一种认为"凡是传统的都是好的"，主张"要将祖师爷赏的饭一字不落地"搬回舞台的观点。父亲针对这种现象大胆地对一批优秀的传统剧目进行了修改和重排。

记得那是七十年代末一个寒冷的冬月，父亲每天用大量的时间戴上老花镜口中念念有词地伏在书房的写字台上修改《群英会·借东风·烧战船·华容道》（以下简称《群·借·烧·华》）的剧本，那专注劲儿，连请几次吃饭也请不动。

春天，连日复排《群·借·烧·华》的一天晚饭后，父亲还在意犹未尽地向我们讲述削减剧中自报家门的大段念白，将许多难懂的文言文改编成较通俗易懂又有京剧韵味之戏词的道理。母亲打断父亲的话，劝他早点儿睡觉养养精神，明天还得排戏。我们抬头看表，已经快十一点了。就在这时，门铃响了。谁会这么晚来访呢？

颇感意外，来访者是当时中国京剧院一团的支部书记。

我们全家人都没去睡觉，也算是惯例吧！这次书记深夜来访肯定有重要的事，当然要等！我站在书房门外，担心地偷听着，父亲在慷慨激昂地向书记讲述《群·借·烧·华》的改动理由。我没听几句就被母亲拉走了。

父亲送走书记已将近深夜一点了。

没想到父亲很兴奋地对我们说，事情解决了。太晚了，全去睡吧！我们本来还要追问下去，但看到父亲的嘴唇上又挂了一层白圈，知道他已经说得口干舌燥了，只好带着一大堆问号去睡了。

原来父亲在复排中，将自己十余年来表演现代戏的体会加以总结，应用到恢复传统剧目中，对《群·借·烧·华》动了手术，删减了剧中的一些过场戏，使剧本场次衔接更为紧凑，台词更为洗练，将原本要演七八小时的戏压缩成不超过三个小时。这出戏已成为二十多年来最常演、最受欢迎的剧目之一。

广大观众对父亲的表演给予诸多赞誉。他饰演的角色被称为"活曹操""活李逵""活张飞"，父亲并没有因此满足和停步。父亲将自己被社会承认的代表剧目都列为课题，从时代的视角重新审视，在继承的基础上进行发扬。以《李逵探母》为例，从剧本中就砍掉了李鬼劫路的枝蔓，集中表现李逵探母的情节。为李逵增加了归途中大段【流水板】唱段，唱腔中巧妙地运用了唱中加念、念中加笑的手法，使曲调显得格外欢快诙谐、流畅自然，很好地体现了李逵下山探母的愉悦心情和李逵淳朴、率真的性格特点，尤其口语词"噫嘻""哟嗬"的应用更是生动鲜明地反映了李逵粗犷豪爽的性格，并以浓郁的生活气息有力地渲染了李逵憧憬母子离别多年重又相聚的欢乐气氛，有力地塑造了李逵单纯可爱的人物形象，并为后面的悲剧结局做好铺垫。至于为李逵葬母所编创的【反二黄三眼】，则突出表现了李逵哭母、葬母时的悲痛心情。使这部戏成为进一步发展"架子花脸铜锤唱"，丰富唱腔，加强念、做，拓宽架子花脸表演力度的精品，使这出二十年前的优秀剧目焕发出新时代的光彩。

不仅如此，哪怕有的戏只演一次，父亲也不放过。那年，纪念徽班进京二百周年之际，旅居美国的一位京剧爱好者毛家华老先生不远万里回到祖国,力邀父亲合演《捉放曹》。这出戏父亲曾和杨宝森、李盛藻、谭富英等名家合演过,新中国成立后一直未演。演出前,父亲仔细读了剧本,做了多处改动。曹操刺杀董卓未遂后狼狈逃跑,原唱是"八月中秋桂花香"。这完全不符合曹操急于逃命躲避追捕的慌乱心情,他那会儿哪儿还有闲暇观光赏景呢?父亲改成了"逃出虎口奔家乡";下面接唱的"勒住丝缰用目望"改成"正行之间用目望",同理,逃命之人只嫌马跑得慢,而不会停马观望。曹操的化装也比中年曹操的脸谱画得高,纹理少,面色红润。因为此时的曹操正当而立之年,风华正茂,阳刚气盛,不能按原定型的奸、诈、疑的脸谱画。此外,父亲在表演上还借鉴了山西梆子名前辈狮子黑老先生演此剧中曹操宿店时端灯、巡视后按剑而卧的一系列表演,以体现曹操在逃亡中奸诈多疑之心有过之而无不及。

即或是在父亲临行的前一天,父亲午睡前坐在摇椅上反复哼唱《牛皋招亲》戚赛玉在洞房一场,再次修改词曲。这段唱词和唱腔都是父亲自编自创的,五一劳动节演出后感到有些长,正琢磨着剪去两句。父亲的声音回荡在整个房间。书桌上,在那本翻来翻去、看来看去、画来画去都看烂了的《三国演义》的旁边,又增放了一封刚让我写好的信(草稿)。信中向有关领导反映了重排六十出京剧三国骨子戏的重要性,提出了如何赋予这些剧目新的时代感的建议。父亲对我说,那天到文化部学习十六大精神和"三个

《青梅煮酒论英雄》剧照,我在剧中饰演曹操(一九四〇年前后与马连良先生合演)

代表"思想，领导点名要我发言，我想说京剧要与时俱进，却没发言。这封信就权做我学习十六大精神的心得体会吧！

遗憾的是这封信未来得及上交父亲就走了，所幸父亲重排的全本《曹操》和参加"晚霞工程"重新排演录制的《青梅煮酒论英雄》，尽管父亲看完录像后觉得自己年事已高、力不从心，差距很大，但我觉得还是已体现出父亲的创作精神和意图了。

父亲曾将自传取名为《艺海无涯》出版。实际上，"艺海无涯"四个字就是父亲一生对待自己艺术事业的座右铭。

父亲常说："周总理要我们活到老，改造到老，对！我就是得活到老，学到老，演到老，改到老。"父亲果真就这样做了。

今天再看，在时代转折的年代，在恢复传统戏的关键时刻，在京剧面临改革、亟须推陈出新以再铸辉煌的时刻，父亲敢于开顶风船，敢于推陈出新，敢于继承发扬，敢于紧跟时代与时俱进的精神多么难能可贵呀！

父亲酷爱京剧艺术，视京剧艺术为生命，以毕生的精力为京剧艺术的发展培养优秀接班人。他全身心付出，以忘我奉献的精神为京剧事业的承上启下、继往开来做出了突出贡献。

六十年代，为了更快更好地培养后起之秀，他常常去剧场追着看青年演员的演出。一旦发现好苗子，就建议文化部和中国京剧院调他们到恰当位置，甚至为了给他们创造良好的艺术氛围得以快速发展，父亲甘为他们当配角，甘为他们让名位，亲自陪演以他们为主演的流派剧目。

十年风雨过，京剧老一辈艺术家凋零谢幕，所剩寥寥无几。京剧人才青黄不接、艺术质量下降的现象日益显现，年事渐高的父亲面对此种局面心急火燎，深感历史赋予自己的使命之重，积极响应党的"振兴京剧"和"老一代应做好传帮带工作"的号召，毅然奔赴全国各地剧团、艺术院校去讲学授课。不仅如此，父亲还积极培养青年人对京剧艺术的喜爱，扩大与巩固京剧艺术的观众基础，不时到北大、人大、外交学院、外语学院、师范大学等各大院校讲学，深入浅出地剖析京剧艺术，增强青年人对国粹进一步的了解与喜爱，弘扬民族艺术声望，培养新时代的京剧观众。

一九八二年夏季，湖北省京剧团邀父亲去武汉教学。号称中国四大火炉之一的武汉在六至九月正值暑气蒸腾、炎热逼人，气温达三十八甚至四十摄氏度之际，父亲不假思索地放弃全国文联组织去避暑胜地庐山参加读书会的机会，毅然到武汉教学。

东西走向的排练厅日晒严重，排练厅里只有两台台扇，再无其他的降温设备，怎一个"热"字形容。不要说在那里排戏，就是坐在电扇下吹风也照样会汗流浃背。父亲却在这里一口气为湖北省京剧团教授了《黑旋风李逵》、全本《群·借·烧·华》、《霸王别姬》三出大戏。

架子花脸的角色特点是唱、做、念、舞繁重，父亲一个动作一个动作地剖析讲解表演方法，演示手、眼、身、法、步如何配合协调才能出彩，才会吸引人。几出戏合排时更是不分生、旦、净、丑，一句一句反复教，一会儿扮曹操，一会儿扮周瑜，一会儿扮蒋干，甚至还要亲自示范旦角虞姬舞剑的动作，就是对龙套也都要求个样儿出来。

剧团的同志们见父亲快七十岁的年纪，教得认真、细致，倾囊而授，挥汗如雨，非常受感动又很不忍心，于是端来一盆凉水蘸湿毛巾给父亲擦汗降温，别无他法。

剧团同志一丝不苟地学、练、演的勤奋刻苦精神使父亲备受鼓舞，他又欢欣又振奋。直到晚上睡觉前，父亲还对我不无感慨地说："大家这么用心学，就凭他们这股子心劲，让我累而不知累，热而不觉热！火炉也不过如此嘛，行！持之以恒，一定能出来人才，京剧一定大有希望！"

在教学中父亲为了进一步加深青年演员对曹操、张定边、李逵等历史人物舞台形象的理解，提高他们的接受力和理解力，同时也为满足武汉广大观众因二十多年未曾见到父亲而要看父亲演出的要求，在各级领导和中国京剧院的支持下，决定做几场示范演出。

我清楚地记得，那时正是七八月间的盛夏时刻，武汉那个热、那个闷，犹如进了蒸笼，几乎使人窒息！没有空调的后台，酷热滋味可想而知。我很替父亲担心，尤恐父亲出汗太多又出现低血糖的情况……省、局、团领导更担心快七十岁的父亲身体吃不消。父亲说，作为一个演员，没理由不满足观众的要求。于是示范演出由原定演两场一直加演到七场。

观众的热情却比天气更热！

售票的前一天晚上，观众们就带着竹椅、竹床，在剧场门口排起长龙。第二天早上，买票的队伍挤满了三条街道。上午十点，戏票一抢而空，没办法，后来又设了加座。七场戏演出中，掌声如雷，热汗如雨，震撼剧场！少见的热烈气氛真使报纸热登、观众热评，湖北剧坛盛传佳话。全团上上下下振奋之极！

当时湖北省领导劝父亲"至少花一个礼拜时间出去走走，休息一下"，父亲哪儿也没去，坚持为湖北省电视台录制了电视艺术片《黑旋风李逵》，为省、市直属文艺单位做京剧表演艺术的学术报告，为省电台做了录音讲话……

这么多事情浓缩在三个多月的时间里完成，时间的紧迫可想而知。期间赶上下大雨，父亲蹚着很深的水照样去教课，经常是早、中、晚三班连续工作，连星期天也不休息。

今天回首看来，父亲教学示范演出的办法行之有效，不仅解决了剧团因经济拮据没能力请老师教学的困难，又可让学生上场实践，目睹老师在舞台上的表演风采，给学生留下深刻的印象。老师也更清楚学生的进步和不足，有针对性地加以鼓励和矫正，特别是还活跃了当地的文化生活。

果然全国各地的剧团纷纷向父亲发出邀请。如此一来，在二十世纪八十年代，父亲的足迹再次踏遍祖国的大江南北，到贵州、山西、天津、福建、东北等地教学演出，忙个不停。他走到哪里，教到哪里，哪里就掀起一阵京剧热潮。

在此期间，父亲很好地落实了文化部当时让父亲多侧重做传帮带工作的指示，同时父亲在工作中也发现了很多架子花脸的人才，收了二十多名新学生，其中包括多名先前学唱地方戏曲的学生。

举行拜师会时，有人提出要摆几桌酒席，父亲坚决不同意，怎么劝都不肯让步，言明"只清茶一杯"。父亲说："春节时，中央首长请那么多知名人士座谈，也不过一杯清茶嘛。我是个共产党员，要带头树新风，废旧习。"

在各地的示范演出，票房收入都是很可观的。当湖北省京剧团的同志与父亲商量如何分配这笔收入，表示要付演出费时，父亲坚决地说："我这次没有带演出任务来，只是来做传帮带工作，不能要任何报酬，演出收入留给团里做经费。为了京剧后继有人，这是我应尽之责。"时至今日，父亲的这几句话仍然铿锵有力地回响在我的耳旁。他后来为湖北省电视台和电台录像、录音也分文不取。

我清楚地记得，有些同志曾经善意地笑说父亲放着清福不享，又教学又演出，还演那么多场，不累吗？是犯戏瘾，还是有所图哇？父亲的回答是："演那么多场是观众的热情所致，哪能冷了观众的心！累当然累。我年近古稀，何尝不应该在家吃碗安乐茶饭？瞧瞧，眼下京剧被说成'夕阳艺术'，我从感情上就接受不了，可不景气又是事实，我总不能在京剧需要东山再起时，拂袖去享清福吧？要说有所图，图的是咱们京剧要由夕阳迎来朝阳。我得贡献余热，尽点滴之责！何况我还是共产党员。"

这些话实际上反映出父亲自"文化大革命"后直至去世前的坚定信念，即对京剧艺术孜孜以求的信念，将生命和艺术融为一体的信念。

父亲在教学期间全力奉献忘我工作，感动着参与的领导和同志。父亲回京后，湖北省文化局、湖北省京剧团、大连艺术学校……分别向中宣部和文化部做了汇报，要求表彰父亲的模范行为。

父亲去世后，我不无感慨地历数过，经父亲发现、提拔、培养、帮助过的人很多，生、旦、净、丑各行都有，而且大部分成长为京剧舞台上当世的英雄！

父亲酷爱京剧艺术，视京剧艺术为生命，是一个以毕生精力为京剧艺术发展做贡献的人，是一个敢于笑对人生，敢于为了维护艺术青春、延长艺术生命而以顽强毅力战胜病魔的人。

且不谈父亲小时候为学艺所付出的努力和代价，父亲成名后，为了保护嗓子坚持一生不抽烟、不喝酒、不吃辣椒。他谨记前辈老师"洁身自爱"的教导，常年坚持练功，保持身体体质良好，精力旺盛，浑身总有使不完的劲头。

一九七二年，正当要排《平原作战》（父亲在剧中饰龟田）电影前夕，那时父亲住在样板团，只许每周六回家，周一早晨回团。母亲发现父亲回到家中饭量见长可精神非常疲惫，话也少了，嘴唇干得出了一层白圈，喝多浓的茶也说不解渴，中午觉睡到晚饭时还不醒。这太反常了，父亲从来都有用不完的力气，有着说不完的话。母亲劝父亲，如果觉得累，请假多休息一天，如果觉得不舒服就去医院检查检查。不等母亲说完，父亲就把头摇得像拨浪鼓，直到父亲见母亲很担心又有些不高兴才解释，《平原作战》要拍电影，反面人物改动很大，还没过关，实在没时间，等稍有眉目了再休息。

又过了一段时间，细心的母亲发现卫生间地上偶有父亲残留的尿渍招来成堆蚂蚁，更起疑心，让父亲留些小便，母亲送到我们楼后的一门诊部化验，居然是尿糖四个加号和胴体中毒四个加号。医生说父亲患了严重的糖尿病，很危险，要马上去住院。母亲这才赶快打电话给父亲。

北京医院的大夫确诊后，告诉父亲："做好充分思想准备，糖尿病人一般都很乏力，像您在舞台上扮演这么吃重的角色，今后恐不再适宜登台了。"我们全家人十分担心这对父亲的打击太大，谁知探望时父亲根本没多想，毫不犹豫地对我们说："《平原作战》的电影不能不拍！舞台一定要上，艺术生命不能就此终止。我好好配合大夫的治疗，'面包'会有的（身体会好的）！"果然，"面包"奇迹般地有了！父亲不仅完成了电影《平原作战》的拍摄，还重新登上了舞台。

上演传统剧目了，父亲所饰演角色的穿戴，唱、做、念、舞的表演，不知要比演现代剧目中被削砍得有骨无肉的反面人物所消耗的体力大多少倍，这对于年事已高、有病在身的父亲来讲是严峻考验，我们全家人也着实为他捏一把冷汗。

在一场重要晚会的演出中，父亲饰演《闯王旗》中的郝摇旗，他要在剧尾挥舞闯王旗与清军交战。他正在候场，忽然冷汗淋漓、四肢无力，手中的大旗拿不住，倒下了，接着两眼发黑、两腿瘫软，跌坐在后台……父亲心里清楚，是体力消耗过度，出现了低血糖，紧急情况下急忙请人拿来随身携带的巧克力，大口大口吃进去，人才缓过劲来，可是父亲的血糖增高了相当一段时间。

父亲没有认输，又经几起几落，逐渐冷静地分析摸索出一套抗糖尿病的方法，主张"高摄入"——多吃高蛋白食物，适应演传统戏的重体力消耗，同时要"高支出"——加大运动量，将登台演出的能量消耗也算在日常生活之中。

从此，我家客厅门后贴了一张小纸条，上写：1. 压腿（十五分钟）。2. 踢腿（快慢共二百次）。3. 骗腿（二十次）。4. 十字腿（二十次）。5. 跨腿（二十次）。6. 八段锦。7. 软赞子（二十次）。8. 左右飞脚（各五个）。9. 串飞脚（六至十个）。10. 飞脚旋子（四个）。据我所知，父亲每天练功结束都要加练两三遍张飞在《芦花荡》中的"边挂子"。父亲说："只要一搁，就再也找不回来了，我只要能动一天，就得再练一天！不压腿、踢腿，想蹬上厚底靴上台，可就没那么方便啦！不打飞脚，演《芦花荡》也就难喽！"

父亲还有一条不成文的规定，只要不演出，每天散步两小时。说是散步，实际上是背戏、练戏。回到家中，内穿的针织圆领衫和衬衫全都湿透，甚至连大衣领、围脖都是湿的。这也是使我母亲最心疼的了，常跟我念叨："夏天出汗多也就罢了，这大三九天的，汗出这么多，你爸爸怎么总这么跟自己较劲呀！人家都说你爸爸爱艺术如生命，我看你爸爸爱艺术超过爱生命。"

这套方法堪称是父亲自创的撒手锏，真灵，使得父亲的病情缓解、体力增强，又生龙活虎般地走上舞台，四处巡演，还组团去德国，赴香港，访台湾，演出的体力游刃有余。

一九九六年，母亲在一次体检中查出罹患肝癌，这不幸事件犹如在我家响起了晴天霹雳，击碎了我们全家人的心。平静、幸福的生活，从此被打破了。我们四处寻医问药，去山西，到山东，赴深圳，哪怕有一线希望也要去力争。已度过金婚岁月的父亲和母亲难舍难离，常常彻夜长谈、彻夜流泪……父亲艺术上的工作并未因此而停顿，照旧完成电台的讲话录音，照样参加社会活动，照样去给学生说戏。母亲病情恶化，父亲远在大连教学，惊闻此讯，不顾一切地直奔机场，没有买到机票竟然坐着机长的座位飞回了北京……

母亲没有被我们千方百计的挽留所留住，二十几天后终是去大连燕窝岭了。

已入耄耋之年的父亲经受住了这次沉重打击，没有消沉。坚强的父亲忍住悲痛，调整心态，勇于面对客观现实，他果敢地说："你妈走了，我这儿的事没办完，我不能跟她去，我还得好好活着！"

不久，父亲眩晕呕吐，行走不便，经医院检查，父亲患了脑梗死。糖尿病也加重了，改用打胰岛素针剂治疗。父亲仍是积极乐观地对待疾病，又与脑梗死病魔顽强抗争，每天坚持功能锻炼，用不听指挥的左手做捡豆子的练习时，只要能努力多捡几个豆子，父亲都会哈哈大笑说："离上台又进几步。"

在党和各级领导的关怀下，在医护人员的精心治疗下，父亲的病情很快得到控制，他战胜偏瘫，从轮椅上走下来，扔掉拐杖，又重新回到艺术殿堂，登上难舍难离的舞台，完成了补拍《赤壁之战》的音配像工作，随之又恢复了压腿、踢腿、练功……

父亲就是不甘寂寞，不服老，更不服输。他见京剧的演出市场在逐渐缩小，万分焦虑地说："我六十多岁时（七十年代末），京剧人才青黄不接，我毫不犹豫地带团巡演、教学讲课。我七十多岁时，京剧体制改革，要求党员站在第一线，我还敢带团一拼，略尽绵薄之力。如今我八十多岁了，党要振兴京剧，我更是高兴！可真感到有点儿廉颇老矣！"

"难道老廉颇就剩能吃饭了？我不信！"冥思苦想后，父亲考虑到演现代戏相对轻松一些，不用像演传统戏那样沉重的盔头紧紧勒，高高的厚底靴足下蹬，演现代戏身体尚能支撑。于是，又与原班人马演了《红灯记》，取得了极佳的社会效益和市场效益，给京剧舞台增添了一道亮丽的风景线。

直到去世前一周，父亲还去沈阳，将《红灯记》送给受日本人侵略、奴役最深的东北同胞……

为了实现自己定的九十岁时登台再演一场曹操的目标，父亲仍每天迈着"摇头、晃肩"的特殊步伐，走到木樨地大桥下去压腿、踢腿、练功。

就这样，父亲的练功、散步坚持到去世的前两天……

母亲当年心疼地责怪父亲怎么总那么跟自己较劲。

较劲！对。较劲！父亲非常能跟自己较劲！

我懂了。

正是这种视艺术如生命的精神赋予父亲以顽强的毅力、不屈的意志，哪怕盛夏严冬，哪怕风霜雨雪，三十多年坚持和糖尿病病魔较劲，使得父亲七十多岁高龄饰演《龙凤呈祥》中的张飞，仍能那么神采奕奕，仍能那么脚下如风，还能让飞天十八响那么又漂又帅！乃至父亲八十岁以后，打不动飞脚，改成小蹦子，依然是那么飘然身轻！

正是这种较劲，抹去父亲在舞台上给观众的年龄概念，获得观众们齐声盛赞"宝刀不老"。岂不知这是用三十年如一日的顽强毅力，加上八十年如一日的满腔热忱，再加上无数的汗水浇灌而成的艺术青春！

正是这种较劲，使得身患糖尿病三十多年的父亲用活跃于舞台的事实否定了医生"恐难再重登舞台演重戏"的预言。他八十多岁又战胜脑血栓，重上舞台。

正是这种较劲，使得父亲以意气风发的精神，玉汝于成，终于赢得跨入二〇〇〇年的光辉历史机遇，在八十七岁高龄依然精神矍铄，延长了父亲所珍视的艺术生命！

追随父亲二十多年来，我认为父亲已将苦求而得的京剧艺术融化成生命中流淌着的、不断吐故纳新的血液，父亲已将京剧艺术铸成生命中战胜一切困难的铮铮铁骨，父亲已将京剧艺术化作生命中锐意进取、不断前行的力量源泉，终将毕生的精力奉献给了他深爱的京剧事业。

父亲之所以能如愿以偿，正像父亲常说的："我可赶上好时代啦！"这是最恰如其分的总结语了。

父亲一生爱国爱党，有着共产党人的坚定信仰，像热爱艺术一样，这份爱忠贞不渝。

新中国成立那年父亲三十四岁，亲眼看到穷人翻了身，日子一天比一天好，短时间清除了嫖、赌、抽，社会风气好转，全国人民精神振奋、积极向上地建设社会主义，使父亲逐渐对党有了一定的认识。

一九五三年岁尾，父亲随中国文化代表团赴印度、缅甸访问。他在访问途中感慨颇多，想到亲眼见过多少名伶有着超人的技艺却晚景堪怜，贫病交加被旧社会吞没，想到敬爱的周总理如何关心演员们的生活，亲自解决演员们生活上的一系列问题，由衷地感到共产党好！他回国后，于一九五五年毅然向党组织递交了第一份入党申请书，积极要求加入中国共产党。

父亲对党的信念始终如一，不停地递交自己的思想汇报，表示坚决要求加入中国共产党的决心！这时期父亲听到的声音却是：如果你四十岁还可以考虑，可你已快六十岁了，希望不大了！盆盆泼来的凉水，没有泼凉父亲的诚心。父亲不信入党有最高年龄限制，他说只要我一心一意跟党走，不断改造自己，无条件地接受党的考验，就一定会实现这一崇高的理想！

父亲以坚定的信念不懈地追求，一九五五年第一次递交申请书，历经七年后，一九六二年中国京剧院一团党支部、院党委第一次讨论通过了父亲的入党申请书，又经历了十八年的考验，终于在一九八〇年八月一日，父亲正当六十五岁上，在山东演出的时候，获悉自己被光荣地批准为中国共产党预备党员，实现了多年的夙愿。

"政治上一定要要求进步"是父亲几十年来对我们的希望，每当父亲听到我们姐弟入党、立功等喜讯时，备感欣慰之情总是溢于言表，必会在家宴上高举酒杯亲自祝贺。后来我们姐弟五人加上各自的配偶，十个人中有八个是中共党员。对此，父亲觉得十分宽慰。

父亲一向与观众真诚相待，关系良好。

父亲在舞台上经常饰演充满阳刚之气、威武雄壮的英雄好汉，受到观众的广泛好评。舞台下的他宽容大度、谈吐诙谐、风趣可爱，深受群众的喜爱。士兵、保安、缝鞋的、卖肉的、厨房大师傅、出租车司机、外来务工人员，都会跟父亲交上朋友。

有无数次令我感动的是，不管是在北京还是在外地，是严寒还是酷暑，每当散场后，都会有许多观众耐心地等候在剧场门口，想等父亲出来时见一面。他们围着父亲争相握手，索要签名。父亲对他们有问必答，有求必应。如果听到有人给演出提建议，更是洗耳恭听，有许多修改的戏词就来源于此。往往此时，我就担心满身汗水的父亲受到夜寒，又希望累了一个晚上的他早点儿回家休息，可是父亲总是乐而忘返。

令父亲更加振奋的是，这些人不是六七十岁的老观众，父亲回家吃过夜宵后往往十分感慨地说："找我要签名的，绝大部分是中青年。他们是京剧的希望！他们这样做是因为我有多高明吗？不是！是因为他们对京剧的热爱，是因为京剧在观众心中深深扎下了根！"这是在吃过夜宵，父亲向全家人征求演出意见后的又一重要话题。

还记得九十年代末一个令我感怀不已的日子。

那是滴水成冰、北风呼啸的日子。在寒冷冬季父亲通常在家练功，外出散步。木樨地大桥旁，树木成行，座椅排排，地面平整，是附近众多居民遛弯儿的好地方。他们只要见到父亲，老远就会打招呼、问好，争先恐后地讲述他们看过父亲演出的剧目，热情地送给父亲治糖尿病和化痰的偏方。父亲呢，不论认识的还是不认识的都会热情地和他们聊天，有问必答，往往逗得大家哈哈大笑，还会和他们一起比赛倒走。看得出，大伙儿挺喜欢这位乐观、风趣的老头儿。

这天，我们刚走到木樨地大桥旁，就有好几位老者先后跑过来问好、报信："您怎么半个多月没来？有位老先生找您有事，您别走，他一会儿就到。"不一会儿，那位头发花白、我没记住名字的老同志急急赶来。他前些日子因公去图书馆查资料，发现解放前的报纸上刊登着有关父亲的文章，他热情地复印了一份想送给父亲。不巧，父亲去沈阳演出《红灯记》——这也是父亲的心愿之一，日本侵略中国时，父亲曾去东北演出，受了日本人的很多侮辱，他很想将原创的《红灯记》带给东北人民，所以去沈阳演出。父亲接过来一看，原来是一份解放前旧报纸上刊登自己打了保甲长一耳光，抗缴兵役税的文章复印件。父亲看了这篇文章无限感慨："唉，真是新旧社会两重天呀！"几位围过来的老同志都说："这文章早一天晚一天给您没关系，一连快两星期没看见您，真有点儿着急……"父亲哈哈大笑，说："谢谢。放心吧，老伙计，我结实着哪，前两天去了一趟沈阳。"又说："等我九十岁登台演戏时，请你们都去看！""好，好，好，我们一定都去！"大家异口同声地说道！

万万没想到几天后父亲走得那么急！既没打招呼，又没来得及辞行，匆匆画上一个京剧时代的句号，完成了历史使命，就那么突然、无情、永远地在梨花雪雨中被迫落下帷幕，结束了他费尽一生心血保持艺术青春七十多载的舞台生涯！父亲希望九十岁登台饰演《群英会》中的曹操的奋斗目标永不可能实现了。这是父亲，是我们，也是热爱父亲表演艺术的观众们难以释怀的遗憾！然而，父亲的平易近人、父亲的风趣言谈、父亲"光头"老百姓的身影和塑造的舞台艺术形象将生动地活跃在人们的心中。

父亲去世后的那几天风雪迷漫，道路泥泞，交通堵塞，赶去为父亲送行的人络绎不绝，特别是不熟悉、不认识的人竟有那么多……

那动人的场景、那悲痛的气氛将与父亲一道永远铭刻在我的记忆之中。

我猛然懂了，父亲既属于他的儿女们，更属于深爱他的观众！因为父亲是人民艺术家。

父亲突然逝世使他原计划出版五本书的愿望未能实现。

父亲的精神却一直激励着我。我不断地告诫自己要化悲痛为力量，尽我所能为父亲做点事儿，力争实现父亲的遗愿：整理出版五本书籍，三本自述传记，两本艺术心得与点评。我要让父亲能在另一个世界安心地陪伴我们的母亲、祖父母。

有这个信念支撑着，使我在透析期间和肾移植后，依旧坚持去北京图书馆查阅有关的资料并将父亲生前四处教学讲课的大量录音资料整理成文字。这才惊觉，原来父亲给我们留下的是多大的一笔精神财富啊！

可是就在将这些零零散散的文章整理成册的时候，才发现工作量之浩大、之烦琐，已经不是我个人所能完成的了。幸好得到中宣部、国家图书馆的大力支持，为我能够实现父亲这个愿望提供了诸多便利条件，特别感谢山西人民出版社在父亲诞辰一百周年之际再版父亲的传记。

此次再版，为了更全面、更生动地反映父亲的艺术人生和从一个侧面反映京剧的发展历程，除补充大量文字之外，还特别增加了一些珍贵的图片资料。由于历史的原因，父亲的大量剧照、出访时与友人的合影以及受国家领导人接见的照片没能保存下来，这不能不说是一种巨大的损失和莫大的遗憾。父亲留下的一些珍贵的图片资料，相当一部分是当年的观众赠送的，有些甚至是旅居海外的京剧爱好者越海相赠。这些图片既是父亲留给我们的珍贵纪念，也是了解中国京剧发展历程的基石。我非常希望更多的读者和京剧爱好者与我一起投入到整理京剧发展史料的工程中，为我国国粹艺术的发展略尽绵薄之力。

我也将会竭尽全力把父亲的其他遗作整理出来，尽早献给广大京剧爱好者和热心的读者。我希望有越来越多的人能够走近京剧、了解京剧、热爱京剧、传播京剧，希望京剧艺术源远流长，希望父亲为艺术事业而奋斗终生的精神源远流长。

二〇一六年八月

童年

TONGNIAN

十五岁时的我

壹 家清贫 入迷梨园

北京和平门外新华街路西称前孙公园。早年曾是清朝大收藏家孙承泽的花园,称孙公园。时代变迁,公园沦为旧巷,分成前孙公园、后孙公园。我们移居这里时,早已没有了花园的迹象。

我的家在靠西口路南二十四号。

一九一六年,阴历正月初九,我就出生在这个小杂院里。

父亲原来给钱粮胡同一户姓钱的做官人家赶轿车。虽说家里清贫,但还算混得过去。

父亲初到钱家时,钱家的官事儿正蒸蒸日上,不久,就将轿车换为社会上盛行的马车。后来,钱家逐渐败落,月月付不清工钱,就将马车折给了父亲。

父亲高兴极了,他满心以为有了自己的马车,一家人的生活可算有了准着落;手脚再勤快些,早出晚归,多卖些力气,生活会有所好转的。谁料到,父亲由于多年来到处奔波已经积劳成疾,马车拉回家不到几个月就患了病。那时，我们姐弟还小，没人能去赶车挣钱，为了生活，他只得强撑病体外出赶车。冬寒夏暑、饥饿劳碌，终于迫使父亲在一个风雪之夜病重不起。生活来源断绝。吃饭难，看病更难。一九一八年，母亲过三十二岁生日那天（旧历十月十一日），准备给父亲做些面条吃，父亲没等吃上，就大口大口吐血，故去了。

父亲去世时，我大姐十三岁，二姐十一岁，三姐七岁，哥哥五岁，我还不满两周岁。一家六口的生活重担，全部落在母亲一人肩上。父亲留下的唯一财产——那辆较新的马车，给我大伯使用，以此每月得到他的部分接济。但生活仍难维持，母亲、大姐，后来加上二姐，只得给裁缝铺缭贴边，给鞋铺纳鞋底。缭一件短褂贴边挣两大枚铜子，缭一件大褂贴边挣三大枚，纳一双鞋底是三大枚加一小枚。她们终日起早贪黑，一家人往往还是吃了上顿少下顿，东求西借，苦度光阴。

几年后，大伯为了节省开支，让我们腾出三间南房（这小院是大伯家的财产），搬到那两间仅有十平方米的东房，屋小炕窄，六口人睡不下，哥哥只好睡在一个旧条案上。记得那时，我对哥哥的"高高在上"的"炕"是非常羡慕的。

年久失修的东房向北倾斜得厉害，当年父亲用来支撑北山墙的杉篙几乎要被压断。遇到雨天，屋外下大雨，屋里下小雨，母亲只好用一个带锔子的洗衣绿瓦盆接漏雨。雨夜，还要不断起来将盆里滴满的雨水倒出。天晴了，就得糊顶棚，什么纸都用，顶棚上被糊得五颜六色。我幼年时躺在炕上，非常爱看这花花绿绿的顶棚。再大点儿时想法就不一样了，心中总想等我长大挣了钱，一定把屋顶修好，不再让它漏雨，顶棚要糊得雪白雪白的。

四岁上，我开始接替哥哥姐姐的"工作"，去十间房（前孙公园的西口又叫十间房，是一条街两个名字）的裁缝铺取送妈妈做的活计。我很懂得拿到的几大枚工钱来之不易，唯恐弄丢，用送衣服的包布将钱紧紧地裹好，系在腰间，从不敢在路上贪玩，一直回到家才把它解下来，将钱如数交给母

我的母亲王永源,摄于一九五六年

亲。当我看到母亲欣慰和信任的目光时,顿时觉得自己似乎替母亲完成了一件大事。

我们的生活虽然贫困,但我那勤劳善良的母亲却是那样地热爱生活。她将屋里屋外收拾得干干净净。屋前房檐下种上倭瓜、丝瓜等,碧绿的枝蔓顺着架子爬到房上,院子里一片郁郁葱葱,配上红色、紫色、黄色的野茉莉、牵牛花、葵花,真是好看。夏季晚间在院里乘凉,不时飘来阵阵幽香,使我这贫穷的家总是充满了生机。不过我最满意的还是不用花钱就能吃到用新鲜丝瓜炒的菜和做的汤,以及瓜馅的饺子。尤其是当我喊饿时,母亲就会说:"锅里有蒸熟的老倭瓜,去拿着吃吧!"我咬一口那黄澄澄的老倭瓜,嚼起来又甜又面,真好吃。那香味儿,到现在我都忘不了。

西屋的李大妈经常夸我母亲能干,说我们几个孩子既听话,又懂事,还安慰我母亲说:"熬着吧!孩子们长大了准有出息,你也准能享上福。"

的确,像屋前这些生机勃勃的花草一样,我们一家老少和睦亲爱,母亲把希望全寄托在我们几个孩子的身上,孩子们也领会了母亲的意思,全家老少对未来的美好生活充满了信心。

清朝末年有个风俗,人们很看重大象,认为它是吉祥的象征。平时,官家将大象送到京郊宛平县(即卢沟桥)喂养,逢大典之日,大象披红戴花被赶进城来,牵到天安门东西两个华表前站立,以寓万象更新、王朝吉祥之意。

我的祖父就在卢沟桥喂养大象。他有五个儿子、一个小女儿。家里人口多，收入少，日子混不下去。我的二伯父、三伯父出外谋生，死在异乡。六姑嫁给北京城外一个清室后裔，开始几年生活还可以，后来就渐渐不支了。大伯带着老五（即我的父亲）到北京城赶轿车。初来时，父亲只能跟车，逐渐也学会了赶轿车，加上他手脚勤快，干活麻利，很受人欢迎，后来才被介绍到钱粮胡同钱家赶轿车。

祖父去世后，祖母见两个儿子（大伯和我父亲）在北京站住了脚，就带着我的四伯父来京投奔。大伯托人求沙河门外（现建国门外）一个小关帝庙的老庙主收留四伯父当徒弟，从此四伯父剃度出家，我们称他和尚四大爷。老庙主死后，他继承这座小庙的财产，当了庙主。

和尚四大爷由于多年修身养性的缘故，有点儿胆小怕事，但为人忠厚老实。他在庙内外的空地上种些粮食蔬菜，有时还拿些萝卜、菠菜、玉米面等到家看望母亲和我们。他对我们姐弟很疼爱，尤其喜欢我，我也非常喜欢这位和尚四大爷。这倒不光因为他能使我们吃上新鲜的蔬菜和玉米面，最主要的是，和尚四大爷是位戏迷。他每次来，都要带我去看戏。我一见他来了，先是连蹦带跳地将他迎进来，然后亲热地依偎在他身边，听他和母亲谈话。过会儿，就开始磨烦他早些带我出去。这个规律被姐姐们抓住了，只要和尚四大爷一来，姐姐就说："快把'活儿'送去，回来再买一大枚醋，一大枚胡椒面，饶点香菜、韭菜。我给你换上干净褂子，好跟和尚四大爷看戏去。"我当然是百依百顺，速去速回。

和尚四大爷带我看戏，最常去的地方是天桥。对我来说，初时，逛天桥可比看戏的魔力大。北京的天桥是在时窄时宽、方圆不算大的胡同里，可在我这个五六岁小孩的眼里，可大啦！可热闹啦！那里卖吃的、卖穿的、玩杂耍的、说书的、唱戏的、吹糖人的，无所不有。一拐进天桥所属的地带，各种叫卖声、鼓声、锣声，嘈杂一片。推车的、摆摊的、搭棚的、围圈的、打地摊的、挎篮的，比比皆是。

用长条凳围成圆圈场地，里面站着身穿褡裢、膀阔腰圆的大力士，这是摔跤场。他们卖一会儿中药大力丸，摔一会儿跤。不过，他们卖大力丸的时间特长，往往等不上看摔跤，我就被和尚四大爷拉走了。如果围观的人很多，那准是"摔跤大王"沈三在表演，我最爱看他摔跤，会极力地拉着和尚四大爷钻到最前面。当沈三将对手摔倒，人们连连喝彩时，托铜盘的人开始收钱了。每逢这时，我都要将和尚四大爷刚刚给我的一大枚铜子，郑重地放在铜盘里，我看到铜盘里回回都只是一些零散的、不多的铜钱。然后，我拉着和尚四大爷的僧袍，随着一哄而散的人群，退出摔跤场，继续前行。"诸位！别忙走！好的在后头！有钱的捧钱场！没钱的捧人场！……"

收钱人的喊声，逐渐被喧闹声吞没了。

"哐！哐！哐！"传来锣声的地方，是耍猴的。小猴子特别灵巧，它们会翻跟头，会倒立，还有的戴着一顶县官的乌纱帽，穿着红小褂，扭来扭去，有趣极了。我简直看不够。若不是和尚四大爷几次催我走，我是不会离开这里的。

"当！当！"敲打像菜盘大小、排列成"丰"形多面锣的是耍耗子的。我想不通，为什么家里的耗子那么令人讨厌，而这里的小灰耗子、小白耗子那么可爱，让它往哪儿跑，它就往哪儿跑。我曾好奇地问和尚四大爷："小耗子偷油吃（这是过去一首儿童歌谣里的词句），这样的小白耗子也偷油吃吗？"

"你说呢？"和尚四大爷笑了，反问我。

"准保不偷油吃！"我回答得很肯定。

"为什么？"

"它多么听大人话呀！"

和尚四大爷不仅没有否定我，而且还仰头笑了几声。我一定说得对！我想。

"咚咚咚！锵！锵！""你们往里瞧咪，你们就往里看哪！直奉战争就照在里边！哎——"听见那又宽又哑的嗓音和那千篇一律的腔调，我就知道是大金牙在唱拉洋片。看他的拉洋片也很有兴味呢。那是一个彩色画板，前面装一个梯形盒子，外侧有六个洞，没人看时蒙着布。递给大金牙一小枚铜钱，就能坐在他的长凳上，闭起一只眼，用另一只眼看洞洞里的画片，可以六个人同时看。大金牙高声地唱着画片上的故事内容，最后，准是拖长声音地唱着"哎——"一段唱完，他伸手一拉系着固定鼓槌的绳，画板侧面的大鼓打响了，用脚一踩，两面架好的钹相击，配成有节奏的一通锣鼓。然后，大金牙又更换洞洞里的画面，再接唱新词……约换五六个画面为一次。偶尔，和尚四大爷给大金牙一大枚铜钱，我反复看两次，心里别提多高兴了。

天桥卖的小吃如豆汁、面茶、茶汤、灌肠之类，都是一大枚一碗，很便宜。每次来到这里，和尚四大爷都会任我选吃其中一种，解解馋。最贵的是煎荷包蛋，两大枚一个，吃这个的次数是很少的。

卖衣服、卖布的更多，大部分是旧长袍马褂和布头。"禁拉又禁拽！禁蹬又禁踹！""让三毛！""再让三毛！"招徕生意的叫卖声，简直能将耳朵塞满。我们从不在这些摊摊上停步。唯有一次，我意外地被竹竿挑鞋摊吸引住了。卖的鞋都摆在那儿，买主看中哪双鞋，摆摊人就用手中的长竹竿挑起来，递给买主，所以叫作竹竿挑。

那天，我正在东张西望地跟着和尚四大爷游逛，无意中发现了鞋摊上摆着一双小孩穿的旧皮鞋，停下步来，刚一打愣，好，竹竿就挑着它送到我面前了。

"哎，多好看的一双鞋呀！不大不小准合适，穿上试试吧，穿上……不要你的钱，穿吧！"

我不知所措地接过鞋，抬头寻找和尚四大爷，用目光询问他该怎么办。

"他让你试，就试试吧！"和尚四大爷点头允许了。

我一试，嘿！不大不小正合适。

"瞧！多合适，穿上皮鞋立时就神气啦！买了吧！买了吧！别人买，我卖一元，当家的（对和尚的尊称，庙主的意思）买，我让您一角……我再让您一角，您就给八角吧！"

八角！太贵了！母亲缝好多好多件衣服也挣不来八角呀！还是穿母亲做的什纳鞋（纳帮的布鞋）吧……我失望地将鞋脱下来放在地上，抬头看看和尚四大爷。他没有说话。"竹竿挑"看出和尚四大爷在犹豫，就收敛了满面笑容和那不招人喜欢的油腔滑调，皱着眉，压低了声音，正正经经地说道："当家的，求您行行好吧，这年月，看主多，买主少，几天没开张啦，家里……唉！求您行行好……"他的话还没说完，和尚四大爷就掏出钱，给了他。

"阿弥陀佛，您大功大德！""竹竿挑"合起手掌，虔诚地向和尚四大爷行了个礼。和尚四大爷也合掌还了礼，我喜出望外地抱起这双"新"皮鞋，跟着和尚四大爷走了。

我手里拿着鞋走得很慢，因为在不停地仔细给鞋"相面"。心想：它虽然旧了点儿，鞋面上有挺深的一道横纹，鞋底后跟是偏的，但它黑亮黑亮的，还有根鞋带在鞋面上花叉地穿着，真比脚上的什纳鞋好看多了。母亲说我穿鞋费，总把鞋帮纳得密密麻麻的，要不是求鞋铺谢掌柜帮我将鞋帮弄软，脚就像蹬进木盒子里那么硬。相比之下，这双鞋有多么软……

"你把它换上吧，咱们走快点儿，看完戏，穿着'新'皮鞋回家去，让大家伙都高兴高兴！"和尚四大爷终于猜出了我的心事，还替我系好鞋带。我一边加快步子，一边听着每迈出一步时脚下发出的咯吱咯吱的声音，心里别提有多美啦！

天桥看戏的地方都叫舞台，不知道的会以为是什么样的好舞台呢，实际都是临时搭成的非常简陋的席棚子。

有一次，和尚四大爷带我到天桥魁华舞台看小马五的《纺棉花》等戏。开演不一会儿，就下起了大雨。我们买的是次票，坐在廊子座。雨水从顶棚与四周围席中间的空隙往里溮，于是我们"合理合法"地换到池子中的空位子上。由此可见舞台有多么简陋了。

至于看戏，在最初阶段，我是看不懂的，只能看看热闹。再加上逛天桥时，想吃的吃了，想看的也看了，又是一路劳乏，所以没等戏演到一半，我的两眼就困涩难睁，歪在和尚四大爷怀里睡着了，睡得可香呢！有时散戏后，我依然在甜美的睡梦之中，被和尚四大爷背回家去。

戏，既然看不懂，留下的印象也大都是些琐碎的小事。有一回，我们到天桥歌舞台看崔灵芝的秦腔（当时河北梆子称秦腔）《杀狗劝妻》，和尚四大爷邻座的观众说："完了，灵芝掉面儿了！"我很不理解，问和尚四大爷："什么掉面儿啦？""听戏！别老说话！"我只好不作声了。看完戏出来，又追问和尚四大爷，什么叫"掉面儿"？和尚四大爷叹了一口气，说："唉！老啦！脸上挂不住粉，看上去像是掉面儿了。"我还是不明白，但对这件事记得特别清楚。现在分析，可能是演员脸上涂的粉掉了。当时，化装没有油彩，全是水粉妆，那位老前辈生活艰难，只四十多岁，脸上便出现较多皱纹。水粉在脸上挂不住，面部一做表情，观众就感到他的脸上好像往下直掉白粉——掉面儿了。

还有一次，我们去隆福寺赶庙会，在景泰茶园（现人民市场）看小香水演《孟姜女》。演到过关寻夫，守关兵士让孟姜女唱一段才放行，这时从台下搬上一架老式风琴，孟姜女下用脚踩，上用手按键，自弹自唱，唱的是"孟姜女寻夫，哭倒了万里长城"的流行小调。这个小调我也会唱啊，于是，兴趣大增，破例没有睡觉。

和尚四大爷有两个癖好。一个是特别爱看戏报。那时，海报都横七竖八地贴在道路两旁的大牌子上。从我家到天桥，沿街的牌子有许多，和尚四大爷几乎是张张必看。我在旁边看不懂，等着着急，就扯着他僧袍的大宽袖子，拉他走。他目不离戏报，口里喃喃地说："别着急，别着急，大爷看看哪出戏好，明儿带你去看……"或是"马上就走、就走……"我记得由于他爱看戏报，还引起了一场小风波呢。

我五岁那年，和尚四大爷又带我到天桥燕舞台看戏。当时有的戏班是

"两下锅",就是京、梆合演。这天前面演的京剧武打戏名字记不清了,但台上翻跟头、对枪很吸引我。最后是蔡莲卿的《锔碗钉》,我被演员的表演和剧情打动了,很是同情受气的儿媳,痛恨恶婆婆、大姑、小姑。

看完戏出来,和尚四大爷特意又让我在小摊上吃些东西再回家。我要喝碗茶汤,他给我买好后,自己又津津有味地去看路边的戏报,估计我该吃完了,就回到茶汤摊。一看我不在,急忙从茶汤摊到豆汁摊,再到杂耍场……到处找我。凡是天桥的热闹场所都反复寻遍了,还是没有找到我的踪影。这一下和尚四大爷可吓坏了。他急得心如火燎,累得满头大汗。

天渐渐黑了,回去吧,丢了孩子,怎么交代?不回去吧,大人孩子都不照面,岂不把我母亲急坏!经过一番思考,和尚四大爷决定硬着头皮先回家。

谁知一进院门,就看见我在指手画脚、连说带唱地和姐姐、哥哥们学刚才所看的戏。他也顾不得气喘吁吁,一把将我拉到跟前,气得大声嚷道:"你这孩子太不听话了,让你喝完茶汤别乱走,在那里等我,你怎么转眼就走了?真要把你丢了,我怎么对得起你妈呀!"边说边气得跺脚,眼泪直流。

母亲见和尚四大爷急成这样,过意不去,赶忙过来劝解:"四哥,您别着急,丢了就丢了,谁让他不听您的话,何况他又没丢,您快别着急啦!"

"唉!五弟妹,你就这么两个心头肉,五兄弟又殁得早,你拉扯他们多不容易!他要是让拍花子的(指拐骗小孩的人)给拍走,我对不起你,也对不起我那五兄弟呀!"

这一席话,正说到母亲的伤心处,母亲也哭了起来。

事情是这样的:我喝完茶汤,回头只见熙熙攘攘的人群,却不见了和尚四大爷,我急忙在人群中、戏报牌前,寻找有明显标记——剃光头的和尚四大爷,可哪里找得着呢?就这样边走边找,回到了家中。

眼下,见到四大爷为我急成这个样子,我后悔没在茶汤摊多等一会儿,自己去乱找,才捅出这场乱子。想到这儿,我一下子就扑到和尚四大爷的怀里……

此后，出门看戏，我再也不离开和尚四大爷了。

和尚四大爷的另一个癖好是，只要一有空，就会曲不离口地哼唱起来。什么"杨延辉坐宫院""孤王酒醉桃花宫"，别看他每出戏会的词儿不多，但什么戏都会几句。不论在我家里，或是带我去天桥看戏的路上，他都反复地哼着、唱着，而且是摇着头，拍着板，有滋有味地唱。这样，我有意无意地受他熏陶，学会了几句。听戏时，一旦遇到自己会唱的那几句，顿时兴致勃勃。从此，和尚四大爷一哼唱，我就跟着学，尤其在去往天桥的路上，拉着他不停地唱。他也更高兴了，似乎与我有了共同语言，再也顾不及去看戏报牌子。同时，我学会了哪出戏里的唱词，就非要和尚四大爷带我看哪出戏不可，循环往复，终于在和尚四大爷的熏陶下，我渐渐成了个小戏迷。

我对戏曲的爱好日增月长，可是和尚四大爷十天半月才带我听一回戏，我感到太不解渴。于是我便提前将分内"工作"完成，然后向母亲请假出去玩。

我想到天桥看戏，没钱买票。即便是戏演到一半降了价的票，我也买不起。于是我想起和尚四大爷曾带我去过的香厂路（天桥附近）的城南游艺园，它的门票虽二角一张，但查票不怎么严。那时我只六岁多，趁入场时人多，夹在一些乘车来的大人后边，再用手轻轻地牵着这些大人的长袍，把门的看我人小，以为是这些大人带的孩子，就不再查我的票，我顺利地进入园内。后来，院内街坊李大妈的女儿冬儿结婚了，她的丈夫李山是城南游艺园内京剧场专管包厢和茶座的。我可算是找到了靠山。他每天中午十一点半上班，我就提前赶到骡马市他的家中，由他带我去游艺园看戏。只要包厢坐不满人，我就坦然地享受一等座位。以后兴趣越看越浓，便带了晚饭，从中午直看到晚上，游艺园散场才回家。

城南游艺园完全仿照上海的大世界，里面洋戏法、杂耍、京剧、电影及茶座、小吃等应有尽有。

洋戏法节目是韩秉谦、张敬扶主演的大变活人。

小不点、大饭桶（均为艺名）专演魔术丑角。

演电影冬季在室内，夏季在室外，当时上映的是胡蝶、郑小秋合拍的《空谷兰》。

我最喜欢的是京戏，看的也就最多。大京班（京戏班）日夜两场，有宗汪（笑侬）派的女老生恩晓峰（麒派老生高百岁之岳母）。她演的戏有《张松献地图》《完璧归赵》《马前泼水》《刀劈三关》《哭祖庙》等。她大女儿恩佩贤演《马前泼水》中的朱买臣之妻。二女儿恩维铭演《狸猫换太子》中的太子。还有女十三旦（艺名）与恩晓峰合演《吕洞宾三戏白牡丹》。相继演出的还有金少梅、秦雪芳、秦秋芳（马盛龙师兄的胞姐）等。其中余派女老生孟小冬给我留下的印象最深。只要她的戏牌子一立出来，我就没地方坐，只能站在边上看。她的琴师孙佐臣老先生穿着长袍马褂，一手拿胡琴，一手拿块蓝布（胡琴套），走上台向观众点头致意，观众便报以掌声，等定调起过门儿，又是一片掌声。为什么呢？我不理解其中的奥妙。我看过孟小冬的《御碑亭》等戏，看不太懂，只听观众议论："唱得真够味儿！"

此外还有碧云霞（即谢鸿雯之母）演的《狸猫换太子》《童女斩蛇》。女武生盖荣宣演的是《四杰村》，她有个绝活儿，在台口上面横吊着一根铁棍，像秋千似的，表演时，先经人托起就势跃上铁棍，在上面表演复杂的动作，我觉得新鲜，很爱看。

她擅演文武花旦的孟丽君，也经常演《花木兰》《对金瓶》等戏。一九八一年，我去济南巡演又见到了这位老大姐，她的精神尚好，不幸在"文化大革命"中遭受迫害，瘫痪在床了。

这些坤班，没有男演员，像张子寿、王庆奎、王金奎等，听来是男人的名字，演的是花脸、小花脸，但都是女演员，嗓音和唱腔还相当不错呢。

就在这一年，母亲送我上了平民学校。

这所学校是五四运动后由一些进步文人在新华街（现北京第一实验小学

校址）办起的，它不但免收学费，还给学生发书、发练习本和文具，但入学的学生都经过调查，确属贫困应当给予照顾的才批准入学。母亲知道后很高兴，认为机会难得，指望着我们识几个字，将来能养家糊口，少受人欺。所以只留下大姐帮家里干活，把我和二姐、哥哥等，都送去上学。我们买不起书包，便用一块旧布把书一裹，当书包使用。一九六二年，看电影《早春二月》时，看到有个穷孩子上学，也是用一块旧布包书本，我是深有感触的。

上学后，白天没时间，只好看夜戏了。

这时，大伯家的袁记马车行的生意也兴隆起来了。

住在离我家不远的大外廊营的谭小培、梁家园后身的荀慧生（艺名白牡丹）、椿树三条的余叔岩、麻线胡同的姜妙香以及给恩晓峰操琴的董凤年等京剧界名家去园子（戏院）演戏，都雇用大伯家的马车。我想这是个好机会，就找到马车行的伙计胡九，央求他出车时带我到园子看戏。正好胡九叔是个老戏迷，很喜欢我的，所以满口答应，并让我给他跟车，我当然欣喜不已。

马车的后面有个倒座，上面有拉手，下面有脚镫子，接人上车时，我提前将车门拉开，让乘车老板（对名角的尊称）登上车后，再将车门关好，回身握住拉手，将脚踩在车镫上一蹬，借劲就坐上倒座。车停了，我赶忙跳下车来，打开车门，请老板下车，并随手拿起他们盖腿防寒的毯子等物，尾随在诸老板身后，大摇大摆地走进园子。看门的以为我是小跟包的，不加阻拦。次数一多，他们对我有了印象，我就更"名正言顺"地听蹭戏了。

进了戏院，找座位是个问题。坐在前边池座怕挨轰，坐在后面又看不清，找不到位子，来回乱窜更不行。不得已我只好靠在戏园的大柱子前面，嘿，这儿还真不错，够得上是一等池座，看舞台真真切切，又不怕大人们挡我的视线，即使站上几个小时，也心甘情愿啦！

因为我很有眼力见儿，干活又仔细，从没掩过坐车顾客的手，不招惹是非，大伯也就睁一只眼闭一只眼，不过问我的事。这样一来，我就更心安理得了，有事没事几乎每天去车行里看派车牌（有人雇用马车，在红纸条上写明姓名、什么时间、去什么地方、派谁赶车,挂在一块木板上),以便跟车看戏。用这样的方法,我不断去板章路的新明大戏院及华乐园、庆乐、三庆、广德楼等戏园,看的戏也真不少。如杨小楼、余叔岩合演的《八大锤》《断臂说书》,余叔岩、白牡丹的《坐楼杀惜》,余叔岩的《问樵闹府》《打棍出箱》《洪洋洞》《失街亭》《状元谱》,杨小楼、钱金福的《铁笼山》,杨小楼、余叔岩、白牡丹合演的《战宛城》,杨小楼的《麒麟阁》《霸王庄》《夜奔》,余叔岩、陈德霖合演的《审头刺汤》,陈德霖的《彩楼配》《落花园》(陈杏元和番)、《母女会》,侯喜瑞、慈瑞泉的《普球山》《取洛阳》《清风寨》,白牡丹的《鸿鸾禧》《打樱桃》,裘桂仙的《遇后》《渭水河》,德俊如的《罗成叫关》。

  我还看过谭富英主演的《四进士》,他扮演宋士杰,徐碧云演杨素珍。听说徐碧云是武旦出身,由于嗓子很好,改唱青衣。他的表演很有特色,能反串《八大锤》中的陆文龙,也能反串《黄鹤楼》中的周瑜,后面带三江口水战。我还看了他的《幽王宠褒姒》和他与姜妙香合演的《虞小翠》,戏中有一段《霸王别姬》的戏中戏,姜老学杨小楼的项羽,徐碧云学梅兰芳的虞姬。另一出是《绿珠坠楼》,谭富英扮演石崇。当时旦角能翻跟头是极少见的,徐碧云在此剧中能在近乎两张桌子高的牢门上走抢背下来,观众称他这一招为一绝。

  我也很喜欢去后台看他们化装,最爱看钱金福、郝寿臣、侯喜瑞几位老前辈勾脸。我还记得钱金福老先生脸上有痣,痣上长着很多毛,勾脸时总要拿笔蘸着颜料往脸上反复地按,有人说:"钱老板,您将它刮了吧!"钱老板说:"可不能刮,这是长寿毛,我有办法将它盖住。"

  说到这儿,我想起了另一位先生。

  后来在科班学戏时,有位清室后裔,人称奎公爷,长着两道浓浓的眉毛,经常到广和楼看戏,还到后台聊天。他是票友,常常串戏。一天,他到后台来了,大家一看他眉毛剃得光光的,就笑着问:"奎公爷,您的眉毛哪儿去了呀?"他一笑说:"前天演《法门寺》里的刘瑾,我的眉毛太重,无法勾脸,我就将它刮了。"一句话逗得大家哄堂大笑。钱老的勾脸和这位奎公爷剃眉毛的故事,虽然做法迥然不同,但钱老勾脸技术的精湛和奎公爷对艺术的认真态度,都使我非常钦佩。

总之,这些老前辈的演出,技艺精湛,声震九城,使我大开眼界,增进了我对戏曲的感性认识,为我日后进科班学艺打下了一定的基础。

贰 结良友 志趣相投

看戏多,学会的戏也就多了,演戏的瘾呢,自然是越来越浓。恰巧我二姐也爱唱,她多做些活,手里能攒几枚零钱,就买票去听戏。我们看戏回来,家里便开了锣。二姐唱《狸猫换太子》中寇承玉的唱段,我来演陈琳,兼赶郭槐等好几个角色。哥哥在旁念锣鼓点儿,唱胡琴过门儿,可热闹了。二姐"重任"在肩,只能玩一阵就去干活。我是直演到底的,什么戏都扯开嗓子唱,能唱几句就唱几句,还自编动作,那股劲儿简直就像中了魔,往往误了吃饭。不将母亲惹发火,戏是停不住的。

"鱼钻沙"是我最爱吃的饭。所谓"鱼钻沙"就是将油倒在锅里烧热,放上切好的白菜,煸锅后添水,待开锅,将白面和成糊状拨成一条一条的下锅,再将玉米面均匀地倒在锅里。白面为鱼,玉米面为沙。过去一遇到母亲做这种饭吃,我就围前围后地看着母亲做,而后抢着吃第一碗。从我对戏一入迷起,这"鱼钻沙"就对我失去了吸引力。往往母亲做好饭后,三番五次叫我吃饭,我的戏没唱过瘾是不去吃的。给我盛的"鱼钻沙"凉了又热,热后又凉，几个来回就把好端端的"鱼钻沙"热成一碗浆糊糊。母亲真生气了，在屋里嚷："再不来就别吃啦！"这时我也觉得实在有点儿累，肚子咕噜咕噜直响，于是，我弓左腿，绷右腿，半弯腰，双手抱拳，用力喊道："得——令！"跑着圆场走到门口，左脚一踢大褂，用手抓住，迈过门槛进门吃饭。母亲急不得恼不得，只好发狠地说："你不用美，赶明儿非送你去科班学戏不可！"我一听高兴极了，连忙拉着长声说："啊母亲！您说到儿的心眼儿里去了！"一句话又把母亲逗笑了，说："快吃吧，别贫嘴啦！"我的戏演到此，才算暂时收住。

后来，接连下了几天的无情大雨，我们居住的东房已经漏得不成样子，幸亏有杉篙帮忙，总算没倒，但是南房的后山墙还是倒塌了半截。租住南房的做买卖的赵大爷暂居别处。这三间空房，马上成了我的"舞台"。

有一天，放学回家，我照例又在那里纵情地放声高唱，忽听破墙外有人拍掌叫好，高喊："再来一段，再来一段！"是谁呀？我又惊又喜，踮起脚尖，跳起来往破墙外看，可惜我的个子太矮了。

"你们是谁呀？"我只好喊话。

"老街坊，消防队的，是你的老观众啦！再唱一段吧！"

对！南房后山墙外的一片下洼地是消防队操练的地方。难得有知音呀，激动之下我二话没说，又接连唱了好几段。花脸的、老生的，什么唱段都有，全力满足了他们的要求，尽管"观众"看不见"演员"，"演员"也不知"观众"有多少，但双方情绪饱满。以后他们若有空闲，就敲墙喊我。为了报答"观众"的爱戴，我索性搬来凳子，垫上碎砖，骑到破墙头上，与他们见面。后来，我的那些热情的"观众"干脆用救火梯将我迎了过去，到墙外空地给他们演唱，我还认真地配合了表演动作。他们满意极啦，带我去消防队洗热水澡，以资鼓励。当我心满意足地登梯子爬过墙头回家时，我的心乐悠悠地陶醉在自己的"艺术"之中了。

还有一回，我的大胯上长了大疖子，唱完后，消防队队长很高兴，把我举了起来，又横着身子悠，无意中碰破疖子，流了血。我回到家中，母亲说疖子出脓好，去虎坊桥鹤鸣堂药店买来两大枚珍珠散，敷上几天就好了，到现在还留了个疤痕，作为纪念。

我的演唱使附近的街坊们都认识了我这个小戏迷。十间房的西永隆米面铺（带卖杂货、青菜等），还有附近的切面铺、油盐店、肉铺甚至鞋铺的谢掌柜和伙计们对我都是另眼相待。只要我一去，就把我抱上柜台，让我坐在那里唱上几段。后来，偶尔家里的手工活钱领不回，而大伯接济的钱又用完，眼看无米下锅时，我就到那些店铺里赊购，他们满口答应，条件是我必须先给他们唱几段戏，然后什么五斤面或烧饼、豆腐，以及几枚铜子的肉之类都能赊给我。我便高兴地将急需的食品送给母亲，以解家中的燃眉之急，待拿到工钱后马上如数还清。

今天看来，他们是我的第一批观众了。他们对我如此热情、真挚，无形中鼓励了我，使我学习京剧的愿望更迫切了。

一天，我又在梁家园给消防员们演唱，"真宋江，假宋江"，头一句唱完，我换了口气，刚要张嘴往下唱"难免李逵遭祸殃"，忽然传来一个小孩接唱的声音。我扭脸一看，哟！这不是大群子（裘盛戎的小名）吗？我连忙说："来呀！咱俩一块儿唱。"

观众欢迎极了。我俩也就互不客气，他一段我一段地唱起来。

我俩是怎么认识的呢？

盛戎的父亲是前辈名净裘桂仙。他家当年就住在前孙公园十间房之间路北胡同的兴胜寺里。我们院内西屋张六叔弟妹的娘家和我母亲的娘家是好邻居，她们没有出嫁时是好姊妹，婚后她就住在裘大爷院内，离我家很近。我母亲去她家串门结识了裘大妈，高兴时在一起玩一会儿斗梭胡（纸牌），这样，我和盛戎也就认识了。盛戎比我大一岁，准确地说只比我大几个月。那时我们只有一些短时间的聚会，互相都不知道在这方面有着共同的爱好。通过这次意外的对唱，我俩立即就成了犯戏迷的小伙伴，几乎每天都在一起，不愿分离了。

我们一同去逛城南游艺园,两个人不如一个人好往里混,单进又不愿分开,想来想去,好不容易找到一个窍门:我们绕到游艺园的后墙,互相登扶爬上墙头,大着胆子跳下去,人小身轻也摔不坏。贴墙有条小河,时值冬季,河水结冰,既没有游船,更没有游人。我们平安无事地到了园内,一玩就是一天,我们各自都带着晚饭,相互品尝,别有风味,比起我一人来玩可就更有趣了。

有一次,盛戎脚蹬在一块已活动的砖上,砖被蹬掉,他唉哟一声,从墙上摔下来,趴在地上。我连忙又爬回墙去把他扶起,重新一道越墙。

我们一同到剧场看戏,最初并没相约,是心气相投,在戏院里相遇。不约而同地我站在台下这边的大柱子前边,他站在那边大柱子的前边,看到满意之处,四目相对,微笑点头示意,戏看得越发津津有味。戏散后,同路回家,我俩边走边评论谁演得好,哪些地方演得最精彩,哪些地方演得不好。就是到了我的家门前也舍不得终止评论,还得站在那里谈够,约好明天看戏见面的时间、地点等。

就在这个阶段,上海的白玉昆、赵君玉、赵鸿林等人带领班社来北京。我的隔壁邻居,以武二花脸应工的闻子芳大哥(原大连艺校闻彦萍副校长的养父)参加他们的演出。依靠这层关系,我和盛戎几乎天天都去第一舞台,安然地看他们的戏。白玉昆是位文武老生,赵君玉是青衣,又能兼演武旦,赵鸿林(中国京剧院武生俞大陆的岳父)是纯武生,功底极深。他们上演的剧目较新颖,除一些三国戏外,还有南方盛行的《风波亭》(带《疯僧扫秦》)、《赵五娘》、《扫松下书》,头、二、三、四本《走麦城》等戏,又带有机关布景,还有《风波亭》中岳飞受披麻拷的刑法时,赤裸的背部粘上麻,往下一撕,"鲜血"流淌等逼真的表演,都很吸引观众。尤其是上演曾在上海风行一时的时装戏《枪毙阎瑞生》,真汽车、真马上台,更为轰动。

为了看他们的演出,我们是风雨无阻哇!记得有一天,我和盛戎去看他们演出的《路遥知马力》，无意中发现后台账桌上立着一个牙笏，上面还用墨笔写着："白玉昆老板误场，罚香伍拾封。赵鸿林具。"遗憾，"误"字和"罚"字认识我们，我们不认识它们。

我们特地询问了闻大哥。闻大哥告诉我们，一个念"误"，一个念"罚"。这算是轻罚，重罚的还要跪香呢，就是在祖师爷神位前罚跪，直到罚买的香都点完才许起来。我们俩听了闻大哥的话，不由得都倒吸了一口凉气，吐出了舌头。

这出戏很好看，剧中路遥（白玉昆饰）念到"不提起马力便罢，提起马力……"时，直接由念白转唱"令人可恨"，给我留下了深刻印象。直至三十几年后的一九五九年，我排演《九江口》一剧，张定边阻驾时的【二黄三眼】唱段，也是由念起唱，就是从这里借鉴来的。

更有趣的是，为了看这出戏，我和盛戎也付出了一定的代价呢！

那天看完戏，走出第一舞台，就见电光闪烁，夹着滚滚雷声。我们预料到一场暴雨就要降临，立即跑步回家。刚从给孤寺（第一舞台所在地）跑到虎坊桥新华印书局的大钟下，豆大的雨点就砸下来。我停下步子，把鞋脱下来，将两只鞋底一合，掖在裤腰带上。要知道，这还是双半新的什纳鞋，我是舍不得用它来蹚水、踩泥的。盛戎也学着我的样子办了。瞬间，滂沱大雨倾盆而下。没走几步，衣服就全湿透了。我们索性放慢了脚步，让雨水淋个痛快。很快，泥泞的土路边上变成了小河，我们的情绪也就来啦，一边不断用手抹着脸上顺流而下的雨水，一边专寻水多的地方，光着脚去蹚水，看谁踢的泥水花溅得高、溅得远。这真是千载难逢的好机会，我们玩得开心极啦！

到家后，母亲见我被浇成一副落汤鸡模样，十分心疼，用棉被包住我，又强迫我喝了一大碗热乎乎的姜糖水驱寒，但没有止住我的喷嚏，第二天还是发了烧。

值得回忆的是八岁左右，我们在一起演戏玩的趣事。

兴胜寺这条胡同，路窄，车也少。靠北口新建的一个西医医院（此医院是西单太仆寺街医院的前身），大门旁边有棵大槐树，周围有一片略宽的空地，我们选中了这块既有树荫又比较宽敞的空地作为我们得天独厚的舞台。

春、夏、秋三个季节，我们除了看戏，大多数时间都是在这棵槐树下度过"演出生活"。盛戎拿来他父亲的旧髯口，我拿来父亲当年赶车的破鞭子，作为道具，嘴里一念锣鼓点儿，戏就算开演了，仓——仓，我们跑着圆场，或是迈着四方步上场了。东一段，西一句，将看过的戏中印象最深、最感兴趣的情节逐一地表演一番。京剧中有十八扯，我俩一百八十扯也扯不完了。四周的大人、孩子都来围观，人越来越多，非常热闹，我们并不觉得不好意思，情绪反而更高涨。

这年，盛戎用过年的压岁钱到厂甸买来玩具刀枪，我央求和尚四大爷给我买了一把长杆大刀。道具增多，我们的戏路也宽多啦。

记得有一次，我们演《收关胜》带《水擒》。他演阮小七，我演抡舞大刀的关胜，神气极啦。《水擒》时，阮小七摘下关胜的帽子戴在自己头上，拉着关胜一条腿走矮子。关胜这时要一边甩髯口，还要一腿往前蹦，我俩既无功夫又不会配合，没蹦两下我就站不住了，手猛一扶地，正好碰到地上的破碗碴，手被划了个大口子，鲜血直流。盛戎一看不知所措，观众们七嘴八舌地让我去旁边的医院上点儿药。我听说过西医医院全是刀子剪子，有恐惧心理，马上从地上爬起来，说："不要紧，我不去医院。"抓把沙土就按住了伤口。我手上的血刚止住，他帮我把身上的土掸下去，我伸手捡起被摔在地上的大刀，又从《水擒》演起。

我和盛戎对《枪毙阎瑞生》一剧中的舞蹈很感兴趣。这个戏写的是上海几个流氓，为首的叫阎瑞生，图财害命，杀死妓女莲英，最后被正法。其中《麦田》一折，莲英（赵君玉饰）的鬼魂去活捉阎瑞生，二人在舞台上有翻、有舞、有唱，很热闹。于是我们轮番扮演这两个角色，反复演《麦田》一场，吸引来的观众达三五十人。等我们的戏演完，天已快黑了，这时我俩互相定神一看，又想笑，又有点儿担心！脸上蒙上一层泥土不说，满头大汗顺腮帮子流下来，流成一道道黑印，衣服扣子丢了，口袋扯破了，鞋头也磨坏了，浑身像个泥猴儿，回家去准要挨骂。

我提心吊胆地回到家里，果然吓了母亲一跳，以为我在哪里跟人打架了。问明情由后，母亲长叹了一声说："唉！你这个孩子，唱戏都唱成了疯魔，看来非得送你去学戏不可啦。"

叁 初拜师 决心学艺

从我家去观音寺、大栅栏可以走樱桃斜街,也可以走李铁拐斜街。这两条街并行直通观音寺。梨园公会(后改为国剧公会)设在樱桃斜街。这个阶段,我无论是去大栅栏一带听蹭戏,还是到观音寺买东西,都要走樱桃斜街,站在梨园公会门口张望张望,看着出出进进的演员,辨认他们是谁,演什么的,我看过他们什么戏,他们在台上台下有什么不同……

八岁那年的一天早晨,母亲让我去观音寺买纳鞋底用的麻绳,我路过梨园公会门口时,听见里面乒乒乓乓藤棍相击的声音。"这一定是他们在练功!"好奇心驱使我不由自主地迈进梨园公会的大门。院子里三个大人和三个孩子正在那里打把子,我顿时被吸引住了。这是著名武二花脸许德义和名武旦朱桂芳二位先生正在教习文武老生吴彦衡先生和三个孩子练把子功。吴先生原名吴少霞,其父吴彩霞老先生和陈德霖老夫子是同时代的青衣,吴老先生和余叔岩同班合作,有同班感情,吴彦衡先生便做了余叔岩的寄名徒弟。谭鑫培、余叔岩先生都是武生的根底(在科班时曾听说,梅兰芳先生给祖母做寿时，举办了一场同人晚会，演《拿高登》，余叔岩演高登，杨小楼饰青面虎，梅兰芳演花逢春，王凤卿饰秦仁。倘若余先生没有武功基础是演不了这个角色的)。这样一来吴先生不仅要能唱老生，还必须要有很好的武生基础，所以每天向许先生学习武功。那三个孩子，一个是张小三（入富连成科班后叫张盛亭，是北京京剧院演员张三全、张四全之父），一个叫马三元（后改名叫马俊华，曾任成都京剧团团长），还有一个是吴彦衡的堂弟吴秃子（其父叫吴堃芳），演文武老生，后给徐碧云管事。

我站在院里的台阶旁边，仔细地看他们练功、打把子，用手小范围地随着比画，"幺、二、三"……心里默默地记着，生怕漏掉一个小动作。不知不觉将近中午，他们练功结束，收拾东西走了，我才恋恋不舍地尾随在他们身后出了梨园公会。一路上，我嘴里反复念着"幺、二、三"，"兜"转身……回到家中，母亲问我麻绳买来没有，我望着母亲发愣，好一阵反应不过来。

"你怎么啦？丢了魂似的，问你买的麻绳呢？快拿来，我还等着用哪！"

我这才想起早上让我去买麻绳的事，忙将今天路过梨园公会偷看许先生练功的经过告诉了母亲。母亲有点儿生气了，她皱着眉说："可怎么好……"我没顾上听母亲责备我的话，转身跑出院子，买麻绳去了。

以后，每天早上如时间允许，我是必到梨园公会"旁听"。渐渐地看出了些门道，胆子也大了，就往往约束不住自己，免不了在旁边给马三元、张盛亭几个孩子出主意，提个醒。"你幺、二、三时膀子要这样，你没记住师傅说，胳膊抬高点儿不能夹膀子，'兜'的时候迈右腿。"有时一边说还一边比画。

一个小孩站在一旁看练功，并不稀奇，也不引人注目，但我经常报到，甚至提前站在院子里等他们，还总爱管"闲事"，说得又有点儿在理，这就引起了许先生的注意。许先生走过来说："你会吗？你来两下我看看。"说着从他们手中拿了一根藤棍交给我，让马三元和我打了一遍。

"你是哪儿的?"

"我是袁记马车行的。"我怕他看不起,不愿教我,只好打肿脸充胖子。

"你叫什么名字?"

"我叫袁瑞麟,您就叫我三儿吧!"

"你跟谁学会的?"

"我就是这些天跟您学的。"

"你还愿意学吗?"

"我愿意。"

"好!就跟着他们一起学吧!"

"是,师傅!"我高兴得喜出望外,扑通一声跪在地上,给师傅恭恭敬敬地磕了三个头。许师傅高兴地点头笑着说:"可倒好,他叫张三(指盛亭小名),他叫马三(指三元小名),你叫袁三,我收了三个三,这叫三三见九,真有意思!"几句话把我们说得都笑了。

从此,我不顾母亲的反对,干脆正式退出三天打鱼两天晒网的平民学校,每天很早就来到这里,扫院子,刷洗干净许师傅用的茶壶、茶碗,打好洗脸水。盛亭兄他们几个来了之后,我们就开始做游戏,说白了就是追着玩,在梨园公会的三进院里前跑后窜,闹个不休。看门的程大爷管也管不住,很恼火,最后索性说,师傅不来,不许我们进梨园公会大门。事情很不妙。第二天我想出个主意,我家附近有一家小人书铺,我们借了一本《呼延庆打擂》,来个照图排戏玩。先把小人书看一遍,记住大意,然后按故事情节,自己编台词、编动作。三元演呼延明,盛亭演雷公嘴呼延平,我演呼延庆兼"导演",戏就排演起来。程大爷在一旁当观众,这回他可高兴了,夸奖道:"这比你们满院乱跑强多了。"

许师傅每天一早先去遛鸟,九点钟左右才来。到他回来的时候,我赶快给他沏上茶。许师傅和朱先生练功后,边喝茶休息,边教我们。就这样,我跟许师傅练了腿功、毯子功、虎跳蹚子、小翻、抢背,开了虎跳前扑,学了起霸，还学了一些身段、亮相、把子功，又学了"小五套"、快枪、单刀枪等。

午饭后，到华乐园（大众剧场前身）看许师傅演出。

现在看戏，不需要再听蹭戏，而是堂堂正正地跟师傅去看戏。我从服装到言谈举止，俨然以内行自居。我头上戴一顶演员们风行的鸭舌帽，身上穿一件半新的大褂。无钱做白小褂，就让母亲给大褂袖口缝上白布，翻过来露出白袖口，因为这是当时戏班的习惯性打扮。母亲把它洗得很干净，趁潮干时舒开褶子压起来，甚至我自己还坐在衣服上压。这样穿时平平整整，跟着师傅进园子，绝不会给他丢脸。

许师傅当时搭朱琴心班，他功架稳，武功基础扎实，把子功手里溜，脚步清楚，内外行一致称赞。他在前边加演《金沙滩》《嘉兴府》《收关胜》《芦林坡》《采石矶》。有时和武旦合演《青石山》，他扮演的关平，大刀花过河又顺又快又好看。

就这样，我反复观看他的舞台实践。平日练功时，许师傅就给我讲过动作要领，如大刀磕时的手、眼在哪儿，脚如何撤步，大刀往哪个方向砍才不致碰靠旗等。如今看了他的演出，再听他进一步讲解，使我受益更深。有时，我一次学不会，或者练不出眉目，有些急躁，许师傅就说："功夫不负有心人，下苦功夫练，准能练出来。这碗饭不是那么好吃的，要吃这碗饭，就得下苦功夫。"他是这样说的，也是这样做的。演《青石山》时，他武二花的应工是周仓，因为他的大刀、靠功为一绝，有他在班里，武生不敢接演关平一角，所以逢此戏他总是演俊扮的关平，不演周仓。他和九尾狐对刀的最后，是夺头过来，跺泥亮相，必定获得满堂彩。有一次他的跺泥没站稳，掌声不似以往那样热烈，许师傅回到后台抄起刀坯子，啪啪地往腿上狠狠地抽了几下，借以自责为什么功夫没有练到家。许师傅常跟我讲：一些名角就是下了苦功，才赢得观众认可的。许师傅的言传身教，深深地刻在我的脑海里。我从小到如今，看了不下几百出戏，大小名角见过无数，他们每人都有一绝，都是不知吃了多少苦才得来的，我又能练出些什么绝活儿呢？不管怎样，我要吃得苦中苦，学出好本事，一定要练得像他们那样受到观众的欢迎。许师傅的教诲，引导我逐步认识到学艺必须刻苦这一简单而又深奥的道理。

前边曾提起过，住在前孙公园东口、给名女老生恩晓峰操琴的董凤年琴师，是梨园公会发起人之一，戏班里称呼他董二爷。他经常坐大伯家的马车，逐渐认识了我母亲，母亲也常去他家串门，和董二奶奶聊天。董老先生天天下午去给吴彦衡先生吊嗓子，从吴先生那里得知我跟许师傅练功的情况，母亲去串门时，他屡次对母亲夸奖我肯用功，聪明好学，并建议我去班里给许师傅打打下手，早点儿挣钱。董二奶奶当即阻止说："打下手虽是眼下能挣点儿钱，将来可有什么出息？龙套上下手，狮子、老虎、狗（这是形容旧戏班基本武打演员只能演狮子、虎、狗等）。他既然肯学，还是让他学点儿文戏吧，说不定还能成角儿呢！"于是，热心肠的董二爷便和吴彦衡先生商定，每日下午，由吴先生教我学习老生戏。

从此，我每天上午跟许师傅在梨园公会练功，中午回家急急忙忙吃口饭，就早早赶到香炉营四条吴先生家中，主动帮助他们扫扫院子，收拾收拾，等吴先生午休后教我学戏。

吴先生教戏很认真。他知道我练功不错，有点儿武功基础，就选择有刀枪架的靠把老生戏《南阳关》中的伍云昭教我。他在教会唱段之后，让我讲解讲解唱段的意思，这一讲我就闹出了个大笑话。在伍云昭哀求要捉拿他的主帅韩擒虎时有这样一段唱：

你若是……将我释放了，
早烧香，晚点灯，供奉年高。
老伯父饶是不饶？

我给讲解成:"你若将我饶了,我早上给你烧香,晚上给你点灯,过年时还给你供上年糕……"

吴先生哈哈大笑,将刚喝到嘴里的水全喷了出来,笑得直不起腰。

足见没有文化知识,就不能正确而深刻地理解唱词,当然对演戏也会有影响。

一天,董二爷给吴先生吊过嗓子后,让我试唱学会的唱段。

他定好音说:"别慌,注意听我的调门儿!"

顺利!这是我平生第一次跟胡琴,张口一唱就搭调。董二爷有意识地改换了三次调门儿,我随着唱了三遍,都不荒腔,不走板。董二爷、吴先生父子齐声称赞我"是块唱戏的坯子"。

这也算是我几年来看了无数出戏、"演"了无数次"戏"的成绩吧!

吴彩霞老先生特别高兴地对吴彦衡先生说:"你可以给他说说薛丁山,绮霞(尚小云的号。人们对成名的角儿都不称名,称老板、大爷或称别号)他们演《汾河湾》,缺少娃娃生,经常去富连成借小孩演。你教会他,以后有机会我可以给推荐推荐。"

不久尚小云、王又宸又要在中和园合演《汾河湾》,吴老先生征得尚先生同意,就带我去见他。尚小云先生一看我个子不高,浓眉大眼,挺机灵,就让我将戏排了一遍。看过之后他点头同意,此事就定了。

离演出还有三天,我无数次反复背戏,"来了!""台,台台台——"在家中唱个没完。姐姐们可忙坏了,用两天时间为我赶做了一双台上穿的彩鞋(后台行头即戏装中没有这样小的娃娃鞋)。她们做好鞋底,还要在刚做的鞋帮四周拉上花线穗。为了使花线配得鲜艳,我跑了不下四五趟观音寺花线店,不厌其烦地去反复比较,挑选颜色,直到自己满意为止。最后将鞋送到鞋铺去请他们帮我绱好。他们一听我上台演出用,便放下手中的活计,一人绱一只为我赶制起来。

这一天终于盼到了,吴老先生带我到后台先给祖师爷磕了三个头,请化装师傅给我化好装，穿好服装到上场门候场。吴老先生给我把场子，他拍着我的肩膀说："沉住气，别慌！"当时我的头脑很冷静，自从我和京剧结下了不解之缘，尤其是拜了许先生练功学戏以来，始终是有地方学戏，却没地方演出，常自叹无用武之地，就连梦中也在渴望着有朝一日能登上舞台啊！几天来，我摩拳擦掌，迫不及待，如今，这梦寐以求的美好希望变成了即刻实现的事实，哪里还感到什么紧张呢？再者可能就是所谓的初生牛犊不怕虎吧，所以我反倒像有些舞台经验似的，心情很平静。

上场后，我精神饱满，还记得在表演奉母命出外打雁时唱的【西皮散板】"辞别母亲出窑门"一句，我缓吸一口气，铆上劲唱"门"字的拖腔，获得了观众的掌声。戏演到"弹打南来张口雁"时，我一边唱，一边抬起左腿将枪别在这腿上，摘弓、掏弹、搭弓、射雁，显得稳当、漂亮、节奏感强，动作都踩在鼓点儿"大大大大衣大大台"上，台下响起了喝彩之声。

散戏后，吴老先生一看见我就用手重重地拍了一下我的头，说："好小子，真有你的，头回上台不仅不慌，该要的还给要下来了（指掌声、效果）。"随后他发给我一块钱的点心钱，我的心简直乐开了花，拿着钱连跑带蹦地回了家。

母亲、姐姐都还没睡，我笑着跳着进屋里把钱交给了母亲。母亲紧紧地把我搂在怀里，过了好一会儿才说："你饿了吧？给你留着饭呢！"我兴奋得不觉得饿，问母亲："您愿意让我学唱戏了吗？"母亲说："不是不让你学，就是学戏太苦了！"我说："苦怕什么？赶明儿我学会唱戏，挣的钱都给您……"

父亲去世后，母亲和我们相依为命，我们几个孩子就是她生活的目的和希望。她平日舍不得说我们一句，什么都是由着我们的性子干。我从小爱看戏、爱唱戏、想学戏，母亲都清楚，但总不太愿意让我学戏，怕的是学戏太苦，还要挨打，又为外行吃戏饭不容易而顾虑重重。但是不学戏能学什么呢？又很茫然。因此，她一直左右为难。通过这次演出，母亲似乎想开了点儿。

　　我也想了很多,这是我生平第一次登上舞台,我尝到了在舞台上演戏的滋味——其乐无穷。听到了观众给予鼓励的掌声,使我在学戏的一片茫然的前景中看见了光明和希望。尤其是第二天我到吴老先生家去,吴老先生指着我对吴先生说:"昨天绮霞说这孩子挺有起色,以后你多给他下点儿工夫。"听了这话,更使我对未来的事业充满了自信和决心。

肆 怀壮志 写契入科

我那善良的大姐，性情温和，沉默寡言。多少年来，她尽全力分担家务，怜惜弟妹，什么都尽让出来给我们。有时饭不够，她总是同母亲你推我让，不肯再吃。家里的活计，她默默地忙个不停。随着年岁的增长，考虑的问题就多了，她省吃俭用，由于体质很差，加上忧思愁虑、过度劳累，终于得了肺痨。最初，她怕母亲着急，忍着不愿明说。等母亲发现了，她已是病入膏肓。请医生、吃药没有钱，可是怎能看着大姐一天天病情加重呢！母亲急坏了。听说有个瞧香的巫婆会请神治病，就借了些钱把她请来。这个巫婆乡间妇女打扮，满脸擦着怪粉，她进屋来坐在炕沿上，拿出一件已褪色的旧杏黄长袍穿上，将我和哥哥轰出门外。这样的新鲜事，我们没见过，顺着门缝往里偷看。只见母亲、二姐跪在地下，大姐仍旧在床上躺着，她已病得坐不起来了。巫婆坐在炕前的破凳子上，又是打哈欠，又是伸懒腰，挤眉弄眼，折腾了一阵，突然半睁着眼，怪声怪气地喊着："吕祖爷（吕洞宾）来了！要吃西瓜！"这时正值寒冬腊月，哪里去找西瓜呀？母亲连连磕头，哀求巫婆请神大发慈悲，改一样别的水果，等大姐病好后，有了西瓜多多供上。最后巫婆转达神的旨意，有苹果也将就。母亲把家中仅有的二十枚钱交给我，让我去买苹果。

冬季苹果少，价钱贵。为了救活大姐，我跑遍虎坊桥好多水果铺子，不是没苹果，就是嫌钱少不卖，最后才在大栅栏观音寺把口的一个大水果铺买了两个烂苹果。我想起和尚四大爷说咳嗽吃梨好，又哀求掌柜饶给我一个小鸭梨，给大姐拿回家去。

巫婆三口两口吃了苹果，就去掐大姐的嘴唇上边（人中穴），说病魔在这儿，跑不了了，临走时还叨唠着说是病魔已被神捉走。这当然救不了大姐的性命，可怜大姐只活了十八个春秋，没过上一天好日子，眼睁睁地被病魔夺走了生命。

大姐的死，对母亲打击太大了。母亲总觉得对不住大姐，一天不知哭多少次，掉多少眼泪。大姐是母亲的得力帮手，针线活做得又快又好。少了大姐就显得不太出活，又遇上裁缝铺的生意不太景气，活儿不多。社会上开始时兴皮底鞋，有钱人愿穿皮底鞋的越来越多，纳千层底的活儿就大大减少。大伯家的马车行生意倒满兴隆，因照顾我们家的时间太长了，认为我们一家六口是填不满的坑，想让我母亲改嫁了事。母亲执意不肯，经常与和尚四大爷说："我有五个孩子，其中一个孩子有点儿出息，我们就饿不死，我是有指望的。"大伯给我家的钱是有限的。家里的收入一天天减少，我和哥哥一年比一年大了，吃得越来越多，家中开销日益增大，为大姐借的一笔钱还没有还，又负了新债，每月都要付利息……窟窿越掏越大，真可说是债台高筑。每逢年关，母亲是愁上加愁。和尚四大爷和六姑的接济是杯水车薪，有时送来点儿钱略解燃眉之急，却难挽残局。俗话说："送信的腊八粥，要了命的祭灶神。"一过祭灶的腊月二十三之后，讨债的就会踢破门槛。母亲强忍悲痛，听他们说着难听的话，苦苦低声哀求着，劝走了王掌柜，又迎进接踵而来的账房李先生……

熬过这几天后，母亲再也忍耐不住，放声痛哭，不住地埋怨父亲不该去世太早，又哭大姐不该"走"，往后的日子无法过下去，感叹自己的命太苦。

的确，母亲一直都在受苦。我的姥爷一家是轮子行。姥爷赶大车，舅舅在南柳巷赶马车，家中生活极其困难。母亲三四岁开始捡煤渣，为了帮家中干活，没有裹脚，出天花没钱治，落了满脸的麻子。十七岁和父亲结婚时屋里就一个炕和一床半旧的被褥。两人感情虽好，可是三十二岁上便守了寡，孤儿寡母苦熬岁月。

我站在门槛上，手扶着门框，看到母亲顿足痛哭的情景，我的心都碎了。这一切在我天真幼小的心灵深处烙下了不可磨灭的印记。

渐渐地母亲冷静下来，看着围在她身旁哭泣的我们姐弟四个，说："我就盼着你们了，你们长大后只要有一个有出息，咱们全家就不会再受这些窝囊气！"我紧咬嘴唇，不住地向母亲点头，心里暗暗发誓说："这个家靠我了，我得学本事挣钱，只要能学到本事，多苦我也不怕。我长大了绝不让母亲再受穷。我们家一定得过上好日子，给他们看看。"

我的生活一天比一天穷困，学戏的条件也越来越困难了。

许德义师傅搭上杨小楼先生的班子，白天戏改为夜戏，早晨起得晚，不再去梨园公会练功。朱桂芳先生搭上梅兰芳先生的班，经常到外地演出。吴先生准备要搭马连良的班。此时马先生已和朱琴心先生分手自己挑班，郝（寿臣）老师的地位已升到二牌。过去花脸均应在旦、武生的后边，这样一来旦角和武生只能找年轻的演员配，所以旦角请了王幼卿（王瑶卿的侄子），武生约了吴先生。于是这几位先生都无暇顾我，我学戏没了着落。

一九二七年春季，我的戏迷伙伴裘盛戎进了富连成科班，更使我焦灼不安，我无止无休地磨咕母亲去找董二爷想办法，帮我找地方正式学戏。在生活难以维持的情况下，母亲万般无奈咬着牙同意了我的要求，几次去董二爷家请他帮忙。恰好这年冬月，董二爷的侄子从山东烟台的戏班来京置办刀枪把子，住在董二爷家。他看见我，觉得不错，同意带我到山东和女武生懿万春一起给他当徒弟。若是愿意，立个字据就跟他走。我高兴得跳啊蹦啊！回家去说服母亲。第二天，母亲带我到董老先生家里去立字据，谁知他却对母亲说："细想起来此事欠妥。你带着孩子不容易，他此去千里之遥，一立了字据，七八年不能回来，在外边若有个好歹……我没给你帮忙，反而害了你们。"我一听这话茬儿，学戏的事又告吹了，顿时急了，说："您不答应，我自己去，走也要走到烟台把老师找着，不怕他不要我。"董老先生见我决心如此之大，左右为难，不知所措。最后，他的老伴董二奶奶出面解了围。她对我说："这样吧，今天你先跟你母亲回去，我给你担个保。明儿让你二姥爷去富连成科班打听打听，若能要你，不省得去烟台了吗？这样你戏也学成了，还不用离开你妈，有多好哇！"董二爷说："能去富连成倒是好，不过，科班苦哇！"

董二奶奶看见母亲一听说科班苦脸上就露出难色，又接着说："哪儿学戏不苦哇！人家名角儿的孩子不也照样送去吗？谭家的富英不就是吗？人家受得了，他就受不了？再说，真有点儿事儿，你妈也能去看看你。"这几句话可真管事，我立即破涕为笑，说："那行，二姥爷，什么时候能去？"

"你别着急，一半天就让他去科班给你说说去，你回家听信儿吧。"董二奶奶说。

提起董二奶奶来，她在梨园界确实称得上是个人物。她性格爽朗，热心，爱管闲事，助人为乐，办事爽快，因此大家很喜欢她。董老先生又是梨园公会的组织者之一，所以上至四大须生、四大名旦，下至基层底包演员，无人不认识她、不尊敬她。董二奶奶给我家也帮过不少的忙。她很同情母亲的遭遇，在我们实在过不下去的时候，几次出面担保，我们才借到利息钱，如今为我学戏又费了不少心，所以我是非常感激她的。一九四九年，董老先生去世后，董二奶奶一直活到九十多岁。他们无儿无女，每逢年节我都请她到家里做客，每月还要送些钱给她。大约一九六五年我和爱人、女儿去看她，那是见她的最后一面了。

到富连成科班学习，梨园子弟入学很容易，外行子弟要家贫的，能吃苦的，还要有个好保人，最好是有些基础的，入科就能演点儿戏，不用从头教起吃闲饭。董老先生找到富连成科班的叶春善老先生，把我两岁丧父、家境贫寒的情况介绍了一遍，又将我拜许德义为师练功，给尚小云配演薛丁山的事夸奖一番。叶老先生同意看看，但因已近腊月，科班很忙，要过年后再说。董老先生一再要求提前，才定了腊月初二这一天带我去见见。

初二这天，我信心十足地跟着董老先生去科班参加考试。

一进富连成科班的大门，我就有一种异样的感觉。院里罩棚下面是学生练功的地方，静得鸦雀无声。我被带到正厅，叶老先生坐在中间，旁边还有几位先生，都不说话。董老先生和叶老先生互相作揖寒暄过后，叶老先生问："你都会什么呀？"我挺挺胸脯，将身子站得笔直，一口气背道："文戏会演《南阳关》里的伍云昭，《汾河湾》里的薛丁山；武功会拿顶、下腰、踢腿、飞脚、虎跳蹚子，虎跳前扑开了，过时还得抄一下；把子功会'小五套'、快枪、大刀下场，另外还会起霸。"叶老先生点点头说："说话倒挺冲，你遛几个虎跳，翻几个蹚子我看看。"我迅速地脱掉腿上的棉套裤（戏班人因要练功，棉裤穿脱不便，只穿夹裤，做两个棉裤腿，齐大腿根套好，有带子和腰带系上），跑了几个虎跳蹚子。这都是许先生给开的范儿。他的范儿正，我又真练，虎跳等看着很直，也很地道。叶老先生连连点头，又让我念了《南阳关》中伍云昭上场时的引子"威风飘荡，统雄师，镇守南阳"，嗓音高且亮。叶老先生说："得了，甭唱了，董二爷说行，那还有错？过了年就来吧！"我站在董老先生的身后直拿手拖他的衣服，向他示意：等不及了。董老先生明白我的意思，向叶老先生作了个揖说："您收下这个孩子，可真是行了好事，他家里现在正过不下去呢！这孩子心又太急，让他年前进来，我也就踏实了。"叶老先生说："把皇历拿来看看吧！"查看后又说："那就腊月初五吧，这天是'除危定日黄'，正是个好日子。"听到这话，我心里一块石头终于落了地。

回家后，我兴高采烈地将这个大喜讯告诉母亲，母亲想到我总算找到了所向往的地方，有了饭碗，脸上也微微露出了笑容。她马上给我张罗拆洗被褥，又借了点儿钱给我把被子里添絮了些新棉花。初四下午全部准备停当了。

这三天对我来讲，可太难熬了！我天亮盼天黑，天黑盼天亮，时间过得仿佛比往常慢多了，这三天简直就像过了三个月。

初四下午，我入富连成科班的保人——董二爷拿来入科班的契约。它是个大红纸折，封面用墨笔写着"关书大发"四个字，折内写的是：

> 立关书人×××，今将×××，年××岁，志愿投于×××名下为徒，习学梨园生计，言明七年为满，凡于限期内所得银钱，俱归社中收入。在科期间，一切食宿衣履均由科班负担，无故禁止回家，不准中途退学，否则由中保人承管。倘有天灾疾病，各由天命。如遇私逃等情，须两家寻找。年满谢师，但凭天良。空口无凭，立字为证。
>
> 立关书人×××画押
> 中保人×××画押
> ×年×月×日吉利

母亲一听，七年在科期间不许回家，不许退学，天灾疾病各由天命，顿时泪如泉涌，迟迟不忍在上面画押。事情到了这一步，母亲哪能阻拦住我去实现多年的愿望，哪能改变我早已下定的决心呢？我满心欢喜，无所畏惧地伸手蘸红印油，替母亲按下了手印。

晚饭，母亲一口也没吃。深夜，我很快进入了甜美的梦乡，偶然醒来，蒙眬间看见母亲还坐在炕沿看着我，用衣襟擦着她那双早已哭得红肿了的眼睛。

第二天，即一九二七年腊月初五，天还黑黑的，我猛然醒来，睁开眼，立刻起来穿衣服。刚刚入睡的母亲被我吵醒了，哥哥、姐姐们也都起来准备给我送行。

"到了科班要听师傅的话，少挨些打。"

"过几天我就去看你，给你送点'鱼钻沙'吃。"

"别打架，有事儿多问问大群子，他比你先去几个月，懂得些规矩。"

一路上，母亲一边哭一边反复叮咛，好像我此去是九死一生似的。我虽然一一点头答应，心却早飞到了日思夜想、对我来说还带有些神秘色彩的富连成科班去了。几天来我的心一直在沸腾。腊月前后是北京最冷的日子，西北风刮在脸上，我心里却感到暖融融的。

母亲将我送到富连成科班门口，我自己拿着行李、契约，走进院门。院子尽头是大影壁，我将要转过影壁时，回头看见母亲依旧站在大门旁向我张望着，不断地用手擦眼睛。我不禁鼻孔发酸了。我迅速地绕过影壁，用手背抹去泪痕，走过穿堂……

从此，我开始了新的学艺生活。

坐科

ZUOKE

一九三〇年前后,富连成应邀赴绥远演出,在边站合影(局部之一)

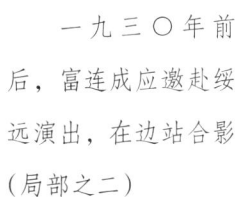

一九三〇年前后,富连成应邀赴绥远演出,在边站合影(局部之二)

一九三〇年前后,富连成应邀赴绥远演出,在边站合影(局部之三),后排左二为我,后排右一为裘盛戎

伍 学老生 罩棚练功

富连成科班最初称喜连成,于一九〇四年正式成立,吉林富绅牛子厚为班主,专供财力,社长叶春善师傅掌管教学、演。

一九一二年冬,牛子厚因其家族争分财产,无法兼顾北京之事,经苏雨卿老师介绍,转给北京外馆财主沈玉昆接办。科班遂改名富连成。

一九四八年,北平解放前夕,社会动荡不安,富连成科班挣扎无济,终于被迫宣告解散。

科班成立的四十四年中,先后培养了"喜""连""富""盛""世""元""韵""庆"八科将近八百名学生,出科后有的成长为表演艺术家、名演员、名教授、名教师等,在社会上享有盛誉,为京剧艺术造就了大批人才,对京剧艺术的发展做出了极大的贡献。在当时历史条件的局限下,科班中也是存在着一定问题的,然而,以我个人来讲,今天能在艺术上有些成绩,是与科班内诸位良师、前辈因材施教,辛勤培育,给我在艺术上打下了坚实的基础分不开的。

七年的科班生活，我至今记忆犹新。

记得我初到富连成的那天，进了大门，转过院中影壁，走过穿堂，来到中院，立即有位先生将我拦住。他问清我是新来的学生，就带我去递交了契约，又领我到学生们居住的南屋里间。房内只有一排大炕，贴墙摞放双层被卷，先生唤进盛利等人，给我腾出地方。我放下行李，就到院里看练功。中院院子很大，是我们活动的主要区域，院子四周立有几根大圆木柱，高出屋檐，上有顶棚，齐屋檐，装着通风透光的玻璃窗，像罩子一样，将院子、房屋连成一体，称为罩棚。北屋早先是佛殿，如今还称佛殿。佛殿前的廊子上钉着两块两米见方的醒目的班规大牌，上写科班训词和梨园规约，旁边还挂着一根约七十厘米长、十厘米宽，两头发白、中间紫红色的竹板。靠西厢房前放着一张桌子、两把椅子，我想这里大概不会使罩棚下练功的人感到碍事，便站到桌子前观看。嗨！站在这里，整个院落，屋内屋外，尽收眼底（三面房子都没门）。罩棚下的学生在过跟头，他们翻飞、纵跳、跌打、扑跃，可谓生龙活虎。佛殿正座上坐的是王连平师兄，正在给学生们排《夺锦标》（即《三打祝家庄》）。偏座上坐的是王喜秀师兄，在说《铁莲花》。苏雨卿先生在给陈盛荪等说《孝感天》。身背后西厢房里张盛禄、孙盛文师兄在合教《渭水河》。南屋萧连芳师兄给仲盛珍、叶盛兰等人说《悦来店》。真是拉的、唱的、念的、喊的、翻的，互不干扰，秩序井然地同时进行着。我的眼睛不知看哪里好，耳朵更不知听谁唱好，可说是眼花缭乱，耳目难以兼顾了。当时科里比较突出的老生有李盛藻、钰盛玺、关盛明、贯盛习，旦角有王盛意、陈盛荪、刘盛莲、仲盛珍、孙盛芳，小生有陈盛泰、朱盛凌（先武旦后改小生）、叶盛兰，武生有杨盛春、孙盛云、高盛麟，花脸有刘连荣、王连奎、宋富亭、韩盛信、孙盛文、马盛雄、林盛竹、萧盛瑞、裘盛戎，丑角有叶盛章、孙盛武、贯盛吉（贯盛习之兄）、王盛如、全盛福等人。

"搭桌台（即桌面）！"

"搭桌台！"

约十一点钟,负责练功的宋起山先生(宋富亭师兄的父亲,新中国成立后曾任中国戏曲学院教师)和贾顺成先生喊了几句。罩棚下练功的学生马上卷好地毯,屋里戏组也相继收了。学生们迅速从后院搬来三个桌台,一边能坐三十多人,所坐的板凳就是晚上在炕沿上又接出一层铺时用的长凳。厨房大师傅从后院端来大黑皮碗和长短不齐的木筷子,抬来一桶馒头和一大锅白菜汤。经过几分钟的忙乱,全都吃上饭了。很多人都到罩棚外穿堂一个小贩那里买了炸麻花,掰碎泡在白菜汤里吃。我很奇怪地看着这种吃法,后来才知道这麻花泡菜汤是科班中的美味。听师兄们讲,当初马连良先生坐科时生活艰苦,经常买一个麻花分成两半,匀着吃两次麻花泡菜汤。

我正在四处寻找着老相识盛戎,就觉得后背被人轻轻地碰了一下,回头一看,正是他!盛戎端着两碗熬白菜,站在我背后。我一笑,腼腆地接过碗来,他又去拿了几个刀切馒头,我们到罩棚角落较安静的地方蹲下来。我喝了一口白菜汤,半凉不热,简直一点儿味道也没有,纯属开水煮白菜。我在家中虽也是粗茶淡饭,但母亲粗粮细做,饭菜总是很可口的。

"你一来,我就偷偷地看见你了!"他咬了一口馒头说。

"你来这儿几个月,唱戏了吗?"这是我迫切想知道的。

"唱了。"

"什么戏?"

"《探阴山》。"

"怎么样?"

"还不错。"他不好意思地笑了笑说。

我还剩几口没吃完,桌台已拆,有戏的学生开始站队准备上馆子(戏院的旧称),盛戎有事,也去了。

他们走后,我赶忙去换上刚发给我的科班服——一身蓝布裤褂,外罩蓝布大棉袄、青斜纹棉布马褂,下穿棉套裤,还有一顶瓜皮帽和一顶已旧的棉绳帽。我腿带还没绑好,就听见有人喊我去唱"困曲"。我不解其意地跟他们去了。原来是让我们几个新生和没戏的学生跟郑正芳先生学昆曲《天官赐福》。郑正芳先生擅长笛子，对昆曲各曲牌唱段极为娴熟，故他只教唱，不教身段。记得他是南方人，唱昆曲时略带南方口音，听着很悦耳。

昆曲载歌载舞，板眼节奏、音韵、音准要求严格，是学习京剧的必修基础课，各行角色都不例外。老生要学《仙园》《天官赐福》《富贵长春》等戏，旦角要学《闹学》《惊梦》《思凡》等戏，小生学《拾画叫画》《梳妆掷戟》等戏，丑角学《祥梅寺》《下山》《借靴》等戏，武生学《探庄》《夜奔》《蜈蚣岭》《宁武关》等戏，花脸要学《火判》《醉打山门》《嫁妹》《功宴》等戏。

学生们不完全理解学习昆曲的重要性，从饭后直唱到下午两点，本来此时就较疲倦，何况昆曲唱词文学水平高，不通俗，科班不设文化课，学生文化水平极低，年龄又小，根本不懂词意，好似念经文一般枯燥无味，唱着唱着就困了，所以淘气的学生将昆曲叫"困曲"。

学完昆曲，张连宝师兄看着我们打把子，我和大家一起打了"小五套"、单刀枪，在他们的邀请下，我使出全部本领耍了趟枪下场。有的新生还没我这两下子，我就热情地给他们纠正动作，时间很快就过去了。

将近日落西山时，演出的第一批人回来了，我们随即结束把子功。饭后，全体人员开始晚练功、排戏。武旦朱盛富早绑好跷（假小脚），放下地毯练出手，刘喜义师兄负责武戏组，督看《嘉兴府》的开打，文戏组也各就其位唱起来，我依旧站在桌前津津有味地观看着。

今天，我如愿以偿地来到科班，格外兴奋，面对师兄们各显其能的排练场面，除无比羡慕外，还暗暗下着决心，憧憬着自己的美好未来。

就在这时，忽然传来一片叫喊声：

"先儿！""先儿！""先儿！"

我莫名其妙地向四处张望，只见从前院穿堂走过来一位老人，身穿黄色的旧长皮袄，黑缎子大坎肩，外系蓝褡包，头戴一顶老头乐帽，盖着双耳，足穿一双千层底鱼式缎子棉鞋，左手挽着白袖口，右手提着皮袄开禊，慈祥地微笑着，从我身旁走过，进了南屋。噢，这不是名丑萧长华先生嘛！我马上辨认出来了。他演出回来在南屋给关盛明、叶盛兰、萧盛瑞等人说排《取南郡》。此时我才悟出来刚才的声音是在叫"先生"两字，因为都叫的是连音，所以成了"先儿"，我听不出来了。

十点钟，徐天元先生喊："收工！搭铺！"这时紧张的一天才算告一段落。我随大伙儿进了南屋里间。

萧长华先生

唉呀！屋里尘土飞扬，令人窒息。五十多人住三间房，同时扫炕、搭铺，在炕的外沿用铺板、板凳搭出一截，加住一排人，汗味和窜鼻子的臭脚丫味不断散发出来。学生们每天练功、演戏、排戏，出了很多汗，半月才洗一次澡，平时大都不洗脚，屋里的气味可想而知。

张盛利师兄帮我铺好已被折成一尺多宽的褥子。我回身看见有几个师兄每人占了比我宽三倍的地方。盛利师兄见我发愣，心里就明白了。

"你将就着睡吧，我有病常回家住，你的铺位就宽敞了。"

盛利师兄的父亲是演青衣的张彩林先生，擅长青衣花旦、刀马旦，荀慧生先生、雪艳琴（黄咏霓）都是其门生，他和富连成科班交往颇多，住在西草厂。我家是盛利师兄从科班回家的必经之路，他路过我家门口时曾看过我的"戏"，我也曾向他询问过如何才能进富连成科班的事。有这几面之交，科班里再相遇，颇有亲切之感，马上就熟了。

我顺从地点点头，便以最快的速度脱衣上炕，用被子蒙上头，不一会儿便睡着了。

我睡得很香甜。忽然，一阵哭叫声把我从梦中惊醒。我极力睁开困涩的双眼,借着罩棚里那盏通夜长明的五瓦灯的微光,看见大家都在酣睡。哭声好像是从罩棚传来,我顾不及仔细分辨,又重新进入梦乡。

"啪!啪!啪!"

"起来!起来!"

大约清晨六点,徐天元先生拿着藤棍边敲桌子边喊。我没敢怠慢,忙坐起穿衣服。有那醒不了的,徐先生就走过去把他敲打起来。大家七手八脚地将临时铺板拆除,搭到后院。罩棚内高一阵低一阵的哭泣声始终没止住。是谁呢?我纳闷极了。

一刻钟后,大家纷纷来到罩棚。我见大家都不洗脸,只好跟着漱漱口,用手揉揉眼睛,走出南屋。一眼看到罩棚地上坐着一位比我略大些的小师兄,满头生疮,后背紧贴东墙(中院没有东房),两腿分开成"一"字。为了不让腿往前移动,每只脚前码放一摞砖。莫怪他不停地哭喊,平常人两腿横向分开,不过是九十度左右的极限,如今他的两腿已撕开快到一百八十度。撕这条大筋是最疼不过的,又不像压腿能自己掌握分寸,况且前有砖,后有墙,两面顶住,一点儿缓和的余地也没有,长时间地耗着,自然是更难熬了。

他仍在低声哭泣,不断地用手背和袖子擦抹总也擦不干的鼻涕和眼泪。

一位二十多岁的大师兄见我们陆续来到,就走过去搬开了两摞砖。

"快起来踢腿吧!"大师兄给他揉搓了几下大腿根,催促道。

他没有起来,自己用手使劲地揉搓着腿根部到膝盖的内侧部位。

"快点儿起来呀,不然要存筋啦!"那位大师兄的口气有些急了。

他艰难地要站立起来,但两腿已经不听指挥,他似乎不知该怎样迈步了。

"悠腿!听见没有!快!"话音没落,啪的一声,藤棍打在他的屁股上,他的腿也终于悠了起来。

"要想成个大武生,腿功不好,没有横叉成吗?踢!一百横腿,一百骗腿。自己数着!"

我凑到盛戎跟前:"他叫什么名字?"

"杨盛春,学武生。每天,苏富宪师兄提前一小时叫他起来练功,他的横腿不好,天天都哭……"

没等我问清楚,负责大家练功的武行头郝喜伦师兄走过来问我:"你都会什么功?会拿顶吗?"

"会!"

"跟着练吧,拿顶时我数一百个字才能下来!"

听着他的口令,我们同时双手扶地,将脚甩到墙上,一个个紧挨着,在东墙竖起大顶。

"啪!啪!一!"

"啪!啪!二!"

"啪!啪!三!"

郝喜伦师兄坐在昨天我看练功的桌旁椅子上,一边喝茶、抽烟,一边拿手里的藤棍不时地敲着桌腿或桌沿,每敲两下念一个数。我以前向许德义师傅学拿顶时只念五十个字就下来,并未感到吃力。很快五十个字过去了,胳膊有些发酸,我不时轮换地抬起一只胳膊,甩甩手腕,让它松弛一下。七十个数过去了,我出汗了,胳膊已经发麻,我咬紧嘴唇坚持着。

"啪!啪!七十九!"

"啪!啪!五十!"

"啪!啪!五十一!"

啊!这是怎么回事?好容易熬到八十个字,怎么又变到五十啦?后来我才知道这是家常便饭。

我的汗珠从脸上滴到地上,胳膊木胀胀地直发抖,腰在打晃,我将双脚在墙上上下滑动,想减轻胳膊的负担,然而无济于事,反而更累。

"啪!啪!七十一!……七十二!"

扑通！一个人的脚从墙上重重地落地了。啪！啪！两声响，这是喜伦师兄拿藤棍抽他屁股的声音。

"唉哟！唉哟！"

"上去！"喜伦师兄厉声喝道。有的人宁肯屁股挨两下打，也愿意先下顶缓十几秒钟的劲儿。

"九十二！……"每个人的汗珠都滴在地上汇成一小摊。我已感觉不到还有胳膊的存在，只看见胳膊在大幅度地抖动着。"快了，快了，我可别掉下来挨打。"我像拉风箱般地喘着粗气，要哭，但竭力克制着。

罩棚里喘粗气声、抽泣声越来越大了。

"安静！安静！越喘粗气越累，这是为了你们好，不吃苦练得出来吗？不练好顶功，腰里没劲，臂力不够，怎么能过跟头？再叫喊我就从头数，看……"

扑通！扑通！说时迟，那时快，他的话音还没落，一个人支持不住，卧膀子倒下来，砸在旁边人的身上，于是一串人全倒了下来，当然也不排除有借机而倒的人，我幸好也在其中。我们被碰倒的平安地熬过这一关，头一个掉下来的是难逃"法网"的，屁股上不免要挨几藤棍。

学生在科班挨打是家常便饭，"不打不成才"是天经地义的，所以每天练功排戏，老师手中总是拿着藤棍、竹板。如果认为谁偷懒、谁学得慢或学走了样，举板就打几下，称之为"打戏"。

接着下腰。我的腰很软，可以用手扳住脚，虎跳踺子、小翻也都能跟着来。练完基本功后，武戏组学生继续翻大跟头，喜伦师兄说："你不是学老生的吗？去西屋找你们盛禄师哥，还去学老生吧。"

我到了那里，盛禄师兄大致问了问我的情况，听我喊了几声"噫""啊""呔"。

"跟着他们学《龙虎斗》的唱段吧。念白、引子都学过了，你追一追。"盛禄师兄说。

和我一同学习的也是两个新生，一个是琴师李乐亭之子李世霖，一个是承华社账房先生之子李世源，他长着一对特大的眼睛，外号大狼猫。当时还没"世"字辈，李世霖叫李盛霖，李世源叫李盛源。

我们刚张口学唱，就听前院过道传来阵阵叫卖声，强烈的饥饿感一下子袭来。科班只吃午、晚两顿饭，这个小贩天天八点钟来，直等午饭后才走。我随同学跑到小贩那里一看，有烧饼、麻花、糖耳朵、热煎饼。仔细一瞧，这小贩我还真认识，他就住在前孙公园。他也认出了我，说："你也来了，好好学本事吧！"我感激地笑了笑。临来母亲给了我五大枚，我花一大枚买了一个烧饼、一个麻花，三口两口就吞了下去。

接着，我们回屋随着盛禄师兄，又唱起了"探马儿不住地飞来报，他报道罗家山兵发一彪"。从此我的学习纳入了正轨。

陆 除夕近 封箱算账

紧张的生活就这样一天天地过去了。转眼已是腊月十八。近两天的气氛与往日不同。这天起床时,屋里没有了嬉笑打闹,练功、排戏个个格外精神,就连吃饭时罩棚里都变得鸦雀无声。昨天夜里排戏破例地直排到深夜两点,然而谁的脸上都没显出困意。我百思不解这是为什么,晚上躺在被子里,悄悄地问盛利师兄。

"从今天起到放假前,是年底封箱算账的日子。"他将脸从被子里露出来小声说。

"封箱算账干什么?"

"每年都这样,老规矩!"

"为什么都变老实啦?"

"怕挨打!"

"怎么还有人说话呀?"负责查夜的武旦老师徐天元先生又拿着藤棍站在那里喊。我们急忙将头缩进被子。

年底封箱算账，是富连成科班多少年传下来的老规矩。每年腊月十八到二十五六的几天里，除特殊情况外，都要用写着"封箱大吉"四个金字的红纸将戏箱封起来，每天只练功、排戏，不再演出，这是师傅跟学生算一年总账的时间。有功的请赏——涨份儿钱，有错误记打的，责打。这些事师傅记得很清楚，全在这时找齐。难怪师兄们这几天变得那么老实。

第二天练完毯子功后，我照样将盛禄师兄的茶杯涮好，放上茶叶，从罩棚桌子旁的火炉上取下大铁壶倒开水沏好茶，然后跟师兄继续学《龙虎斗》。

叶春善师傅

一会儿，从过道传来师傅的咳嗽声，顿时人人脸上的肌肉都收紧了，连呼吸声都变细了。

叶春善师傅又名鉴贞，原籍安徽省太湖县。其父叶中定老先生专工净角，颇负盛誉，世人称为"活曹操"。师傅曾入小荣椿班学艺，工老生，文武昆乱无一不精。因一度嗓子哑，在后场担任管事，安分守己，勤劳不倦，后吉林富绅牛子厚有意成立科班，即请师傅做了社长。师傅为人极刚正耿直，对事业兢兢业业，为办好科班花费了大半生的精力。他对学生要求极为严厉。这些日子，我听了不少怕师傅的故事。

师傅住在前院的三间南房，中间堂屋供着祖师爷，东边一间办公用，西边一间是卧室。这几间房和中院佛殿只隔一堵墙，在卧室墙上开了一扇玻璃窗，从窗户中就可观察中院的一切情况。他只要在屋里，总是将帽子和拐杖顺便挂在窗框的钉子上，这样一来，窗框上的帽子和拐杖就成了识别师傅是否在科班内的标志。有几个人，像全盛福师兄（外号孙猴子）和李盛睦师兄（外号猪八戒）等，专爱打听师傅的行踪，只要看到帽子在，就将中指压在食指上到各屋打信号示意，学生们就变得老实了，说话格外小心，低声细语；如果师傅不在，就会噢的一声，马上罩棚内外气氛大变，嬉笑打闹，大声喧哗起来。

今天师傅还穿着我考试那天见到的那件长袍，黑坎肩，两腿有些颤抖地从穿堂走进罩棚。

师傅腿的毛病又是怎样造成的呢？听人说，有一年"连"字辈出科的师兄在演堂会时偷偷赌钱（科班中严禁赌钱），师傅发现人少了，就在饭庄四处查看，终于在一间房屋门外听到里面有赌钱的吵闹声。师傅一声咳嗽，屋里灯突然灭了，师傅更恼火了，厉声高喊："里面是谁？都给我出来！"说着就要上台阶冲进屋去。里面的人知大事不好，开门往外冲，慌乱中将师傅撞倒，并从台阶上摔下来。急送医院，检查结果是腿骨折了，经过多日治疗，因当时医疗技术落后，伤虽痊愈，腿却落下残疾。

我一边唱一边斜眼偷看师傅。他和往常一样，板着脸一声不响地坐在罩棚下的椅子上看练毯子功和排戏。大家都格外卖力气。

好一会儿，师傅都没和人打招呼。

快吃饭了，师傅站起来，走到佛殿廊子上，在椅子上坐下。知底细的同学互相传递了一下眼色。

"大白呢？过来！"师傅终于打破了令人压抑的沉默。

霎时，一切活动都停止了，众人的目光迅速集中到罩棚下，整个院落静得一点儿声音也没有。几秒钟后，李盛国师兄战战兢兢地走到师傅面前，低声下气地答应着："师傅！"大白是他的小名，原来科班里有个习惯，不管徒弟年岁多大，哪怕是"喜"字辈的大师哥，三十多岁了，师傅也只唤小名，师兄也称师弟小名，以示亲切。师傅严厉地数说了他一顿。我刚去，听不太明白，后来听人说，他犯了好几条班规，记打后又犯了错误，师傅气急了。

"搭板凳！"师傅突然高声吩咐。我不由得心里一惊。此时屋里的人也都移到罩棚下。

"师傅，饶我这一回吧！师傅，我下次再也不敢了！"扑通一声，大白给师傅跪下磕头作揖央求着。

师傅沉着脸一声不吭。大白知道这顿打是躲不过了，边哀求着，边无可奈何地站起来，畏畏缩缩地从南屋抱出那条吃饭、睡觉、挨打三用板凳，放在罩棚中间。

"师傅！求您少打我几板吧，下次我再也不敢了！师傅……"

他又用手擦了擦眼泪，终于脱下裤子，磨磨蹭蹭地趴在凳子上。郝喜伦师兄从佛殿前廊的钉子上摘下了那个竹板。噢！原来这是一根打学生的专用竹板啊。

"先打十板！"

只见郝喜伦师兄举起竹板子就往下打。平时都说是打屁股，实际上是打大腿中部，因为若将屁股打伤就不能坐了，打大腿中部不仅可以用屁股跨边坐椅子，稍一定痂后，活动起来便不大碍事了。他第一下打得偏左，第二板打得偏右，血马上都涌到中间部位，接着往中间已成紫红色的部位打第二板，竹板再抬起准见血。科班实行"打戏"，不光学戏要挨打，只要触犯了班规都要责罚受打，故对打板还是很有研究的。

和板子声同时，响起了盛国师兄"唉哟！唉哟！我的妈哟"的叫声。两种刺耳的声音混在一起，令人心惊肉跳。我急忙用手捂上眼睛，不敢正视。十板打完，师傅又是一大顿斥责。

"再打二十板！"师傅越说越气。

"师傅！少……几板……行……行……好……求您……"

大白高声叫喊哀求。最后，师傅给他减了五下，前后共打了二十五板。我长这么大从未见过这种阵势呀！入科前曾多次听说科班里挨打的事，还要"抱板凳"，但做梦也没想到这么骇人。

目睹这顿打，对于刚刚入科十几天的我来说，真是一个可怕的下马威呀!

腊月二十六开始放假,一年中,除五月初三靠箱会放假半天外,只有这几天假能回家看看。

我回到家中和母亲、哥哥、姐姐们相见,好似久别重逢一般,家中的一切都是那么亲切、新鲜。哥姐们你一言我一语,有着问不完的话,我几乎都回答不及,不过我当然是只说好不说坏,更不敢把封箱算账打人的事告诉母亲。

和尚四大爷知我年底能回家,特地带了好多年货专程来看我,其中有我最爱吃的油炸饹馇盒儿和蜜供。

"好小子,长点儿志气好好学,成了名角儿上台,别忘了让四大爷去看戏!"这句话他不知反复地说了多少遍,又高兴地用手撑着我的手,将我高高地举过他的头顶。

"先给四大爷唱两段听听!"

"探马儿不住得——"

"探马儿不住得——"

"飞来报。"

"飞来报。"

……

他兴奋地跟我学着唱了起来。住在我家对面西屋的张六叔、张六婶和住另一间西屋的李奶奶都被吸引到我家里来了。

"等初六开工,就教我《马鞍山》,还说让我上台唱呢!"我略带骄傲地向大家汇报。李大妈家拉洋车的二儿子李二秃,走进院里听见我们又唱又说,就在院里搭腔:"明儿你要成了角儿,包车就是我的啦!今天咱们就先说定吧!"

"哈哈哈哈!"

整个小院欢快地沸腾起来了。

三十那天午饭后，我不得不将科班规定三十晚六时要回社，初一早晨八点，富连成全体人员集体到王府井炭厂胡同（现东风市场对面）给沈东家拜年等事告诉母亲。

母亲听后，几天来喜气洋洋的脸上顿时一沉。

"怎么也应该让在家过个团圆年啊！"

"今天你别走了，明天一早妈送你去，再跟师傅说说情。"

"这是规定，不回去哪行啊！"我坚决要回去。母亲照例拗不过我，只好让哥哥送我回去找师傅说说请个假。母亲还是满怀希望，认为我会和哥哥一起再回来，一家人亲亲热热地过年三十，熬夜守岁。

路上，我将那段学员挨打的事情不得已原原本本讲给哥哥听。哥哥不听则已，一听就胆战心寒了，吓得他只将我送到富连成门口，门也没敢进，在门外转了一会儿，估计时间差不多了，才慢慢地回家"交令"。一九六六年母亲去世后，哥哥追忆起这段往事时告诉我说，那个三十晚上，母亲一直在掉泪，饺子也没包多少。晚上十一点了，母亲又让他陪着来到富连成，想亲自来请假把我接回去，看大门早已紧闭，街上路静人稀，只隐隐约约听见几句"送财神爷来了"的喊声和稀稀拉拉的鞭炮声，母亲才万般无奈怏怏不乐地转回家去。我是母亲唯一的安慰和希望，我完全理解母亲对我的钟爱之心呀！

富连成科班每天都在广和楼演日场戏。广和楼原是茶楼，富连成在此演戏时，仍保留着原来的特点。戏园前的一个长方形院子内设有各种小吃摊，卖卤煮小肠、豆腐脑、爆肚、各种馅的糖火烧等北京风味小吃，物美价廉，颇有名气。其中白记豆腐脑最为出名，有的观众是慕名来吃小吃，顺便才看戏，可见这个小院里四方来客之多。里面，不像一般戏园那样有一排排的座椅，而是将一张张大长桌顺着舞台成行地摆放，桌旁分放两条大长凳。观众们对面而坐，分别将头向左或向右扭向舞台看戏，时间一长观众们必得向反方向转动转动头部，否则脖子会感到很吃力。他们不停地喝着茶水，吃着瓜子等零食。卖糖果、瓜子的小贩，穿梭似的在座位中往来。哪位观众需要擦嘴、擦手的毛巾——我们称为手巾把儿，立刻会有人送到面前。因为有两个人是专门负责扔手巾把儿的，扔得很准。手巾把儿在观众头上扔来扔去，满场飞舞。幸亏茶壶添水是由观众们自己前后传递，不然会更热闹了。

我们科班多少年如一日，就是在这样热烈的气氛中演出。但是，小贩和扔手巾把儿的都是了解剧情的熟手，一些活动都是在戏换场或两戏间隔之中进行的，从不搅戏，也不干扰观众听戏。

我第一次在广和楼登台，是入科的三个月之后，饰演《天水关》中的赵云。

袁盛钟，就是演这出戏时科班给我起的艺名。

赵云在《天水关》一剧中是个次要角色，在我看来却是极重要的，也难怪，这是我在富连成第一次登台演出嘛！记得我曾特地请母亲给和尚四大爷捎信儿，一定要他来看这场演出。

为了演好这出戏，一到广和楼后台，我就挑选了一双略整齐合脚的厚底靴，用大白刷好，交给管靴包箱的彭师傅，我还将要戴的髯口用梳子通顺，又询问我所扎的靠在哪里，怕临上场时要穿已挑剩下的又脏又破的服装。管箱师傅被我搞得不耐烦了，不大高兴地问我：

"你演什么呀？"

"《天水关》的赵云。"

"哈哈……"他仰头大笑。

"你这小子事儿太多，我还以为你演的是《珠帘寨》里的李克用呢！走吧！走吧！一会儿有你穿的。"我被不容分辩地轰走了，但我对服装整洁、漂亮的要求一直保留至今。

以后又相继演出过《马鞍山》里的钟元甫、《汉阳院》里的刘业、《太白醉写》里的唐明皇。虽说我学老生，基本上演的是末行。《马鞍山》中钟元甫是钟子期之父，李世霖演俞伯牙，此戏是俞伯牙和钟子期结为知音的一年后，俞伯牙再次来会钟子期，不想钟子期已死，却遇到给儿子上坟的钟元甫，钟元甫向俞伯牙述说了子期至死不忘伯牙的经过，俞伯牙悲痛欲绝，摔琴报知音的一段故事。钟父在戏中有一段【原板】：

　　人老无儿甚惨凄，
　　似狂风吹散了满天星。
　　黄梅未落青梅落，
　　白发人反送了黑发人。
　　我的儿啊！

唱到"满天星"一句的最后拖腔时，我左手拿着装有纸钱的篮子，将胡子甩到右手上，眼睛一眯，头一摇，露出苍老、凄惨的神情，得到了掌声。

我在《汉阳院》中演穿红官衣、戴黑髯口的曹操的谋士刘业，向曹操举荐徐庶去说降刘备，万不可轻举妄动攻打新野，然后赶《长坂坡》中的一个老百姓——白发老人。我和其他几个"百姓"商量好了，我在"急急风"中挂着拐杖，颤巍巍地跑上，一个前栽跪倒台口，接着跪蹉步，他们上场将我搀起跑下。王连平师兄在后台看了，连声夸我挺有戏，演得认真，高兴之余，给我的小份钱涨了一小枚。

科班里给能上台演戏的学生每天都发些零花钱，称为小份钱，按其台上的成绩定格，少者一枚，多者十几枚。演《马鞍山》后给我定了一大枚。一大枚加一小枚，可买两个麻花、一个烧饼。不过我经常只买烧饼，免去麻花，节省几枚钱积攒起来，交给母亲度日。

柒 新起点 改学净行

我入科一年多了。一天早饭后,演出的学生们排大队去广和楼。萧先生利用演出前的时间,在佛殿给叶盛章、仲盛珍、萧盛瑞、刘盛莲、孙盛武等说《秦淮河》(即《贪欢报》)。我们没有演出的几个师兄弟在罩棚打把子。我打了一套快枪,接耍枪下场。最后的亮相,正巧对着佛殿门口,被萧先生一眼瞥见了。

"嘿!这孩子大眼睛、宽脑门儿,有点儿像郝寿臣的样儿,亮相虎头虎脑,有花脸的架子。"萧先生向他们夸奖我。这倒不奇怪。我打把子的蒙师是武二花许德义师傅,亮相自然会带些花脸相喽。

"去把他叫进来!"萧先生对萧盛瑞师兄说。这位盛瑞师兄,虽是姓萧,和萧先生并不沾亲。他专工架子花脸,在科里有"活张飞"的称号,与侯喜瑞、陈富瑞号称富连成花脸"三瑞"。萧先生很注重对他的培养,他倒仓,特地教他《秦淮河》里的张顺,这出戏是小说《水浒传》中的一折。宋江背上长恶疮,非神医安道全不能治,遂命梁山好汉浪里白条张顺去请安道全。

张顺由架子花脸应工，勾白花三块瓦、嘴叉子。做、念的表演重，唱不多，在仓门上也能适应。萧先生为盛瑞师兄费了不少苦心。可惜，他出科后，自己不争气，禁不住社会的影响、坏人的引诱，染上嫖、赌、抽的恶习，仅二十几岁上就倒卧街头，被旧社会吞噬了。

我随盛瑞师兄进了佛殿，萧先生问了我的姓名、学哪一行等，我一一回答了。

"你的扮相学老生不合适，愿意学花脸吗？"

"愿意！"我毫不犹豫地回答。

"那你就改学花脸，跟他们一起学张顺吧。"

于是，我留下来与盛瑞师兄一起学念张顺的台词。

念到张顺醉酒时，要摇晃头部，嘴里发出带有颤音的呕吐之声"噢……"我被难住了。我只能摇头干"噢"，却出不来颤音。

"你的嘴不要僵劲，把腮帮放松，这样：噢……噢……"萧先生讲要领示范数次，我的腮帮依旧放松不下来。

"呕吐声是很常用的。喝醉时真醉要用，假醉也要用，花脸要用，老生、小生、小花脸都要用，不会不行。戏词好背，你先到一旁练吐吧。"

得！第一次上萧先生的课，我就下了小操。

"噢……"

"噢……"

"噢……"

我在一旁摇着脑袋，一声接一声地练习呕吐。

佛殿外，那几位同我一起打把子的师兄弟们，不时地探头冲我挤眉弄眼地笑，我赌气转脸冲里对着墙去"吐"。

直到萧先生和盛瑞等师兄们要去广和楼演出，我没再念一句词。临走前，萧先生又嘱咐我："你告诉盛禄，我给你改花脸了。以后，跟盛文去学吧！"那时，我们经常穿插着学两三出戏。

我改花脸的消息成了科班的头条新闻。晚饭桌上，师兄们为此议论纷纷，跟我关系近些的，都凑过来七嘴八舌地询问，谈他们的看法。

"你现在学老生演了戏，刚入门，先来点儿硬二路，以后慢慢能带出来。改什么呀？萧先生问你愿不愿改花脸，也不是非要你改，你不想想就说愿意？去跟萧先生说别改吧！"

"你若没有花脸嗓子，只有花脸的相儿，难道将来老在台上摆着吗（指演一些次要角色）？"

"花脸能有你的饭吃吗？现在花脸有连荣师兄、盛文师兄，小些的有萧盛瑞、裘盛戎，他们都正红着，还有马盛雄、林盛竹等人，都是武二花兼架子，哪里就轮上你呀！"

听了这些反对意见，我没有和他们争辩。我之所以能痛快地向萧先生表示愿意改花脸，是有我的想法的。

我从小就喜欢花脸这一行当。为了听花脸戏还学会了赶包（过去演员都没有固定班社，可以任意结合，为了挣钱糊口，可以同时在几个班社中参加演出，俗称赶包）。我八九岁时，在戏报上看到徐碧云班社中老生王又宸与裘桂仙、侯喜瑞、慈瑞泉等老先生合演新戏《塔洼奇闻》，就跑去看。半路上经过广和楼门口，见戏牌子上写着裘桂仙、侯喜瑞、筱翠花（于连泉）正在演《穆柯寨》，这是我必看的戏，但又担心误了《塔洼奇闻》，心中犹豫不决；再一想反正裘先生他们没有分身法，必须这边演完，再去那边赶包，我何不看完《穆柯寨》再去那边看他们的《塔洼奇闻》，来个赶包听戏。由此可见我看花脸戏的兴趣之大。《塔洼奇闻》就是《奇冤报》，不过是旧内容换个新戏名罢了。我不仅爱看花脸戏，还专爱看演员勾脸扮戏。钱老、郝老们化装时，只要我在后台就盯着看。还记得我看郝老演《审李七》时在后台打裹腿，回到家中我便用母亲的腿带练习打，不想绕好了又松开脱落，就是紧紧地缠上，站立起来走几步还是又掉了。我找机会再去看此戏时，才知道每绕一圈必须打一个折才行。后来跟吴彦衡先生学唱老生戏，才渐渐对老生这一行当有了些兴趣，但对花脸行还是有一定的感情。

再者，我对萧先生是非常敬重的。岂止是我呢，富连成的全体学生都是如此。萧先生自富连成成立以来，一直是师傅同心的好高参。他不仅在舞台上是名丑角，教学上更是生、旦、净、丑，文、武、昆、乱，样样精通。各科学生凡经萧先生给说戏后，水平都会有明显提高。所以在科内，萧先生与师傅同样德高望重。只是师傅掌管富连成的全面事务，是公正、威严可敬。萧先生负责教学、排戏、派戏等具体事务，是渊博、慈祥可敬。尤其是萧先生积累了二十多年的教学经验，善辨人才，因材施教，实实令人折服。很多学生经他给改行培养，后来都成了有成就的人才。如叶盛章原学武花脸，他给改学武丑；叶盛兰原学青衣花旦，他给改学小生；刘盛莲原学老生，他给改学玩笑旦，排演了《海慧寺》《双钉记》等戏，红极一时。还有马连良先生，在科班中曾一度是三路老生，被萧先生发现是人才，经过培养，成为独树一帜的表演艺术家。类似的例子举不胜举。现在萧先生说我适合唱花脸，又长得像我所崇拜的郝老师，我岂有不愿改学花脸之理呢？

但是，师兄们的分析也不无道理，事实上客观情况的确是这样，连荣师兄从武二花脸改架子花脸后，可说是独当架子花。他演《临江会》中的关羽，在场上念：

> 幼习《春秋》义通天，
> 昔年结拜在桃园。（掌声）
> 青龙斩将人惊怕，
> 盖世无双（掌声）汉室关。（掌声）

四句定场诗，便能获得三个满堂掌声，盛况空前。盛文师兄，是勾老三块瓦脸的角色，如《普球山》中的蔡庆、《四杰村》中的鲍自安等人物全由他包。盛戎就要加个"更"字，由于他天赋过人，嗓音高亢，童年时能叹

【二黄·乙字调】，韵味醇厚，出身于梨园世家，裘桂仙老先生对他有着先天和后天的影响。他入科后，很快演出《探阴山》，开口一句【导板】，唱得满弓满调，字正味浓。霎时前后台静场而听，获得满堂彩，一鸣惊人。

过去的科班跟现在的艺校是截然不同的。现在，国家为了培养艺术接班人，不惜投资，一切开支由国家供给，艺校完全立足于普遍培养人才的角度，条件好些和差些的都要轮流上台实践，促使条件差的能尽快提高。科班由东家投资创办，每天都要演出赚钱，一部分维持科班开支，一部分交与东家，还要拿出相当的钱来在社会上打点，所以不能不考虑营业。故条件好些的才能唱正工戏，条件差的会有跑不完的龙套，正工戏的实践机会就太难得了。我刚改花脸又无得天独厚的优越条件，哪年哪月才能轮得上呢？

师兄们为我想得很周到，可我自己并不曾多想过这些。我的脑子很简单，只有一个想法：我能成！我一定能学成。等我长大了，绝不让母亲再受穷。我们家一定要过上好日子。萧先生说我唱花脸合适，我就改花脸。

第二天，我离开盛禄师兄转到盛文师哥那里，由学《取荥阳》中的纪信改学项羽，走入了花脸的行列。

回首这段往事，心中不胜感激萧先生，感激他果断地为我拨正艺术航向，感激他为我找到艺术追求的新起点，感激他对我的因材施教。世人常说，千里马常有，伯乐难寻。我能得到这样一位伯乐的鉴识，真是一个幸运儿呀！

隔行如隔山。说改学花脸很容易，真正学起花脸来就不容易了。对我来讲，第一道难关是嗓音太细。自从吴彦衡老师启蒙教我《南阳关》以来，到改学花脸的几年中，先后又学了《大赐福》《龙虎斗》《百寿图》《马鞍山》《天水关》《进蛮诗》《金马门》等戏，老生行当的发音已很适应，再扯起嗓子唱花脸，调门儿高、声音细，没有花脸的味儿。

"你长得虎头虎脑，像只老虎，嗓子却喵噢喵噢的像只猫。你这老虎怎么不会咬人哪！"萧先生听我唱后很着急，但还是慢声细语地笑着点拨我，

"快去找你师大爷,让他给你好好说说!"

师大爷叶福海,是师傅的亲叔伯哥哥,深得师爷爷名净叶中定老先生的真传,功夫极为扎实,昆曲戏尤甚。

于是,每天演出的大队人马出发后,师大爷睡上两个小时觉,一点左右,喝着茶,到佛殿来给我说戏。

狰狞侠烈满空庭,
阴风吹动殿头铃。
帛书生死凭查究,
须知笔下不容情。

这几句词是《九莲灯》中《火判》一折里,老家人富奴救主,火判来指点上场时的念白。师大爷讲,这几句念白,别看字数不多,但唇、齿、鼻、舌、喉音都具备,能练出嘴劲的功夫。而且,这几句念白包括的辙口多,还能练出各辙的发音,以利演唱。于是,我翻来覆去地念,念得我唇焦口燥、嘴唇发木、舌头发硬,直到吃晚饭才能结束。后来,师大爷见我学戏挺用心,有长进,就加班给我说戏,让我中午一吃过饭就到他屋里练。记得有一天中午,我念得又困又累,见他在炕上鼾声不断,就想停下歇一歇。刚一停,师大爷眼也不睁地厉声说:"念!"我只好振作精神接着念。提起老师睡中教戏,我还记得萧先生也有此功。有一天,我们跟他学《取南郡》,萧先生睡着了,我们几个刚停下来不念台词,小声说几句题外话,萧先生立刻就会说:"别嘀咕!"更奇怪的是我们若忘了词,他在熟睡中还能给提词。就这样,我跟着师大爷天天又唱又念,嗓子念哑了,有时甚至发不出音,不待恢复又接着念,如此反复无数次。终于用了不到一年的时间,初步练出了宽音,比较能适应花脸音量的需要,并为以后的念白、吐字、发音打下良好的基础。

一九六三年，原中国戏曲学校实验剧团许德福同志（已故）排演《火判》这场戏，我在报上看到后，特意和爱人赶到老北京车站铁路局礼堂观摩，可说是对此剧别有一番深厚情感。

在花脸行中，可分为铜锤、架子、武二、摔打花脸四种类型。

铜锤花脸以唱为主，做、念为辅。

架子花脸以做、念为主，唱为辅。

武二花脸以靠背武打为主，做、念为辅，唱更次之。

摔打花脸专工武打、翻扑。

实际上，开始我演的只是些次要的花脸角色。但因缺乏舞台经验，演来也不是一帆风顺，不时碰到难题。

《独占花魁》上演了，我学的是要抢花魁的公子武霸强。排戏和响排，武霸强出场的锣鼓点儿，用的是"四击头"。演出时，鼓师用了"一锤锣"打上。我在上场门候场，一听锣鼓点儿不对，就不会随机应变，该上场不上场，扒开台帘，冲着鼓师示意，喊着："四击头！""四击头！"若再等会儿就要晾场了，台下会毫不留情地叫起倒好，萧连芳师兄见事情急迫，连忙过来将我一推。"什么'四击头''八击头'的，上去吧！"我被推了个趔趄，一步就跨出场，慌忙端起架势往台口走。这次有师兄在旁还算没闹出大笑话来。

更糟的一次是盛章改武丑后演《三岔口》，高盛虹演焦赞。然后是李世霖演的《朱痕记》，我演中军李仁。前边提过，我平日不管演什么角色，都爱挑略整洁的服装。这天，看见高盛虹演焦赞戴的黑扎（扎是净角所戴口部露空的髯口）很整齐，他完戏后，我接着用这口黑扎，时间紧些也还来得及，就私下和他定好。他也是一片好意，认为我比他脸胖，为了我戴着合适，他下场后，特意将胡子的口面弯大。谁想我挂在耳上手一离开它就掉下来，条又很硬，我弯不动，立时浑身冒出汗珠。"有请二爷！"台上的二差役念词了，我马上就得上场，心中暗暗叫苦，只好哭笑不得地硬着头皮用手揪着嘴边的两绺胡子出场了。我在台上念词,给朱春登拿香,撩褶子,总有一只手在揪着那绺胡子,可谓狼狈之至。直等朱春登【二黄导板】接唱【回龙】转【反二黄】时才能赶紧下场到后台重整装扮。可巧,师傅在台下看戏,见我这个样子很生气,追到后台,劈头就说:"你这个孩子什么毛病,为什么用手揪着髯口不放?"最后,又回头补充一句:"唉!没多大出息!"我是哑巴吃黄连,师傅哪里知道我的苦衷啊!

吃一堑,长一智。舞台经验就是在这些小挫折中逐渐积累的。

没多久,杨盛春等人排演《四杰村》,派我饰廖须冲。我的个子小,箭衣太长,挑选几次都不合适,只好将就。在和鲍自安、花振芳对打时,花振芳踢我一脚,"双过河""接鼻子",鲍自安一个"抓头",花振芳也一个"抓头",我要两个转身、两个低头,然后一退,不料这一个退步踩了过长的箭衣上,身子一歪,就坐到台上,师傅和师兄们为之一惊,准备着听倒好。意外的是,我一点也没慌乱,随着啊的一声,煞有介事地站起来将胡子一甩,"通条"亮相跑下,观众丝毫未看出破绽,以为我的戏就是这么编排的,刘喜义师兄称赞我能化险为夷,安然弥补被箭衣绊倒的人漏洞,给我又涨了一小枚小份钱。

捌 勇上阵 一波三折

科班的伙食很差，师傅有时也去伙房看看尝尝，督促伙夫将伙食搞得好些，但始终没多大改进，好在允许学生家长来看学生，家长们都带些饭菜，略微调调口味。母亲经常给我送雪里蕻炒豆腐等菜，我们都将自家送来的饭菜跟比较要好的同学一起搭着吃。我刚改花脸的这个阶段经常和高盛虹、陈世鼎勾着吃饭。世鼎为吃饭还落下个笑柄。他家生活较宽裕，那年春节，家里给他送来了炖肉、丸子，还有"驴打滚"（北京的一种小吃），我们都已吃过饭了，我就劝他别吃。他便将吃的都放在过道的生活箱子里。哪知他夜里忍不住，借起夜为名把凉炖肉、"驴打滚"等统统吃光，后半夜就胃疼、呕吐，将所进之物全"请"了出来。直到现在，有时见面我还要开他一句玩笑的。后来我常和盛虹勾着吃饭。饭后，排戏前我就穿上厚底靴，戴上髯口，和盛虹一起打把子玩。他演武二花，利用这个机会，他给我说会了《河间府》里的侯七、《淮安府》里的蔡天化、《霸王庄》里的黄龙基、《取金陵》里的赤福寿、《珠帘寨》里的周德威等角色。出科后和盖老（盖叫天）

演出，都用上了。

由于我当初有许德义师傅教的一点儿基础，这些武二花的戏学起来就较容易。其中《珠帘寨》是一出表现镇压农民起义的坏戏，在二十世纪三十年代很流行。剧中的周德威，是武生、武二花两门抱的角色，既可采用武生俊扮，也可勾红三块瓦的脸谱由武二花来演。科班中，虽派杨盛春、高盛麟、孙盛云三个武生和高盛虹一个武二花四个人轮演，因在《珠帘寨》的前边总安排一出武戏，他们几个人又往往全都扮演角色，武打吃重，戏演完已很累，不容休息就得赶扮周德威。天气炎热时就更加辛苦了，你推我让谁也不愿意赶这个角色。见此情景，我便和盛虹商量：能不能将周德威的表演、念白、武打、唱词都给我再说说？将来我替你们演，免得你们为这个吵架。盛虹欣然同意，热心地给我念剧中周德威的台词，我用笔记下来背熟，然后他一场一场的都详细地教会了我。我满怀信心，耐心等待。机会来了，广和楼又演《珠帘寨》，他们四人赶演周德威都很紧张，盛虹使个眼色说："今儿你上，洗洗脸我给你勾！"我心里的高兴劲儿就甭提了。脸刚刚勾了一半，听到背后有人问我："今天你的什么活呀？"

我回身见李喜泉师兄背着手站在我身后，紧绷着脸问我。我赶快站起来说："他们都不愿意来，让我替……"

"谁让你来的？"

我没回答。

"我给他说……"盛虹看阵势不对，连忙替我说话。话没说完，喜泉师兄不耐烦地摆了摆手，将他的话截了回去。

"把脸卸了，不看看你才来了几天，都学会什么就想演周德威！"

我感到十分委屈，眼泪几乎涌出来，又竭力控制住了。我急中生智央求他："我脸都快勾好了，不演周德威，就让我替他们演个太保吧！"

李喜泉师兄那时是执事，即舞台监督，专管监场、催场、龙套以及一般角色的分派。我们私自换着演周德威，师傅不知道，万一台上出差错，他也吃罪不起。演太保，不会出大漏洞。他就说："这还差不多，你把鼻窝擦了改嘴叉子演六太保吧！"

《珠帘寨》剧中的太保，是扎靠的龙套，但有个特点，他头场起霸站门，再就是最后"收威"有个过场，中间将近一个小时空闲着。过去，科班只有演赵云等极重要的角色才可以扎靠练功，哪像现在艺校学生可以随便扎靠练功呢。这段空闲时间不正是我利用起来练习靠功，为演周德威做进一步准备的好时机吗？

广和楼后台有个不大的院子，夏天有棚，冬天是空场，我偷偷地在那里练翻身、枪下场、大刀花过合，不厌其烦地一遍又一遍地练。有时被师兄发现，就会被骂进来："扎上靠还不老实，外边那么冷，快进来，看你误场师傅不揍你！"回到后台，我就找个不碍事的地方看戏，"周德威"上场，我也随着锣鼓点儿，在后台"响排"一遍。

没多久，同兴堂饭庄（前门外取灯胡同）堂会和广和楼同时演出。萧先生正在南屋分包——即分派两边戏码的人员。同兴堂的《珠帘寨》和广和楼中轴戏《河间府》演出时间挨得极近，盛春等人在《河间府》中都有角色，周德威无人演，萧先生无计可施。我们许多人都站在一旁看，我忍不住插嘴说："先生，周德威我能来！"

"我们早就给他说过戏了，他也用了不少私功，能成！"盛虹他们替我帮腔。

"砸不了？"

"砸不了！"我的语气很坚定。

"好，就你了。"萧先生拿起笔，在派戏单上"周德威"的下面填写上"袁世海"三个字，如同给我吃了一粒定心丸。经过几个月的努力，今天才得到批准，有了用武之地。

顺便提一下，我最初起名袁盛钟，怎么又改名袁世海呢？前边说过，科班招新生，都是内行人推荐，不断地单个录取。我来后的一年多时间里，又陆续添了不少新生。"盛"字科人太多,便开了"世"字科,人又显得略少,因此就将"盛"字科中年龄小的拨入"世"字科。我、世霖、世源都在其中。当时"世"字科中还有两个人姓袁,一个叫袁世涌,一个叫袁世泉,都带水。萧先生顺"水"推"舟",给我起名袁世海。后来,我在舞台上有了点儿小名气,"世"字辈人太多,让我们重回"盛"字科。又是萧先生说:"别再叫盛钟了,人家使'剩'下的'钟'没人买,哪有叫世海响亮呀!"于是袁世海这个名字就沿用下来了。

再说我们到同兴堂后,我勾脸时,李喜泉师兄又走了过来:"你这孩子,怎么又勾上了?你让我说什么好……"

"是萧先生同意让我演的。"师弟不敢惹师哥,我虽有了靠山,也还是小声说。

"真的吗?"

"真的,您不信,问他们。"我用手指了指在扮戏的师兄们。

他没去核实就走了,得到萧先生的批准,他这关就不算关了。在那阶段,对于我来说,一帆风顺的事儿似乎很难遇到。接着我又碰了一个大钉子。勾完脸,我遵照萧先生的嘱咐,去找李盛藻师兄对戏。盛藻师兄比我大四五岁,他已经很有点儿名气了,师傅对他也要另眼相待的。有时派戏还跟他商量:"六立(盛藻小名)身体行吗?师傅可要派你重头戏了(他身体不好,经常在家养病)。"足见他当时已有多大范儿了。

"师哥,您给我说说周德威的戏吧!"

他不动声色地继续扮戏,没搭理我。过了一会儿他才吭声:"你的周德威?"

"我的。"

"谁让你来的?"

"先生。"

"哪个先生?"

"萧先生。"

他又不吭声了。我想幸亏是萧先生批准,若换了别人,他定然不会同意的。我尴尬地硬着头皮说:"您给我说说对刀吧!"

"我没见你扎过靠,马上就对刀成吗?"

"成!"

"你成,我也不放心!"他想了一下又说,"刀别对了,'一合''两合''鼻子''削头',你就下吧!"

他对演出的态度是负责的,哪知我私下用了多少工夫啊!这几句话好似一盆冷水浇头,比不让我演还难受。周德威,周德威,"威"了半天,没交战就被李克用收了。没想到准备几个月,才演个"草鸡大王"?冷静下来,我暗暗告诫自己:这回不对刀,戏也要演好。只许演好,不许演砸!

不久,在什刹海会贤堂给某家演堂会,《珠帘寨》一剧正是饭后招待贵宾的好戏,这次还是派我演周德威,如不对刀,会被挑眼。我问盛藻师兄:"盛藻哥,今天对刀吗?""对!今天得对!"他见我上次演得可以,心里略有了底。他将对刀给我说了一遍。到台上,大刀花、弯萝卜以及对刀招招对路,严丝合缝。完戏后,盛藻师兄脸上有了笑容,跟别人夸奖我:"这孩子,还真有点儿意思。"

以后,逢演此戏必是我演周德威。这是我和盛藻后来学习高庆奎、郝寿臣两位老前辈,合演很多生净对戏的良好开端。

玖 "取金陵" 猜拳演戏

我的头部也被传染上疥疮了。

开始,疮口只有拇指大,每天演出,汗沤水洗,很快发展到头顶和脑勺大部。花脸戴盔头,要靠后仰着戴,留出勾脸的前脑门儿,所以盔头必须勒得特别紧,才能防止做动作时掉下来。待卸掉盔头,四周头皮都会被彩条子勒出一道深沟。且不说勒头时的疮疼,由于头上的疮正好全闷在盔头里,疮面上刚刚结上的一层薄痂被汗水沤掉,卸装后,黄水又流出来。师兄们劝我不要洗,那时也不懂什么叫消毒,什么叫传染,我就找一块破布照着镜子慢慢将黄水揾干,确乎痛苦难言。但因不妨碍勾脸,我一直在坚持演出。

科班内专管剃头的韩师傅,外号韩一刀,见我的疮经久不愈,痛苦不堪,就对我说:"头上长疮,用刀子从根上剃一回就能好。你若是咬得住牙,我就给你治一治。"我想与其天天演出零碎着疼,还不如一气疼完,就同意了。韩师傅做好准备工作,拿起了剃头刀,我忽然想起大事一件,急忙请韩师傅慢下刀，我问他："剃了疮还能勾脸吗？"

"那可不成，必须等都定好痂，才能再勾脸。"

我霍地一下子站起来："韩师傅，我先不治了，过几天要演《取金陵》，不能勾脸怎么能成？"

"头上的疮都这样了，你还……"韩师傅的话没说完，我已道过"麻烦"走了。

因为几天之后《取金陵》就要上演，我饰演剧中的主要角色之一——赤福寿。不能为了治疮，耽误这场演出哇。

《取金陵》这出戏的内容很简单：元末，朱元璋率兵攻打金陵（现南京），镇守金陵的驸马赤福寿和凤吉公主十分骁勇、剽悍。最后，终被朱之战将——善使袖箭的伍福打败，赤福寿自刎而亡，朱元璋夺取了金陵。但是，赤福寿这个由武二花脸应工、架子花脸兼工的角色，在剧中虽武打偏重，唱、做、念也均有的。我改花脸后，很快就喜欢上这位勾红三块瓦脸，身着红靠，头戴扎巾额子，佩戴翎子和雪白的狐狸尾，手持大刀的驸马爷。曾利用演出或排戏前后与高盛虹师兄打把子玩的机会，断断续续地学了一些武打，又向朱盛富师兄（饰凤吉公主）学练了一个阶段。此时，一直扮演赤福寿的萧盛瑞师兄倒仓很苦，不能演出。刘喜义师兄见我饰周德威有些起色，才给我加工排练这出戏。它来之不易，我怎舍得耽误此戏的演出呢？

我忍耐着头疮的痛苦，咬牙等到了第一次演《取金陵》。这天的勒头关，现在想起来，也还有些不寒而栗。几天来疮的面积迅速扩大，连脑勺的底部也都有疮了，额子正硌在疮面上，赤福寿的武打多，额子勒得比以往更紧，直疼得我浑身打战。上场后，我铆足劲头，挥舞大刀，杀"五股荡"，砍"三低面"，耍大刀下场，又唱又打，又威风又过瘾，至于什么疼不疼的全忘了！得意之中，在打败常遇春等几员上将，唱到"望家乡"后面接【快板】"宝刀一举威风抖"时，勾起了我日常生活中口吃的毛病。我小时说话很晚，说起话来还很结巴，可是犯戏瘾时不论是唱还是念，都不结巴了。小时候和尚四大爷看我干张嘴说不出话来，经常打趣我："你别说话啦，给我唱出来吧，我更爱听。"于是我就唱道："四大爷，你领我去看戏……"真灵，一点儿都不结巴。这次胡琴过门儿一催我，我的破绽就露出来了。幸亏这种过门儿多加个反复不要紧，总算没太露怯。

过后，我二次请韩师傅给我医治。敢情真叫恶治。他哪里是在剃疮，分明是用刀子将头皮刮下来。好疼！血水随着刀子，顺着脖子、耳朵往下流。他剃一会儿，我就得蹲在一边喘口气，歇一会儿，待疼得轻些再接着剃。剃头后我实在无法坚持演出了，师傅让我回家休息。

母亲见我满头露肉，十分心疼，给我精心调治。疮是根治了，但头顶的大部分头发也从此被弄光。

我在家中养疮，心里委实放不下《取金陵》的那段【快板】，为什么我张不开嘴，跟不上呢？我一边自己念着"望家乡"，拍着板练习接唱，一边仔细地查找原因。我想起来，有很多戏，在"望家乡"后面接唱【快板】，都不用胡琴过门儿的。我试了几遍，觉得不用过门儿不截气，反而好张嘴，决定以后和喜义师兄提提。我也想起来，很多师兄们的生活箱子里都供着佛像，有什么心事就去向佛像祷告，求老佛爷保佑。我也应该供尊佛像，以求诸事如意。对！和尚四大爷也经常说，老佛爷是最大慈大悲的。我找不准板，还应该供一块板！以后，才会心中有板。

我忙起来了，寻来一块竹板，大小与鼓板相似，只是略宽些，我用菜刀砍削合意，又用剪刀刮平，认真地擦洗干净收起来。

半个月后，我疮伤痊愈返回了戏班。

又要演出《取金陵》。我匆匆吃过早饭，就去过道打开我的生活箱子，将那块竹板立住，合起手掌："保佑我吧，接唱【快板】'宝刀一举'千万不要打磕，保佑我……保佑我……"

我虔诚地祷告后，放心地跟着大部队出发了。这天的演出一切顺利。当然，演出的顺利，关键在于刘喜义师兄同意取消"望家乡"后的【快板】过

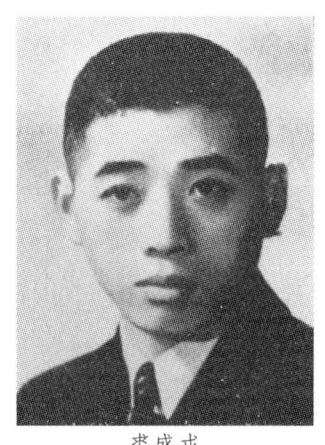
袁盛戎

门儿，使我便于接唱。但，这一点，当时我并不能理解，反而对竹板的"威力"深信不疑。

后来，盛戎也排演了这出戏，他也演得很精彩，这个角色就由我俩轮流演。二人都觉得一人演一次不解渴，总想连演几场。先生们不甚过问，只要是我俩，谁演都成。在师兄们的怂恿下，我们以石头、剪刀、布的手势比输赢，谁赢了谁演。谁若侥幸连演两三回，能高兴得蹦起来，演不上的那位，只好自认晦气，眼巴巴地瞧着人家演。

想起少年时代的这段往事，倒也觉得满有情趣。

盛戎后来继承发展了铜锤花脸的表演艺术，创造出众多个性鲜明的人物形象，如包公、姚期等。不仅唱腔韵味醇厚，百听不厌，而且创造出包公踢蟒、姚期闻子打死太师后心惊引起马惊等诸多优美身段，大大丰富了铜锤花脸的表演，使这一行当飞跃发展，进入崭新的时期。这些丰功硕果，与他具备良好的武功基础是分不开的。

拾 学看练 功不负人

吃午饭时，盛戎凑到我身旁悄悄地说："喂！告诉你，盛文师哥要给咱们说《连环套》了！"

"是吗？都有谁？"

"我、你，还有……"

"你怎么知道的，消息准吗？"我掩饰不住内心的喜悦，又怕他跟我逗着玩，抢着问。

"没错，王喜秀师兄给盛麟说黄天霸，盛文师哥给我们说窦尔墩，还有盛雄、盛竹七八个人都学。"

"我问你怎么知道的？"我迫不及待地想了解事情的经过，以便分析一下消息的准确程度。

"昨天在后台，萧先生和盛文师兄说这事时，我正在候场，听到的。"

"太好了！"这是不会错的了。我高兴得狠狠地给了他一拳，作为对他报信的报答。

《盗御马》这出戏我是比较熟悉的。窦尔墩这个角色是铜锤、架子两门抱。这是一出唱、做、念兼重的重头戏，也是我和盛戎同时所学的重点戏之一。入科前，我很喜欢看这出戏，尤其是杨小楼老先生和郝寿臣老师合演的，二位先生功力悉敌，珠联璧合，逢贴（出广告）必满，给我印象极深。现在学起来兴致勃勃，专心致志，我们几个人都争先背会了台词，学会了演唱和动作。

要进行合排了。王喜秀师兄负责总排。我一看排戏单：盛戎演窦尔墩，马盛雄演梁九公，林盛竹演巴永泰，我呢，最后在四朝官的名字下写着袁世海。是不是我看串行了？我又仔细地看了一遍，明明没错。难道我连大头目河路通等次要角色都没来上吗？这朝官勾元宝脸，只念"大清一统定太平"一句台词。我心里真不是滋味。然而，我一定能演好窦尔墩的想法很快战胜了一切干扰。这出戏第一场行围射猎朝官下来就没事了，窦尔墩还没上，我可以一点不漏地看盛戎所排的窦尔墩各场。盛文师兄给我们所说、所排的，我都牢牢地记在心里，给他排一遍，我在心里也排一遍。即便如此，很快我就意识到，不亲自将动作都做出来是不行的。可是，每天从早六点到晚十点都安排得满满的，哪里还有时间呢？要不然我早起会儿自己练练？不行，一来醒不了，二来有的师兄、老师起得很早，会被他们发现。晚睡会儿呢，也不行。睡觉时，徐天元先生每天都要查铺，发现少人，就要查问。若是等他查铺以后呢？对！等他查铺以后睡下，我再起来，愿意练多长时间，就练多长时间。到哪儿去练呢？去后院，在厕所前的空地上练，万一有人来，就说上厕所……我一步步独自冥思苦想。决心已定，只是怕被人发现，心里不免有些敲鼓。临睡前，我将我的想法和盛利讲了。

"晚上查过铺去后院可以！"他很热情地支持我，"你今天就去？"

"嗯！"

"你要是害怕，我陪着你！"盛利师兄的父亲张彩林老先生在富连成帮助教过学，所以他比我气粗，腰杆硬。

"太好了！"

得到他的支持，我心里踏实多了，专等大家睡熟之后，我们便采取行动。一会儿，同伴们鼾声大作，呼噜——呼噜——你的高，他的低，互相穿插，节奏鲜明，就像一支迷人的催眠曲，我的眼皮随着"曲子"闭上，又强努着睁开。累了一天躺在床上，眼睛太不听指挥，睁呀！睁呀！该死的眼皮就是睁不开。没想到这儿还有一只拦路的睡虎。怎么办呢？干脆背戏词吧。这一招很灵，我的困意全消。好不容易才觉得时机已到，翻身轻轻推了推睡得正香的盛利师兄，他腾地坐起，摸黑穿上衣服，我们蹑手蹑脚地出了南屋。初冬的夜晚，寒意正浓，夜风迎面，我俩不由得打了个冷战。刚用手去推穿堂前的破木门，吱扭——刺耳的木门声吓得我们忽地浑身发了热，急忙环视四周，幸好没什么反应。"该死的破木门！"我轻轻地骂了一句，将门往上托着关好。走出黑黑的长穿堂，就闻到一股恶臭的气味，其中有厕所的臭味，还夹杂着后墙外皮子铺洗皮子的臭味，令人恶心。也只好将就着吧。

我仔细回味盛文哥排练时所讲的应注意的地方，将窦尔墩的重点唱段、身段分场次反复地练习。

"手指得再高点儿，再高点儿……眼睛，看住！对！"

"右腿，别腿还得再远些。好！再来！"盛利师兄站在一旁给我认真地挑着毛病。工夫不大，他就把我指挥出一身汗。我揪起袖口擦擦脑门儿上的汗珠，看了一眼站在我对面的盛利，我呆住了！他端着肩膀，缩着脖子，双手揣进袖口，两脚不停地踏步。他那原本就苍白、清瘦的面庞，被月光一照，越发显得蜡黄。我的心紧缩了：他一向瘦弱多病，将他从热被窝里叫醒，站在院里受凉，万一冻病了，我于心何忍！？

"接着往下来呀，不许偷懒啊！"别看他只比我大三岁，口气还真像位大师兄呢！

"我看你太冷啦！你回去睡吧！要是把你冻病……"

"没关系！"他又打了一个冷战，一边拿出双手哈哈气，一边说，"你快点儿往下来，咱们早些回去就成啦！"

我感激地看了他一眼，只好继续往下排。

"你的上身再往前倾一些！"我已经排到盗马的"边挂子"。

"再往前倾点儿，对！这才好看，你别忘啦！哎！"他像发现奇迹一样地指着地下大声说，"你看看地上的影子。"我连忙向他摇手示意。他领悟到声音太大，马上又变成小声："你看看地上的影子什么样儿，就找准范儿啦！"

我低头一看，太妙了！没想到，我的行动得到皓月的同情和支持呢，它柔和地望着我们，无私地洒下皎洁的月光，遍地的清辉，像变魔术似的将小院变成一面大镜子，我照着地上的身影，判断、寻找动作是否准确和优美。

为了不使盛利太冷，我让他给我演黄天霸。这出戏他演彭朋，排戏时他都在场，黄天霸的台词他知道个大概。果然，他很快就不冷啦。全场戏都排完，我忽然想起，郝老师演窦尔墩，在《盗马》一场中，唱完"要成功跟随他暗地埋藏"后，为了表现窦尔墩急于盗马的心情，随着"四击头"接"崩登仓"的锣鼓点儿，他有一个甩手、捋胡、串手腕、转身背向前台，干净利落的子午式亮相。我学做了一遍，让盛利和科班教的身段比较一下。

"当然是郝先生的动作好看，还有俏头。"

"你也来一遍让我看看哪个好。"我将动作给盛利说了说，他也学做一遍，我更觉得郝老师的动作好。

"以后，我演窦尔墩的时候，换用郝老师的动作，你说，行吗？"

"有什么不行？反正都在'崩登仓'同样的锣鼓里。"

有理！我要是用这个身段，就一定要观众认可，我暗暗地下着决心。

几天来，压在心里的石头似乎见轻了一些。自此之后，只要有月光，我都要去后院练一阵。盛利师兄身体不好，有时回家养病，不能每次都来，但只要我有了新的"创作"，一请必到。至于那扇破木门，也成了我忠实的通信员。谁往后院来，必先推这扇门。吱扭的响声给我通风报信，我赶忙跑进厕所，正大光明地蹲在那里，谁也不知我到底在干什么。有一次徐天元先生夜里跑肚上厕所，我就是用此法安然脱险的。

戏排成演出了，我仍坚持私下学习，每次演朝官下来只脱去蟒袍（广和楼后台都是碎砖地，尘土很多，因此规定下场时必须脱下蟒袍，免得脏了），来不及洗脸就去扒台帘，认真地看，默默地记，领会着舞台上节奏的快慢，直等戏演完，才和"窦尔墩"一起去卸脸。

一天，广和楼演出中轴子是《连环套》。早上，盛戎嗓子哑了。他哑嗓子与众不同，一哑就是一字不出，说话干张嘴，不出音，何况是演唱、念、做兼重的戏呢。我们正在练功，几个"窦尔墩"一齐被叫到佛殿。

"裘子儿（对盛戎的称呼）嗓子哑了，一字不出，一会儿《连环套》谁能演？"盛文哥问。

"我们一遍没排过，吃了饭就上馆子，排的时间一点儿没有了。""够呛！"他们几个小声嘀咕。我沉住气，听着。

"你们几个都跟着学了，就没人能演？"王喜秀师兄见无人应声，更着急了，声音愈来愈高。

"我成！"我看还是没人答应，就不慌不忙地说了一句。

"你？"他没想到我敢说"成"。

"成吗？"他又追问一句。

"成！"我还是慢声慢气地说。

"没有时间给你排了，你成当然好，你先来头场我看看。"他依然有点儿犹豫，别人又不答话，时间可不等人。

"来不及了，你就将《盗马》中上场时的边挂子边唱边念着鼓点儿一起来吧！"盛文哥拦住喜秀师兄对我说。

"嘟——八大仓——""乔装改扮下山岗——"

直到"四击头"下场，一点儿不错。盛文哥、王喜秀师兄连连点头。

"搭桌台！"

孙盛文师兄

"要吃饭了,就这样吧,甭排了,也没有时间了,勾脸时和盛麟对对词就得了。"喜秀师兄高兴地说。

我又振奋又紧张地到后台勾脸。

提起勾脸也是很有些曲折。刚改花脸演《独占花魁》里的武霸强时,求萧盛瑞师兄帮忙。那个年岁我们都很淘气,他不给我好好勾。急得我什么似的,因此一有戏,我就得用两大枚给他买一个烧饼、一碗豆腐脑请他。他有时还开玩笑,勾嘴叉子时,叫我张开嘴,然后用红笔蘸了红颜料往我嘴里抹,使得我牙齿、舌头、嘴上都是红色,逗得大家哈哈大笑,我只好一声不响地擦了去,自己再照样勾好。到演周德威时,盛虹第一次给我勾了整脸,第二次就给我勾半个脸。我下定决心要尽快学会勾脸,平时多观察别的师兄怎么下笔,帮助管彩匣子的师傅准备东西、扫地,求他允许我用大白在脸上练习。现在演《连环套》时,我已经能自己勾脸了,但边勾脸边对词,分不过神来。我就果断地对盛麟说:"别对了,咱们台上见吧。"我心里是比较有底的,这出戏每个角色的台词、动作,包括所用的锣鼓点儿,我记得都比较熟。在演出的整个过程中,不仅没出差错,而且在《盗马》一场,唱完"要成功跟随他暗地埋藏"后的"崩登仓"中,将郝老师的身段用上了,真的获得满堂彩。

"这孩子真不错,一回没排过,也没出错,还有他自己的俏头,把郝寿臣先生的身段也给用上了。"

"《拜山》一场,白口、神气真不赖。"

喜秀、盛文二位师兄把场时,仔细地看了我的戏,感到很满意,给予我极高的评价!我的表演给师兄们留下了很好的印象。从此后,这出戏基本上派我和盛戎合着演。他演《盗马》,我演《拜山》《盗钩》,或他演《拜山》

《盗钩》，我演《盗马》。

就在我第二次要演此剧时，我和盛麟商量将窦尔墩与黄天霸初见面时的动作按名角杨小楼和郝老师的演法小小地改动一下。《拜山》一场，郝老师扮演的窦尔墩与杨小楼扮演的黄天霸初见面时洋洋自得，未曾将年轻的黄天霸放在眼里，手挽手而行，狂傲地将黄的手压下去拉着走。黄初未发觉，很快意识到这里有名堂，马上将手扳回，使窦一惊，心想：这小子乳臭未干，力气还不小。黄和窦对视，其意是：怎么着，要比比？那就比吧。然后两人大笑而行。短暂的一瞬间，二位老师将人物刻画得惟妙惟肖。我们演窦、黄见面，只是两人握住手晃动几下，暗含较量之意，也是有一定道理的，却不如郝老师他们的表演感情细腻，潜台词清楚，效果明显。经过这一改动，我们也同样收到了良好的舞台效果。不过那时还不懂得对于角色内心的刻画，只知这几个动作比我们的好，就和盛麟照猫画虎地学了过来。

《连环套》的演出，是我入科后学艺最初阶段的重要一课。它使我进一步理解了"功夫不负有心人"的深刻含义，我若想学出点儿名堂，只有一条路：要成功，下苦功。

壹拾壹 风霜苦　苦中思变

以前，净行勾脸所用的彩匣子总放在后台的穿堂或地下室，那里不是风口，就是有泔水桶或堆放垃圾的地方。为什么呢？人家嫌脏。使用者也常不注意，往往顺手就将颜料甩到各处，一些闲人还用这颜料在墙上、桌上甚至椅子上题诗画画，使彩匣子所在处都被勾抹成"大花脸"，又脏又乱，让人讨厌，称花脸为"臭花脸"。落得如此待遇，还算不错的了。若到王府和公馆演堂会，环境就更恶劣。"戏子"是他们所蔑视的。

这年腊月，在某王府演堂会，大轴子是梅先生的《游园惊梦》。我们富连成的学生陪演《惊梦》一场的十二个花神，我演五月花神，勾钟馗脸，穿红官衣，手提红纱灯。

王府里庭院深深，雕梁画栋，回廊花径，曲折幽雅，不能到处走动，但这已足使我这没见过世面的孩子大开眼界。这一天是阴天，狂啸的西北风夹杂着冰凌雪花吼叫着。我们的"化装室"呢，仍旧在院里垃圾堆附近，用四根木柱支个席顶，四周没有任何东西遮挡风寒。我扮戏时，已是深夜十二点多，天更冷了，冻得我拿不出手，摘不下帽子，咬着牙，用最大决心露出被剃光的头，用冻得僵硬的手拿笔蘸好颜料画到脸上。脸上的温度已顶不过外边的寒冷，颜料很快在脸上结成一层冰，脸又冷又疼。我勾几笔，就得背着风用嘴哈哈笔，哈哈手，再跺跺脚，否则笔也会冻上，无法再勾画。"腊七腊八，冻死寒鸦"，真是话不虚传。

演完戏，卸脸就更苦了。我和往常一样，尽量将草纸揉软些，蘸上豆油，去擦脸上的颜料，往脸上一抹，就像无数把小刀从头顶往下拉，一阵钻心的疼痛，使我忍不住将草纸扔在地上，用手按着脸，不敢抬起来。好一会儿疼才减轻，脸洗干净后，用镜子一照，看见脸上被划了无数个小细口子。

这件事给我刺激很大。过后，我和盛戎感慨地诉说一遍。盛戎也深有同感。我接着说："咱们长大了，要将彩匣子都放在屋里，让大家注意干净。咱们也像老前辈那样置一份干净的彩匣子，自己专用，都得在屋子里勾脸，不能哪儿脏哪儿臭，让咱们去哪儿，更不许管咱们叫'臭花脸'。"

"就是呀！咱们的彩匣子总是干干净净，谁还能管咱们叫'臭花脸'。"

话一投机，积极性就来了。说做就做，为了适应将来用自己的彩匣子勾脸，必须练会不用手拿着镜子化装。于是我们将镜子挂到墙上挂笔用的钉子上。镜子高，我俩都个子矮，踮着脚往上够着看，勾不好再重勾，也绝不用手拿镜子。很快我们都适应了这种勾脸方法，为以后的翻身铺好了路。

我俩在少年时代要改变"臭花脸"命运的想法是多么天真！后来，我们都置办了自己的彩匣子，改变了扮戏的环境。但是"臭花脸"的蔑称却没能甩掉。一九四八年，我抗拒保甲长对我的敲诈勒索。他张嘴就骂我"臭花脸"，这比打我还伤我的自尊心。盛怒之下，我打了他一个嘴巴，被判了刑事罪，坐了监狱（在西交民巷里）。新中国成立后，我才懂得，只有社会制度变了，我们才能摘掉这顶"臭"帽子，当家做主人。

壹拾贰 绥津行 错得诨名

一九三〇年前后,我十四岁时,傅作义组织的汉蒙联合会举行会议。富连成科班赴绥远、天津为其演出。

在呼和浩特演出,生活很艰苦。我们所乘的火车是拉军用物资的铁闷子车,车厢里只有两个小窗户。我们每人将所发的一件光板羊皮袄铺在地上,大家躺在上面玩闹说笑。车厢中间放着一把大茶汤壶,几个黑皮饭碗,渴了可以喝水。在点火烧茶汤壶时,车厢里烟熏火燎,呛得我们眼泪横流,此起彼落的咳嗽声响成一片。

师傅和出科的师兄们所坐的车厢比较"高级",不受烟熏之苦,车厢四周、中间都有座位,车厢上还挂着一盏随车左右摇摆的煤油灯。别看条件不好,这可还是官方给我们派的"专列"!这辆"专列"走走停停,经常给正点火车让路,原本只需二十多小时到达,结果坐了两天之久才到。

住的地方是一所倒闭的下层妓院,每间小屋住十人。

这次演出,我的戏不多,只演《铁冠图》(《请清兵》)。当初,科班排这出戏时，为了能在台上用满文读圣旨，特意请人来教满语，李盛泉师兄饰演翻译，他下了不少的工夫呢！我在剧中饰演李自成。这位农民英雄当年被诬蔑为"流寇"，所勾的脸谱是一眼大一眼小的白歪脸，在舞台上被歪曲、丑化得十分难看。

几天后，盛戎耐不住一路劳乏，嗓子又突然哑了，不能再演《白良关》中的尉迟恭，只好临时抓人替演，我便又一次毛遂自荐。盛文哥一旁帮腔说我能成。先生和师兄弟们心里都清楚，这可不比演《珠帘寨》和《盗御马》，那虽也是临时替演，但我自己是有充分准备的。《白良关》这出铜锤戏，唱功吃重，我虽然跟着裘老先生学过，可是长时间以来没见我练过，也没排过，眼下时间很紧，过一遍以后，全凭台上见。再者，这种官戏若演砸了，得上倒好，其后果非同小可呀！人人都为我捏着一把汗。戏又圆满地演下来了，按我们的行话可说成"不洒汤，不漏水"。

回到住所，专打台帘的一位老先生拉着我的手，爱惜地说："好小子，你真没白扒坏我的台帘呀！"这位老先生性格比较古怪，不爱说话，很少见他的笑脸。他一反常态地称赞我，我反而不好意思了。原来，我每天演过戏后，除了练习自己的戏外，余下时间就是扒台帘看戏。花脸戏注意看，老生戏注意看，旦角戏也注意看，以至文戏武戏各个行当的主演戏，都同样对待。只要有时间，下场门台帘的角落就是我的专座。这无形中给他的工作添了麻烦。他不高兴了，几次对我说："你就不能找地方玩会儿去，怎么老站在这儿扒台帘（看戏）？你看看这里（指我用手摸台帘的地方），又黑又薄，快破了，都是你天天摸的！"我对他勉强一笑，仍硬着头皮接看下面的戏。如此这般，我看会了不少戏，并从各行表演中学到了不少知识。《白良关》也是用这种方法不断观察、不断练习巩固的。

此后，我再扒台帘，老先生向我微笑点头，再不加阻拦了。

回到北平已是年底，稍事休息，在春节期间，又为汉蒙联合会赴天津演出。剧目和绥远所演的相同。一个剧场只演两场，然后再换另一个剧场，共演七场。戏虽不多，倒也颇受欢迎。

最后一天，小份钱发下来了。时间太短钱不多，又想给家中买些年货。在街上看到有小块冻豆腐，很便宜，母亲是很喜欢吃的，趁着过年，将冻豆腐放在肉里一炖，多香啊！我买了二十块，高高兴兴地用旧报纸包好，又用绳子捆结实，回来后挂在后台角落自认为比较冷的地方。可是这里的后台不太冷，冻豆腐放的时间又长达五六个小时，渐渐地都化了，报纸被浸湿。止戏后我们马上就要奔火车站，忙乱中也未及细看，提着就走，天黑路长，又困又累，提着豆腐边走边睡，迷迷糊糊走到火车站，醒过盹儿来觉得手里发轻，低头一看，纸包底部浸湿的部分都破了，冻豆腐"逃之夭夭"，只剩下手中的纸绳和一部分报纸。师兄弟们见状大笑不止，搞得我也啼笑皆非。

天津春和戏院听闻富连成在津演出较有影响，不久便又约我们赴津演出。

我们住在离春和戏院很近的中和栈，十五个人住一间不大的房间。

这次演出的剧目较多：《群英会》《七侠五义》《铁冠图》《打严嵩》《独占花魁》等。参加演出的以"盛"字辈师兄为主，还有沈富贵、苏富恩、骆连翔、萧连芳、殷连瑞等大师兄们。当时"盛"字辈师兄的技艺已达到一定水平，演出受到天津观众的热烈欢迎。预定半个月的演出结束，又续演半个月。

一天，科班上演《七侠五义》，我饰演卢方，刚刚勾好脸，听说后台门口有人找我，心里好生诧异。我在天津无亲无故，人生地不熟，谁能来找我呢？我慌慌张张地跑到后台门口，哟！怎么哥哥追到天津来啦！莫非家里出了事？哥哥说："我到日本人开设的橡胶洋行当学徒工了。他们到北平招收华工，要生活无着落，身体结实没病的。妈嫌路远不让我来，可我找不到别的事，心里很着急，还是来了。事情来得急，妈让我抓空看看你，我得三年以后才能回家。"原来是这样，哥哥快十七岁了，一直在为找工作发愁，现在有了安身之处，真替他高兴。我留他在此看戏，他说洋行管得太紧，只请了一小时假，一会儿就急急地走了。临别我将衣袋里所有的钱都塞给了哥哥。

大家分了小份钱后，很想吃天津的风味小吃，恰好离春和戏院不远就是有名的"狗不理"包子铺。那时，这个包子铺很简陋，是在一条窄小的街道上安放几张长桌，一边放着长凳。包子的价钱也很便宜，一大枚一个，可称物美价廉。每天，师兄弟们都去买着吃。不想由此我得了一个不雅的诨号。

前边曾提过，学生们到了后台，如同获得解放一般。这是我们一天之中可以自由活动的唯一时间。开戏前，只要不误化装，可以任意说笑。先生、大师兄们基本不加限制。快开戏了，师傅来到后台，有意识地咳一声，大家会立即肃静下来，各就各位，准备开演。

这天在后台，离开戏还有段时间，师兄弟们仍是各择所好地忙碌着。有的三五成堆凑在一起说笑；有的接到新戏剧本，抓紧时间抄写自己的单头（戏词）；侧重武打的师兄们在舞台上练翻跟头；初登舞台的小师弟们，化装技术不高，早早地坐在那里扮戏；盛麟等爱画脸谱的伏在桌上画兴正浓；杨盛春将脚放在窗台上压腿；爱摔跤的贯盛习师兄，穿着灯笼裤、双脸皱鞋和高富全师兄、矮个子旺魁、童树全等几个人跳黄瓜架（摔跤的架式）；前两出戏没事儿的大部分师兄都到外面逛大街，见世面去了（春和戏院离劝业场很近，是比较热闹的地带）；也有极少数睡不够，躲在犄角旯旮打着呼噜。我和盛利在下老虎棋。我们这种棋，制作方便，只需临时找些碎纸或卸脸的草纸，蘸些水，搓成纸团，一个大些的是虎，二十四个小的是羊，再在地上或桌上用勾脸的大白画个棋盘。我和盛利下过棋后，照例去做些演出前的准备。这时，有几个师兄弟买了"狗不理"包子带回后台，边说笑边吃，见我又在那里通髯口，就喊我一起去凑个热闹。我按老习惯，笑着一摇头，继续干我的工作。一位师兄无意中打趣说："到后台你就不说话，你快和这个包子铺的名字一样——'狗不理'了。"一句话逗得大家笑个不停。于是，"后台的狗不理"这个不雅之称就落到了我头上。

为什么我在后台，好似徐庶进曹营——一言不发呢？虽然通髯口、洗水袖、缝水袖、往厚底上刷大白等，是我演出前经常要做的准备工作，也费去不少时间，但我坚决不说话，却是另有原因。

一是我亲眼见到有的师哥在候场时贪玩耍，分散了精力，到了台上忘词、错词或是闹出大笑话，对我教育较深。

一次，饰演《审头刺汤》中下旨官的师哥候场时说闲话，顺手将胡子摘下来挂在玉带上，轮到又该上场了，忙乱中发觉脸上没戴胡子，急匆匆地又去抄了一口戴上，刚刚迈出台帘，观众见他脸上挂着胡子，腰上还挂着胡子，哄然大笑，他发觉闹了笑话，圣旨没读完就退回后台。

再一位是《鱼肠剑》中演专诸的师兄，打完牛二被母亲唤下场去，本应很快又被伍子胥唤出，但他思想开了小差，忘了紧接着就要上场，下意识地抬手将盔头捺了（即将盔头、水纱、彩条子全摘掉了）。等到伍子胥上场叫："专兄开门来！"这位光头的专兄才明白过来，但已无法上场，亏他急中生智，硬着头皮扒开台帘露出光头说："请进内答话！"伍子胥见专兄如此狼狈，被迫应声下场，惹得观众倒好连天，久久平静不下来。

还有一位是饰演《长坂坡》中张飞的师哥，在后台东拉西扯地谈一些其他戏的念白，上场后，精神集中不起来。本来他念白时观众发出笑声，应是正常效果，并不为奇，可他的脑子一下乱套了，本该接念："三军的！"四下手应声："啊！""速将桥梁拆断……"他却口不由己，将刚才在后台念的台词搬出来念道："巴图鲁！"这"巴图鲁"是满族人对勇士的称呼，出自张飞之口就太不相宜了，偏巧两旁的四下手也是人在神不在，同声顺口答了番兵的架子"呜！"科班里有个习惯，凡是需要"噎""啊""呜"等应声搭架子时，不管是在候场的，还是在化装、穿服装的，只要人在后台，都要应声高喊，这次当然毫不例外地用最大声音附和着喊了"呜！"引得台下哄堂大笑，倒彩满堂。

这几位师哥每人挨了十板，四下手挨了十五板。师傅是讲道理的："张飞晕场，你们四下手站在那里想些什么？要重罚，以戒下次。"

这些不该出的差错，都是由于不能安静候场进入角色引起的。戏演得越熟，临上场越是要背，否则，就容易出问题。前车之鉴不得不重视。我经常告诫自己：到后台可不能贪玩说笑，千万别出类似的问题。

再一个原因，是嗓子对我的作难。我的嗓子不听话，多年来，为了保养嗓子，我从不敢吃荤。即使这样，嗓子还是不断地给我来个痰堵门或者哑不出声。为了从多方面保护，我有意识地减少对它的使用率。

为此，只要整队出发，我就开始肃静，到后台化好装就往衣箱上盘腿一坐，头靠在墙上，双目闭起，一声不吱，心中默背场上的台词和动作。谁若来找我玩，或者跟我开玩笑，我只以"摇头不算点头算"的方式来对待。师兄弟们对此也奈何不得，久而久之，都知道我的习惯，也就不来打扰我了。

所以说，这个诨号虽听之不雅，倒也还能说明一定的问题。回顾几十年的舞台生涯，我基本上没犯过低级错误。

在天津的演出即将结束，春和戏院放出了预演剧目广告牌，一块牌上写着"下期特约马连良、麒麟童艺员合作演出"，另一块牌上写着"下期特约麒麟童、马连良艺员合作演出"。这种不分一、二排名次的写法，因没见过，引起了我们极大的兴趣。牌上写着四天的打炮戏更不寻常：第一天是《群英会·借东风·华容道》，马连良饰诸葛亮，周信芳（艺名麒麟童）饰前鲁肃、后关羽；第二天是《宫门带》，马先生饰唐高祖李渊，周先生饰褚遂良；第三天是全本《六出岐山》，马先生饰诸葛亮，周先生饰花脸角色郑文；第四天是全本《火牛阵》，马先生饰田单，周先生饰小生角色田法章。周先生既能演老生，又能演小生、花脸的角色，可谓博学多能。那时，我和师兄弟们天真地就戏牌上的剧目来研究二位前辈谁应居首位，争论了很长时间也未能排出名次。

在京剧艺术中，须生行当一向以"南麒北马"著称。现"南麒北马"同台演出，烘云托月，会有多么精彩呀！我们眼睁睁地看不上，急得坐立不安，只好快快地离开了天津。

壹拾叁 遇良机 初露锋芒

连荣师兄要随梅先生去美国演出了。事情虽定，消息还未正式传开，学生们更不知道。师傅和萧先生已开始考虑连荣师兄走后，他的活儿谁能接。

一天在吉祥戏院演夜戏（那年除每日在广和楼演日场外，每周一、二在吉祥加演夜场），又演《珠帘寨》，还是我演周德威。扮完戏，从后台账桌前经过，看见师傅正在和萧先生说着什么，我意识到好像在说我，连忙低头走过去。

开戏了，我和往日一样，不管演什么角色，都是全力以赴，尽最大的努力将戏演好。

周德威的戏不多，表演却很丰富，高桌坐寨有念白，有和李克用的对唱，开打时小快枪将大太保打下，蛇钻皮、倒倒靴将众太保打下，自己还有枪下场，挺热闹。坐寨时念定场诗最后一句："好似明珠坠——土哇——中——"我扯起了嗓子铆足劲。这时我的宽音、亮音早已练出来了，得到了应有的效果，枪下场的提枪花、转身、掏翎子亮相，动作都挺干净。

师傅和萧先生一直认真地从头看到尾。下场后,我刚要去卸装,"过来!"师傅向我招手示意。

"你叫袁世海?"

"是。"

"来这儿几年了?"

"两年多。"

"十几岁了?"

"十四了。"

"离倒仓还有几年。你看这孩子是不是有点儿郝寿臣的样儿?"萧先生插言。

"《失街亭》中的马谡会不会?"

"会!"

"《群英会》中的黄盖呢?"

"会!"

"你和谁学呢?"

"跟我盛文哥学。"

"你告诉他,这两出戏,让他给你排好,三五天我就要看。"

"是!"听了师傅的这席话,我如同接到圣旨一样,简直心花怒放。我演《连环套》《珠帘寨》之后,只是给师兄们留下好印象,关键是要在师傅眼里挂上号,以后才能

我十五岁时在《失街亭》中饰演马谡

派我多演一些重头戏。当时我一点儿欢喜之情也不敢流露出来，慢慢转身去脱服装，想再多听几句师傅对我的评论。

"我给他改的花脸，看他亮相，虎头虎脑长得像……"萧先生还在介绍着。

我耐着性子。第二天，就将师傅的话连珠炮似的一字不漏讲给盛文哥听。盛文哥笑了："黄盖、马谡，说得多容易呀！三五天就看，不是一件简单的事，你还不会呢，就先答应下来了？"

"我会！"

"我没教你，你就全会了？"

"我是看会的。"

"看会的？你来我看看。"

"行！"

"就来《失街亭》中的马谡吧！"

"仓仓大八仓台仓——"按我的习惯，自己念着锣鼓点儿带身段念白，直演到"协力同心保华夷"。盛文哥点着头，拍着我的肩膀感叹道："行啊！你这孩子还真有心哪。好，我都给你排了，让师傅派你演出。"

十几天后，我演《群英会》中的黄盖，这天连荣师兄也到后台扮戏，萧先生让他回去准备出国所用的服装。至此，我便一步步接演了科班中架子花脸的所有应工戏。

壹拾肆 演堂会 昼夜连转

萧先生和苏雨卿先生接到师傅给的戏单，在广和楼后台账桌旁仔细地研究了一个下午，才派好四处分包的人员名单。第二天，我们在什刹海会贤堂演堂会，承办人要求从早晨八点开始演到次日上午八点（大多数的堂会虽定的是一天一夜，实际上经常早上开戏晚，夜间两点左右，客人一散，戏也就结束了）。同时，上午十点到下午五点还要在同兴堂为行会（各行业自己的组织，如鞋行、果行、鱼行等）演出。并且，广和楼日场、吉祥园的灯晚（夜场戏）演出也照常进行。

我们科班里固然人很多，但应付四处分箱赶包的特殊情况，着实难为了派名单的两位先生，这的确是一件极为细致、周密、技术性强的工作。

第二天上午，学生们基本上兵分两路，一路去同兴堂，一路去会贤堂。我在会贤堂这一路。八点准时开锣，先演《天官赐福》《百寿图》等祝寿的小戏；接演三十六友结拜聚义，只开打、不死人、有吉祥气氛的《贾家楼》，我饰演程咬金，杨盛春饰演唐壁。我俩演毕急急卸装赶至前门外取灯胡同的同兴堂演行会戏《丁甲山》。这段路程不算近，为了争取时间，避免误场，科班里发给我俩每人五大枚（一串铜子），嘱咐我们乘坐洋车。

我们没有坐车，每人提着自己的靴包，乘兴而行。

"咱们要是能天天这样赶包就好了！"

"当、当然，走大队不许说话，还、还、还得看齐，太……太……"

"太不随便！"我等不及地替他说出来。

"对！"盛春憨厚地点头笑了。他结巴得很厉害，一旦遇上着急事儿，越想说，越说不出。

"我入科前，自己哪儿都敢去；入了科，哪儿都不能去。今天真来劲儿，咱们能转个够。从什刹海到前门，再到王府井，再转回什刹海，都不用排大队。"我乐呵呵地说着，盛春也兴致满高地东瞧瞧西望望。我们虽是说着话，步伐还是像平日走大队一样，迈得又快又大。盛春意识到这点，放慢了脚步，很快落在我后边。

"你慢……慢点儿走，行……行……不行？"

"你说话时别着急，就不结巴。我也有结巴的毛病，头回唱《取金陵》的【快板】，就'奔瓜'（结巴）了，后来我发现，只要心里别总惦记着'我该唱了，我该唱了'，也别早早提起气来等着，就不结巴。"盛春师兄为人老实厚道，我们经常合作演戏，关系很好，又有些同病相怜，所以，我直言不讳地给他介绍着经验。

"是这样，我、我、我有感觉，有的戏熟了不惦记，唱起来就顺利。演新戏，心里越、越拿贼，越……越张不开嘴。哎，哎，我想、想、想起来啦，《丁甲山》头场，【散板】的调、调、调门儿太高，你就……和着我点儿，落落调门儿吧？"他在《丁甲山》中饰燕青，我演李逵，头场《下山》，我俩每人两句【散板】。这戏是李逵的正工戏，所以调子都随演李逵的演员嗓音而定。我的嗓音偏高，他的偏低，自然就觉得唱着吃力。

"成！这场我就两句唱，怎么都行。"我痛快地答应了。

我们就这样聊着天，自由自在地往前走。我见他不时地用手背抹去脸上的汗，也下意识地抬起胳膊，擦了擦自己脸上的汗，忽然一下子想起我刚入科时，他早晨提前练功撕腿的情景。为什么苏富宪师兄每早给他单练呢？这里有段缘故。他的祖父杨隆寿是和杨月楼老先生同时代齐名的名武生，也是小荣椿社的负责人之一。叶春善师傅在小荣椿社学戏时，曾受教于杨老前辈。为报答师教之恩，叶春善师傅点名要苏富宪师兄给盛春练功，要王连平、刘喜义二位师兄给盛春排戏，并向他们明确交代：盛春虽先天条件不足，但无论如何也要将盛春造就成大武生，以继承杨门祖业。所以，苏富宪师兄每日给盛春单练功。

我看了看盛春有些罗圈的双腿，这是不符合武生的形体要求的，何况，他结巴得如此厉害，嗓子不但不太好，还有着荒腔走板不搭调的毛病，这样有限的条件，要成为大武生，谈何容易呀！然而，师傅一片苦心，师兄们尽心尽力，加上盛春师兄自己知苦练、求上进，几年来，大见出息。科内长靠武生戏像《挑滑车》《铁笼山》等以及八大拿的短打戏，他都能演，真是功夫不负有心人哪！

盛春出科后搭入梅兰芳先生的承华社；后来，又与谭富英师兄的胞妹结亲，加入谭的

我十四岁时在《丁甲山》中饰李逵

同庆社，终以大武生享誉京剧界。

《丁甲山》演完，我俩又奔至广和楼演日场大轴子《火烧博望坡》。我演张飞，盛春饰赵云。因为吉祥园还有灯晚，而广和楼吃的饭是米饭和炖肉熬白菜，肉比较多，我怕太荤糊住嗓子，就顺路在前门五牌楼内的酱菜园买了一大枚酱萝卜、一大枚八宝菜。

吉祥园灯晚，我在《鱼肠剑》带《刺僚》中饰专诸，盛戎演王僚，李世霖演伍子胥，我们三人合演的这出戏，还算是一个较受欢迎的剧目呢。

然后，我和盛戎赶回什刹海，演《双包案》，盛戎演真包公，我演假包公。

在二十四小时的堂会上，实际往往只有晚八点到深夜两点是主家、贵客们欣赏戏的主要时间。萧先生特意在这个时间段内安排了《双包案》——裘桂仙先生刚刚给我们排好的新戏，果然受到观众的好评。紧接着上演《珠帘寨》。我洗去包公的黑脸，稍事休息，就又勾起周德威的红脸。

我们就是这样，不停地演呀演！深夜两点以后，大家极度疲乏、困倦。后台除去从前台传来的音响外，安静极了。师兄弟们已没有说话、聊天的精力，一个个东倒西歪。等候上场的，坐在明处瞌睡，前仰后倾。已经没事儿的人，还不能回社，索性钻到大衣箱、二衣箱底下，蜷曲而卧。

我和大家一样，把刚才送来的夜宵——肉丁馒头，狼吞虎咽，一口气吃下七八个。没办法，自下午五点多吃过那顿无油的饭菜后，一直在不停地勾脸、演戏、卸脸、走路、勾脸……辘辘饥肠屡提"抗议"，使我再也顾不得什么油不油、荤不荤啦！眼下，肚子饱了，眼睛又怠工了，说什么也不愿睁开。勾脸时，就连用毛笔蘸颜料的瞬间，都要闭目偷闲。剧中架子花脸主次角色较多，能演的人手少，我的任务就格外地重。这天还演过什么角色，我记不起来了，只记得我在连续地勾脸、卸脸。凌晨五点上演《浔阳楼》，我演李逵，这是我一天来饰演的第十三个角色，这个印象太深了！

由于过度疲劳，我的嗓音已经哑不成声，只能靠动作表演。好在此时主家们早已回家进入梦乡,只剩下零散观众,大都是劳累了一天的为堂会服务的人们,疲乏、困倦同样紧紧缠住他们不放,不看又舍不得,他们也是坐在那里半睡半看。

我好不容易熬到演完《李逵夺鱼》,再上场要三刻钟后,可该我喘口气喽!我捺下头网,找了个显眼的地方,坐在椅子上,将头往墙上一靠,立时睡着了。

"快起来,勒头,该上场啦!"苏雨卿先生使劲儿摇晃我,我才醒来。苏雨卿、宋起山几位先生真够辛苦,他们不时地到后台各处叫醒每一个快要上场的学生。"快起来,勒头!"这声音,成为后半夜的主要声音。他们屡屡发牢骚:"挣这几个转磨钱,真不易,两条腿都转直了!"

这样的戏还演什么劲儿?这样的戏还看什么劲儿?不成,承办人付给了富连成二十四小时堂会钱,要求演二十四小时,我们就必须演二十四小时。

近八点,堂会戏终于结束了。可我们的任务还远远没有结束,大家忙着收拾服装、道具,卸台,装箱。我也要再次忍着疼痛去洗那早已洗"翻"了的脸。然后,几十人(《浔阳楼》开戏时没事的先走了一批)排着大队,拖着沉重的双腿,从什刹海走回虎坊桥。这一个多小时的路程,人人无精打采,步履稀松。幸亏我们科班中不论演日场、夜场、远近剧场、远近堂会,一律排大队走来走去,师兄弟们练就了边走边睡的本领。我迷迷糊糊走了很长一段时间。

"哎哟!"

"哈,哈哈!"

叫声、笑声,使我睁开双眼。怎么啦?我奇怪地巡视着我们的大队。

"你这孩子太坏,要把他碰坏了呢,嘿嘿,嘿嘿……"腿有残疾、一跛一拐地在队伍中走着的宋起山先生大声申斥着,忍不住自己也笑了。

原来是一位演出时事不多的师兄,抽空睡了半宿觉,此时精神焕发,调皮地将后面闭眼走路的师兄引到电线杆子前,猛一闪身,使后面的师兄一头撞到了电线杆上。

我们回到富连成，头几批回来的部分人员已经起床，他们吃过早饭要去广和楼照常演出，我们这些人的剧目都放在后边，能免的尽量免了。这时，我看见枕头、被子，感到万分亲热，急切切倒头便睡，头碰到枕头就什么也不知道了。

此后，富连成营业达到鼎盛，堂会、灯晚愈加增多。为了解除路途往返的疲劳，科班在虎坊桥的"小小汽车行"租了一辆大汽车，约比现在的面包车大些，三十多人满额。我们每次都塞进四五十人。师兄们坐着，我们笔杆条直地站着，一下也动不得。不过，就是再挤些，也比走着舒服哇！

壹拾伍 斗病魔 自强不息

《八大锤》中的金兀术没人演了。

"你成不成？"苏先生拿着派戏单问我。

"成！"

"明天《八大锤》中的兀术就你演吧！"

其实我只有印象，不算太会，自己便去找刘盛常师兄（刘连荣师兄的弟弟），请他给我说说，第二天就上了场。

我除演《汉阳院》《长坂坡》《汉津口》《群英会》《阳平关》中的曹操，《甘露寺》中的孙权、张飞，《丁甲山》、《沂州府》（即《李逵探母》之前身，从闹江州起，到探母被擒后，李鬼劫法场，救出李逵止）中的李逵等架子花脸应工戏外，类似像兀术那样今天学、明天唱的戏也极多。如《红柳村》中的邓九公、《潞安州》中的兀术、《上天台》中的姚期等。因此，我的任务越来越重。而且，学戏也必须几出戏同时进行。例如我一面向孙盛文师兄学《取洛阳》中的马武，一面又得赶排《取帅印》中的尉迟恭，插空还得去和高盛麟排《落马湖》。这样安排在客观上很符合我的心愿。但终归年少力单，多日劳累再加饮食不周，便觉得有些昏沉沉，头重脚轻。我自知内热太盛，几次去找沈东家派在富连成管账的毛先生要折子，到隔壁南庆仁堂药店记账（等于药费由科班付），拿些牛黄解毒丸等中成药吃。由于积劳积热太厉害，病情只略有缓和。过了两天，我演完大轴子《丁甲山》中的李逵，汗水淋淋地站在热水锅旁等盆洗脸（科班里卸脸的盆只有几个木盆、几个铁盆，大家轮流洗）。一阵过堂风吹来，有些冷，我没在意，照例脱下水衣子，光着背，将脸洗净。往日，若演的是重头戏，洗过脸，穿好自己的衣服之后，汗还是不断的，这天却一些汗也没有，还觉得有些发冷。第二天早晨起来，坏了，我头昏口干、浑身冒火、四肢酸疼。我意识到自己患了感冒啦，要了些羚翘解毒丸吃，还是坚持照常练功、演出、排戏。

三天过去了，烧不退，饭吃不下，人也蔫了。细心的盛利师兄发现了我的异常。

"你是不是有病了？"他问我。

"没，没什么……"我支吾着，怕他知道了给我泄密，会不让我参加演出。

"没什么？我不信！这几天你脸色很不好，本来眼睛就大，现在更大了……"他说着，很老练地抬起手往我的前额一摸。

"哎呀！你发烧啦！脑袋烫极了。不行，硬挺可不行，一定得让大夫瞧瞧！"

在他的催促下，我也怕拖下去更麻烦，就到虎坊桥五道庙（过去是个庙，里面隔成二三十间房子，住着最底层的贫民，如拉车子的、小商贩、缝鞋的），找在里面居住的专为富连成学生看病的中医老大夫医治。盛利师兄有一个熬药的砂锅，他每天在伙房大灶上将药煎好给我喝。

又过了几天，我的烧还是不退，每端起饭碗，一口也不想吃。想到还要演出，不吃饭怎么能成？就掰碎半个馒头泡在菜汤里，胡乱吞下。回到南屋，休息片刻，准备着跟队出发去广和楼，盛利师兄紧跟着我走了进来。

"你把这碗粥喝了吧！"他将碗递到我的面前。

我低头一看，是一碗冒着热气的莲子粥。

"谢谢你，我不想喝，真的吃不下了，真的。这是张老先生送来给你补养身体的，你自己喝吧！"我说着将碗推到他的胸前。

"你喝吧。你当我没看见？这几天你哪儿吃饭啦？戏又累，你吃。"

我俩推来让去，不肯吃。这时门房传话：母亲给我送菜来了。往日我会三蹦两跳地去见母亲，现在可真两下里为难。这几天有病，格外想念母亲。母亲若见到我如此狼狈的样子，该多么心疼呀！一定会接我回家去养病，那么每天的演出就全耽误了。科里架子花脸走的走了，倒仓的倒仓，我刚能顶上活，这么好的机会不又丢了吗？

盛利师兄见我一反常态，沉吟不语，理解了我的难处，说："你是怕大妈看见你生病的样子惦记你吧？"我点点头。

"要不，我替你出去，跟大妈说你忙，把菜带进来，明儿你病好了再见她？"

我咬咬牙，下决心，让盛利替我出去，免得让母亲见了惦记着不放心。

"让我去，我可有条件。"他忽然端起架子来了。

"什么条件？"

"你把这碗莲子粥喝了，我才去！我回来，你得趁热都喝完才行！喝！"他又将碗端到我手上，我只得喝了一口，他满意地笑着，往外走。

"等等！"我喊住他，放下碗，从被卷里掏出几天来积攒的小份钱约两吊多（那时我每天的小份钱已涨到七八枚了），托盛利带给母亲。

两个星期了，我的体温还是时高时低，人更加消瘦。那位中医说我又得了第二次感冒，转成瘟病了，要我坚持吃药，好好静养。我瞒也瞒不住了。师兄们知道我病了，苦于架子花脸每天事儿多，无人能替，我自己又在坚持，大家也就没向师傅说换人替演。所以，我除了不参加练功外，学戏、演戏，全部照常。

母亲又来了几次，盛利哥三言两语，用忙来遮掩，头两回挺灵，母亲高兴地走了。后来，母亲愈来愈不放心。一天早晨，大家在罩棚练功，我刚吃过药，迷迷糊糊地躺在屋里。

"醒醒！醒醒！"我被人推醒了。睁眼一看是哥哥，我急忙坐了起来。

"哎呀！你怎么瘦成这样了？妈说你不是忙，是有病了，让我进来看你，你真的……"哥哥吃惊了。"不要紧的，我天天都吃药。"我说。哥哥不能在这里久待，一会儿就得出去。我对他说："你回去就对妈说，前几天我是病了，怕她知道后着急，没敢说；现在好了，排戏更忙了，来也看不见我。"哥哥说："我知道，赶明儿我跟妈抢着来送饭，不就得了。"

三个多星期，我的烧才退。不料想，心里的毒热全归到了腿上，左腿从膝盖到腿肚子都肿成青红色，虽不太疼，可是不会弯腿下蹲，上厕所只能左腿伸直，右腿下蹲，困难至极。这下子对我演出太不利了。尤其演一些带开打的戏，左腿不能弯了，怎么能演呢？记得演《李逵夺鱼》时，扮演张顺的张连亭师兄对我说，此戏演堂会多用带漆面的桌子，万一脚蹬不住劲，就会摔下来，还是把飞脚下桌的动作免了吧。又说，演架子花脸的应将功夫下在"演"上，装龙像龙，装虎像虎，把嗓子保养好点儿不要很早倒仓就行了。我听了他的话，将这个动作取消了，换穿了厚底靴，但在夺鱼时还得踏着椅子切张顺抢背，蹦上桌子，桌子就变成船，张顺在水里推舟，我站立不住，再从上边跳下来。现在蹦不上去，迈上去也困难，我几乎用尽全身力气，用手扶着桌子铆足劲儿，身子险些歪倒，才算迈了上去。下场后，师兄们开玩笑地说：你这李逵真是"猛"得连桌子也上不去了。这道难题，急煞人也，别无咒念，只得用练来"破"吧！我忍着疼痛狠压腿、猛踢腿。疼啊，有时只踢几腿就疼得浑身冒汗，停下来站一会儿，疼痛减轻后再接着踢，日复一日，腿逐渐地好了。这种不科学的治疗法，使我的腿至今仍留下只能蹲一会儿就必须起来的病根。

经常闹嗓子，成了我前进路上的又一块绊脚石。

马连良先生上演全本《群英会》后，很受观众欢迎。科班原是将此戏拆成《打盖》《借东风》等折子戏演，现盛藻师兄等倒过仓来了，萧先生也想演全本《群英会》，还想加上已多年没排练的《横槊赋诗》一场。他见我台上有长进，就让原来饰演黄盖的我改演曹操。过去"连"字辈师兄王连甫，艺名小金钟，曾演过《横槊赋诗》里的曹操，以后多年没演过。现在《烧战船》一场，基本上还是出科的师兄们演，张连亭师兄演张郃，苏富恩师兄演文聘，殷连瑞饰赵云。他们平时回家住，此戏又是熟戏，只演出不排戏。这样，萧先生将工夫全下在我一人身上，念白是逐字逐句地要求节奏、情感、面部肌肉、眼神、手势动作，都说得极其细致。连续排了好些天，还特地将"连"字辈、"富"字辈师兄找来与我一起合排。演出那天，我演头场时嗓子痛快极了，调门儿还比平时长了一点儿，到借箭时一声"有请丞相"，我念"何事"两字时，就出不来音了。萧先生正高高兴兴地在台口边看戏，听见我嗓子忽然变成这味，跟着就过来问："怎么突然哑了？《赋诗》那场别带啦！"萧先生情绪一落千丈，我也觉得大大扫兴。后几

我十五岁时在《马踏青苗》中饰曹操

场的回书、见阙泽，嗓子哑得快没法儿听了，全靠我的精气神儿，好在广和楼的熟观众知道我又上火，原谅了。

我的嗓子哑，有个特点，刚才还挺好，忽然就被痰堵住，出不来音，休息一会儿又好了。若有点儿着凉感冒，专往嗓子上奔。为了保护嗓子，少上火，少生痰别倒仓，我一点荤腥儿也不敢吃。科班伙食本没什么油水，只有逢到晚上有演出或堂会，才会给我们做炖肉熬白菜之类的荤菜，油多，味道很香。可是，我再馋着想吃，也要克制着将肉全部挑出，用水将菜里的油涮出，再泡上开水吃。有时让盛利师兄帮我买一些腌萝卜之类的咸菜就着吃。尽管如此，嗓子还是老闹毛病。盛戎与我大不相同，他将平日的小份钱攒起来，专在堂会灯晚时买褡裢火烧、酱肉卷饼等油腻的东西吃。到了台上，他张嘴就唱，依然音圆味浓，令我羡慕至极。不过，为了让我嗓子顺，保证演出，"把斋吃素"了好几年，我是心甘情愿的。

为了查找原因，盛利劝我去医院，并带我到东单一家私人西医诊所去看。这位医生曾给张彩林先生看过病，盛利和他很熟悉。医生给我检查后，说扁桃腺太大，会经常发炎，声带有时劳累，患大小感冒时就转移到声带，感到嗓子哑。他劝我割除扁桃体。我一听要动刀子，吓得再也不去找西医了。直至一九五六年我到西安演出，嗓子突然完全失音，住到医院，由姜泗长医生（原解放军三〇一医院副院长）给我治疗。他讲我不仅扁桃腺大，而且在左侧声带上有一小包，发声时所产生的黏液不能顺利下滑，因此产生时好时坏、痰堵音的现象。再说那时也真怪，逢演《群英会》，只要说今天不带《横槊赋诗》，我的嗓子从头到尾就都痛快，若说带《横槊赋诗》，嗓子就不行了，可能是神经过度紧张吧？萧先生生气地说："哪天演戏，演到一半给你临时加，看你哑不哑？"话虽这样说，这场戏在科班始终没能上演，萧先生和我都未能如愿，真是件憾事。

新中国成立后，党领导的文艺事业迅速发展，众星荟萃将《群英会》《借东风》搬上银幕，我有幸和萧先生同拍此片（我饰曹操，萧先生饰蒋干),并在萧先生的倡议下,加上了《横槊赋诗》一场。此场戏经郝老师亲自加工,更为提高。萧先生兴奋又感慨地说:"你这回可不会再哑嗓子啦!我这点工夫,总算是没白费呀!"我看这也算是我们师徒同登舞台值得永久纪念的一段佳话吧!

通过此戏的排练,萧先生为我后来的艺术表演打下了良好的基础。说也奇怪,我的嗓子就这样好好坏坏不知不觉地渡过了倒仓这一关。

盛兰师兄在《临江会》中扮演周瑜,形象突出,很受观众欢迎,连荣师兄走后,《临江会》一直没演。

萧先生又想给我排此剧中的关云长,这是京剧中唯一的一出红净戏,再有就是昆曲《单刀赴会》中的关云长,其余都是红生戏。可是他又担心我的嗓子不争气,萧先生说:"这戏不给你排给谁排呢?给你排吧,嗓子总是阴晴不定,晴着天就下一场大雨。唉,还是排吧。"别看他话说得劲头儿不足,给我排起戏来可是一丝不苟,费了很大精力。我也非常喜欢这出红净戏,月影下不知下了多少私功,演出时和连荣师兄一样,那四句定场诗,整整得了三个满堂掌声,念白狠,亮相脆。像"且住!看大哥饮酒面带笑容,周郎他满脸杀气,两旁密排匕首,四下定有埋伏,我不免独立大哥背后,看他们是怎——生——"随着"八大仓"的锣鼓点儿,转水袖,拔宝剑,亮相(喝彩),接着念"下——手"。台下又报以热烈的掌声。萧先生可高兴了,和师傅说:"行!他已经顶上钟连鸣了(连鸣在'连'字科唱《临江会》颇得好评)。"师傅同意地点了点头。这些情况都是我卸脸时盛戎悄悄地告诉我的。

壹拾陆 偷听戏 乐极生悲

大家都知道了,听戏是我和盛戎从小的爱好。现在自己学了戏,又演了很多戏,颇受观众的喜爱,求知欲就更加旺盛了,对一些名家的戏百看不厌。科班中有规定,不准私自外出。可此时我们都算是师哥了,不像前几年那样胆小如鼠,规规矩矩,而且全都顶了正工戏,师傅和先生较喜欢,对我们有时也睁一只眼闭一只眼,略有放松。我们便利用这种机会,想方设法偷着去听戏。最经常去的有我、盛戎和世霖。用什么办法溜走呢?

我们每天去演出,都有两个人负责,一个人去时带队,回来查人数;一个人去时查人数,回来带队。如果轮到我们三人带队,自不必说;换到别的师兄,只需好言央求,师兄弟们互相都挺支持,将我们的数假报上去,也就混过去了。晚上查铺呢,我们早已从南屋东南角的那三间里屋搬到南屋正面来住,共有五个人,我、盛戎、胡盛岩、李世霖和曹世加,可说是"鸟枪换炮",舒服多了。我们三人倒拨前去,留家一人,负责将每人睡铺脚下堆的棉衣裤塞在刚铺好的被窝内,看起来如同有人蒙头睡在被窝里一样。徐天元先生虽有所发觉，也不甚追究。师弟们有时偷看戏去了，他们假被窝搞得不像，徐先生就会撩开被子戳穿"诡计"，等他们回来后，责打几板，借此吓唬吓唬我们。我们用这种办法，听了很多大义务戏，如四大须生、四大名旦，无所不有。犯戏瘾最大、去得最勤的是听周信芳先生带领南方剧团（有大型布景）在中和园演出的连台本戏——全本《封神榜》（白天还加演传统戏《群英会》《华容道》，周先生不演诸葛亮，演前鲁肃、后关羽）。我们那时正在华乐园演戏，若从前门溜出去太显眼，很容易被发觉（那时我们每人都身穿一件竹布大褂，剃着光头，很远就能看出来）。恰好，发现华乐园厕所旁边有个倒脏水的旁门，倒是一个溜走的好地方。这个门总上锁，为了找到开门的钥匙，我们花了相当大的工夫。最后，在窗台上的一双旧鞋里——这个意想不到的地方，找到了一把钥匙，用来一开，还真将锁打开了。我们似鸟出笼，穿过鲜鱼口，直奔粮食店去中和园。留下的一人将门锁好，下次倒换他再去。在剧场经常会碰上师兄们，如盛兰、盛章等，他们"奉官"，我们也大着胆子装着"奉官"的样子，主动上去和他们说话："跟先生请假看戏来了。"我们都在 起配对戏，他们不追问，也不汇报。

我们看了周信芳先生的很多戏：《比干挖心》《梅伯抱烙柱》《杨任挖眼》《闻太师》《反五关》《姜子牙卖面》等。听了头本，想二本，看了三本，盼四本，本本不漏，有些戏都看会了，回来自己就能唱，这下可坏事了。

一天早上，郝喜伦师兄照常给大家练毯子功。我们头天晚上有堂会，睡得太晚，早晨不练功。起床后，到后院上厕所，我和盛戎就犯了戏瘾，在后院就开戏了。盛戎演《困土山》中的关公，世霖在旁当配角接下句，我负责念锣鼓点儿。麒派特有的高音锣（俗名奉天锣），锣声又高又脆。我们越演越上瘾，越进戏，我这用嘴打的高音锣就越脆越响。前院练功的师兄弟，只要是来上厕所的，就都站在厕所前看戏，不回去了。有的人觉察出只见人走，不见人回，就借口去厕所，到后院看看有什么新奇的事，自然也站在那里围观。后院人越集越多。我们忘了一切，演得更卖力气。郝喜伦师兄逐渐发现练功的人太少了，寻找到后院，不由得也看出了神。戏终于演完了。

"哈哈！我说这儿怎么这样热闹呀，练功可没人了！"他生气地半笑不笑地说。

"你过来！"他向盛戎招招手。

"你唱的什么戏呀？"

"《华容道》。"

"胡说！《华容道》哪儿来得这么多身段？就听这锣音，根本没有咱们的味儿，说实话吧。"

盛戎低头，无言可答。

"我替你说吧，你去听了麒麟童，回来犯戏瘾了，对吧？"

"嗯！"盛戎以为承认了就完事了。

"你向谁请假了？"从剧场走人，非得跟他请假不可。盛戎无法回答，只是嗯了几声。

"有言在先，班规规定，私自回家打几板？"

"十板。"他声音小极了。

"好！你还没忘，石板缸盖！走吧！"早先用石板子来盖水缸，这是科班里用谐音说明责打十板的一句俏皮话。

我们一齐涌到罩棚下，盛戎别无他法，照例搬出板凳。十板打完。

"说，还有谁去了？"

"就我去了。"他哭着说。

"说不说？不说再打十板！"喜伦师兄举起竹板又要打。

我们事先曾说好，谁被发现挨了打，谁自认倒霉，不许招出其他人来。郝喜伦师兄如此一吓唬，盛戎吃不住劲了。

"您看谁打的锣音像就是谁。"

得，这句话是不点名的点名，把我给招出来了。我本能地往后躲闪。

"行了！行了！你别往后躲，出来吧。我就知道是你，'冈、冈、冈'

的锣音，打得多像呀！"

还有什么说的呢，我只好上前领打，外甥打灯笼——照舅（旧）十板。

"还有谁？"

"没了，就我们俩！"我哭着嘟囔着。幸好喜伦师兄来后，世霖在旁没有搭腔，所以师兄也就没有再多追问，世霖算是侥幸漏网了。

饭后演出，盛戎演《二进官》，我演《临江会》。我这个"关老爷"可是受了罪。这戏动作多、幅度大，一动就疼还不算，出汗又多，真是杀疼杀疼的。完了戏，我去找盛戎。

"咱们说好了，谁挨打，谁认倒霉，你怎么还是将我给供出来了？"

"没说你的名字，不算把你供出来呀！"

"你说谁打的锣音像就是谁，锣是我打的，不等于说我吗？"我又用手轻轻地抚摸着被打破的地方，它还在杀着疼呢。

"你今天的日子比我舒服多了，你这位徐大人，可以站在那里不动地方地唱，我呢，快疼杀关老爷啦！"

"嗜！我唱得出一身汗，照样也杀得疼极了！"

我俩相对苦笑着，不再计较。回去后买了一个鸡蛋打碎，互相将鸡蛋揉在被打得青、肿、破的地方。

我和盛戎虽被打得鲜血淋淋，但没有将看戏的念头给打回去，有机会我们照听不误。

今天想起这段往事，还是忍不住要发笑。我进科班几年，学戏快，又不太淘气，挨打的时候很少。这顿打，细想起来也挨得值。我和盛戎用听戏的方法，从周先生那里学到很多表演艺术，并把它运用到我们的艺术创作中。这样看来，我们挨十板打，又是多么微不足道哇！

壹拾柒 三兄弟 情真意切

我改学花脸后，跟随孙盛文师兄学戏的时间最长，学的剧目也最多。

盛文师兄，在科内铜锤、架子兼优，舞台上擅长演"老脸"角色，如《普球山》中的蔡庆、《英雄会》中的黄三太、《四杰村》中的鲍自安、《战宛城》中的曹操等。因倒仓后嗓音未能完全恢复，出科后，留在富连成执教、演出。他曾先后教会我《大保国·探皇陵·二进宫》（以下简称《大·探·二》）《锁五龙》、《探阴山》、《盗御马》、《取洛阳》、《醉打山门》、《功宴》、《芦花荡》等几十出戏。

那时，盛文哥才十七八岁，但因父母去世过早，长期的独立生活，使他完全脱去了孩子的稚气。他那微长的面庞显得沉稳持重、少年老成。盛文哥为人正直，待人厚道，做事认真。平日，不仅"盛"字辈的师兄们很尊重他，就是"喜"字、"连"字辈的大师兄们也都对他另眼看待。在我们这些小师弟的眼中呢，他俨然是一位"长者"了。

初时，我还真有点儿怕他呢。时间长了，我才了解，盛文哥虽平日说话少露笑容，但语气平和；虽教戏认真，要求严格，但从不打人，也从不因为我们唱、念的字音不准或嘴皮子没有用力就拿筷子往我们嘴里去杵。他总是耐心指点，反复示范。所以，逐渐地我对这位师哥敬重之余，又加了一层亲近。

盛文师兄教戏时，我们七八个师弟一起学，往往是我和盛戎先学会，演出也很露脸。盛文哥很是喜爱我们俩，我们俩对他也更加尊重。

每天早晨，我和盛戎主动轮流为他准备漱口水和洗脸水。他洗漱完毕，我们就给他端来刚沏好的热茶。他演出时，手表、钱都交给我保管。他该换服装了，我们会将他的靴包打开，帮他穿靴子扮戏；他需要饮场，我们给他预备好温水；他需要擦汗，我们就将毛巾送到他面前。多年来，我们师兄弟之间十分和睦融洽。我们都亲切地唤他三哥（他在家中排行第三）。

盛文哥的父亲孙德祥老先生是名武旦，生前长年在上海演出，去世后就地安葬在上海。盛文哥多年来的心愿就是将孙老先生的灵柩运回故土北京安葬，不做异乡孤魂，只是苦无能力。这年夏季，盛文哥攒够这笔运费，向师傅、萧先生提出请求。师傅、萧先生闻之，连声夸奖盛文哥孝道，破例批准他赴上海的假期。两星期后，盛文哥拍来"灵柩即日到京"的电报，盛武有戏无法前去。萧先生恐他需要人手帮忙，问谁愿去接，我和盛戎应声而起。

早饭后，十点多钟，我俩直奔永定门火车站（因有灵柩不能在前门车站下车）。一路上，我俩兴致勃勃，有说有笑，不知不觉走到了天桥一带。我们都想多走一点儿路，到城南游艺园转转。怕误了时间，没敢进去，只从外边绕着走过。这个儿时多次游玩的地方，勾起了我们多少回忆呀！

"还记得咱俩爬墙，你摔下来的事吗？"

"怎么不记得？那时太小了，其实没摔疼，倒是吓了一大跳。"

霎时，我们都觉得自己已经长大成人，再不是想听戏又没钱买票，只好越墙而进的两个顽童了。

"你想什么呢？"盛戎问我。

"我们都长大了！那时，我们多么盼望能在台上演戏；现在，我们到底能上台了。"我无限感慨地说。

"你猜我想起什么来了？想起咱们一边看戏一边吃的五香豆腐干……"他这一提，我好似已咬了一口五香豆腐干，那香喷喷的五香汁又顺着嘴角在往下淌了。

走着走着，突然发现前边院墙里伸出一枝挂满青枣的枣树枝。我俩刚才还为自己长大成人而颇感骄傲的心情迅速消失了，只想摘几个枣来解口干之苦。我们都有腰腿功，三两下就站到了墙上。我放哨，他摘枣，一人装满一兜才跳下地，急不可耐地挑个大些的枣塞在嘴里。嘻！不甜、不酸，青楞楞，什么味儿也没有。不过，也将就着将枣边走边嚼边吐地都吃了。

我们走得浑身是汗，又热又渴，看见清凉的永定河水缓缓地流着，迅速地跑过去，脱下竹布大褂，在河边洗洗脸洗洗脚，凉爽多了。他猛地用水撩我，我不示弱，用水回击他，好一场岸边的水战！我们真像是两只飞出笼的小鸟，玩得开心极了。

猛然，我们想起了还要去车站呢，只顾在这里玩，耽误了接盛文哥怎么好？我俩也顾不得三七二十一，撒开腿就跑。从永定河跑到火车站路程不算近呢，一会儿就跑得汗流浃背。我俩脱去大褂，又脱去小褂，赤着背一口气跑到车站。还好，上海来的火车没有进站，我们这才放心地找个树荫，坐在地上歇息。汗落了，我劝盛戎："快穿上衣服，免得着凉。"他也笑着说："别光让我穿，你也得穿！要不你的嗓子又……"他说着用手揪着嗓子，张开嘴做了个表示嗓子哑了的鬼脸。

火车来了，我看见盛文哥从前边的车厢走下来，四处张望着。车站人很拥挤，我们跑不过去，又怕盛文哥看不到人着急，就使劲地大喊："三哥！三哥！"我俩的大嗓门儿真灵，人们都扭头看我们不说，还主动地给我们让开路，我们很快就到了盛文哥身边。盛文哥像见了久别的亲兄弟一样，用胳膊把我俩搂住："我猜着你们准会来接我的！盛武呢？""他有戏，萧先生让我们当全权代表。"盛文哥笑着点点头，感到莫大的安慰。

我和盛戎跑前跑后帮助盛文哥办理手续，将灵柩运出车站，抬到雇好的马车上，因盛戎要赶回广和楼演大轴子《五花洞》里的包公，临来时，萧先生要我俩必须同去同回，因此未跟车去松柏庵下葬，我们心里很是不安。

我俩顺着永定门、天桥、珠市口、前门回到广和楼，向师傅和萧先生汇报了经过。师傅点点头自言自语地说："不枉养儿一场啊！盛文真是个好孩子。"

这天晚上临睡之前，盛文哥将我俩叫到他的屋子里。

"伸出手来，闭上眼睛，我给你们点儿东西。"我和盛戎照办了。他把几个又凉又硬的东西放在我们手上。我睁眼一看，是四枚铜子，盛戎手里三枚铜子，我们都愣住了。

"这是我每天发的七枚小份钱，出科后，也一直没取消，以后就归你们每天领吧！你们每天演戏够累的，年龄也渐渐大了，别亏了嘴，七枚钱不好分。今天你四枚，他三枚；明天他四枚，你三枚。可不许打架啊！"

亲切的言语，深切的情意，似股暖流温热了我们的心。我俩高高兴兴地收下了师哥给的钱。按照他的安排，领了好几年，直到科班内重新调整，免去出科学生的小份钱后，才算停止。

在过去的旧科班里，师兄们往往依仗自己年龄大一些，早学几年艺，对师弟很是看不起，经常随意欺侮、打骂，至于占师弟的便宜则更是司空见惯。我们的盛文师哥呢，几年来，不仅在艺术上精心、耐心地教会了我们本领，希望我们将来在艺术上能有所作为，而且在生活上体贴、关心、爱护我们。他给我俩的这几枚铜子，凝结着真挚的情谊。在那个社会，盛文师兄对我们的一片深情是多么珍贵啊！

几天后，我和盛戎分别在《穆柯寨》中饰演焦赞、孟良。

这天的戏太长了，管事的苏先生为了不使戏太大，让我俩"马前"（即戏往前紧着演）。前边的戏结束了，苏先生一算时间，戏拖得太长，决定删去《穆柯寨》的头场。

这着棋使我和盛戎都很不满意,头场是杨六郎坐帐,焦赞向六郎吹出"降龙木在穆柯寨用脚扒拉扒拉就是一大堆,用手拢巴拢巴就是一大捆"的大话后,不得已领命去穆柯寨盗取降龙木。第二场孟良回令路遇焦赞,焦赞假借元帅之命,将盗取降龙木的将令转交孟良,孟良信以为真,反请焦赞同去助力。如将头场删去,一来情节交代不清,二来焦赞对孟良的蒙骗都变成真的,戏的铺垫起伏没了,许多包袱相应减色,他这个孟良不好演,我这个焦赞更甭提。怎奈将令已下,我们只好遵命照演。果然这场戏没有了往日的活跃气氛,几乎吃素(台下无甚反应)。当快要演到穆桂英和杨宗保会阵、孟良烧山一场时,后一出戏的演员还没来后台,苏先生怕他误场,又要我们"马后"(即戏往后拖着演),我俩的情绪更大了,心里有点儿起火。临上场,盛戎偷偷告诉我:"不是要'马后'吗?咱们使劲地多烧烧!"我会意地笑了。

往日孟良用火葫芦放火后,穆桂英用分火扇将火扇向焦、孟,二人慌忙躲闪,扑打向自己烧来的火焰。演出时,孟良扑火,焦赞遂转身钻到桌下躲藏,露出一条腿。孟发现,揪焦腿,焦出扑火,孟又钻桌下,焦又将孟揪出,几次三番,示意身边火被扑灭,显得精疲力竭,同时坐在地上高一声低一声地轮流呼叫"咳哟",接着无可奈何地站起身来回营交令。这回可好,他将我拉出来,他钻桌下;我又将他拉出来,我钻进去;一次又一次地重复着。我俩那时都有点儿人缘,观众见我们特别卖力,感到有趣,鼓掌叫好。这出乎意料的效果,更刺激了我们的表演激情,越发忘乎所以,演个没完,真成了"扑不灭的火焰"。台下观众的喝彩声、鼓掌声,与舞台上配合我们动作的"乱锤"声混为一体,震动了整个广和楼。

后台无事的师兄弟扒开台帘,见状跟着捧腹大笑。苏先生起初还以为要我们"马后"多加一番动作,后越听越觉不对茬儿。"乱锤"打个没完,台上、台下、后台一片沸腾,急去扒开台帘,看见我们正在不厌其烦地一次又一次地"扑火"。打鼓的刘富溪（萧长华先生的女婿）一眼瞥见，见势不好，警告我们："收了吧，收了吧！"我们已狂热到极点，哪里顾得了许多。苏先生不看则已，一看火冒三丈，揪着台帘，跺脚冲我们高喊："你们还完得了完不了啦？都给我滚下来！"

火，算是让苏先生给扑灭了。

止戏后，苏先生严厉地指责我们。盛戎依旧用他那惯用的憨声憨气的语调反问："您不是让我们'马后'吗？"

"让你们'马后'就没结没完，只两三分钟的戏，唱涨出一刻多钟来，太不像话了！回去告诉你们盛文师哥，好好地管教管教！"

苏先生若在后台打我们的板子，他是完全有权力的，为什么偏要再去告诉盛文师哥来管我们呢？这也是老先生平日比较喜欢我俩，再者台下得的是正好，不是倒好，不忍加罚罢了。我们很放心，盛文哥绝不会打我们板子。

晚饭后，盛文哥将我俩找去先问明原委，然后说："吃饭时苏先生和我讲了，要让我管管你们，我听了这话很难过。打你们吧，舍不得；不打你们，你们今天的事做得很不好！苏先生让'马前'，删了头场，后又让'马后'，都是有原因的，是为了全场戏演得别洒汤漏水。我若是管苏先生的这份事，我也得这样办，有什么不应该呢？你们的戏不好演，也有着一定的道理。但无论怎么说，也不能在舞台上起哄、开搅，这是多坏的毛病呀！你看，咱们科班的马师兄，论条件、论嗓子，既能文，又能武，各方面都很好，就因为养成了开搅的习惯，他自己不知不觉地就将戏给搅乱了，闹得哪个班社都不敢用他。难道你们要学他吗？"盛文哥说到这里顿了顿，指着我说："你不是着迷学郝先生吗？你看过他不少的戏，什么时候见他在舞台上开搅？哪场戏不是在认真、严肃地演？这是饭碗，你们懂吗？不能自己往饭碗里扔沙子坏自己！"他又指着盛戎接着说："还有你爸爸，裘先生，在咱们这儿串演《白良关》，隔着两出戏就提前将头勒上，为什么呢？怕误场，怕戏演不好，怕不尽责任。你继承父业，这也是其中之一。再有咱们侯大师兄，在这方面都是让我们佩服的。你们要向他们学习！要知道，现在广和楼的观众都知道，富连成科班有两个好花脸：一个铜锤，一个架子。你们千万要珍惜这种好评，要学真本事，走正路，我想你们心里会明白的。"

这番苦口婆心的劝导，既有批评，又有鼓励，直说得我俩痛哭流涕，真比打我们十板还起作用。从此我开始懂得怎样才是真正热爱自己的艺术。我和盛戎齐声表示，绝不会再发生类似的事情了。在不讲说服教育的年代，盛文哥的言传身教，使我们受益匪浅，我们之间的感情也更加深了。

这几件往事回忆起来，犹如昨日一般历历在目，激荡着我的心。几十年来，我们虽都忙于自己的工作，但都十分珍视这青少年时代留下的珍贵友谊，不断地互相联系，探讨艺术表演问题。特别是一九六二年至一九六四年，我和盛戎多次聚会探讨铜锤和架子的表演。"文化大革命"期间，我们自身难保，但还在互相打听对方的消息。我刚获解放，盛文哥就派孩子来向我祝贺，盛戎还带着毕英奇亲到我家来看望。几天后，我也到他家去拜望。我和他们的住处虽然相离得越来越远，关系反觉更亲近了。谁知盛戎不幸患了癌症，我去医院探望他，竟成永诀。他过早地离开我们，真令人心痛！幸而他培养了众多的学生，桃李满天下。后来看了盛戎之子少戎的演出，可喜裘门有后，甚感欣慰。盛戎若活着看到今天，他该有多高兴呀！盛文哥解放后一直在中国戏曲学校任教，一九八一年十一月突患冠心病去世了。就在我接到戏曲学校的通知，赶去医院探望的前十几天，他还打电话嘱咐我一定要将《青梅煮酒论英雄》整理排演，并且说这是郝老师的独创，曹操的表演吃重，表演艺术很高，若不整理演出，就要失传于后人了。实难料到，不几天就传来了盛文哥病逝的噩耗。此次谈话是盛文哥对我最后的嘱托和希望，最后的叮咛和要求。

盛文哥！我的好师哥！好老师！安息吧！

盛戎兄！我的好师哥！好伙伴！安息吧！

我永远不会忘记咱们的友谊，你们未完成的事业，我要继续去努力奋斗！

想起往日，念及旧情，不禁潸然泪下，唯有落笔成文，以寄托我对你们永久的哀思和悼念！

壹拾捌　蒙指点　巧演伊立

夏去秋来，富连成科班为富商刘家演堂会。按照一般的惯例，主家要额外约请名角儿来串演一出或几出精彩的剧目。这次的堂会循例约请了马连良先生外串《黄金台》。

马先生此时已名噪南北了，他是怎样一举成名的呢？

李华亭先生（解放前天津中国大戏院的经理、邀角儿人）向我介绍过。马先生出科后，曾在名旦朱琴心先生班社演出。那年，李华亭先生邀请朱、马二位先生在天津北洋大戏院演出，合同只定了五天六场，星期日加演日场。第二天的剧目是《阴阳河》。朱先生主演的旦角是个鬼魂。马先生饰演王茂生，这是二路老生的应工戏。演出中朱先生挑着水桶——两个纸扎的蜡烛灯笼在舞台上走花梆子步，在做翻身、转身等较复杂的身段动作时，偶然不慎，蜡灯点燃了系在耳鬓的两条纸穗（鬼魂特有的装扮）。朱先生脸部烧伤，住医院治疗。后三场戏怎么办？钱已收下，不能再退，辍演，观众更不会接受。剧团管事陈椿龄、蔡荣贵两位先生已看出马先生的艺术光彩，在这为难之时大胆提议,将第三天的《审头刺汤》改成从《一捧雪》演起,马先生主演前莫成、后陆炳。李华亭先生别无良策,只好同意。临时约请了年轻程派旦角陈丽芳饰演雪艳。贴出"朱琴心老板因病不能演出,改为马连良老板加演《一捧雪》连演《审头刺汤》"的告牌。出乎意料的是本来票座卖得并不算太好,改戏之后,反而卖了满堂。紧接着第四天马先生又主演《打渔杀家》《王佐断臂》两出;第五天主演拿手戏《借东风》。几天来,连演连满,声震天津。

回京后,马先生筹备自立班社。他自出科后,曾每日凌晨,月色尚朦胧,即挑灯去天坛一带喊嗓、背戏,经常与郝寿臣老师不期而遇。二位先生在艺术上互相切磋,彼此信任。此时,马先生欲与郝老师合作排演生、净并重的对儿戏。按照戏班的老规矩,净行的名次要排在生、旦之后。如果马先生与郝老师并排合作,一些较有名气的旦角、武生是不肯将名次排在花脸后边的。马先生不受陈规陋习的束缚,破例约请了年轻有为的旦角王幼卿先生和青年武生吴彦衡先生,以便和郝老师合作。又约请了久与余叔岩合作的钱金福、王长林前辈来陪衬演出,以提高演出的整体水平。由此足见前辈们千方百计提高艺术质量的一番苦心。这正是我向吴彦衡先生学《南阳关》的后期。我有幸看了他们班社的很多戏,打炮在庆乐园,《失·空·斩》《定军山》《问樵闹府》《打棍出箱》《阳平关》《连营寨》等,剧目丰富多彩。马先生与郝老师配合默契,相得益彰,观众大加赞赏。至此仅几年时间,马先生便独树一帜,跃为名须生,成为富连成科班毕业的最享盛名的一位了。

这天演堂会,马、郝二位分手,郝老师和高庆奎先生合作。马先生约请刘砚亭先生饰演太监伊立。刘先生晚七时要赶到吉祥园饰演《吕布与貂蝉》中的董卓(杜丽云主演貂蝉),故预先约定好《黄金台》最迟下午六点前结束。刘先生很早就来到后台化装,等待演出。无奈本家的主要客人未到。《黄金台》一再"马后",推至六点还迟迟不能上演。刘先生见时间紧迫,找到马先生的管事蔡荣贵先生说明原因,蔡先生也毫无办法,刘先生只好卸装告辞。

　　这场小变故，我在后台听得真真切切，心中似有预感，会不会从我们学生中临时找人替演伊立呢？当时科班只有我演伊立。想到此，我不由自主地迅速默默背诵着伊立的戏词。果真不出所料，工夫不大，我就被师傅叫到后台的账桌前："伊立的戏你忘没忘？"

　　"没忘！"

　　"好！去找你师哥对对戏就勾脸吧。词背熟一点，别砸锅！"最后，师傅点头叮嘱我。

　　《黄金台》是全本《火牛阵》中的一折，写的是列国时代齐国宦官伊立为篡夺王位，勾结邹妃谋害东宫世子田法章，田出逃至县官田单府中，田单见义勇为，将世子男扮女装，佯装成自己的女儿，伊立前来追查，搜府未获，落空而回的一段情节。

　　对戏过程中，按马先生对此剧的演法，伊立念到"咱家我就要——"时随着"大大八仓仓另仓""软夺头"的锣鼓点儿，伊立拔出半截宝剑，脚蹬椅子，威逼着田单亮相，再接念"搜哇！"不想马先生在舞台上所用的椅子比科班的高得多，我的个子矮，脚蹬上去既吃力，亮相又不太漂亮，我只好不蹬。

　　"停！这里一定要蹬椅子，伊立蛮横无理的神气才足。"马先生边说边看。

　　"椅垫高，你个子矮不好蹬……"他思索了一会儿接着说，"这样吧，我给你配合好，在你抬腿时我略一欠身，你赶快用脚轻推一下椅垫，将脚蹬在椅子边上，就可以了。"我们试验一回，满行。有了这个俏头，方便多啦！马先生这种统筹全局，想方设法搞好角色之间的配合，以期达到更好的艺术效果的精神，给我留下了深刻的印象。

　　戏开演了，当演到《搜府》时，"急急风"中校尉过场后，伊立上场，竟来了个嫩声嫩气矮人一头的小演员与已负盛名的马先生配戏。观众初觉诧异，随着我认真严肃地紧密配合，观众倒也觉得这场戏别有风味，给了我很大的鼓励。而且，最后"四击头"亮相下场，观众一直用热烈的掌声将我欢送到后台。

台下有一位马迷冯某人（他从学生时代就学马派，不能唱，只能教，是马先生家的座上客）。戏刚结束，他就来到后台，将还没来得及卸脸的我叫到马先生的化装室，拍手说："温如！咳！他一上场我就愣了，我明明看见刘先生已扮好了伊立，却突然换了个孩子上台，他万一晕场（指舞台经验不足、发慌、出差错），岂不把戏全搅了，没想到还真……"他笑着拍我的肩膀，顿了一下："还真不错，放得开。您瞧他最后下场的'三笑'和'小跺泥'多像郝爷（当时大家对郝老师的称呼）！"

的确，戏中伊立的神气、念白的语气，连同最后狂笑下场时射雁式的身段，都是仿效郝老师的，在私下练得有了把握，今儿借机全盘托出。

"你十几岁了？"马先生洗过脸，回身热情地问我。

"十五岁。"

"还有几年出科？"

"三年多。"

闻听此话，他吸了一口气，摇了摇头，自言自语地说："三年……等不及……"随后对我说："你快去卸脸吧，今儿辛苦了！"

卸完脸，我又被师傅叫去。账桌前的场面使我感到新奇：马先生居然坐在桌前长凳上，与坐在桌子对面长凳上的师傅和萧先生讲话。这是绝无前例的。就是"喜"字辈大师哥也要毕恭毕敬、垂手直立地与师傅讲话，足见师傅对马先生的喜爱。

"把你师哥给你的点心钱拿走。"师傅指着账桌上蔡管事刚送来的一个封住的红纸包。

"以后有时间，你师哥准备给你们排全本《火牛阵》。"师傅高兴，话也比往日说得多。噢！原来他们在商谈给我们排戏的事情。

我再次道谢后，转身返回化装室，见红纸包里面是四块大洋，心里更加美滋滋。

几天后，我将钱如数交给母亲，母亲欢喜非常。不过只拿走三块。我们母子推让了半天，她还是将那一块大洋强塞在我衣兜里，嘱咐我买些可口的东西吃，补养补养身体。这一块钱，约合四十吊，我哪里舍得花这么多钱呢！我考虑了几天，才决定和盛利师兄一起出去吃顿饭。为了使嗓子不生痰，盛利师兄提议去李铁拐斜街的两义轩回民饭馆吃牛羊肉。那天我俩没戏，请假出来。说来也真巧，我们刚一进门，就看见马先生在正厅摆了几桌酒席待客，我们行过见面礼，去后面小间里坐下点菜。跑堂的刘瑞师傅招待我们，向我们推荐清炒虾仁，盛利用脚在桌子下使劲碰我，暗示要。我听师兄们讲过这种菜很贵，唯恐钱不够，没敢应声，只要了一个烩银丝（即烩肚丝）和一个卤拌粉皮、几张家常饼，共用九角多，连买碗汤的钱都没有了。

这是我第一次到较好的饭馆吃饭。正吃得高兴，马先生的管事陈信琴先生在门口掀起帘子和我们笑着打招呼，我们应声问好，他就回身走了，我们也没介意。一会儿刘瑞师傅进来说："你们二位的饭钱，马老板候了（代付了）。"盛利一听后悔得直拍大腿："你看，听我的多好，蹦到嘴的虾仁让你给放走了！"我也略觉可惜，转念一想，好饭菜吃了，钱还能给母亲交回，心里特别高兴。

师傅和萧先生对我们排全本的《火牛阵》一剧很重视，特意集中"优势兵力"：盛藻哥演田单，盛兰饰世子田法章，陈盛荪饰殷小姐，刘盛莲饰丫鬟，我还饰伊立，孙盛武饰衙役，叶盛章饰齐湣王，全是当时科班各行的尖子，搭配得非常整齐。很快发下总讲（剧本），每人抄单头。盛藻到马先生家里去学唱、做。他兴奋地悄悄向我称赞马先生："师哥真不错，一句一句地教，一点儿不含糊。"之后，马先生又抽出时间来科班负责合排。排到《花园》一场，马先生介绍说，原来这场戏是世子扮成女子由田单府中逃出，闯入告老还乡的殷丞相府中花园的十几分钟的过场戏，后来，在天津与周信芳先生合演此剧，周先生饰世子，将这场戏大加丰富，男扮女装的世子与殷府小姐结拜为异姓姐妹，后吐真言，情定终身。增加了不少唱段，将十几分钟的过场戏发展成四十多分钟唱、做、念兼重的重点场子。马先生让盛兰就按这个路子排演，并将其中的表演详细地教给了盛兰。我心中愈加为当初在天津没能看到他们精彩的合作演出而惋惜。

至于《搜府》一场，马先生没给排，他指着我对盛藻说："他和我演过了，你自己和他排排就行了。"过后我在排练中又向盛藻哥述说了上次和马先生同台演出的一些体会。如伊立威胁着要搜府，田单先是一惊，马上想到世子已变成自己的女儿，还怕他搜不成？立时镇静下来说："请搜！"这个微妙的思想变化，就在大锣一击的瞬间完成。马先生表演得真切、细腻，我协助盛藻哥将这些较细微的表演加了进去。

此剧演出后，收到很好的效果，连演数场，盛况空前。

壹拾玖　度年假　初登师门

科班的生活是紧张的,一天到晚除了学戏,就是唱戏,只有在一年一度的五天年假里,才有自由行动的机会。所以,师兄弟们都很珍惜这几天的时间,尽量使年假过得丰富多彩一些。

年假里,我回到家中,除去和母亲、哥姐们一起享受骨肉团聚的天伦之乐外,与和尚四大爷欢聚,听他谈论看我演出后的观感,也是我假期生活不可缺少的内容。

和尚四大爷从我演第一出戏开始,只要他庙里的事情能脱身,准会进城听我的戏。科班中的先生、师兄弟都知道我有个和尚四大爷,就连华乐园、三庆园、广和楼等戏园的人,也都认识他。但是,科班有"家长不得到后台看望学生"的规定,他不能到后台来,我们爷儿俩只能利用假期会面。

"那天,看你演《天水关》里的赵云,心里真紧张。你这个赵云没出场,四大爷的心就跳开了。戏演完了,手心也攥出了汗,生怕你在台上出岔儿!"

"……你怎么又改了花脸啦？……你的武霸强，嘴一撇，挺有相。就是嗓子细，好在还没倒仓！"

"《法门寺》里刘瑾的念白吐字挺有劲儿，和谁学的？……好小子！看住了嗓子，错不了……"

"行啦！你妈有熬头啦！"

见了面，和尚四大爷总是滔滔不绝地述说那存满了一肚子的观感。

余下的几天时间，我们师兄弟相互串门拜访，去照相馆照戏相。

师兄弟们相互拜访，彼此间加深了解，增进了感情；与梨园世家的师兄弟们往来，使我结识了不少前辈，也增长了见识。

有一次，我到李盛泉师兄家串门，正赶上他姐姐在家中练书法。我凑到跟前观看，她的字写得刚劲有力，简直把我给迷住了。她就是我久闻大名的女老生李桂芬（后来去了美国，是业余京剧界的权威人士，人称卢夫人），她与时慧宝先生都是宗孙菊仙老前辈的。她在《戏迷传》中当场写字，深受观众的好评。

盛泉兄的嫂子李慧琴，是名旦角，与高、郝二位先生同班，孀居后还在盛泉家守节，献身于舞台艺术。我能与她们结识，很感荣幸。

使我难忘的是去盛麟家。他父亲是名须生高庆奎老先生。他家中有留声机和许多名演员的唱片，像高老先生的《逍遥津》《斩黄袍》《斩子》《哭秦庭》和串演《掘地见母》中《孝感天》老旦的唱段等，还有侯喜瑞老先生的《阳平关》《九龙杯》，汉剧名须生余洪元的《乔府求计》等。最吸引我的是郝老师的《夜审潘洪》、杨小楼的《连环套》以及《黄金台》中伊立的念白。这几盘唱片，我听了一遍又一遍，模仿着跟它唱、跟它念，如醉如痴。

当时，高老先生正赶上海演出，高师娘说孩子们在科班吃苦，特意叫厨师们准备了烙薄饼、炸丸子等丰盛的饭菜款待我们。大家去东厢房吃饭，我还在那里听唱片，直到高师娘亲自来找我，我才随她前去进餐。

在那个年代，家中能有留声机，可不是件简单的事情。我这么一个家境困难的孩子哪里能见得着这种洋玩意儿呢？平时我看舞台上的演出，没记住，或是没听准的，只能改日再去看。听唱片这样的学习机会，对我来讲，是多么难得呀！

我常去的照相馆是大李纱帽胡同容丽照相馆和廊房头条的荣丰照相馆。到那里照相是不必花钱的，他们将我们照的戏装相放大加印后可出售赚钱。在当时东安市场的相片摊上经常出售我们科班学生及一些名角的剧照，所以照相馆对我们很欢迎。我每逢年假，都去将演过的角色照下来作为纪念，将一些喜欢而又没演过的角色也勾上脸，穿好服装，随心所欲地摆个姿势拍下来。我感到这其中有着无限乐趣。

当年，我还曾和剧作家吴祖光先生在容丽照相馆合拍了几张戏装相呢！

祖光的年龄与我相仿，他那时还是个学生，很喜爱京剧，经常看科班的演出，还常到后台与我们闲谈。我们很快就熟识了。那天，我帮他化装、摆姿势，照了一张《柴桑关》的剧照，他饰周瑜，我饰张飞；又照了一张《两将军》的剧照，他饰马超，我还饰张飞。别看祖光不是演员，化上装满精神，摆的架势神气十足，颇有

吴祖光

将军的风度。我这个张飞可狼狈得连鞋都没穿上呢。我的脚在冬季冻得又红又肿，只好将薄底靴的后帮踩在脚下趿拉着，好在照片里看不出来。这几帧照片，原来我一直保存着，可惜现已无存。

当年的一些照片被戏剧爱好者们保存五十余年后，又回赠给我。这个时期的照片，基本上都是这样保留下来的。

最有意义、最值得回忆的年假生活，还是我十六岁那一年。

年假前夕，平安渡过封箱算账一关后，我们百无聊赖地等候着宣布放年假。不知是谁找来了一张《群强报》（当时北平一种专登各戏院上演剧目及演员简介的报纸），上面刊登着农历腊月二十七的演出剧目，有郝老师与马德成合演的《落马湖》（郝老师饰演李佩，马德成先生饰演黄天霸），压轴是吴铁庵先生主演的《四郎探母》，品艳琴饰公主，芙蓉草（原名赵桐珊）饰萧太后，李多奎饰佘太君，姜妙香饰杨宗保。

这一来，罩棚里又"开锅"了。大家围聚在一起，一边争看报纸，一边高谈阔论起来。这样一条普通的剧目消息，怎么会受到我们如此的重视呢？

那时的剧团同科班一样，腊月下旬都要封箱停演。我们年假中虽有几天的自由，却没机会看戏，心里总觉得缺点儿什么似的。这回马、郝二位破例在年底演出，自然引起我们的兴趣。大家相约去看这场精彩的演出。

腊月二十七这天，我和盛戎、盛麟走进戏园一看，没想到这样的好戏，只有三百多观众，其中还包括近百名富连成的学生。难怪各剧团封箱停演！每到年底，有钱人家忙着结账、讨债、置办年货，没工夫看戏；没钱的账都还不起，就更不用说看戏了，哪像如今每到节日前后，总是场场客满哪！

《四郎探母》中扮演四郎的吴铁庵先生一上场，我就感到他的台步酷似马连良先生，可说是马派老生。后来听说原是马先生借鉴了他的台步等表演风格，适值吴先生离开北平到外地演出，久而未归，待再回北平，马先生的表演已被观众所熟知，所以吴先生反被不明就里的观众误认为"马派老生"了。

《四郎探母》演到公主唱"猜一猜"时，我和盛麟、盛戎就按计划直奔后台。

盛麟带着我和盛戎推门进了郝老师的化装室。

"二大爷，我们看您来了！"盛麟因有父亲和郝老师合作的关系，亲热地称呼着。

"好，好！进来，进来！"郝老师正勾着脸，回头用左手招呼我们。

"我们放年假看您的戏来了。"

盛麟指着盛戎介绍说,"他叫裘盛戎——他父亲是裘桂仙老伯——也学铜锤。"

盛戎一面脱帽行礼,一面称呼"二叔"。

"你父亲好哇?"

"他挺好,让我给您带好呢!"

"也替我给他带好,说我给他拜年啦!"

"他叫袁世海,是学架子花的。"盛麟忙又指着我向郝老师介绍。

"先生!"我照样重新见礼。

"噢!你就是袁世海呀!"郝老师点着头答应,还不住地上下反复打量我。

我认真地看着郝老师勾脸时的下笔、着色,并不断和盛戎、盛麟传递眼色。别看盛麟不唱花脸,却特别爱画脸谱,而且画得相当有水平。不一会儿郝老师要去穿服装,站起身来说:"你们放几天假?有时间到家里去玩吧!"

"我们是想去给您拜年,不知您哪天在家有工夫?"盛麟在我们的暗示下说。

"明天……明天下午吧,两点半我在家等你们!"

之后,我们看着郝老师穿上平金绣大红蟒,戴上嵌有鹅黄色蓝圈绒球的扎布额子(那时绒球一般只有红、白、黑、蓝、黄色,没见过这么鲜艳的颜色),真漂亮。

郝老师在《落马湖》中饰演万君兆的岳父李佩。这个角色郝老师平常不演,在他和杨小楼合作时,每遇此戏,皆请钱金福老先生演,郝老师在前边加演另一出戏。这次与马德成先生合作,因马老宗黄月山老前辈,《独木关》《连环套》《落马湖》等为黄派拿手戏,所以郝老师挑选了这个不常演的剧目。李佩出场了,我从台下看那件平金绣大红蟒,比在后台看更显得醒目、提神、有气派。他的演出与我们所学的有些地方不一样:

万君兆带领改扮成家人的黄天霸等到落马湖看望岳父李佩。万等佯装酒醉后，按我们的演法，李佩有一段念白："看万君兆带来的家下人等，一个个贼头贼脑，定不是好人。喽啰们！今夜巡更要多加小心！"郝老师在此处仅念了一句"小心防守"，就下场了。而在李佩发现万等乘机将囚禁在落马湖中的施公救走后，与万交锋对阵骂万君兆时加了很长的一段念白："……老夫将你当成我的亲骨肉，谁想你勾结黄天霸，救走赃官施不全，似你这样不仁不义的不肖之子，今日有何面目来见为父……为父确有翁婿之情，难道你这小畜生就无有翁婿之义吗？"郝老师吐字清晰，这段念白念得慷慨激昂，铿锵有力，节奏逐渐加快，将感情推到顶点，台下爆发出了热烈的掌声。这段念白的加强，我似乎还是理解其意的，删去那段念白的道理何在呢？这个问号我左思右想没想通。

第二天，我提前来到奋章大院东口的会合地点，两点半钟已过，还没见盛戎、盛麟的影子。他们也许因别的事情耽搁了。可是，昨天与郝老师约好了，我想他一定会在家等着我们，我怎能失约呢！我改学花脸后，就苦心孤诣地模仿郝老师的表演，萧先生等人又屡屡说我长得很像他，因此我心中对郝老师有一种特殊的感情。为了拜访郝老师，昨晚觉都没睡踏实。哪能因他们不来，我就轻易地放弃这次机会呢！想到这儿，我毅然朝郝老师家走去。

当我抬手按响郝老师家的门铃时，心就伴随那清脆的铃声扑通扑通地跳了起来。后来，我也不清楚是怎样回答了开门人的问话，怎样被他带到一间客厅里。郝老师坐在沙发上，看我来了，笑着站起，迎着我走过来。我恭敬地行过礼，就坐在茶几旁的椅子上了。

来到我一向钦敬的郝老师家中，并且是单独地和他坐在一起谈话，我恨不能将几年来对郝老师艺术上的渴慕心情都说出来给他听听，可就是口不从心，什么话也说不出来，连手和脚也不知怎样放才好了。

郝老师看到我局促不安的神态，就对我说："我午睡刚起，正等着你们。怎么就你一个人来啦？"

"我没见着他们,时间已到,怕您久等,就先来这里。他俩也许因别的事情耽搁了。"

"外边很冷,你喝口热茶暖和暖和。"我用冻得发僵的手机械地端起茶杯喝茶,一股热流直入腹中。

"你入科几年啦?"

"四年了,改花脸快三年了。"

郝老师温和的话语使我的心逐渐平静下来。

在舞台前后,我与郝老师见面的次数很多,可是他往往都勾着脸,此时才容我把他的真面目看个仔细。郝老师四十多岁了,浓浓的眉毛下一对炯炯有神的细眼,与长方形的面庞配得很匀称。他身穿咖啡色长袍,外罩黑坎肩,头戴黑色棉瓜皮帽,帽上镶着红球。脚上穿着白底黑缎面鱼形千层底棉鞋,显得十分精神。他端端正正地坐在沙发上,放

郝寿臣便装照

在扶手上的两只手还是挑着拇指,半握着拳,那姿势仍像在舞台上的花脸。

"你是后改花脸的,喜欢这一行吗?"

"喜欢。入科前我就时常看您的戏,像您和马连良先生合演的《化外奇缘》《群·借·华》等,可多啦!有一次在后台,看您化装李七时打裹腿挺有

意思，回家也学着绑，就是绑不上……"我的舌头灵敏了，一口气连说带比画地向郝老师述说着。

郝老师笑了，他说："这件事我没注意，不过，我倒常听焦六爷提起你。"

焦六爷是精忠庙的庙主，他和京剧界名宿无一不熟，与郝老师过从甚密，无话不谈。我刚改花脸时，一次在开明戏院演《独占花魁》，我饰武霸强。最后大轴子是郝老师和王少楼先生串演《捉放曹》。焦六爷给郝老师当管事。他先到剧场无事做，与萧先生闲谈，顺便随萧先生来看我们化装。萧先生指着我对他说："你看这孩子像谁？"又回过头来对我说："过来见见，这是焦六爷。"

我赶忙走过去。焦六爷看了看我说："嘿嘿！有点像郝爷！"

"对了，开始他唱老生，我瞧他像寿臣，就给他改花脸了。"

没想到连自己都没留意的这件小事，焦六爷却不止一次地对郝老师提起过，难怪昨天在后台郝老师仔细打量我呢。一阵难以抑制的喜悦涌上心头，我从心里感激这位好心的焦六爷。

郝老师问了问我的家庭情况，我简单地做了介绍后，郝老师点着头说："外行干这一行是要难些的，不过俗话说，'功到自然成'，不受一番冰霜苦，哪得梅花放清香呢？我也是外行，还当过木匠。你看，我家中的房子样式也是我自己设计的，可是我酷爱演戏，就一头钻进去。虽说遇到很多难处，咬咬牙也都闯过来啦！你也是一样，要记住'天下无难事，只怕有心人'的道理呀！"

这一席话，给了我很大鼓舞，我心里热乎乎的。

这时，郝老师被家里人请了出去。我顺手从茶几上拿起一本翻开的《三国演义》，发现字里行间画了许多整齐的红道道。我顺着红道道翻看了几页，原来画的都是曹操、张飞等人物的对话，难怪郝老师的谈吐与一般梨园前辈不同，原来他是这样酷爱读书哇！

"你爱看书吗？"我正专心致志地看书，未发觉郝老师是什么时候走进来的。

"有时也看。我看过《封神演义》和《水浒传》，就是字认得太少，只能看上句，猜下句。"

郝老师笑了。

"科班里不读书是个缺点，演员应该有点儿书底子，演戏不从书本上体会人物的心情，就不好做戏。最近，我和庆奎演《胭粉计》，你看了没有？诸葛亮火烧葫芦峪以后，司马懿不敢再战，以守为攻。诸葛亮差人给司马懿送去妇女的裙钗脂粉，并修书讥讽，说是司马再若不战，就穿上女人的服装前来相见，以此来羞辱司马懿，激他出战。老本子中，司马懿看信起【急三枪】示意观信。司马懿看信的情感变化全然没有，该做戏的地方一点儿戏也没做。我演司马懿就将《三国演义》中信的原文都念了出来，最后配合感情又加上了蔑视的一笑，观众很欢迎，同行们也一致赞同。你也要多看书哇！从书中求知识，揣情度理，找你所扮演的角色，体会他的性格特征和思想感情，能帮助你在舞台上做戏。"听到这里，我不由得将昨天看《落马湖》为何要删去李佩那段念白的疑问提了出来。

"你问得好，说明你看戏不是看热闹，有些开窍了。倒是个有心的孩子，应该这样！"郝老师点点头，又喝了口水，接着说，"我认为李佩的那段台词不合理。你想，虽然李佩一心要为徒弟报仇杀施公，但他是个刚直、忠厚、行侠仗义的绿林英雄。他和女婿万君兆的关系很好，对万是很信任的，哪有女婿远道来看他，刚见面就起疑心，觉得万所带的'家下人等，一个个贼头贼脑，定不是好人'的道理呢？若如此处理，一者有失李佩刚直、忠厚的性格，再者如果李佩意识到其中有名堂，必会对万等严加防范，对施公也要采取紧急措施，万君兆等绝不可能轻而易举救出施公。删去这段台词才能表现李佩的轻信、麻痹大意，才有戏可演。所以后来在对阵时，李佩才咬牙切齿，愤然怒斥万君兆。为此，这里的一段念白我又在原来的基础上加以丰富。它符合人物情感、剧中情理，再有一定技巧，观众就会欢迎。你不是看见了吗？"

原来如此。我自从入科班学艺以来，不论是学戏还是看前辈们演戏，都只是处于单纯模仿的阶段，只知哪里表演得好，观众鼓掌欢迎，我就偷偷地学过来，找机会使用。但为什么这里演得好，为什么观众欢迎，我知道的就太少了，也从未仔细地想过。听了郝老师这番话，我茅塞顿开，明白了原来戏词的增删、艺术手段的处理，是从剧情出发，从刻画人物性格、思想感情的需要着手的。

郝老师说着又将我带到正厅。这座房子的结构很巧妙，除了北房以外，其他三面房都是相通的。墙壁四周挂着几块两米高的大镜子。

"墙壁上的镜子，是为自己排练方便。"郝老师说着拿起了桌子上李佩戴的那顶扎巾额子，爱惜地用手抚摸着额子上的绒球、珠子，接着说："《落马湖》这出戏，原来在东北和李吉瑞、马德成二位演过，后来和杨小楼先生在一起，李佩这角色是钱金福先生的专工，我不能乱唱。此戏我多年不演，这次与德成合作，几天前我就化好装在这里对着镜子彩唱，有了把握才上台。"

现在我终于明白了为什么李佩这个角色郝老师不常演，却能演得那么纯熟。郝老师在艺术上取得了如此高的成就，获得了这么高的声望，却依然怀着对艺术极端认真的态度在苦求、苦学、苦练。

时钟敲响了，已经四点半钟，还不见盛戎、盛麟来，我不得不起身告辞。

"你认识了我的家，以后有时间常来玩。需要什么东西，尽管来拿去用好了！"郝老师爽朗地说着话将我送到院子里。

这宽绰、洁净的院落给我以清新、恬适的感觉，我依依不舍地迈出大门，几步一回首。郝老师的音容笑貌、言谈举止以及这宅院里一切的一切都长久地萦绕在我的脑海里。我心中的楷模变得清晰真切了！

贰拾 宗郝派"小小桥红"

"小桥红"是几十年前观众赠给郝老师的美誉。

郝老师以他高深的艺术造诣成功地塑造了曹操、张飞、鲁智深、周处等众多栩栩如生的舞台形象,深受广大观众的欢迎和爱戴,因当年经常在华乐园演出,华乐园地处鲜鱼口,又称小桥,观众们就亲切地称郝老师为"小桥红"。

我自从改学花脸,就逐渐爱上了郝老师的舞台艺术,不仅利用一切时机学练郝老师的台步、戏词、动作、唱腔、表演的神情,而且想方设法在外形上也酷似郝老师。我看郝老师在场上用的马鞭是鹅黄色的,很漂亮;演《四进士》中的顾读,头上戴的纱帽翅是凸起来的图案,很大方。科班中的马鞭只有黄、白色,相貂翅是上翘的,我便毫不犹豫地用自己省吃俭用攒下的小份钱去购买。科班中若有人谈天讲郝老师的表演,一旦被我听到,不管是谁,我都要打破砂锅问到底,非学过来不可。有一次我演《取洛阳》中的马武,下场后,一位名叫张振川的检场师傅叫住我,说:"你这个上场和郝爷演的不一样。"我一听连忙追问。他说:"当初我给马老板检场时看过马老板和郝爷合演的《取洛阳》《白蟒台》,我记得很清楚,郝爷演的那才真是马武上场呢……"他见我那急不可耐的样子,就有意逗我,不说出关键的话,一个劲儿地跟我绕圈子。我耳闻过这位师傅曾在大班社里检场,见过世面,就软磨硬泡着,不问清楚不罢休。"好吧!要想学郝爷的这个出场,给我买来一个烧饼、一碗豆腐脑,我就教会你!"第二天,开戏前我将热腾腾的豆腐脑和烧饼真的捧到了他面前,反倒弄得他有些不知所措了。"莫怪大伙儿夸你有心胸,真是好孩子,好孩子!"

原来郝老师在《取洛阳》中的出场是在"急急风"中边搭架子喊"啊咳"边出场,到九龙口亮相"三合一"了。这比科班中先喊"啊咳",后起"四击头"出场要紧凑,也更合乎马武的性格。

王连平

我当即按照他所说的走一遍给他看。"对!就是这样。成了,你毕业啦,学费也退回吧!"他笑着从衣袋里掏出两大枚钱塞给我。

对于我在演出时擅自改词、改动作一举,个别的先生和师哥是有看法的。

"刚教会他,就给改了,以后还怎么教他呀!"这些风言风语我听到过不少。但由于受到两位关键人物的支持,我就坚持下来了。一位是盛文哥,他不反对,常夸我改得好,像郝老师,有时还帮我出谋划策;另一位是萧先生,他看我的演出后点头称许,这就等于给我开了绿灯。后来在历次演出中,舞台效果都不错。一些看不惯的先生和师兄也就都认可了。

王连平师兄看我大见起色,接连又给我排了多出新编架子花脸戏。

在《北侠传》一本、二本中，我饰北侠欧阳春，高盛麟饰双侠丁兆惠。

在《沂州府》一剧中，以李鬼为主，李逵探母只是简单过场。我饰演李鬼。

在《高唐州》中，李逵斧劈殷天锡，救柴进。我饰李逵。

在《三顾茅庐》《火烧博望坡》中，我饰张飞。

此外，自从我偷听戏，看了周信芳先生主演的全部《曹营十二年》后，关公在白马坡前斩颜良一段的精彩表演使我久久不能忘怀，盼望着有一天我们也能排演此剧。

这年，贯盛习师兄已经出科。他主演《五彩舆》中的海瑞、《群英会》《借东风》中的孔明、《四进士》中的毛朋，都演得很出色。我们之间的关系很好，是口盟兄弟。他对周先生的艺术也很崇拜，谈论起周先生演的《六国封相》来津津有味。我便向他推荐《白马坡》一剧，果然一拍即合。他高兴地答应我俩合排此剧。盛习师兄饰演关羽，我演曹操，高盛虹师兄演颜良，刘世亭演许褚，张世桐饰马童，责成我负责排练。

我们只排《白马坡》一折。为了能使观众了解此剧的前因，我就在老本的基础上，增加了袁绍坐帐发兵，派颜良攻打曹操，正在袁绍帐下避难的刘备托颜良给关羽送信的情节。

我原来只有一年多平民小学的文化程度，科班中又未设文化课，如何能改写剧本呢？只因我养成学戏前抄写单头的习惯，觉得自己动手抄一遍单头，戏词就背得快，久而久之，文化水平也随之提高了。

这是我第一次负责排戏，通常情况下排戏都是出科师兄们的事情，所以开始并不十分顺利。张世桐师弟不知什么原因，心里有些不痛快，便冲我这"导演"来了。他饰演的马童，要在关公斩颜良后"四击头"内翻虎跳前扑，配合关公亮相。他没有做背花、背刀、跨腿的动作，节奏赶不上，推说不行，将我一军。我没有被难住。周信芳先生演此剧时，马童的身段，我都记得清清楚楚，我除了不能翻前扑外，将马童的虎跳该从何时起范，前扑如何着手，脚落地如何转身，起地蹦拉马赶"四击头"最后一锣，与关公配合一起亮相，都示范出来了。世桐连说："三哥，您真有两下子！"师兄弟们见此情景也有暗暗称赞之意。我也就此放开手脚干，从舞台调度到服装都做了新的尝试。

第一次上演此剧那天，老天爷太不作美，降下瓢泼大雨。值得庆幸的是我们经受住了考验，广和楼内座无虚席，四周还站满了观众。

关公上场了，他头戴崭新的绿夫子巾。绿夫子巾完全不同于科班以前在皇帝所戴的九龙冠上加绒球火焰的那种。它比九龙冠样式高、珠子多、绒球多，后兜也长过腰间，关老爷戴上十分威武。特别是手中提的那把青龙偃月刀，金杆光闪闪，耀眼夺目；金刀盘金龙，寒光逼人。这是我根据周先生演此剧所穿的服饰和使用的道具样式，动员盛习兄自己花了十八元钱照样定制的。关公有了这身装扮，给戏增加了几分光彩，再加上盛习师兄嗓音宽亮、圆润，武功扎实，将这位关老爷演得特别精彩，很有特色。

曹操的形象在我心中已酝酿了很久，我将素日看郝老师所演的各出戏里曹操的形象、动作、神气集中起来，统一调配使用，尽情地发挥。原剧中唱词"迎接关公上土山"一句，本无什么身段，气氛不够，我就借用了郝老师在《青梅煮酒论英雄》一剧中曹操对刘备念"使君请"时的退步和撩水袖的身段，收到很好的效果。紧接着，又仿效郝老师在《青梅煮酒论英雄》剧中曹操直视刘备进门后才快速转身，急进门盯视的处理手法，迎关公上土山也目送他站到土山上，自己才转身上山。并不是生搬硬套，而是借用程式换新内容。前者曹操的目光是对刘备充满了怀疑、猜忌，后者曹操的眼神是对关羽充满了仰慕、敬佩。前者动作是时快时慢，面对刘备彬彬有礼，背后窥探、监视；后者动作完全是从容不迫，坦然自若，表现出曹操对关羽真诚爱惜的心情。

演出极为成功，受到热烈欢迎。而且，台下的观众和后台的先生、师兄弟们都纷纷说我演得像郝老师。唐宗成老先生（富连成科班的元老之一）高兴地拍着我的头，大加赞扬："咱们科班当初也唱这出戏，可没见你们这样的唱法，唱、念都丰富了，线索也理清楚了。关羽的扮相比原来威武多了。好好干吧，有出息！"

此戏连演了很长时间，上座率始终很好。从此我闯开了负责排戏的路子。

接着，我又负责排演《战长沙》，我饰魏延，盛藻哥饰黄忠，盛习兄饰关羽，上演后又获成功。

此后，我又帮叶盛兰师兄排《白门楼》和《辕门射戟》。《辕门射戟》一剧，我饰演张飞，盛戎饰纪灵，有时我演纪灵他演张飞。《辕门射戟》的阵容很整齐，演出同样受到了好评。

排演《白马坡》《战长沙》以后，盛藻哥经常带我外出"奉官"看戏。

一天，盛藻哥又向宋长山先生（宋富亭师兄之父，后在戏校任教）给我请好假，带我去看高先生、郝老师二位合演的全本《除三害》。二位先生的精彩表演引起了我们对此戏的极大兴趣。

盛藻哥决心要排全剧。他找萧先生要来了《除三害》的本子，我们就凭看戏的记忆，按照高、郝二位先生所演的唱词、念白修改过来。

早年，周处这个角色，穿青褶子，在挂的黑满上增加两束红须，表示年少轻狂，脾气暴躁。《砸窑》一场，"打小锣"上场，气氛不足。郝老师改成穿素宝蓝褶子，挂紫满，穿紫箭衣，勾花碎三块瓦脸，手持一把大扇子，"钮丝"打上，突出了周处横行霸道的形象。《问路》一场，处理周处思想转变的层次鲜明，舞台效果非常好。

萧先生对我们排这出戏有些担心："这出戏可不好唱，比较温（单调）哪！这当初是你师爷爷（名净叶中定）的拿手戏，他在《打虎斩蛟》时全唱昆（昆曲）的。周处的唱和身段动作并重，难度很大呀！"萧老的这番话，对我很有启示。郝老已将《打虎斩蛟》一段改成【西皮】，我们何不再按师爷爷的路子改回昆曲，多增加一些身段动作，载歌载舞！于是《周处打虎》

一折，我选用了《芦花荡》中张飞唱"奉军师令咱……"一段【调笑令】的曲牌，填上新词："见猛虎扑来……"又从《武松打虎》中借鉴了一些身段，用到周处的表演中，还使其在打虎过程中穿插些小波折：周处所用的棍子折断，赤手空拳打虎等。盛文哥从中出点子帮了不少忙。萧先生看后很是满意，赞许说："是这个意思，真怪难为你们的！这样一改，比原来火爆（热闹）多了！"

演出的效果甚佳。我在后台刚搭一声"好酒哇！"

我十五岁时在《除三害》中饰周处

台下就响起热烈的掌声。演到《问路》一场，当王俊说出第三害就是周处之后，周处闻言大惊，我也学着郝老师演的那样，用力将扇子撒开，浑身抖动，带得扇子随之舞动，势如波涛。台下顿时掌声四起，引得师弟们挤在上下场门扒开台帘观阵，师哥们也纷纷到前台看戏。演出后，已出科的宋富亭、骆连翔等师兄向我伸出大拇指。

美中不足是戏的结尾弄巧成拙了。最后《斩蛟》一段，郝老师演是暗场处理，上场时就拿着蛟头，示意已斩。我觉得这样处理未免过于简单，从全剧看来似乎有些虎头蛇尾。我何不再增加一段水下搏斗斩孽蛟呢！就别出心裁地让"蛟"上场，却没意识到蛟在水里不能直立，人扮的蛟在舞台上很难体现蛟的动作，蛟在场上偶有一立，就使观众大笑。吃了这亏，我才明白郝老师暗场斩蛟是很有道理的。

几年来，我如此喜爱郝老师的艺术风格，长得又有几分像郝老师，热情的观众常给我报以热烈的掌声，并亲切地称我为"小小桥红"。这种鼓励使我以更加坚定的信念去学习和继承郝老师的表演艺术。

贰拾壹 学侯派 博采众长

富连成科班自一九〇四年成立，到一九三三年已近三十年的历史了。

有一位叫唐伯弢的文人，经常与萧老在后台聊天。唐先生谈到科班成立将近三十周年应有所纪念的话题正触动了萧先生的心。萧先生和师傅仔细斟酌后，决定出一本介绍富连成科班成立三十周年的纪念册。唐伯弢先生主动承担其中的文字工作，执笔起草富连成科班的简介，书中需用的照片由设在琉璃厂的集萃照相馆负责。那里离科班很近，师傅平素常与此照相馆的经理在一起打麻将牌，故一谈即妥。无奈出这本书的纸张、印刷等一应费用，科班无力负担。最后，想到请已出科成名的师哥们为科班义演来筹经费。侯喜瑞大师兄义不容辞，在哈尔飞戏院（现西单剧场旧址）义演两场。其他师兄可曾义演，我记不得了。

第一场义演剧目是《丁甲山》，我站在下场门得以全神贯注地观摩学习了全剧，受益良多。

侯老壮年时，身量并不魁梧，是中等个子，比较瘦，但扮演李逵之类的人物，分明又似一条大汉。原因是他用动作弥补了自身的不足，这就是艺术。看过演出后，我反复琢磨他挦扎等身段的特点：动作幅度大，舒展，优美，神气足。其中李逵接过家院送来的酒壶后，侯老演的身段是踢腿、关门、插门、撕褶子、亮相。较我们所学的踢腿、插门、左手反扬水袖搭头的动作，神情更饱满，非常符合李逵的粗、莽、勇的性格。待我再演《丁甲山》时，这些动作就全按侯老的演法纠正过来了。

第二场义演剧目是《群英会》。侯老饰演黄盖。他当天还另在别的班社有演出，赶包应是来得及的，不想前场演出"马后"，而黄盖这个角色第一场就要上场起霸，他赶之不及，萧老十分着急，临时决定侯老换演曹操，可以开戏一个小时后再上场，我当即由曹操改演黄盖。我们科班和剧团不同，演出中现场有变动，从不出牌告知观众。我饰演的黄盖初上场，观众仍以为是侯老，情绪极为高涨，碰头好也非常热烈，足见侯老当时声望之高。随后，观众们越看越觉此"黄盖"不像是侯老所演。起霸完毕，开口念白，观众才知道原来是我，台下虽有短促的议论，气氛尚好，我很顺利地演完。下场后，苏雨卿先生对我讲："当时还真有点儿为你担心，观众们多花一倍的钱为的是来看你师哥演的黄盖，忽然换你演，若没些人缘，观众会起哄的，你还真压住了阵。"

侯老热情地为科班义演，我记得还有过一次。那是广和楼改建后，侯老演第一场夜戏。

那时，戏院夜戏已很盛行，但广和楼历来只演日场。科班除每日在广和楼演日场外，每星期都要在哈尔飞戏院和吉祥园加演夜戏，上座率很高。于是，广和楼楼主（号称白薯王）接受了萧先生的建议，改建广和楼。戏园内改换成一排排面向舞台的长椅（仍不对号入座）并开始上演夜戏。为了造声势，特请侯老助威，演出《法门寺》一剧。广和楼的老观众听说侯老回科班演出，都争先恐后地前来观看，场内掌声不断，气氛热烈。侯老扮演《法门寺》中大权独揽、专横跋扈的太监刘瑾。他身穿金地绣着黑龙的太监蟒，头戴荷叶盔，挂穗子耀眼夺目，与郝老师演此角色时的服装和表演风格各成一派。这对我很有启发，使我对刘瑾这个角色的认识更深了一层。我们每次看了他的表演都有很大收获。我至今对侯老的表演艺术都是很钦佩的。即便后来我正式拜了郝老师，也还吸收了侯老的很多表演方法，获益匪浅。

我记得改学花脸后，一次科班在什刹海富寿堂演堂会，侯老外串《清风寨》一剧，师傅曾带我到侯老的化装室，给我引见："这是你侯师哥。"又对侯老说："这个孩子很有起色，你有工夫好好教教他。"是呀，我和侯老虽是一师之徒，但从艺术上来讲，侯老是我的老前辈，也是我学习的楷模之一。

贰拾贰 师患病 矛盾四起

　　山东军阀韩复榘的部下程希贤喜爱京剧，一九三三年将富连成约至济南演出。

　　演出在晋德会的剧场里。晋德会与北平的城南游艺园相似，里面种有花草树木，还喂养了一些动物供游人欣赏。天气虽然寒冷，游人始终络绎不绝。我们每天都提前去剧场，顺便在里面游玩一番。比较吸引我们的是喂养老虎的地方，那里出售非同寻常的长命锁。看守老虎的人，手拿竹竿夹着这长命锁放在老虎嘴前，老虎听话地冲着锁吼叫一声，于是，锁就有了特殊功能，可为小儿镇惊压邪。价钱也不贵，一毛钱一个。看虎人不停地往老虎嘴前放锁，老虎一次又一次地吼叫，挺有意思。围观的人很多，买锁的人也很多，我和师兄弟们都买了一两个长命锁，准备携带回京馈赠亲友的小孩，这也算是此地的特色小工艺品吧！

　　那一年济南冬季奇寒。我们每天早晨在外边漱口，喷出的漱口水落地成冰，放在窗台上的搪瓷铁牙缸转身就冻在窗台上了。我们住在一家本已关闭的货栈里，宋起山先生将我和一些所谓"能吃草的"——即能演主角的，安排在楼上住。其实和在楼下的居住条件是一样的，都是睡在地上。屋里不生火，据说怕被煤气熏着。房间里冰冷冰冷的，师兄弟们相挨而睡，以取得一点儿热气。我的脚冻得很厉害。

提起冻脚来，话又长了。

当年的广和楼设施非常简陋。夏天，我们为了图凉快，将后台的窗户纸全撕掉。入冬后，西北风一刮，整个后山墙都透风，冷气逼人，我们都称广和楼为"五风楼"。直熬到数九，窗户才糊上纸，虽添了煤球火炉放在先生账房，也解决不了什么问题，整个冬天后台都是寒冷的。我每天在后台的活动量不大，除化装外，不是在戏箱上静坐，就是站在那里扒台帘。天一冷，我的双脚就冻了。先红后肿，最厉害时，脚肿得很难蹬进厚底靴里去，我咬着牙，一闭眼，用手紧紧揪住长靴口，用力往里蹬，随着一阵钻心的疼痛，才算穿上厚底靴。过一会儿，两脚发木就不疼了，也不妨碍演出时在舞台上的蹦跳。可是演出后卸装脱靴这一关却使我发怵，忍痛将靴子脱下，那贴脚穿的大布袜早已被渗出的血水粘在脚上。再脱下大袜，脚后跟和小脚趾也就露出了鲜肉。脚再伸到自己的那双冰冷的布袜、棉鞋里，疼痛的滋味真是难以形容。冻脚的病根一经留下，就年年如此。

这次到济南，脚冻得比往年更厉害。每天难熬的疼痛真使我心烦。

令人不愉快的事接踵而来。一天早上，我们正在喝粥，就听宋起山先生在楼下喊："裘子电报！"盛戎放下碗，跑下楼去。我一碗粥没喝完，就传来他的哭声，我赶忙跑去看。原来是裘桂仙老先生病逝，要盛戎速速回京。盛戎哭得泣不成声，泪如雨下。先生和师兄们围在他身旁劝慰，我不知应该如何宽慰他，跑去将粥端来给盛戎喝，他哪里还有心思喝粥呢！连我也喝不下剩下的那半碗粥了。我似乎看到了裘老先生那宽宽的前额、清癯的脸颊，老人家仿佛在慈祥地向我们微笑。似乎还听到了他那似沙非沙，苍劲、浑厚的嗓音，老人家又在给我们说戏呢……

小时候，母亲曾领着我去裘家的邻居家串门儿，从此，我结识了一代名净——裘老先生。入科前后我看了他不少戏，一直钦佩他的艺术。裘老先生也曾多次来科班义务教戏，我跟着他学了《铡美案》《大·探·二》《锁五龙》《洪洋洞》《双包案》等戏。老先生回家后，还经常向母亲谈起我的学习情况，夸奖我聪明、肯用功。他对我母亲说："在学《二进宫》中徐延昭'怎比得'的唱腔（是裘老在当时创的最时髦的花脸腔）和《双包案》包公唱'老夫的威名谁人不晓'的'晓'字等较难学的唱腔时，他都是很快就学会了。"并说："这孩子挺有出息，您熬着吧，将来有福享！"母亲也拜托他老人家多多费心，所以裘老对我还是很负责的。后来我之所以能将郝老师"架子花脸必须铜锤唱"的教导付诸实践并收到成效，多亏了当年裘老先生的教导。

看着盛戎悲痛万分的神情，我再也抑制不住内心的伤感，眼泪夺眶而出。

盛戎没能马上回家。他在上演的主要剧目《大破铜网阵》中饰襄阳王，戏的分量很重，大家都扮演着角色，一个萝卜一个坑，无法替演，科班只得给他家复电，待演出结束后返京。

十几天后，我们即将离开济南，在为省政府演堂会时，又发生了一起意想不到的事情。这场堂会对科班来讲，不是一般性质的演出，从师傅到各位先生都格外提神。戏定为晚八点开演，师傅和萧先生打扮得整整齐齐，穿着簇新的长袍马褂，早早来到后台督阵，唯恐出什么差错。这时，突然有人传达，要将演出提前一小时，改为七点开演。师傅当即允诺，低头看表已六点多，所剩时间不多了。"快去看看都准备得怎么样了？"先生们应声而去。一会儿，向师傅汇报："六立（盛藻）还没来！"压轴子是盛藻哥的《打渔杀家》，他没来怎么成？师傅很沉得住气："六立没来，就把《雁翎甲》和《杀家》换换，让《杀家》大轴子。"可巧，主演《雁翎甲》的叶盛章师兄也没来。当师傅听说他们几个人去逛大街时，脸一下子就沉了下来，怒骂：

"混蛋！"后台的气氛骤变，先生们不知所措地愣在那里看着，师傅不停地来回走溜儿，一言不发。我们都在暗暗猜测将要发生的事情，下意识地觉得有些自危。

十几分钟后，"他们来了"这一声高喊，给我们带来了希望。大家齐朝后台门口望去，盛藻、盛章、盛兰兴高采烈地走进后台。原来省政府在比较繁华的市中心，他们三人的剧目都靠后，迟来些再化装也误不了场，便相约去街上走走，估计时间差不多了才姗姗而来。他们满面春风地叫了声师傅，转身要去化装。

"过来！哪儿去了？"师傅怒拍桌案，厉声斥问，使他们莫名其妙。

盛藻哥懵懂地回答："我们去大街转了转。"

师傅又高声大喊："我不到六点就来到后台，你们竟敢去遛大街！"说着抡起胳膊怒不可遏地照着盛章师兄的脸上打去，啪的一记耳光，使盛章师兄红了半边脸。

萧先生、宋先生赶忙过来拉住劝阻："他们没误场就算了。"

"咱们从来就没这个规矩，这么要紧的堂会，敢去遛大街！"师傅满面通红，浑身发抖地骂个不休。

过了一会儿，渐渐平静下来，大家无精打采地分头准备演出。

戏刚演了一会儿，就听萧先生说，师傅心里不好受、头昏，送回了住所。这更加重了大家的沉闷心情。这天的戏就这样应付过去了。

第二天，请医生给师傅看病。经检查师傅患的是脑溢血症，立即送回北平治疗。

大家心里都压上了一块石头。师兄弟们攒三聚五地悄悄议论："《打渔杀家》在前边，要说误场首先是盛藻误了，为什么师傅打盛章？"

接连发生两件不愉快的事情，我的心情很压抑。

济南之行，就这样结束了。

返回北平后，在广和楼上演夜戏，反响依旧极好。《除三害》《白马坡》《北侠传》等戏一直受到观众的欢迎。我和盛藻哥酝酿着要排《温酒斩华雄》一剧。戏从曹操献刀、刺董卓、捉曹、放曹演到关公温酒斩华雄止。安排好由盛藻饰演前陈宫、后刘备,杨盛春饰演华雄,还是由我饰演曹操,贯盛习饰演关羽。演员搭配齐整。我将本子归总改好,到盛藻哥家中将剧本和设想方案说给他听,他听后非常高兴。我胸有成竹地预想着演出结果定会获得全胜。就在我跃跃欲试着手排练的当口,盛藻经蔡荣贵先生介绍,离开富连成,应了上海之约,同行的还有连平师兄以及杨盛春、刘盛莲、陈盛荪、贯盛习等已出科的师兄共三十多人。

为什么会出现这种变故呢?虽然师兄们毕业后在科内演出一个阶段就走向社会是事物发展的必然规律,但像这样大批的人离去,主要还是师傅不能躬亲其事所致。

自从师傅在济南患了脑溢血症后,回北平几经名医针灸调治,逐渐好转,但却落下半身不遂的后遗症,身心大受亏损,行动迟缓,不能经常来社,即便勉强支撑着来社,也只是看看,坐一会儿,再不能像以前那样对科班进行精心管理。群龙无首,师兄弟们之间的矛盾不断地暴露,逐渐激化,以致出现这种分裂的局面。我们要排的《温酒斩华雄》一剧夭折了,我很不甘心,恨不能随他们前去,同排此剧。怎奈我还差一年多才满科,赴上海是不可能的,只好留下,将剧本给了盛藻哥。他们有意排此剧,剧中曹操无人演怎么办呢?恰好王泉奎初上舞台,嗓子也很好,经人推荐,便让其将名字改为王盛奎(上海约的是富连成科班出科的学生),同去上海演出,饰演曹操。他们在上海排演此剧,果然效果甚佳,捧红了"关羽"——贯盛习师兄。

过了没多久,马连良先生又将叶盛兰、叶盛章两兄弟约到上海演出。萧先生也与梅先生在上海演出。这样一来,科班中有影响、能叫座的师兄们基本上都走了,余下一部分没出科的小"盛"字辈师兄盛戎、盛利、胡盛岩等人和"世"字辈的师弟们。这些人中,有的正在倒仓,有的年龄太小,生、旦、净、丑各行人员搭配不齐，能挑梁唱的老生尤缺。沙世鑫在倒仓，一度培养的曹世嘉，刚演了一出《法门寺》，也倒了仓。余下的迟世恭、余世龙、刘世勋还小，科班中很多戏无法再演。

我除几出单头戏外，也没什么可演，甚有孤掌难鸣之感，只能和毛世来演演《浣花溪》中的杨子林、《破洪州》中的萧天佐等角色。为了弥补不足，我利用演《取金陵》的基础，丰富了萧天佐这个人物开打时的表演，什么"大刀下场""三低面"都用上了。在穆桂英要临产退入城内、萧天佐围城时，我选用蹉步亮相，还编了骂城的一段【流水板】，舞台效果不错。当时的鼓师白登云大哥（他除在程砚秋先生班打鼓外，为了多实践，使得戏路宽些，兼在富连成打鼓，既为练功，又帮助富连成的鼓师提高水平）对我说："兄弟！我可没见过你这种演法的萧天佐！真是好样的！"

尽管如此，我还是和盛戎合演了《闹江州》。他饰李逵，我饰李鬼。但在科班里单靠花脸这一行当，起不了决定性作用，我和盛戎也无能为力。眼看富连成上演剧目的艺术水平比以前下降了，上座率一落千丈。能坐一千来人的广和楼，每天只卖得二三百个座，最差时才百八十个。广和楼前台大总管张广英进了后台就向苏先生一摊手，示意卖座不好。由此可见，在没有政治思想工作和不讲自觉性的旧时代，师傅在科班中严格管理，对犯错误的徒弟责罚不贷，一声咳嗽就能使整个富连成鸦雀无声，具有那样的威信，还是有一定道理的，也是必要的。在济南，师傅盛怒之下，责打儿子，宽待他人，不仅体现了他的美德，也体现了他维护他所创办的事业的一番苦心。

贰拾叁 富社兴 结业出科

面对科班青黄不接的局面，大家都很焦虑。

此时，李世芳、毛世来舞台上的表演进步很快，扮相、嗓音都很好，有潜力可挖。我经过多日的思索，想到若能排几出质量好的旦角戏，可能会有些转机。又想起此前盛兰经常去张彩林老先生家学小生戏，很有长进。张彩林老先生的艺术很精湛，旦行、小生样样精通。荀慧生、雪艳琴二位名家也都是他的学生。老先生教戏认真，待人热情，很是可亲。于是和盛利哥商量，能否请他父亲张彩林先生给世芳等排几出质量高的大戏，重新开创局面。张老先生慨然应允。经科班同意，定下给世芳排《花田错》，穿插着给世来排《悦来店》《十三妹》和《虹霓关》。

张老先生教得非常仔细，如丫鬟春兰和小姐赶制绣花鞋那场戏，春兰捻麻绳、穿针、纳底、扎手等表演，手势、眼神和音乐伴奏配合协调，动作自然，细腻传神。我在一旁先是入神地看着，随后心悦诚服地也跟着学了起来。

《悦来店》中十三妹发现二驴夫不是好人，念到"我不免紧紧地赶上前去便了"的戏词时，从"紧紧"开始，都念在"大大八仓仓另仓"的"软夺头"里，同时完成用马鞭打里踢右脚、里踢左脚、外踢右脚、外踢左脚、垫步转身、小蹦子、勒缰绳、亮相等一连串动作，真是干净、利落、漂亮，将十三妹的急切心情体现无遗。

《花田错》这出戏，李世芳扮演丫鬟春兰，江世玉饰卞济，我扮演鲁智深，盛戎也没什么戏演，就主动饰演周通，并说《洞房》一场准让它热闹。他这个周通演得可称"官中活，私房唱"，也就是说，演一般的配角，用不一般的表演，获得极好的效果。盛戎演的周通在台上一句念白、一句引子、一句【散板】就能唱得开花（得到掌声），给这出《花田错》增色不少。

还记得我们第一次演出此戏时，嬉闹了洞房。盛戎在后台和我约好，《洞房》一场，当周通要"新娘子"（鲁智深假扮的）与他安歇时，鲁智深借机戏耍周通，向周提出要先打三拳、亲一亲的条件。盛戎要我只念打三拳，余下念白留给他。仓促间，我也没来得及多想他那葫芦里究竟要卖什么药，就被搀入了洞房。演到此处，我提出要打三拳，不料盛戎竟接念道："打三拳成，可是咱们还得Kiss！"这个词，我听不懂，脱口问他："什么叫开斯？""Kiss就是接吻！""哟！你怎么连洋文也整上来啦！"台下观众大笑不止。

过去在舞台上即兴抓哏逗趣、插科打诨的风气颇盛行。就是四大须生、四大名旦也会让其他演员在台上抓了哏。有一次高庆奎先生和郝老师合演双出，前演《托兆碰碑》，高先生饰老令公杨继业，郝老师饰杨七郎。后一出演《法门寺·大审》，高先生饰郿坞县令，郝老师饰刘瑾。在贾桂请刘瑾封赏郿坞县令时，刘瑾念白："还没奏明皇上哪！"接下来该贾桂说："干嘛还奏明皇上啊！您说了就行啦！您就封吧！"饰演贾桂的慈瑞泉先生（慈少泉之父）却当即抓了现哏，他将二位在《托兆碰碑》中饰演的父子关系，给拉到《法门寺》一剧中来了，说："嘻！谁叫你是杨七郎，他是老令公呢，您就封吧！"闹得台下捧腹大笑。但也有因一句抓现哏惹出大祸的。我曾听萧先生和郭春山先生聊天时提起过某前辈名丑，也是饰演《法门寺》中的贾桂，刘瑾念完"还没奏明皇上哪"以后，他影射现实地说道："唉！如今哪儿还有皇上啊！他们早完啦，你就封吧！"台下笑声一片，但突然从楼上包厢飞来一个茶杯，全场大乱。那时，正是民国初期，皇上名义上没有了，但仍有权势，包厢里一位王爷听了这句台词，哪里容得，大骂不止，戏无法再演。这位老先生当即到前台向那位王爷请安赔罪，还险些吃了官司，后又费好一番周折，才算平息了这场风波。

再说《花田错》《悦来店》等戏的演出效果，果然比前一段有所提高，上座率颇见好转。李世芳的扮相雍容大方，表情自如，嗓音甜美，很受观众赞赏，他脱颖而出，前途大有希望。演出时，张彩林老先生看后夸赞："扮相真有点儿像畹华——梅先生。"最初，我们

李世芳戏装照

只当是一般夸奖，也没太注意，过后仔细一想，确实如此。这才排出了当时轰动京剧界的《霸王别姬》，使富连成科班又出现了一个新的鼎盛时期。

李世芳师弟出身于梨园世家，父亲李子健是山西梆子著名旦角，艺名牡丹红。母亲李翠芳也是山西梆子旦角演员。世芳从小受父母熏陶，八岁入科学艺，聪明伶俐，很受师傅和萧先生的喜爱，先后学演过《六月雪》《樊江关》《拾玉镯》等戏，很有人缘。自排演《花田错》得到张彩林先生的夸奖后，我们仔细观察，世芳不仅容貌，就是身段、嗓音也真有点儿像青年时代

的梅先生。我们就想给他排几出梅派戏,以便更好地施展他的才华。有的人主张排《西施》,有的人主张排《太真外传》,我想到《霸王别姬》一剧。这个戏,我既可帮他排,又可以帮他演。我将此想法和张彩林老先生一讲,他很支持。当时,叶龙章大哥刚从东北回北平,一应事务仍由二哥叶荫章主持。他也同意我们的想法,决定排《霸王别姬》一剧。世芳演虞姬,我饰项羽,盛利饰李左车,于世龙、迟世恭、刘世勋等饰韩信,李世璋、沙世鑫饰张良和陈平,并将排演《霸王别姬》的重任委派给我,由我来当"导演"。

从此,在不影响广和楼演出的情况下,我和盛利带着世芳天天去张彩林先生家学戏。为尽早学会此戏,我必须帮着世芳记,回科后,给他进一步加工。世芳那年只有十二岁,年龄虽小,却很聪明,很快就掌握了唱腔和念白。该学舞剑了,张老先生年事已高,能说而不能示范,只好请张老先生口述要领,我按要领仿做动作,世芳照我所示范的样子学。我再反过来根据张老先生所教纠正世芳的动作,进一步要求他做舞剑、抖袖等动作时,手、眼、身、法、步密切配合。譬如舞剑时,眼睛一定要看准剑尖,跟着剑的舞动而转动,才能使舞姿优美而传神,紧紧抓住观众的注意力。

在帮世芳一遍遍练舞剑的过程中,我感到【二六】唱段"富贵穷通一刹那"的舞剑动作若能再别致一点儿就更好了。因为前边的四句唱,正好在舞台四个角的部位亮相(俗称四门斗),于是在这一句就编了左涮剑、右涮剑往前趋步,缓剑后退到中场呈金鸡独立,直到蹲下的姿势。这个动作很新颖别致,后来居然受到梅先生赏识,被承认了。

在帮助世芳的同时,我也在抓紧一切时机为演项羽做好充分准备工作。杨小楼先生对于项羽这个人物的塑造是非常成功的。我反复听、学长城公司录制的梅、杨二位先生合演《霸王别姬》中选段、选场的唱片,这可是科班不惜重金购买回来的。唱片共六张十二面,我从中学了杨小楼先生的唱法和念法,再用花脸的声色来体现,并结合其唱、念,搜寻、回忆以前看梅、杨二位先生合演此剧时所留在脑海里的人物形象和动作特点。同时,我认为项羽虽未最后一统中原，但也号称西楚霸王，动作应当稳重而有气魄，性情威猛而不粗鲁，区别于张飞、李逵等角色。所以，我又适当吸取了周信芳先生演关羽时的一些动作。如在舞台上不到关键时刻不睁大眼睛，出场时抓袖子亮相等，将其融会到项羽的表演之中。

可是，我的自学时间太少了，往往刚听过几遍唱片，世芳就来了。

"三哥，张老九让您再给他说说【慢板】的几个大过门儿和垫头（小过门儿）。"我只好和世芳一起去找琴师张老九，将【慢板】中的那个三跌宕的行腔的拉法说清楚（老本子的《霸王别姬》中，虞姬听兄弟虞子期报信，说霸王不听劝阻，要出兵与刘邦交战，有一段【二黄慢板】表现她的忧虑不安）。

要不就是耿世忠拿着一卷纸来找我："三哥，出场人物名单写好了，您看看！"

我自然又得停下来，看世忠写的出场名单。对了，提起世忠，还得介绍一下，他是名鼓师耿五爷之子、名琴师耿少峰之弟。他性情活泼、善逗，不出三句话准会把你逗笑。他和我很要好，前次去天津演出，我的嗓了哑了，他比我还着急，打听到我们居住的中和栈里设有大仙堂，很灵验，特地到那里求来"灵药"劝我吃。他的文化水平比我高，如果遇到我同时学几出戏，单头抄写不过来，他总会替我分担一些。这次排《霸王别姬》直至后来出科后帮世芳组织承芳社，他和盛利真没少出力。难怪大家赞我会"始终（世忠）胜利（胜利）"呢。

有时，荫章二哥也来找我："老三，咱们科里没有虞姬、霸王的行头，得提早去戏衣庄定样子，你抓工夫去吧，该做什么、买什么，你看着办！"

是呀，虞姬、霸王、霸王兵将的服装各有特点，需要提早订制，需要我挤出时间去珠市口草市里的久春戏衣庄。

虞姬的服装完全仿照梅先生所用的样式，根据情况适当做了些小改动。像虞姬穿的鱼鳞甲上原是大红穗子，我觉得太耀眼，改用桃红穗。杨先生饰霸王穿鹅黄蟒，我们没条件，只定制了一件平金黑蟒，在黑靠上面也和兵士们所做的铆钉甲一样，镶上亮铆钉。此外，还订制了霸王专用的大枪，枪头上画龙，加大的霸王鞭，上面系着鹅黄彩绸，以前只有关公的马鞭才系绸子。又到大李纱帽胡同的靴子高（戏靴店）特制了一双黑色虎头靴和虞姬穿的彩鞋，彩鞋穗子也由大红改为桃红。虎头靴在南方较流行，北方称其为海派。我当时不管它是山派还是海派，只要看着好就先学过来。在后来的实践中逐渐地鉴别，学对了的一直沿用至今，像黑马鞭上系彩球等。也有的学得不太合适，自然就改了。如靠上镶的铆钉，看上去亮闪闪的挺好看，可是铆钉都是用线缝上的，霸王不同于兵士站在那里不动，霸王动作多，还要开打，线缝的铆钉经不住互相摩擦，才演几场铆钉就掉了许多，最后只好统统取消。虎头靴因与人物不太协调，也不用了。

为了充分利用时间，从虎坊桥步行到珠市口的路上，就是我背戏词的好时机。我将原剧中霸王劝虞姬在他失败后可去投靠刘邦的念白删去，就是在这路上想明白的。原词是：

霸王：孤此番出战，若不轻骑简从，焉能闯出重围？看来，不能与妃子同行，这、这……便怎么处？……呜，有了！那刘邦与孤虽是仇敌，乃系旧友，不如你随了他去，免孤挂念也！

虞姬：大王啊！自古忠臣不事二主，烈女岂嫁二夫？大王今图大业，岂肯顾一妇人？也罢！ 愿借大王腰中宝剑，自刎于军前，喂呀……以报深恩！

我反复咀嚼这段戏词，觉得这霸王只顾自己，无情无义，虞姬颇有霸王让其改嫁而走投无路才自尽身亡的味道。我认为像霸王这样气宇轩昂的大丈夫虽然刚愎自用，不纳忠言，以致失败，但焉肯让自己的爱姬去投靠敌人呢？回社后，与盛利哥谈了想法，他转告了张老先生，张老先生也认为我说得有理，便将项羽这段念白删去，强调了虞姬、项羽之间忠贞不渝的爱情。

响排的日子到了。晚饭后，师兄弟们主动集中到罩棚下，等候排戏。盛利哥拿着总讲本子，世忠提前贴出各场出场人员名单。场面人员（文场、武场的伴奏人员）早早搬好椅子，支好鼓架，叶荫章二哥亲自司鼓督阵。

"开始吧！"荫章一声令下，大家肃静，各就各位。头场韩信坐帐。八将起霸后，饰演四兵士、四龙套的八个小师弟，按照出场名单的提示，精神饱满地站在边上候场。伴奏响起，他们迈着台步走到正场。

"停！"我站在罩棚下桌子前指挥着。

"这出戏，你们是汉兵，是击败项羽的一方，必须给观众一种精兵良将的感觉，要有个精气神，让观众随着你们打起精神！"

他们又来了两遍，还不够理想。

"你们看着，我来一遍。注意看我的步子和眼睛，走时要提气，站时要把眼睁开……就这样，来，下一对注意接紧点儿……"

他们又来了一遍，果然与第一次大不相同。接着，韩信、陈平、李左车等每个角色都不断停下来，我反复给他们提要求，纠正动作，然而谁都没有不耐烦、不高兴。大家都有着同舟共济之感。排好《霸王别姬》，重整旗鼓，是我们每个人心中的渴望和目标。

该我上场了，"四击头"的锣鼓点儿铿锵有力，我还是刚走几步就停下了。

"二哥，霸王上场，能不能加上南堂鼓，把气氛造得更强烈一点儿呀？"这是我早已有的想法。

"杨老板演霸王可没用南堂鼓，咱们加……"他有些犹豫。

"您给我试试。成，就用；不成，再免。"

"好！试试！"

震耳的南堂鼓与打击乐一起敲响，我威武地走上场去。

"好！"

在科班时我饰演的西楚霸王

"不错！有气势！"

"好！"大家七嘴八舌地给予肯定。我自己也觉得这个霸王气派大多啦！

"就这样吧！"荫章下了决心。

我们就是这样齐心协力、秩序井然地进行着排练，实际上这也是富连成多年来的老传统。

经过几个月的齐心努力，《霸王别姬》一剧，首演于广和楼。

往常科班在广和楼演出，从不贴海报，也不挂戏牌子。剧场里上演什么戏，剧场外只需放件有象征意义的道具，熟观众一看就能明白。比如外面放一把大石锁，就表明里面将上演《艳阳楼》；若放几对锤，就代表演《八大锤》；若放一把青龙刀，肯定上演关公戏。也有一些人从后台搞出第二天上演的剧目单，给一些戏迷们透露消息，借此赚钱。

首演《霸王别姬》，我建议要贴海报，科班没有木戏牌，就在一张大纸上写出预告："明日上演《霸王别姬》，李世芳饰演虞姬，袁世海饰演霸王。"贴在广和楼门口。《霸王别姬》一剧是科班没演过的戏，比较容易吸引观众，再一贴出海报，就更加引人注目了。广和楼终于又恢复了热闹的场面。长凳上互相拥挤着坐了很多人，两边的廊子、中间的过道都加满了凳子，三面的墙根也都站满了人。我出场时阵阵清脆、雄壮的堂鼓声，更增加了场内的热烈气氛。兵将站门、"四击头"时，观众们一片掌声，迎接霸王上场，更壮了霸王的声势和威风。我亮相后刚一抬腿往前走，咦？又是一片狂热的喝彩，我不禁有些茫然。难道我出了什么差错啦？稍定神才明白，原来观众给我新制的虎头靴也来了个碰头好，表示支持我们科班里的新生事物呀！世芳的演出更受到极热烈的欢迎，【二黄慢板】、南梆子、【二六】等唱段和舞剑的姿势、剑花都赢得了掌声和喝彩声。整个广和楼自始至终处于热烈、欢腾的气氛之中。

演出成功，再加上报刊的赞扬，富连成声势大振，实在是令人兴奋。梅先生的好友齐如山先生闻讯而来，观剧后欣喜地到后台对萧先生夸奖说："世芳很像梅先生青少年时的模样，

在科班时我与李世芳合演《霸王别姬》

身段、动作、嗓音也极像！"从此，报上就出现了"小梅兰芳"的美誉，我也被赞为"花脸杨派霸王"。我们风借火的威，火借风的势，轰动了当时的京剧界。

就在这时候，我们结识了一个由初中和高中学生组织的韵石社。他们之中有十几个人经常到广和楼后台和我们交谈。我们年龄相仿，有共同语言，很快就熟识了。韵石社还开辟了专刊，刊登富连成已出科和未出科的学生演出的剧目、评论和后台花絮等。除为富连成做了极好的义务宣传外，在交谈中也给我们灌输了一些文化知识。记得有一位学生对我讲："楚汉相争，鸿

沟割地。刘邦占西，楚占东，你们戏词上念的却是：汉占东来，孤霸西。不太对吧？"我那时文化知识太少，又不懂查查书，所以没敢改动，直到以后知道确是错了，才加以纠正。不知韵石社的朋友们是否还有人健在？我们若能再见见面多好啊！（我和戏剧家吴祖光同志也是此时结识的）

《霸王别姬》有时演出日夜两场，卖座率持续不衰，场场挤得水泄不通，甚至日场未散，夜场看戏的人已将戏园门及门前街道堵塞，形成了出不去、进不来，难以疏散的场面。由于《霸王别姬》一剧的影响，科班上演的其他剧目的上座率也大大好转了。

尚小云先生结束上海的演出回北平了。齐如山先生急切地约了尚先生来看富连成的戏，向他介绍了富连成当时的情况和这个"小梅兰芳"。尚先生看戏后，赞不绝口："这些孩子们有出息。都是些好材料！"他为人极其热情，曾亲自给把场子，在舞剑时，亲自登场打南堂鼓，这可说是太罕见了。观众为此都狂热到极点，掌声、喝彩声，压过了舞台上的音乐声。

尚先生在看《霸王别姬》的演出之前，和富连成科班就已有了交往。盛藻师兄赴上海后，叶盛兰师兄曾一度改演旦行，演出《花木兰》《南界关》等剧，并请尚先生给排演了《秦良玉》。尚先生一直对富连成有着好感。这次观看《霸王别姬》一剧后，他主动地热情相助，帮我们连排了几出戏。那时，时近旧历七月，科班内在赶排七月初七的新戏《天河配》，尚先生亲临指导。演出时海报上写出尚小云先生亲授，真是锦上添花。《天河配》一剧受到了热烈欢迎。

尚先生正式给我们排的第一出戏是《昆仑剑侠传》，他演此戏时剧名是《红绡》或《青门盗绡》。剧情源自唐代传奇《昆仑奴》。讲述一位侠客隐身在崔府当管家。府中公子崔生在给大将郭子仪祝寿的寿宴上，看上了郭府中的歌姬红绡，红绡也属意于公子，于是以手势相约三天后见面。公子回府解不开手势之谜，忧思成疾。昆仑奴问明情由，解开手势之谜，深夜入府，将红绡背出，成就二人的姻缘。后郭子仪闻之，与昆仑奴相见，欲留下他同保大唐，昆仑奴不肯为官，要回山修道。临别之际，公子、红绡设宴饯行，红绡又舞双剑以助雅兴。全剧载歌载舞，虽是一出以旦角为主的戏，但花脸占了很重要的地位。尚先生看到我当时在科班中的具体情况，丰富了昆仑奴的唱、做、念、舞，遂将戏名改为《昆仑剑侠传》。李世芳扮演红绡，叶盛长（师傅的第五子）扮演公子，迟世恭、沙世鑫扮演郭子仪。我扮演昆仑奴，此角色揉黑脸，粘眉毛和虬髯（腮上的卷曲胡子）。当年在化装粘虬髯时，需在脸上涂胶水，再用剪碎的黑绒线往上粘，方法十分落后。

我演此戏的效果极佳。在我饰演的昆仑奴进府盗红绡，打死相府护院犬，踢倒二更夫蹿上围墙（桌子）时，台下便响起了热烈的掌声。我接唱："胆大的二更夫还敢逞能！"再亮相。前后总要四次满堂彩，才将我送下场去。这也是郝寿臣老师和侯老二位前辈在社会上开创了良好的局面，我才能在科班中受到如此的重视和热烈的欢迎。

紧接着，尚先生又给我们排演了《娟娟》。此剧由河北梆子《马武下山玉虎坠》移植而来。由毛世来饰娟娟，李世芳饰冯伏氏，萧盛萱（萧长华先生之子）饰娟娟之父王腾，我饰马武，叶盛章师兄从上海演出回来热情助演，饰禁卒。

第三出戏给我们排的是《金瓶女》，即梆子戏《佛门点元》。李世芳饰演金瓶女，叶盛长饰演金钱元，我饰演假扮和尚的强盗。

这些剧目的接连上演，都获得观众的赏识和欢迎，大大壮了富连成的声势。较前"盛"字辈的演出盛况，是有过之而无不及呀！

龙章大哥回京后，在科班已熟悉了一个阶段，决定举行正式接任富连成科班社长职务的仪式。所有"世"字科的学生均改字据，成为龙章大哥的徒弟，因我原是"盛"字科，且又只剩一个月左右就要结业出科，萧老提议我不应再改字据，便以师弟名义参加了祝贺。

七载光阴如白驹过隙。想当初，母亲乍听我要坐科七年，觉得时间是那样的漫长。她一年一年地盼着，一个月一个月地数着，一天一天地想着。我结业出科的日子终于来到了。母亲的心哪，该有多么高兴！我在科班里就仿佛看到了母亲那欣喜的笑容。

为了我的出科，母亲在几个月前就开始忙碌起来。她借来一笔数目较多的钱——她想着我出科就能挣钱了，这是最后一次去借，所以母亲笑着将钱借来，人家也是笑着将钱借给她。母亲还将院里空着的三间南房租了过来。

一九三五年农历腊月初五，我七年坐科期满结业。早晨，我按惯例首先给祖师爷神像上香叩头，再请萧先生上坐，磕头行礼，然后又去师傅家中，给师傅、师娘行谢师礼，就算办完了手续。

午饭后，照常去剧场演出，那天演的是《娟娟》。

腊月天黑得特别早，《娟娟》演完，天已擦黑。我想母亲此时盼我回家的心情会有多急切呀！我匆匆卸了装，跑着回家了。哥哥、姐姐们轮流在门口张望，探听着我的消息。有了他们这几位"情报员"，待我走到门口时，不用说母亲，就是隔壁西屋的李大妈，以及张六叔、张六婶，还有住临街铺面房开小杂货铺的李大伯，都在门口列队欢迎。

大家欢欢喜喜地将我迎进南屋。原本破旧的南屋，现在被打扫得干干净净。贴南墙放着一张新添的绿色单人床。中间的四方桌上摆好了碗筷，窗户上刚糊过的高丽纸白花花的，将屋里映衬得分外明亮。

母亲、哥哥、姐姐们和我团团围坐在桌旁。我尝一块香喷喷的炖肉，吃一口凉丝丝的豆酱，喝一碗热乎乎的"鱼钻沙"，心里感到甜滋滋、暖烘烘的。

饭后，母亲将给我新添置的衣服拿出来，衬衣、衬裤、棉袍等，从里到外整套全新，还有一双在观音寺内丰泰隆鞋店买的上海时髦的呢子面棉鞋。我一件件穿上试试，很合身。母亲看着我穿上这套新衣的精神劲儿，高兴极了，坚持着不让我脱下来。我可舍不得，还是脱了下来，待需要时再穿。

夜深了，邻居早就走了，哥哥和姐姐们都睡了，我们母子俩坐在那张单人绿木板床上，谈着眼下的打算、将来的生活。我将尚先生约我到他班社演出的大喜讯告诉了母亲（已接下了排《汉明妃》的任务，我饰演毛延寿，春节前要演出）。母亲一直在笑，笑得脸上的皱纹都舒展开了。我仿佛看到母亲的心也在笑，憧憬着美好的未来。自从父亲去世以后，母亲含辛茹苦，熬过了十八个春秋，才算有些盼头，怎能不笑呢！

可是，步入社会意味着踏上了一条更加坎坷的道路。美好的理想要变成现实，还需要经过一番艰苦的奋斗才行啊！

觅路

MILU

我出科班前后与尚小云、尚富霞等人合影
前排左起：詹世辅、尚富霞、尚长春、尚小云、毛世来
后排左起：毛盛荣、张君秋、李世芳、袁世海、阎世善

贰拾肆 出茅庐 顺事连连

一九三五年腊月初五出科谢师后,我每日照常去广和楼参加科班的演出。初七这天,演出后回家匆匆吃过晚饭,就到尚小云先生家里排练《汉明妃》——这是第一次排练。

尚先生住在离我家不远的椿树二条内。据说,这所三进院落的大四合院,以前是名中医陆仲安的住所。

尚先生吃过晚饭后,就在中院的西厢房内一边吃着花生米、铁蚕豆之类的小食品,一边与我们闲谈。一会儿,他从书桌旁古色古香的大瓷缸里拿出一轴字画,让我们和他一起品评。说到高兴处,尚先生伏案挥毫。写好之后,他放下毛笔,用嘴吹干墨迹,双手将字挑起,给大家看。

"怎么样?"尚先生问我们,但是,没等我们看清,他就迫不及待地又将那幅字转过去自己观看了。

"不错,不错!有点儿意思,比前天写的那幅还好!"尚先生点着头,满意地自言自语。

尚先生的书法龙飞凤舞，的确不错。我虽没认清写的是什么字，但看来与墙上挂的那几幅字的字体很相似。

"我学的就是墙上的字，翁同龢体，草书的一种。"尚先生见我盯着看墙上的字，就向我解释。随后，他将字画小心地放在写字台上，顺手从桌上的几盘小食品中挑选了一块蜜饯桃肉放在嘴里，嚼嚼咽下。

"啊——啊——"

"噎——噎——"紧接着，尚先生又试了试嗓音。演员吃东西，总是担心它影响了嗓子。

"你也应该学学书画。书画和演戏同是艺术，一点儿不懂，不行啊！你看我们这辈人，畹华、叔岩，全是一手好书画。来，你练练，我教你。把那张报纸拿过来。"

尚先生很快就在报纸上一笔写下几个字。

"为善……"我勉强认出前两个字。

"为善最乐！照我的样子写，拿杆小些的笔。"

我接过尚先生递过的毛笔，模仿着在砚台上蘸满墨汁，哆哆嗦嗦地写出四个歪歪斜斜好似蜘蛛爬的字，惹得大家发笑。

"练练吧，练练就好了，谁也不是生而知之，都是学而知之。"

后来，每逢尚先生练书法，我们有兴趣的就在一旁往报纸上写。我始终写的是这四个字，虽仍写得似有体似无体，但手不再打战，也逐渐学会一笔草写自己的名字。

这样，直到夜深人静，送走来往客人，我们才开始排戏。

"富远，咱们今天排？……"尚先生问。

"先从《画像索贿》排，这场戏人少。"专管抱本子排戏的高富远师兄一边回答，一边搬了两把椅子来，作为舞台上的椅子。

扮演昭君之父王朝珊的张春彦一听，说："好！那就先瞧我的啦！"他从椅子上站起来，我随着他一同走到假设的上场门。

班社排戏与科班大不相同，再不是按照先生所教而做，而是完全靠个人根据剧本琢磨角色表演。排戏只是演员之间对对戏词，固定舞台位置，进行必要的交流，主演提些要求，互相之间做些提示。

《画像索贿》是毛延寿领了汉元帝选妃之旨到民间画像选美，借机向昭君之父索贿的一场戏。排到王朝珊命女儿参见毛延寿时，毛说："令爱选进宫去，就是王妃，延寿焉能受得一拜！啊，实实地不敢。"我在念"实实地不敢"一句时模仿了郝老师演曹操时所用的端肩、撒步、双摇手的奸相动作。尚先生刚要躬身下跪，见了我的表演，立刻停下来，笑着说："你这小子真聪明，学郝老板学得还真有点儿意思。不过，你还差那么一点点。我给你来来，你看着！"

"毛大人请上，民女大礼参拜！"尚先生重复了一遍他的戏词，紧接着端起花脸的架势又念毛延寿的台词。念到最后一句时，他脖子一缩，两眼一眯，双手一摇，讨好地笑念："啊，实实地嘻嘻不敢。"

"好！"

"真像！"

"绝了！"

坐在一旁的重庆社文书石先生、尚先生的兄弟名小生尚富霞，还有富远、张春彦等所有在座的人无不拍手叫好。没想到尚先生虽唱旦角，学起花脸来能如此传神。念白中加用"哼哼""嘻嘻""嘿嘿"之类的陪衬词以突出感情，是郝老师念白的特点之一。尚先生能很妥帖地学用，这是与郝老师同台时留心的结果。

"当演员的，什么都要学。和郝老板同台，我就很注意他的表演。旦角就不用花脸的表演了吗？慧生演《辛安驿》就用上了。以后也许我排什么戏，就得用（后来，尚先生排《绿衣女侠》，假扮山大王，戴上红扎，用了很多花脸的表演）。所以，我是哪行都学，这回我为《昭君出塞》琢磨了上马身段，就是从别的行当借来的。你们看……"说着，尚先生就地来了个很漂亮的小颠步上马。

"谁能说出来，我这个身段从哪儿来的？"

我们几个面面相觑，谁也没说出来。尚先生又做了一遍这个创新的上马动作。

"告诉你们吧，这是杨老板的！"可不是嘛！只不过，武生上马颠跳步大，尚先生将幅度减小，添了几许妩媚，为旦角所用了。

"我喜爱杨老板的艺术，多次与他合演《湘江会》。同台演戏就是学习的机会，演戏前的对戏，更是学习的机会。"

看来，学习是不能停止的。尚先生的艺术造诣已达到相当的高度，但他仍多方面地学习、借鉴。这次为排《汉明妃》，他还特请韩世昌先生说昆曲《昭君出塞》的身段，以此为基础，加以变化、发展，创出尚派风格。我想，正因为尚先生有此种学习精神，才成为四大名旦之一，这是值得我们后辈很好地学习的。

我们继续往下排。尚先生通宵达旦、自始至终都是精神饱满，不停地给每个演员提要求，既能多方指点，又能亲自示范，真使我受益匪浅。

次日清晨，厨师送来刚出锅的热炸麻花，排练才告结束。

这种夜生活，我很不习惯。排戏结束后，感到精疲力竭，眼望着又脆又酥的热麻花，一点儿也不想吃，只想立刻躺下睡一觉。可尚先生的盛情难却，我三口两口地吃了一些便告辞回家。天渐渐地亮了，我静静地走在路上，寒冷的晨风吹散了我的倦意，不知不觉又忆起了往事。

那还是出科前一个多月的事情。一天，尚先生照例来给我们排《金瓶女》。休息时，他将我叫到身旁问："你还有多少日子出科？"

"一个多月。"

"好极了！我正要将《昭君出塞》改编成《汉明妃》，将来有你一个重要角色，你出科就搭我的班吧。"

好事来得这么突然，我几乎不敢相信，真怕尚先生只是说说而已。直到出科前一个多星期，尚先生把《汉明妃》的剧本交给我，让我尽快背会毛延寿的戏词，准备去他家排戏，我才放了心。出科后的去向，是我一年来经常考虑的事情。我对自己的前途是既敢想又不敢想。敢想的是，这些年来的苦学苦练，有了一定的基础，尤其最后阶段所演的戏都受到观众的欢迎和报纸的赞扬，我想也许会顺利搭上演员齐整的大班社，像郝老师那样上演一出出受欢迎的剧目，一家人过上好生活……不敢想的是，我深知搭班难，搭班如投胎。我耳闻目睹过许多人出科后辗转于社会，搭不上班，被迫改行，甚至有的因找不到安身之处，又兼社会摧残而沦为乞丐，也有的虽搭上了班，但受到排挤难以立足。像何连涛师兄，身怀绝技，在富连成称得起是挑梁的大武生，出科后又拜了尚和玉先生，仍演不上正戏，只好返回科内（那时，只要是富连成的学生在社会上混不下去，找到叶春善师傅，要求回科班，师傅无一不准）。而今，我还没出科就这样顺利地被约到四大名旦之一尚小云先生的班社，真是幸运哪！

　　尚先生性情比较急躁、脾气大，但他为人爽快侠义，待人热诚。我亲眼见到一些家中贫苦要求救济的人找到他的门上，他从没有让他们空手而回。尚先生对富连成科班热诚相助。他在工作之余，为给我们排戏，说得唇焦口燥也毫不在乎。他经常热情地留我们在他家吃饭，有时还特意备下丰盛的菜肴，给富连成去电话，将我、李世芳、毛世来、沙世鑫和叶盛长等找来，改善生活。尚先生能如此爱才，提携后进，使我极为敬佩。我与尚先生闲谈，提到了九岁上曾给他配演《汾河湾》中薛丁山之事，他对我也更加亲切。这次我若将戏演好，将这第一炮打响，将来肯定会有前途，我越想越觉得搭入重庆社是一大顺事。

　　人常说，一顺百顺。顺事一件件都来到我面前。比如出科后仍在科演戏，多数人几个月后才能定戏份钱（即每天演出的报酬），名曰为科班效力。而我出科还不到一个星期就给定了每天三十吊的戏份钱。科班的票价低，不像大班那样赚钱，演戏收入不仅要用来维持科班的生活开支，还要拿出相当数目的钱去置办戏装，向东家沈玉昆交付盈利，所以戏份钱很少。三十吊算得上是极优厚的待遇了。当初盛藻哥出科后的戏份钱就是三十吊，红极一时的花旦刘盛莲师兄也是三十吊。难得的是一天也没有让我效力（不拿报酬），戏份钱从初五谢师那天算起补齐，更是科班中罕见的事。

再说置办戏装这件演员必办的大事吧。演员登上舞台，戏装的好坏，直接影响着演出效果。因此，它也牵连着演员搭班找出路的问题。哪个班社都愿约聘艺术水平高、戏装讲究的演员。甚至有个别演员，单凭戏装新，也能长期搭入大班社，遂被贬为"行头小生"或"行头旦角"。这就足以说明戏装的重要。演员们称戏装为"打饭吃的票"。戏装都是用上等的绫罗绸缎精工细绣而成，价钱昂贵。而且，随着不断增加新剧目，就得不断添置戏装。置办戏装不仅是演员舞台上的重要事项，也是演员生活中一项必需的重大开支，曾有"置不完的行头，还不完的账"之说。对于家境贫寒、一无所有的我来讲，更是困难极大。两月前，我面临出科，为置办不起行头而发愁。母亲说："必要的钱，必须花。"让我合计一下需要多少戏装费。我到久春戏衣庄去找跑外的苏锐。自我为科班置办《霸王别姬》的戏装以来，一直和他打交道，互相熟识。他也多次对我说过："将来，您出科后的服装，我们全包了！"苏锐见我向他询问预制戏衣的事，热心地帮我粗核出订制霸王、曹操、李逵、张飞等几个主要角色的行头、道具，需三千元之多。乍听到这个庞大的数目，我的心头一震。如此昂贵，我如何置办得起呢？苏锐见我面有难色，就说："这点儿钱，您犯不上为难。就凭您在科班里的阵势，出科也绝错不了，不置办几件像样的行头，和您的演出不相称啊！您现在没出科，如果手头上不宽裕，我就跟我们掌柜的说说，您先赊制嘛！凭咱们这些年的交情，没的说！"于是，母亲为了不影响我出科后搭班，下了最大决心，准备借一千元，交足赊制戏装的定钱，余下的还些旧账，租赁南屋，再为我置办一些新的衣服、鞋、帽等，这在所谓"衣帽年，势利眼"的旧社会，和戏装是同等重要的。用项安排定了，钱，却向谁去借呢？这时和尚四大爷来了，说："五弟妹，你应该高兴，说话就该享福了。钱的事甭发愁，我去想办法。"他找了庙堂的老街坊、在骡马市开理发馆的曹大爷，借了一千元。

订制戏装的事，也就很顺利地和苏锐谈妥。先预交几百元订金，余下的，分批取回戏装时再付，不必再付利息。其实，赊制的戏衣比现金买的贵，利息钱已算在内了。

眼下我如愿地搭上大班社。饰演毛延寿的紫官衣，需要重新订制。重庆社也在久春订制《汉明妃》戏装，了解到我原来赊制的戏衣正愁无钱取货，就慨然作保，先将制好的戏衣取回，钱，过一段有了再给。另外还让我再去久春赶制毛延寿的官衣。久春满口应承，还带信儿催我快去挑选官衣的补子样（补子即官衣前胸和后背两个方形图案），于是，置办戏装的事情，就这样得到妥善解决。尽管三千元的戏装费给我的压力的确不小，但有了重庆社作保，久春不会为难我。我又跻身于大班社，只要能专心地将戏演好，这笔钱，用不了太久就会还清的。我越想越高兴，完全沉浸在喜悦之中。抬头一看，哟！都快走到韩家潭一带了，家门早已走过。我笑着摇摇头，回转身来加快脚步，走到门前，双腿一蹦，跳进院里。

我躺在那漆得绿油油的木床上，美滋滋地进入了梦乡。

直到中午，母亲才把我摇醒。

"快起来吧！你不是还要抓空儿去订制戏装吗？"母亲说。我一骨碌从床上爬起来。趁今天科里的戏排在后边，匆匆吃过饭，快步来到久春戏衣庄。

"哟！袁老板，您来啦！快请坐！"我刚一推门进店，站在柜台里的苏锐就笑容满面地走出柜台，将我让坐在椅子上。

"今儿个天气真冷，风也大，您快喝口茶暖暖身子吧！"伙计早已照例给我端来一碗刚沏好的热茶。

"我先得给您道喜，您出科就被尚老板约到重庆社，我们真替您高兴！我没看错吧？从您演《别姬》的时候，我就看出您是年轻有为，前途无量。怎么样，我的眼力还可以吧……"他一连串的奉承话，搞得我有些不好开口，只得端起茶来边喝边听。

"前两天，重庆社为您做行头的事，又特意打了招呼。您真是……就冲咱们这些年的交情，加之久春和富连成、重庆社又是多年的老关系，钱，早给晚给的，还不是一句话的事儿！您需要再添什么，您就说一声，绝不会误了您的事。这回您要做的紫官衣，我给您挑出两种缎，一个是杭州贡缎，一个是苏州贡缎，都是我们新进的货，您再看看用哪种好。"

柜台里的伙计拿出两匹缎，分别打开，向光挑起，我比较了一下，选用了色彩更明丽的杭州缎，又从一大本团龙、仙鹤等补子样中挑选了一幅麒麟吐日的图样。

该办的事很快都办了，就在我要起身的时候，苏锐提到，我以前赊制的红蟒即将绣制完工，绣工考究，假若我有兴趣，他就陪我到后面的作坊看看。时间还富余，我兴致勃勃地随着苏锐来到作坊。

这是一个很大的房间，三四十个绣工坐在许多绷架前忙碌着。我一眼就从绷架上的各色衣片中看到了我那件平金绣红蟒，径直朝它走过去，仔细端详起来。彤红耀眼的蟒片上已绣好粼粼金波，上面盘踞的金龙搏浪欲飞，神气十足。这图案与我印象中郝老师的红蟒图案几乎一样，能穿上类似郝老师独创风格的平金绣红蟒去演出，舞台色彩、人物气魄定会显著增强。多年来的愿望就要实现了，真使我喜不自胜。

"您看，这绣活多精细！我们给您选用的是最好的金线、最好的绣工！"

"不错，不错！"我满口称赞，微笑着向绷架前仍在不停忙碌的几位绣工颔首致谢。

"龙身和金波还要压一道黑线边吧？"我问苏锐。我记得郝老师的蟒上就压黑边，这样金色、红色才显得更加分明。

"您看得真细，记得真清，我佩服！给您压一道黑线就是了。"苏锐向我伸出大拇指。

"您看，袖子也按郝老板的样子加肥了。"他指着蟒片袖子用手比量着。

"盔头上的绒球,也要那种鹅黄色镶红圈、蓝圈的,您告诉他们了吧?"这也是郝老师的首创,我不放心地叮嘱苏锐。

"您就放心地交给我吧!保您满意。别说盔头我交代过了,就连订制刀枪把子的要求,我也替您转告给许掌柜了,您赡好儿吧!"

制作刀枪把子,本来应去找把子许,苏锐为省我的事,由他代办了。

我非常满意地离开久春,兴冲冲赶至广和楼演科班的日场戏去了。

贰拾伍　心气高　首演成功

《汉明妃》一剧是在昆曲《昭君出塞》的基础上由还珠楼主执笔改编的。这位还珠楼主姓李，名寿民，曾写过很多侠客、鬼怪小说，在报上发表。过去曾流行一时的《蜀山剑侠传》就是他写的。他为尚先生编写了不少剧本，如《青城十九侠》《虎乳飞仙传》《九曲黄河阵》等。

尚先生早年学过武生，有深厚的武功基础，善演侠女。《汉明妃》一剧，为《昭君出塞》增加了首尾的故事情节，保留了《出塞》一场的昆曲唱腔和舞蹈动作。在马趟子中载歌载舞，充分发挥了尚先生的特长，无疑是尚先生全盛时期的代表作品之一。新中国成立后，已由西安电影制片厂拍摄成彩色戏曲片。

一九三五年，旧历腊月岁尾，《汉明妃》一剧首演于华乐园。这是我出科搭重庆社的第一场演出。我所扮演的毛延寿能否受欢迎，关系到我今后的前程，心情很是紧张。清晨，我特地去澡堂洗了个痛快澡，换上那套新衬衣、衬裤、丝棉袄。头天刚刚剃过头，头发才露出头皮，还未显出黑色，可我仍去理发馆重新剃光。临去剧场，穿上了我那件花了一百二十元钱定做的礼服呢面、衬绒里、海溜（假水獭）领的大衣，"一分精神一分福"嘛！我叫了一辆较干净的人力车，端端正正地坐在上面。现在想来觉得很可笑，然而，在当时讲究的就是外表，何况我是穷人走富路呢！

华乐园有三间不与舞台相连的化装室，郝老师就常在这里化装。尚先生不愿意穿好服装走过院子才到舞台，就到供祖师爷的神案旁一间小楼里化装。余下这三间房，一间是二牌老生王凤卿先生用，另一间是三牌武生张云溪用。我和云溪是要好的小弟兄，沾他的光，也在这里化装，没去那官中（普通演员化装的地方）勾脸。

我到后台候场的时候，几乎所有在后台的人都把目光集中到了我身上，我知道这是无声的考试。在科时，萧先生讲过，新搭班的演员要过两关：一看扮相。不论生、旦、丑，化好装，都要看扮相。花脸呢，一看脸勾得如何，就知你能吃几碗干饭。二看神气。看你穿上服装后的神气与扮演的人物是否一致。老先生们远远一望，不需要再看台上的演出，或互相点头，或互相摇头，你所得的分数就在他们心里定了。我觉得这没什么，这种场合我在科班陪高庆奎先生演《李逵夺鱼》时就见识过了，心里很坦然，沉得住气。

该我上场了，我刚在幕内喊了一声"领旨"，台下居然为我响起了热烈的掌声。当我在"回头"中上场时，观众又为我叫起了碰头好。出科后我第一次在大班演出，观众如此热情，实出我意料之外。可能是科班每星期在这里演两场夜戏，观众熟悉我，为我出科就搭上名班社表示祝贺吧！接下去，《画像索贿》一场，王朝珊领昭君参见毛延寿，我选用了郝老师演曹操时所用的奸相动作，观众大笑，鼓掌欢迎。还有毛延寿向昭君之父索取贿赂，王父不解其意，毛只好三次搬椅靠近王，找借口暗示，都得到观众的赞许。最后，毛阴谋败露逃走，我采用了《追韩信》中萧何的很多动作，并在马趟子中加吊毛，表示从马上摔下来，均收到了很好的效果。可以说，在这场演出中，除尚先生外，就数我得到的掌声多了。

散戏后，来看戏的富连成的师兄弟们纷纷到后台向我祝贺：

"你演得真不错，怪不得尚先生要你搭他的班呢！"

"你可真是一步登天哪！"

"老三，这回你的戏份钱准少不了！"

大家将我团团围住，七嘴八舌地赞扬着。

"袁老板，大爷（指尚先生）说了，卸戏后，请您坐大爷的车，一块走啊！"尚先生的跟包二周走过来说。

卸装后我坐上尚先生的汽车奔驰在黢黑的街道上，两束明晃晃的车灯光亮使我看清了前进的路，汽车喇叭时时鸣响，仿佛也是在为我演出成功而祝贺。

尚先生高兴地留我在他家中共进晚餐。席间，尚先生说："你这小子，真有心胸，挺能干！戏演得不错，吊毛也挺利落——我还直担心，怕你怯阵，撒不开。有出息，好好干吧！这是给你的辛苦钱，以后的戏份钱可没这么多。"

"再有……你穿的那件海溜领大衣还可以；头上戴的呢子帽显得不般配，寒碜。我有顶海溜帽子，送给你吧！"

我欢欢喜喜地接过红纸包和海溜帽。过后，趁上厕所时，才看那纸包，只见上面写着"袁老板二十元"，心中十分高兴，暗想：赶明儿定戏份钱也绝少不到哪儿去，就算给一半，还是十块钱哪，心里更加欢喜。饭后，我又略坐片刻，才戴着尚先生送的那顶高高的土耳其式海溜帽乐悠悠回到家中。

这一年新年，是我从记事以来，过得最快乐的一个年。

为了过好这个年，庆贺我出科搭班顺利，母亲去菜市口纸店请来一张大佛像和一张灶王爷像，又到宝兰斋点心铺去请供会。穷苦人过年时，一次拿不出许多钱来买供品，只好每月都去给点心铺送些钱，到年底，根据钱数多少，取回不同质量、不同数量的供品。我家每月的供会钱不多，母亲临时加钱请回一堂一尺二高的蜜供和许多我爱吃的枣泥月饼。

年三十这天，佛像贴在南屋正中的墙上，旁边贴着灶王爷的像。佛像前的八仙桌用布围罩了四条腿，上面立着用黄纸写的三代宗亲的牌位，牌位前是高高的蜜供，蜜供上罩着红纸剪的网子，两旁摆放着五盘装着各式月饼的供盘。桌上燃着一对分别印着"吉祥如意""四季平安"金字的大红蜡烛，闪闪放光，几炷紫香青烟缭绕。旁边小茶几上放着我父亲生前的照片，供着一碗蜜供和一碗月饼。这浓郁的节日气氛是我家前所未有的。

我到尚先生家里辞岁回来，已经很晚了。南屋内灯光明亮，笑语喧哗。听着母亲从心底发出的笑声，我心里就像吃了蜜糖一样甜美。夜里十二点钟，我们都来到院内，我和哥哥点起两挂小鞭炮，乒！乒乒！乓乓！我在清脆的鞭炮声中默念着："爆竹，你崩吧！但愿把我家的晦气崩得无影无踪，在新的一年中我们开始美好的生活！"

贰拾陆 路难行 几度失意

年,我过得很愉快,但总觉得心里悬着一件事——我的戏份钱究竟能定多少?这是关系到我一家人生活的大事。一家四口人的生活担子靠我一个人挑。哥哥受不了洋行的虐待,只待了一个多月,就偷着跑回北平,直到现在没有工作。三姐年龄也不小了,出嫁需要一笔钱。母亲受了这些年的苦,应该让她过上舒心的日子了。哥哥姐姐们也都说:"起码定十元,没准儿能定十五元,戏演得好,钱不会少给。"对呀!若论台上的成绩,绝不会给得太少,我们在生活上先勒紧一点儿,及早将债还清,到时有了节余,把住的那间东房修整一下,不能让它再漏雨。万一戏份钱少呢?少,又会是多少钱?不会的!母亲倒比我想得开,她说:"不想不成,想也没用,刚出科哪能跟人家争多论少哇!这就够抬举咱们的啦!定多多花,定少少花。咱们也不是没过过穷日子。"

我明白,这不过是母亲宽慰我的话罢了。

初一,开箱演出,尚先生和王凤卿先生合演《御碑亭》,前边有张云溪演的《八大锤》和我演的《英雄会》（即《镖打窦尔墩》），我饰黄三太，杨春龙饰窦尔墩。戏后，我到账房领戏份钱，重庆社的管账先生对我说："今天按规矩是拿喜份钱（喜份钱低于平日的戏份钱），你刚搭班演戏，给你开的是戏份钱，往后好好干吧！"和往常一样，包着戏份钱的红纸包扣着递到我手里。我心里很紧张，用手攥着纸包，走出戏院，慢慢地将纸包翻过来一看，红红的纸包上，那黑黑的墨笔字闪入眼帘，不看则已，这一看就使我从头顶凉到了脚底下。我急急打开纸包，"一、二、三！"钱数和纸包上所写"袁老板三元"完全一样。我没有雇车，放慢脚步，一边走，一边算计。重庆社一星期只演两场戏，一个月演八场。我一场戏挣三元，一月共二十四元。除去每月应付一千元借款的十五元利息，还余九元。为了勒头，请管盔头箱的孙师傅帮忙，一场贴补他三角，共需二元四角。我只能余下六元六角。就是加上科班每月所挣的二十来元钱，生活也难维持，何况还有几千元的外债呢，哪年哪月才能还清啊！我的方寸全乱了……

回到家中，全家人都在喜气洋洋地过节，我怎敢唉声叹气，只是默默地坐着发呆。母亲见我这副无精打采的样子，心里就猜着了几分，再三追问，我知道瞒是瞒不过的，只好将戏份钱拿出来。妈妈、哥哥、姐姐都愣了。

半晌，母亲像是自言自语，又像是安慰我，喃喃地说："唉！别着急！急有什么用？好在还有科班那二十元戏份钱，日子还能过。再托你四大爷出面，求曹大爷给个情，先别要利息，哪怕利上加利，将来有了，再一点点还。慢慢熬着吧！日子长着哪！"

是的，来日方长，我得继续苦练。我不相信有本事吃不上饭，我不相信我们家就永远这样穷下去。

继《汉明妃》后，重庆社又排演了《龙女牧羊》《比目鱼》等几出新戏，也曾去天津演出十二天，营业状况甚佳。回北平不久，生活又开始捉弄起我来了。重庆社管事人突然对我说："咱们最近要去济南演出，时间不短。我们觉得你应该退出富连成科班，不然到济南演出你就先别去了！"这难题我一时如何回答得上来呢？他见我沉默不语，就让我回家想想，明天给他回话。

为什么重庆社要我退出富连成呢？事出有因，说来话长。还在我临出科时，富连成去天津演出是经尚先生的推荐。他亲自给联系北洋戏院和我们学生的住处，又亲随赴津，请爱好尚派的观众看戏捧场。他住在惠中饭店，每天到剧场督阵，把场子，凡是他给排的剧目，如《娟娟》《金瓶女》等戏在上演前，都要经他再次加工，可谓热情、认真极了。这本来是件好事，不知什么人借题发挥，传出了闲话。我也曾风闻什么"富连成要变成尚家班"等闲言碎语。尚先生的长子尚长春也到富连成坐科学戏，长春入科前练了许多武功，入科后，派长春演《朱砂痣》里的病鬼，是二路老生的角色。尚先生闻讯后，立即让长春退出富连成，好在长春也没写字据，说退就退了。从此，尚先生不介入富连成之事，双方搞得很僵。重庆社见我自从排《霸王别姬》以来，在科里一直是占了相当重要地位的人，意欲让我退出富连成，借此要科班的好看。我在中间可难办啦！退出富连成的话，我无法向科班去提。我能有今天，是富连成多年栽培的结果。出科后，富连成更没亏待我，给了我最优厚的待遇。我怎能过河拆桥呢？若不辞富连成，重庆社就不要我去济南巡演，其意就是将我辞掉。我出科搭重庆社，被多少师兄弟羡慕，不过半年就被辞掉，无论从哪方面讲，都说不过去。若拂了他们的面子，我再搭别的大班，也会有困难。还有重庆社作保的三千元戏装费，万一一怒之下撤保，后果就不堪设想了。总之，我感激尚先生的提拔，不敢得罪重庆社，也感激科班，不愿得罪富连成。我辗转反侧，一夜未能合眼，也没想出两全之策。第二天我硬着头皮去见重庆社管事，他没待我说话，就抢先说道："想好了吧？听我的，好好干，我们给你涨戏份钱。退出富连成的信已经给你写好了，念给你听听，就去交给他们吧！"信的大意是：因重庆社要去济南演出，时间较长，恐误科班演出……我还记得最后几句是："青山不倒，绿水长流，他年相见，后会有期……"今天看来，对富连成使用这类词句很不恰当。那时如果去到科内讲明难处，会得到富连成同情的。可我既没文化，又是初出茅庐，没有社会经验，遇到这类较复杂的事情就不知所措，完全听从摆布，无可奈何地咬着牙将信寄到富连成。科班见我要退出，他们也完全明白这出"戏"是怎么排出来的。此时，科班中受欢迎的剧目声势已起，叶盛章师兄的《白泰官》《藏珍楼》等戏都获得了好评，盛兰也回科演戏，阵容比较齐整。所以，科班不怕这些，你走就走，有的是学生能演。不过科班也很生我的气，怨我吃着富连成的馒头长大，学了本事，翅膀硬了，听外人话挟制富连成。

我真冤，重庆社、富连成有了矛盾，与我并不相干，却将我夹在中间受气！

我们赴济南巡演，住在河南旅社，还在晋德会演出。园中老虎、镇惊压邪的长命锁犹在，依然招徕着大批游客，但对我已失去了吸引力。无事的时候，我经常在苦思日渐艰难的日子。我们先后演出十五场，其中有三场是义务戏。一个月以后返京，那时已是秋季。叶大哥（龙章）、叶二哥（荫章）都到车站迎接，和重庆社言归于好。不久，尚先生就又帮着富连成给盛章排《酒丐》，这出戏也是当时红极一时的剧目。

我呢，戏份钱没有涨，出外巡演一场戏给八元。按规定到外地巡演，戏份钱比在京要多加三倍，是十二元。在外面开销大，所剩的钱不多。退出富连成后，每月又少了二十元的收入，全家人的生活无法维持，只得又开始借贷度日。转眼又是年底，全家唉声叹气地过穷年。大年三十，我没敢回家，在外边遛了一天大街。我在科时欠的债，不过是十几元、几十元，眼下的债是上百元、上千元。久春戏衣庄和别的债主不断地前来讨账。后来据母亲回忆说："这个年三十真不好熬，每包几个饺子就要应付一位讨账人。"只有和尚四大爷出面借的一千元，曹掌柜不来催账。他说："你好日子会有的，我不着急。我这点儿钱也来之不易，咱们先记着吧。"他采用利上加利的办法记账。尽管两年后我还账时，这一千元的借款已变成两千多元，但对他们肯放宽还账的期限，我还是非常感激的。

这年（一九三六年）春节，我们重庆社在华乐园演出《法门寺》。我演太监刘瑾，我还和往常一样，《庙堂》一场穿红蟒，《大审》一场换紫蟒。戏结束后，管箱的张宝山告诉我："久春戏衣庄来人，将那件红蟒借走了。"

"你怎么不跟我说一下，就让他拿走呢？"

"他说是借红蟒做样子，有急用，非要马上拿走不可。您在场上呢，我只好让他拿了。"

我预感到事情不太妙，第二天赶到戏衣庄找到苏锐。他向我讲了实情："跟您说吧，我们不是看什么样子，是将红蟒收回了。您交了五百元钱，就可着钱数留东西吧，其余的请您送回来。以后有钱了，您再做新的！"苏锐竟一反常态，说了这样毫无情面的话，我感到非常吃惊。

"咱们事先不是讲好了吗？你们还讲信用吗？"我理直气壮地追问。

"当初咱们讲好了，您总得给钱哪！您从订做到现在快一年了，除了订金，一个大钱也没给呀！我跟掌柜的没法交代，您说能怪我吗？"

他说到钱，将我的嘴堵死了。

"唉！我没想到出科后混饭吃有这么多的难处！你也知道，没有这些服装我就更难了，有重庆社作保的面子，凭咱们这些年的交情，也该帮我一把，日后，我不会忘了你们的！"我近似哀求他了。

"实话告诉您吧！重庆社已声明，对您做戏装的事不管了，等于他们撤了保；我们也耳闻您辞了富连成，搞得挺僵。您也知道，我们全仗着科班在这儿做戏装，我们不能得罪老主顾！您还是将东西先退回来，凭咱们的关系，您的东西，我给您留着，有了钱，您再来拿，这就很够朋友啦！"

我完全明白了。事已至此，多讲也是无益，我只留下一件紫蟒、紫靠，因为紫色为官中色（通用色），凡须穿黄、黑、蓝、红色服装的角色，也都可以穿紫色。几天后，他们来人将其他的服装，大包小包地取走了。

我望着他们的背影，怅然若失地怔在那里很长时间。回到屋内，我呆呆地坐在床上。

"你要是想哭，就大声地哭吧！憋在心里要闹病！"母亲焦急地摇着我的肩膀，重复地说着。

我痛哭了一场。这件事给我的刺激太大了。多年来，我苦苦练功学艺不觉得苦，就是指望出科后能在这行混出点儿道道来，凭本事挣钱养家，一家人能过上好日子。然而，出科后尽管我兢兢业业地干，倒霉的事情却一件件压得我喘不过气来。舞台上是有能力施展不出，生活上更是一天不如一天。重庆社强行让我离开富连成，使我得罪了富连成，还减少了收入，单靠重庆社微薄的戏份钱，我一家人怎能度日呢！这个损失谁人来管？谁人又曾过问！我只得忍气吞声，将这黄连水往肚里咽。为了生活，我万般无奈，每星期在徐东明班社演一场，在李洪春班社演一场，挣得几元，聊以糊口。可这又惹恼了重庆社。他们翻脸撤保，久春戏衣庄无情收回戏装，狠狠地兜起来扔了我一个踝子。没想到就是有了本事在社会上混口饭吃也如此之难！出科时的想法太简单了，太自信了，为什么还不知自己能挣多少戏份钱，就急急忙忙去订制那么多价钱昂贵的戏装呢？操之过急，怎能不跌跤呢！想到这里，我逐渐冷静下来。眼下是困难重重，可我得咬住牙熬过这一关。郝老师在艺术上能使架子花脸由中下层地位跃居前茅，与杨小楼、马连良、高庆奎等人并驾齐驱，也绝不是轻而易举的啊！他能成，我也一定能成！我喝了苦水，吃了苦果，更要继续发愤，苦学、苦练、等待机会，有朝一日，我定会如愿以偿。

写到这里，我仍旧感慨非常，当年，摆在我——一个二十岁青年，刚出科的学生面前的，是多么坎坷的人生之路哇！事业上的失意，生活上的拮据，处境的凄凉，无依无靠的孤独，世态炎凉的打击，都在痛苦地折磨着我。想那时，我望着取走戏装远去之人的背影，进入眼帘的只有冬天的枯树和昏鸦。这使我现在想起内心仍隐隐作痛，遏制不住地要回到今天的现实中，对青年们说一句："你们可赶上好时代了！"这句话是一九五三年，我排演以架子花脸为主的大型剧目《黑旋风李逵》时，郝老师对我能在壮年迎来新中国，加入国家剧院而心生羡慕时发出的肺腑之言。老师说得好哇！青年演员们，你们在党的关怀爱护下成长，你们不必为生活而担忧，不必为搭班社而发愁，不必为置办戏装而债台高筑，更不需为拜师而奔波借贷。也许你们在工作中也会遇到这样的困难或那样的矛盾，这是难免的，其性质和我们那时截然不同，你们多幸福啊！愿你们在这个伟大的时代里，珍惜自己的青春，珍惜自己的艺术，努力奋斗，为振兴京剧事业，为建设我们伟大祖国的高度精神文明而奋斗！

贰拾柒 处困境 继续发愤

春节过后,重庆社到武汉、长沙、开封、济南等地演出。重庆社的人员比较齐整,二路老生有张春彦、扎金奎二位先生,还有李宝奎、宋遇春、张盛利几个青年,二路花旦是芙蓉草、何雅秋,武旦是阎世善,武生是张云溪,小花脸是慈瑞泉、高富远,小生是尚富霞。演出的剧目有《雷峰塔》《玉堂春》《峨眉剑》《青城十九侠》《刘金定》《汉明妃》等,每日轮换上演,经营得不错。其中最受观众欢迎的要算《雷峰塔》和《玉堂春》。《雷峰塔》一剧由水漫金山寺开始到白素贞之子许仕林祭塔止。尚先生在《金山寺》《断桥》几折唱昆曲。《祭塔》一场,白素贞与许仕林相见,向儿子叙述与许仙结合、分离的始末根由时,需要演唱大段的【反二黄】,唱功极重。尚先生充分发挥了其铁嗓钢喉的特长,多用陈德霖老夫子刚劲的唱法,听来高亢嘹亮。尤其是"好一似半空中降下喜星""峨眉山苦修炼"中节节高的唱法更为悦耳,给观众留下深刻的印象。我也是忠实的观众之一,每每是跟着听到底为止。

外出巡演期间，尚先生每星期只演五场，休息两天，平时也不排戏。我所演的剧目不多，活儿不重，因此有着充裕的休息时间。我就和盛利哥等几个人凑在一起，游览了武汉名胜龟山。我们花两角钱雇了一只小摆渡船。我们都是北方人，没坐过小船，感到坐这样的小船，比坐那平稳的江轮更有趣。坐在小舟上，眼望宽阔的江面，忘却了一切烦恼，心里顿时舒畅多了。小船划到江心，常被过往的江轮激起的波浪冲得左右摇摆，上下颠簸，有时，甚至吓得我们大声喊叫起来。浪花打湿了衣裳，我心中似有所触，我的生活道路真好比这只江上小舟啊！

一个月后，我们结束了武汉的演出，转赴长沙。为了节省路费，从武汉去长沙是乘江轮顺流而下，我被安置在住有六七十人的大统舱内，舱里充满了鱼腥臭味。我没事就到三等舱去找范宝亭先生聊天。范先生擅长摔打花脸兼武二花脸，乃著名的"三亭"中的"一亭"（这"三亭"是迟月亭、范宝亭、何佩亭，均是著名的摔打花脸），尤以甩发功见长。我拜许德义先生为师时，范先生与许先生同班，因此，我曾看过范先生与名武旦"九阵风"（即阎岚秋，饰陶三春）、王长林老先生（饰陶洪）合演的《打瓜园》，以及他与朱桂芳先生合演的《演火棍》（《打焦赞》）。戏中的郑子明和焦赞，别人演都是戴发鬏儿，范先生却与众不同。他戴的是甩发、耳毛子和慈菇叶。表演中甩发运用自如，与耳毛子、慈菇叶互不干扰。摔硬抢背起来得麻利脆，甩发一丝不乱。他为杨小楼先生配演《恶虎村》中的郝文，在"夺刀开打"时，范先生的甩发左转右绕地飞舞，为武打增强了惊险气氛，观众无不齐声喝彩，我十分敬佩。在后台，我看许德义师傅勾脸，也经常看范先生勾脸，我们虽没有过多地交谈，也是见过面，称呼过先生的。在科时，又同台演过一场戏。记得一天上午，我正在罩棚下吃饭，盛文哥端着饭碗从南屋走出来，走到我身旁说："你背背《浔阳楼》中李逵的词儿，一会儿去演外串。"

"咱们到哪儿去演呢？"

"就你自己去给高大爷（指高庆奎先生）配戏。"

我有点儿不相信自己的耳朵。到大班社串演比较重要的角色，只有已出科的师兄们才有资格呢，在科的学生只能演些《汾河湾》中的薛丁山，《三娘教子》中的薛倚哥，《二堂放子》中的沉香、秋儿之类的娃娃生。其实，我并没听错，事情是这样的：平日与高先生配演此戏的马连昆师兄因事外出，而郝老师从不演这个角色，于是就到科班里来请人。科班中自刘连荣师兄随梅先生赴美后，此戏李逵这一角色一直由我来演，所以，师傅决定让我去演这场外串。

我很快意识到这是师傅、先生对我的信任，心中又惊又喜。这回可不同于上次给马先生配演伊立，那是马先生在科班演的堂会中串演，又有师傅坐镇。这回是要我自己去大班社里串演，胡琴、场面（指锣鼓）等一切都是生疏的。高老先生演的这出戏，我是看过的，《李逵夺鱼》一场和我们科班演法出入较大，并且日场就要上演，说戏的时间有限，难度不小哇！我的脑海里不由得浮现出骆连翔师兄恳求师傅不要派他去大班串演的情景。

不久前，杨小楼先生主演《金钱豹》一剧，饰演孙悟空的迟月亭老先生年事已高，便来请年富力强的连翔师兄替演。师傅满口答应，因为连翔师兄在科班演这出戏的孙悟空，不仅受到观众欢迎，就是师兄弟们也都久看不厌。尤其是金钱豹与孙悟空交战，金钱豹三次投扔钢叉，连翔师兄（孙悟空）翻过小翻提，接着摔踝子，同时接住扔来的钢叉，与饰演金钱豹的何连涛师兄配合得天衣无缝，表演极为精彩。

可是，连翔师兄在给杨小楼先生配演孙悟空时，这拿手的三次接叉却让人失望了。那天，我们在广和楼演出后，曾赶到华乐园看这场戏。第一次接叉，只见他刚翻过小翻提，脚还未落地，叉已向他飞来，他来不及起踝子范儿，慌忙去接叉。说时迟，那时快，叉没接住，翻的踝子也如同旱地拔葱似的干摔、干落，重重地砸在台板上。观众哗然。我们真替他着急，心一下子揪到了嗓子眼儿。第二次接叉，连翔师兄又接歪了。第三次才算勉强接住。

这是怎么回事呢？原来连翔师兄和少春们所演的，都是在悟空的小翻提落地后，二人稍有停顿，对好目光取齐，然后再分别扔叉，起踝子范儿；二位前辈却是在悟空的小翻提落地前，又已准确扔出，待其双脚落地即连着起踝子范儿，正好接着叉，踝子落地。这种技巧全靠心劲儿密切配合。

回科后，连翔师兄抱拳恳求师傅："您千万别再让我去大班串演这些戏了，给徒弟留条命吧！"

师傅不解地问道："你每次接叉都很保险，这次怎么……"

"我不知道杨先生扔叉的范儿呀！他也没时间给我说，只问了我接叉时翻什么跟头就算对完了。大班演戏太难，全凭台上见，我算是明白'搭班如投胎'这句话了。"

我这次演出，也不知由谁扮演张顺，是否由范宝亭先生演？他若能给我说说戏，就保险多了！

盛文哥见我低头沉吟，似有难色，就鼓励我说："李逵与张顺的戏最多，范宝亭先生扮演张顺，他为人挺热情，你可以请他给你说说戏，也没什么难的，不用害怕！"

听说是范先生演张顺，我放心多了。

中午，高老先生班社的管事陈信琴来社接我，我提着扮演李逵所需的服装及靴包，随他到了华乐园。

我找到范宝亭先生，恭敬地行过礼后，请他给我说戏。果然，范先生满口应承。但是，戏说到一半儿我心里就直发凉。俗话说"十戏九不同""搭班如投胎"。同是《浔阳楼》中《李逵夺鱼》一段戏的戏词，舞台调度、插拳变化很大，又很零碎，真不好记。亏得那时年轻，接受能力较强，平时戏听得比较多，脑子里有范先生与连昆师兄演此剧的印象，更主要的还是范先生将节骨眼儿交代得比较仔细，使我心里有了底，上场也就不慌、不乱，不仅没出差错，在我出场和唱完【垛板】后，观众竟拍掌鼓励。和范先生有了这次交往，在重庆社，我很尊重他，范先生也很关心我。范先生和张春彦、慈瑞泉、何雅秋住在同一房间，他们都抽大烟，烟吸足之后，精神振作，非常愿意与我们闲谈。我便向范先生请教甩发功——为什么即使摔踝子等难度很大的动作，甩发与慈菇叶、耳毛子也互不相扰。范先生坦率地告诉了我，劲儿全在脖梗上。回京后我练了一段，基本掌握了甩发的技巧。范先生还在船上教张世桐学《白水滩》中青面虎的双刀下场，在"四击头"中耍双刀花，起飞脚，接云手花亮相，真可谓干净、漂亮、脆、冲、帅，我也随之学会记在心里了。

在长沙的演出结束后，返回武汉打尖。耽搁数日，我们又乘火车到开封，在广智大戏院演出。范宝亭先生在这里收了武二花脸刘奎官为徒。我们参加了拜师仪式。

我们从开封又到济南，然后才回北平，共用了三个月的时间，回到北平时已过五月端午节。

赴武汉等地巡演三个月，只挣到三十场的戏份钱，除掉我在外的一应花销，所剩不多。用云溪母亲张老太太的话说，出去三个月，挣了一个月的钱，回到家里，钱也花光了。我离家时，家中就没有多少钱了。三个月的时间实在太长，只能东摘西借地熬日子。好容易将我盼回来，二百元钱，七下里分，八下里劈，还些门前账，也就完了。亏得在浦口市火车站做事的二姐夫和二姐给家中寄来三十来元钱，日子才算勉强撑下去。

这年的六月，天气炎热，二姐从浦口回京来看望我们。不想她回家就得了病，到医院就诊，经过检查，医生说她腹内长了瘤子，必须住院开刀。这个消息把全家人都吓坏了，住院开刀不是说去就去，还要一笔住院费哪！一家人急得如同热锅上的蚂蚁。二姐夫得信后，从浦口寄回一些钱。哪够呢！又去四处拼凑，凑齐二百元住院押金，总算平安地给二姐动了手术，从腹内取出排球大小的一个水瘤子，全家人长出了一口气。这笔债未曾还清，三姐的婚期又已迫近，少置些嫁妆，也还是需要一笔钱。母亲很为难，不忍再加重我的负担，可我那时又多少有点儿小名气，姐姐出嫁没陪嫁，是很不光彩的，甚至会成为一些闲人们茶余饭后解闷的话题。

我也很焦虑。父亲去世后的这些年，一家人相依为命。大姐为这个家呕心沥血，患病惨死。二姐顶替大姐的工作，帮家中挣钱，维持全家生活，结婚时我年岁小，还在科内学习，没尽什么责任。如今，我出科两年多，是家中唯一能挣钱的顶梁柱。这次三姐出嫁，理应由我尽责，怎能让母亲为难，让三姐在终身大事上受委屈呢？债，负得再多些，也一定要借。找谁借呢？我想到了华乐园的经理万子和先生。此时他正在监盖新新大戏院。当我在新新大戏院工地上鼓足勇气向他说出为三姐出嫁借一百元钱时，他满口答应，而且既没提还钱日期，也没要利息。后来，只要他应了的演出，尽管我不愿意去，也从不推托。

这个难关算应付过去了，眼看又进腊月，真不知这年关该怎样熬过去呀！

出科以来，我一直坚持喊嗓、练功。除了去外地巡演，即使在情绪最低落的时候，我也从未间断。

我每天五点左右起床，与盛利哥相约，同到先农坛城墙下喊嗓。冬天，面对城墙练念白，直练得冻得僵硬的嘴唇和全身都发热，城墙上留下一层唾液结成的冰霜。夏天，会念得浑身是汗，城墙上被飞溅的唾液浸湿。久而久之，我喊嗓所对着的这块城墙留下了一片难以去掉的唾液痕迹。

喊嗓回来，我就到珠市口鹞儿胡同吃早点，然后步行到华乐园练功。练功的项目和在科时一样。那时，张云溪、张小杰、张世桐都在这里练功，我还与他们一起打把子、耍大刀花，还学习了一些武生具备的技巧。当时云溪的父亲张德俊老先生正在指导云溪练《乾坤圈》（张德俊老先生在上海是与盖叫天老先生同时齐名的短打武生，响名剧是《双夺太平城》，他就是在此剧里首创了翻跟头过城的技巧）。

我也跟着云溪学了一些哪吒耍乾坤圈的动作——用巧劲儿将圈扔出去，使圈听话地滚回来，用脚勾起，圈在脚腕上转动数圈后，再将圈踢出，伸胳膊挑住，圈一下子斜挎在肩膀上。还学了《恶虎村》中黄天霸的走边和跳铁门槛。不久，尚先生排《青城十九侠》，我演毛霸就用了《恶虎村》走边中的飞天十响和跳铁门槛。后来李少春排《十八罗汉斗悟空》，我饰演伏虎罗汉，采用了耍圈的技巧。这些都得到了观众的好评。

与我喊嗓、练功矛盾的是通宵排戏。我在重庆社的这个阶段，尚先生排演了很多新戏，每月几乎都有新剧目上演，所以，经常在夜里排戏。实际上，我在这些剧目中，都不饰演比较主要的角色，真正需要我通宵排练的戏是极少的，但是尚先生愿意在他排戏的时候我们都在场，气氛越热闹，他的精气神也就越高。谁若是中途退出，被尚先生发觉，他就会说："别忙！吃了麻花再走！"后来，只要估计我的戏不多，没必要熬通宵时，我就将外衣、帽子放在门房，到时候找机会退出，可以不被尚先生发觉。

尚先生每月只演八场戏，又都是日场，我有很多的空闲时间，得以看前辈们的演出。哪个戏院有好戏，我就赶到哪里。

在此期间，我看了郝老师与高庆奎先生合演的《史可法殉国》《青梅煮酒论英雄》《赠绨袍》《皂白袍》《捉放曹》《温酒斩华雄》《失·空·斩》等。看了郝老师与杨小楼先生合演的头、二、三、四本《连环套》，《坛山谷》，《康郎山》，《灞桥挑袍》（即《灞陵桥》），《陵母伏剑》，《野猪林》，《战宛城》，《牛皋下书》，《挑滑车》，《下河东》等。在《下河东》一剧里，杨先生破例饰演呼延寿，兼演大轴子《艳阳楼》。看戏那天，我恰好与尚和玉老先生同坐在庆乐园的最后一排，散戏回家又同走一段路。路上，尚先生滔滔不绝地讲着杨先生的长处："杨老板演这出戏，是在俞菊笙（号称俞毛包）老板的演法上做了改动，俞老板演得瓷实，杨老板是巧……"

"我和杨老板是两个路子，他的东西我来不了，我的嗓子也不如他……"尚老先生对同行的尊重，给我留下了很深的印象。

尚小云先生爱看高腔，我也随着看了不少。如韩世昌先生的《春香闹学》《游园惊梦》《胖姑学舌》等。我最感兴趣的是侯玉山先生的《火判》《嫁妹》，郝振基和陶显廷合演的《安天会》（即《高老庄招亲》）。陶先生扮演的李天王不勾脸，是老生的扮相。他每唱一段，观众都报以热烈的掌声。郝振基与马祥麟演《棋盘会》，马祥麟饰钟无盐。这是我第一次见旦角勾脸。他勾的是蓝脸，中间一个桃形，我很奇怪。回家后，我找了一本《列国志》，才了解到钟无盐是个相貌丑陋而又文武兼备的女子。从此我进一步理解了脸谱的作用。

总之，看戏已成为我向名家学习、提高艺术素养的最好课堂。这种广开视野，多看、多学、多练的艺术储备，为我以后进行艺术创作提供了取之不尽的宝藏。

贰拾捌 解危难 时逢转机

这个阶段，我常去前门附近张云溪家消愁解闷。有时我和张小杰、张世桐在一起打扑牌，云溪在一旁撕腿练腿功（将两腿横向撕开，成一条直线，拿着书看），更多的时候是在这里无拘无束地抵掌而谈，诉诉生活上的愁肠苦水。云溪家的日子比我家强些，但他也有苦衷。云溪在重庆社演的是三牌武生的活儿，并没挣到三牌武生的钱。难兄难弟们同病相怜，互相劝慰。云溪的母亲是个热心肠的老太太。她同情我的境遇，经常开导我说，慢慢就会好的，让我们多练本事等机会。

一天下午，我到云溪家玩，云溪告诉我，老太太到章遏云家去了，让我先别走，等她回来，说有要紧的事跟我谈。张老太太与章遏云的母亲是亲姊妹，两家来往很近，云溪母子经常去章家吃晚饭。

"章遏云要到南京演出，约你同去与她合演《霸王别姬》等戏，时间一个月，包银（以月计算的戏份钱）七百五十元，不知你……"没想到张老太太竟给我带来这样意外的好消息！真是久旱逢甘雨，我大喜过望。

如果我能随章遏云去南京，挣来七百五十元，起码年关的"经济危机"可以缓解一步。这样求之不得的机会，怎能不答应呢？可是，我真发怵向重庆社请假。我去南京一个月，会耽误他们演出，又是春节期间，各班社都要加演，重庆社怎能愿意放我走呢？前次马连良先生为了让我陪他演《失·空·斩》，盛藻哥让我与他合演《青梅煮酒论英雄》，都亲到尚先生家，趁尚先生高兴时提出来，才得允许。按说，那时演员在各班社赶包演出是正常现象，尤其中下层演员，不如此就不能糊口，为何我就这样难呢？我几次下决心要去找尚先生面谈，讲清楚我目前的处境，以求得同情。然而，当我走到他家的门口，就踌躇不前了，转了几圈，又转回家中。

几天后，章遏云让李华亭前来催问，并送来半月的包银三百七十五元。我必须下决心了。事情很清楚，如果我去了南京，就有被重庆社辞退的可能。去南京只是一个月的短期演出，重庆社是我比较长远的依靠。但是，我若不接受章遏云的约请，年关怎么度过呢？还让要债的踢破门槛吗？谁能帮我的忙呢？不能依靠任何人，只能自救！

事到如今也只好走一步、说一步，先解燃眉之急。哥哥帮我出了个主意：给重庆社写信说明情况，来个"边斩边奏"，免得节外生枝。我一听有道理，就让哥哥代笔。我随即拿了一百五十元到久春戏衣庄赎回黑蟒等部分演霸王所用的服装道具。又与母亲商议，要哥哥跟我一起去南京，互相有个照应，免得家中不放心，还省了一份负担，哥哥在外历练历练，日后也好找个工作。此事向章一提，她满口答应。于是，我们高高兴兴准备行装，在腊月底登程了。

继四大名旦之后，还有四大坤旦之称。章遏云就是四大坤旦之一。另外三位是雪艳琴、新艳秋、陆素娟（也有说是胡碧兰的）。章遏云曾师从张长海、王雨生学老生，后改旦行。章认为自己学程派适宜，便以每月三百元的固定包银请来了第一个与程砚秋先生合创程派唱腔的琴师穆铁芬先生，章得穆先生的教益极多。除此，章遏云也擅长演出其他各流派的剧目。如梅派戏

《霸王别姬》、荀派戏《得意缘》和《钗头凤》、尚派戏《福寿镜》、王瑶卿先生杰作《十三妹》等，均得好评。解放前她曾去香港，后到台湾，听闻一九八〇年时，她还粉墨登场演了一次《四郎探母》中的萧太后。

这次她组班南下，也是费了一番工夫的，除约贯盛吉、李宝魁、高维廉我们几个年轻人外，为了壮其声势，又以每月七千二百元的包银聘请王又宸先生挂二牌与她合演《四郎探母》《王宝钏》等，用二千四百元包银请芙蓉草先生为她演《梅玉配》中的少夫人和《福寿镜》中的夫人。王又宸先生嗓音明亮高亢，在其成为谭鑫培先生的女婿后，继承了谭派艺术，拿手戏为《四郎探母》《失·空·斩》《盗魂铃》《连营寨》等。芙蓉草与尚小云、荀慧生同出于三乐社科班，工梆子花旦兼刀马旦，以做戏细腻著名。当时四大名旦名

章遏云

望已定，他看清旦角的形势趋向，甘居二路旦角的行列，给尚、荀、程等人配戏，所以，是二路旦角中的魁首，享受的待遇也远远超过一般二路。有时他在一个晚间不卸装，坐在带篷的洋车里从华乐园赶到中和园，又到哈尔飞，分别给程、尚、荀等人配戏，由此可见有多少班社需要他。演戏不一定非得是主演，如果能演好配角，同样会受到观众的欢迎，被赞为好演员。有了这么二位较有名声的演员，确实给这个临时组成的班子增添了光彩。

在开往南京的火车上，我首次乘坐了软席卧铺，与老生李宝魁、小生高维廉、小花脸贯盛吉四人一个包厢。两天后，车到南京。

章家在南京平江府胡同内租赁了一所楼房，全楼十余间，我们一些二路角色、乐队、跟包的都分别住在楼内。王又宸、穆铁芬二位先生与章遏云住在中央饭店。那时，按惯例，演员、乐队、检场人员都不准留胡子，而穆铁芬先生才五十岁上下，却破例留着八字胡，足见不一般。芙蓉草先生住在我

的楼上，他抽足大烟后很健谈，经常找我聊天，使我增长了不少知识。

这期间，我除和章遏云合演《霸王别姬》外，又与王又宸先生合作，演了《捉放曹》《击鼓骂曹》里的曹操、《碰碑》里的杨七郎、《失·空·斩》里的马谡、《法门寺》里的刘瑾，还有《棋盘山》中的窦一虎、《刺巴杰》中的鲍子安、《坐寨·盗马》中的窦尔墩等角色。

一次，章遏云要上演《梅玉配》，正在为无人扮演郎中杨先生而着急。"我来！"我毫不含糊地接下演这个小花脸的应工角色。杨先生的戏不多，倒是个风趣人物，此角色身穿袍子、马褂，头戴小帽头，脑后拖着一条苍白的长小辫，脸上挂着一副垂到鼻尖上的眼镜，嘴上粘着两撇八字胡。我在科班时刘盛莲、叶盛兰、陈盛荪演这出戏时，叶盛章扮演这位杨先生，由萧长华先生亲授，从排戏到演出我都经常看，会个八九不离十。这次和章遏云、芙蓉草稍加排练就演出了。他们特意叫人到挂货屋子（相当于现在的信托商店）买了一件獐绒紫袍子、黑马褂，让我穿上别提多像了。演出中，观众极为欢迎。过后章遏云说："没想到你这个架子花脸还能演杨先生，看来坐过科班的就是不同。"芙蓉草也夸我："你完全走的是萧先生的路子，不错，是个将才呀！"

紧接着，又要上演《盗魂铃》。王又宸先生主演猪八戒，借剧情反串花脸、旦角、小花脸等角色。章遏云若扮演剧中的女妖，戏不重，另演一出，只能加在《盗魂铃》的前边，都不太满意。我就出主意让她丰富女妖的戏，增添一场《女妖坐洞》，"扯四门"唱一段【慢板】，加些红线盗盒的舞蹈动作，就可以两全其美了。她很高兴地采纳了我的建议。可是，剧中的孙悟空也无人扮演，章又动员我助一臂之力。我想，这出戏中孙悟空的戏不吃重，就欣然答应，要她给我找一根亮棍，使孙悟空在棍下场中耍皮猴、背面花时好看。正好章遏云反串《白水滩》中的十一郎时有一根棍，我用着略短些，也凑合了。演出中，我这个悟空耍棍下场，飞脚、旋子都用上了，加之摆出的一副猴相，同样受到观众欢迎。尤其我设计孙悟空和女妖的一套从大刀、双刀变化而来的双剑对棍，也收到极好的效果。现在想来，这两个反串角色的演出，倒很是有趣，也体会到艺术储备的重要性和必要性。

当时，周信芳先生和奚啸伯先生都在南京。周先生在开明戏院演全本《封神榜》，奚啸伯在明星戏院演《失街亭》，我都去观摩了。

在夫子庙内，我看见歌女王熙春清唱京剧，还看了著名相声演员张寿臣表演的《文章会》。这位老先生是著名相声演员小蘑菇（常宝堃）的老师。他的表演相当有水平，包袱垫得好，抖得也好，可谓雅俗共赏。

正月初一到初五在南京的演出，上座率还可以。初六开市以后，上座率逐渐下降，章家决定改变原来在南京演一个月的计划，提出正月十八就到杭州去演。临行前，官方集中所有在南京的京剧演员义演一场，实际上就是官方找借口敲竹杠。周信芳先生演《追韩信》一折，章遏云和王又宸合演《武家坡》，李桂春（李少春之父）演《狸猫换太子》中《拷打寇承玉》一折。我没戏，得以在台下认真学习。

在杭州的演出尚能维持开支。春节前后是上海、杭州一带最冷的季节，我们住的旅馆很干净，只是房间里阴冷至极，屋里放的取暖炭盆非常呛人。我宁肯冷些，也不愿把嗓子呛了，坚决将炭盆端出不要。

每天清晨，我和哥哥走到西湖边，花两角钱包租一条小船，置身平湖碧波之中，眺望远处的亭台楼阁、西湖名胜。中午到湖边楼外楼吃饭，那里活鱼、活虾味道鲜美，价钱便宜。饭后，我们往往会四处走走，游览湖光山色。

杭州也有一座与上海相仿的大世界，我在报上看到王少楼先生在那里唱《霸王别姬》，就赶去看。王少楼是江南的青年武生，《霸王别姬》一剧，他按武戏演。但他在念到"今日是你我分别之日了"一句时，念法很不同于杨小楼先生。他在"分别"的后面增加"崩登仓"的锣鼓点儿，将全句切开，又将"日"字的音往下沉，并延长其发音，糅进"啊"音，比杨先生的念法更凄惨，我很受启发。于是，在我与章遏云演《霸王别姬》一剧时，此句也处理成"分别"后面加"崩登仓"的锣鼓点儿,同时,随节奏采用杨先生双手捧髯口、双手拍掌、双手摊开亮相的动作,接念"之日了","日"字也按王少楼那样处理,念"了"字时再加用颤音延长,悲剧气氛更浓了。直到今天,此句还保持着这样的演法。

贰拾玖 闯新路 离开"重庆"

我赴南京后,重庆社看了我的请假信,很生气,无奈我已登程。其时我已做好了重庆社不再用我的思想准备。因上海那边约尚先生,请他定要带领张云溪、阎世善、宋遇春、李宝魁、张世桐和我几个青年,到黄金大戏院演出,并且,尚先生准备排《九曲黄河阵》,剧中的赵公明这一角色物色了几个演员都不理想,还是准备用我。我返京后,又给尚先生等人送去从南京、杭州等地带回的香榧子等土特产,以示歉意。有这诸多因素,我重回重庆社就轻而易举了。

《九曲黄河阵》是《封神演义》中的一节。写殷纣王命闻太师派赵公明去攻打周朝的军队,姜子牙设草人咒死赵公明,赵公明的三个妹妹——琼霄、碧霄、云霄闻讯,摆黄河阵替兄报仇的故事。

剧中,尚先生饰大姐琼霄,芙蓉草饰二妹碧霄,张君秋(当时正在学习中)饰三妹云霄,王凤卿饰闻太师,宋遇春饰陆压道人,李宝魁饰姜子牙,

我在《九曲黄河阵》中饰赵公明

我饰赵公明,尚长春饰哪吒。我演的这个角色是为全剧做情节铺垫的主要人物之一。此剧有神话色彩,赵公明又是传说中的财神爷,我感到这个角色大有潜力可挖,于是在扮演时动了不少脑筋。

赵公明勾黑脸,画三只眼,两颊画金钱,身穿黑靠,手使双鞭。

头场,赵公明上场起霸、亮相后,左右转身先吹三口火,再转身亮相,使赵公明两眉中间的第三只眼发出熠熠亮光,观众感到新颖,报以掌声。怎么回事呢?是我在画的第三只眼上安了个小灯泡,开关掖在鸾带上,亮相时手扶鸾带按开关,灯亮,眼就亮了。

这是当年周信芳先生演《封神榜》中杨任挖眼时用过的,我稍加改动就给借鉴过来了。

会阵时,我将姜子牙杀得大败,追着与他"推磨",跑圆场,表演很火爆。

《赵公明归天》一场,放一道纱幕。姜子牙在纱幕内命人向草人射箭,我在纱幕外做中箭的表演。此时的赵公明已被姜子牙设草人施了四十九天法术,已是神魂颠倒。我将中间眼睛的灯泡抹蓝,表示眼失神,走着病步,左摇右晃地上场。姜子牙下令射草人左眼,我速摘盔头扔出去,翻抢背,乘机将红抹在左眼上,以示左眼被打中出血,起来唱四句吹腔并表演一段动作,表示疼痛难忍。姜又命人射赵的右眼，我借用《碰碑》中杨令公的脱软靠身段，再抢背，抹红。最后姜命人射赵的心窝，我用翻吊毛、摔硬僵尸等动作，表示痛苦挣扎，最后赵公明归天。

财神爷被射死，太不吉利了。我就借闻太师前来哭尸时，速在帐内戴好财神爷的金脸面具、财神盔，穿好绿蟒。随后，舞台灯灭，只用一束亮光照着我，我从帐内出来跳一段财神舞（过去旧班社为图吉利，正月初一开锣演戏，都要先跳加官舞、财神舞）。最后我拉着元宝车、珊瑚树，在"急急风"中走蹉步下场。

这几场情节铺垫戏搞得很热闹，观众很欢迎。不料管事的却说："这出戏唱的不是'三霄'，唱的是赵公明！"旧戏班角儿讲究"水落石出"，因此，戏只演几场就收了。

我听到这种评语，心中很难过。在"三霄"没上场之前，我将戏铺垫好，且是遵照剧本的安排，并不为过呀！我为演好此角色，费了很多脑筋和心血。演出时，又是抢背、吊毛，又得唱、舞、打、跑，累得热汗湿透水衣子，连胖袄都湿透（胖袄是衬在服装里垫肩的棉坎肩，显得人物高大魁梧）。如此认真、严肃地将戏演好，得到的是冷嘲热讽，搭这样的大班社，难呀！

盛藻哥自离开富连成科班，带着一队人去上海后，不久，他们便各自分手。盛藻哥组织文杏社演出。当初我们在科时，我俩曾合演《除三害》《四进士》《打严嵩》等剧目，都受到观众的欢迎。他很想约我合作，但见我已搭重庆社，只好作罢。他久想排演《青梅煮酒论英雄》，见我每星期都与李洪春、徐东明班社演戏，盛文哥又几次向他推荐我演曹操，盛藻哥就让李盛荫师兄（文杏社的管事）来家找我。盛荫是名昆曲家李寿峰之子，盛藻哥是李寿山之侄，两人是叔伯兄弟。他向我说明来意后，我欣然同意，排演《青梅煮酒论英雄》也是我向往已久的心愿之一呀！同时我也向他提出几个条件：盛文哥在文杏社，不能因我参加影响他。盛利哥也得随之加入演出，广

一九三七年我与李盛藻排演的《青梅煮酒论英雄》轰动京城。我饰演的曹操颇具郝寿臣先生的神韵,引起郝寿臣先生的注意。

告宣传要登得好看一些。戏份钱看上座情况再定。协议达成,我们即在不影响重庆社演出的情况下,开始排戏。

首先,由我修改剧本。高、郝二位合演此剧时,郝老师在吴幻荪先生写的剧本基础上做了很多修改。盛藻哥从其岳父高庆奎先生那里要来的是吴先生写的原本,我根据记忆大致按郝老师所演的那样修改好。这出戏我看了又看,学了又学,排起来,自然比较有基础,戏很快排成了。

演出前夕,盛荫去尚先生家中,他们有着亲戚关系(尚先生的前妻是名净李寿山之女),近年较少来往。这次,一来是恢复情感,二来是借我演出《青梅煮酒论英雄》一剧,邀请他去看戏。事情都很顺利,就是在如何刊登海报的问题上,着实费了一番脑筋。盛藻哥是头牌老生,我虽在科班里有点儿小名气,但在重庆社里一直还没排上较前的名次,与盛藻哥并排,不大合适。文杏社的主要旦角陈丽芳要在《青梅煮酒论英雄》前面演些《玉堂春》之类的戏,其名排在我的名字后面也不大合适。但此剧本是高、郝二位合作的对儿戏,我的名字不与盛藻哥的名字并排太伤此戏的锐气,也有伤我的锐气。几经反复,终于研究出了让盛藻哥的名字"坐"着,我的名字"站"着,写成下面这种怪样子：

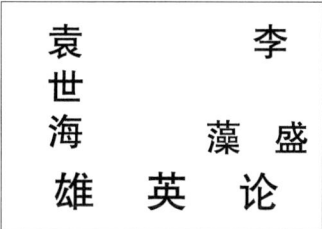

为何要在这些问题上煞费苦心呢？原来，旧社会对演员而言，名与利是密不可分的，无名就无利，挣不来钱就没饭吃。你想要过好生活吗？就得成名。这种思想是解放后需要接受教育加以解决的主要问题之一。

《青梅煮酒论英雄》首演于庆乐园。我赶制了一顶相纱（曹操戴的丞相盔头），临时花一元钱租用了一件红蟒。

《青梅煮酒论英雄》的演出非常成功。我的一句念白、一个身段、一句演唱，甚至一个水袖的运用，无不获得满堂彩。"太像郝寿臣了！"这是观众们普遍的评论。最使我兴奋的是，郝老师之子郝德元师兄见报上登出《青梅煮酒论英雄》的剧目，特意赶来看戏，他的评价是"出乎意外地像"。经同行们传到我的耳朵里，可想而知，我会是什么样的心情啊！这件事也成为以后我拜郝寿臣先生为师的一曲前奏。

此后，我们每星期在庆乐园表演一场，场场座无虚席。我的名字也从第二场开始就"赐座"了，改成：

戏份钱呢，增长到八元。我进一步尝到郝老师所创的生净对儿戏的甜头，更坚定了信心。尚先生看戏后对人夸赞我演得很好，又不无感慨地说：

"他已经是离槽的马,重庆社恐怕拴不住了。"紧接着我又与盛藻哥合排了《割麦装神》。这是《三国演义》中诸葛亮失街亭后制作木牛流马及设假诸葛亮将司马懿吓跑,抢收麦子充作军粮的一段故事。盛藻哥饰演诸葛亮,我饰演司马懿,演出效果也令人满意。在《九曲黄河阵》停演后,我毫不犹豫地应文杏社之约同去南京、济南演出一个月。

我们在南京中央大戏院演出了《青梅煮酒论英雄》《四进士》《苏武牧羊》《胭粉记》等。演员阵容年轻,又有实力,高庆奎老先生正值哑嗓休息,随儿子高盛麟和姑爷同行助阵,我们的上座率极好,尤其是三国戏更受欢迎。

我第一次观摩话剧,就是这回在南京看廖一公先生主演的《张汶祥刺马》。这是一出清代历史剧。我对话剧演员能在无音乐、无锣鼓的条件下进行表演颇感兴趣。散戏后,我到后台去拜望他们,又请他们到我的住处去玩,彼此成了朋友。此后,再未相见,不知此公今在何处,甚是想念。

半月后,我们到了济南,营业状况极好。刚刚演过一星期,就接到重庆社电报:"即刻赴沪。"事情不那么简单哪!文杏社已和当地北洋戏院订好合同,还有十一场戏,我若赴沪,文杏社就无法演出,戏院也不答应啊!再说,尚先生应黄金大戏院之约,欲带我们这些青年演员到上海演出,我虽曾风闻,日期从未对我讲过,此事我也未与文杏社打过招呼,这走与不走,我是毫无自主权了。幸好,重庆社管事随后赶到,请出济南南洋兄弟烟草公司的总买办吴晓庵先生出面说合。吴当时在济南有着相当的权势和经济地位,又与许多名演员(包括四大名旦)相熟,他与文杏社、北洋戏院经理马少荃、重庆社管事几方会面商定,再演六天,其中三场算文杏社义演。待我急急忙忙赶到上海,还是误了头三天的打炮戏。

我从火车站到住地,途经黄金大戏院门口,看到重庆社演出剧目牌上写着我的名字。等我第二天去金老公馆吃饭,牌上已将我的名字去掉。这是重庆社为我的姗姗来迟而给予的惩罚。第四天演出《王宝钏》,我饰魏虎,接着演《儿女英雄传》，我饰周德胜，戏都不重。赴沪时，重庆社向观众宣传我是青年演员中一名较好的架子花脸，观众看完这两场戏后对我大失所望。上海观众对尚先生的《玉堂春》《雷峰塔》等骨子戏比较欢迎，所以这次为期一月的演出，我无多少戏可演，唱、做、念什么都发挥不出来，有力使不上，也觉寒心。我暗暗下定决心，要离开重庆社，寻求郝老师开创的生净合作的艺术道路。

正值此时，爆发了卢沟桥事变，每天都能听到日本帝国主义枪杀中国人民的消息。上海沸腾了，广大市民纷纷上街示威游行，声讨日本帝国主义的滔天罪行。

重庆社匆忙结束了在上海的演出。

我惦念战火中的亲人，冒着日军轰炸的危险，急匆匆告别重庆社，登车北上。

叁拾 返北平 处境凄凉

一九三七年七月七日，日军在卢沟桥点燃了大规模侵略中国的战火，铁路交通受阻，平汉线、平甬线均已停车，平沪交通处于半瘫痪状态。我们所乘的是沪—平最后一次列车。软卧车厢内，唯有我和李宝魁两位旅客。异乎寻常的安静，使我们原本就紧张的心里又添一层恐惧。时间是那样地难熬。

晚点十几个小时的火车，终于驶进北平前门火车站，结束了这次使我们心惊肉跳的旅程。

走出车站，惊魂未定的我们未曾来得及庆幸自己的平安到达，立时又被强烈的战争气氛所包围，倒吸了一口凉气。变了，眼前的一切都变了，以往北平最喧闹、繁华的前门大街变得死气沉沉，一片萧条。各家商店收起了五颜六色的招牌，掩上门板，紧关店门。无数茶摊、高声叫喊的小商贩不知躲到哪里去了，只有屈指可数的几家胆大些的小铺面，半掩店门维持营业。路上行人稀少。举目所及的是一袋袋堆在路口准备巷战的沙包、歪歪斜斜贴在玻璃上的防震字条和三三两两来往巡逻的警察。这一切使巍巍的前门城楼显得越发陈旧、暗淡无光。家中又是什么景象呢？我俩匆匆分手，急奔各自的家中。

我走进院里，母亲正在屋门前做饭。

"妈！"母亲闻声回首，看见了我，立即放下手中的菜铲。

"哎呀，可回来啦！谢天谢地！听说火车线上不安定，盼着你回来吧，又怕路上出事。"母亲说着眼圈红了。

"我也着急！怕家里出事……"

"唉！别提啦！那天早上四点半，天将蒙蒙亮，隆隆的大炮声把我们都震醒了。弄不清是哪儿打仗，听炮声离咱们不远，你哥哥说，跑吧！我想着，往哪儿跑哇？听天由命吧！八点多钟，炮声算是停了，西屋你虾米海大哥也拉不了洋车啦！说是日本兵炮轰卢沟桥。十一点多，炮又响起来啦，你哥哥跑回来说，看见别人家将棉被堵在窗户上挡子弹，我和你二姐赶紧缝布袢，将被子也挂在窗上。这几天都乱哄哄的，我担心着，真若打起仗来，你被截在外面，咱们一家子是不是还能见……面……呀！"母亲哽咽着，流下眼泪。

"我已经回来啦，您就别担心了……"

"是啊！"母亲撩起衣襟，擦干眼边泪痕，破涕为笑，"总算平安回来啦！"

正说着，一股煳焦味冲进我们的鼻子，"锅！"一旁听得入神的二姐喊了一声，跑过去一看，还用说，锅里的菜烧煳了。

"几天都没吃到菜，今儿你哥哥好容易抢着买了点儿，又烧煳了，真是……"母亲一边端锅，用菜铲不住地翻搅那发黑的豆角，一边可惜地感叹，既舍不得将它倒掉，又不肯让我吃煳了的菜。

"煳就煳着吃吧，回到家啦，吃什么都是香的。"我高兴地说着，顺手捏了一小块豆角放在嘴里，"真香，妈做的菜就是好吃！"

"那就凑合着吃吧，这一斤豆角的价钱比平时涨出好几倍，倒掉太可惜。唉，米也涨价，面也涨价。仗打起来，就更不知会怎么难啦！"

七月底，北平沦陷。侵华战争给人民带来深重的灾难。无数颠沛流离的难民，露宿在北平的街头巷尾。日本兵把守着四面城门，天一擦黑，城门紧闭，市民们不敢上街，不敢出城，家家户户人心惶惶。不久，华北政务委员会在日军操纵下成立了，为了给日军主子的侵华罪行涂脂抹粉，出告示让商店开门、剧场恢复日场戏。于是，庆乐戏园约请文杏社演出。这些日子以来，城内货源缺少，投机商乘机诈骗钱财，哄抬物价。我们每日维持着低水平生活，钱也仍像水一样地流出。不唱戏，就没钱，特别是一般演员，生活困难就更大，对演出的要求是迫切的。我们也预料到，这样的战乱之年，有多少人能有闲心看戏呢？所以，为了叫座，准备第一场演《群英会》，第二场演《四进士》，第三场演《青梅煮酒论英雄》。这几场戏，日常演出不论在北平，还是到外埠，都是逢贴必满的。尤其是《群英会》，盛藻哥饰演鲁肃、孔明，特约李洪春先生扮演关羽，吸引力很强。虽是如此，结果仍不出所料，第一天只卖了三百张票，勉强地开了广告费和基层底包的戏份钱，我和盛藻等人分文未领。第二天更惨，连底包钱也开不出了，只得被迫停演。其他恢复演出的班社也相继全停演了。

我只能终日困守家中，长吁短叹。为了不使岁月蹉跎而过，每天清晨去坛根儿（天坛、地坛、日坛、月坛、先农坛的围墙附近）喊喊嗓，在院里练练功，下午，到离我家一箭之地的西口库堆胡同盛藻哥家中。我们哀叹之余，将全本《三国志》——从桃园三结义起到诸葛亮七星灯借寿斩魏延止，如何分段演出、如何搭配人员等，一一进行酝酿。这些想法在以后的时间里陆续得以实现，排演出二十余出三国戏，如《桃园三结义》、《打督邮》、《孟德献刀》、《温酒斩华雄》、《许田射鹿》、《青梅煮酒论英雄》、《斩车胄》、《祢正平》（全本）、《马跳檀溪》、《火烧博望坡》、《汉阳院》、《长坂坡》、《汉津口》、《舌战群儒》、《激权激瑜》、《临江会》、《群·借·华》、《六出岐山》（包括《雍凉关》《天水关》《骂王朗》）等。

数月的时间就这样过去了。看看时近腊月，我去南京等地演出挣的那点儿钱早已用尽，全家人暗暗焦急。

一天，盛荫哥兴冲冲地来到我家，他进门就喊："三弟，号外！号外！"惹得西屋李大妈拄着拐杖颤巍巍地到我们屋里来听重大消息。

"哈尔滨、沈阳两地戏院联合约咱们去一部分人演出一个月，包银一万元，吃住、路费在内。你的包银还是七百五十元，怎么样？"

这消息称得起头条号外，我高兴地追问："什么时候去？"

"正月初一，在哈尔滨华乐舞台打炮！"

"太好了！"

"且慢高兴！愚兄还有下情回禀！"

我用手将桌子一拍，伸出食指、中指，指着他说："慢慢地讲来！"我们心里一时兴奋，竟将戏词搬出来，李大妈、母亲也被逗得跟着我们笑了。

"哈尔滨、沈阳属'满洲国'。听说那里市面很乱，便衣、警察动不动就打人。饭馆、戏院前后台都混着便衣，不认识的人不能多说话……简单地说，传闻到东北见了电线杆子都得鞠躬！"他皱起双眉，笑容也被驱赶得无影无踪。

沉默片刻后，我说："咱们唱咱们的戏，少说话，别招惹是非……"

"对，只要咱们诸事谨慎，就不会捅娄子。我还要到世玉等几个人家里送信呢，明儿个咱们再碰面。"盛荫哥说完告辞而去。

"这地方可是不能去，谁都知道出关不是好事。这年月，穷不怕，求得人平安，就是福！"母亲等我送走盛荫回屋，连连摇着头劝我。

"是啊，照我看，听你妈的话吧，在外边出点儿事，得把你妈急坏喽！连我这坐在家里不出门的老婆子都听说过，去闯关东的十个有九个回不来！"李大妈也在旁搭腔，极力反对。

"你们太年轻，脑子热，不知深浅，这是蜜饯石头子儿——好吃难克化。"母亲说。

"这年月，没咱们的路可走哇！什么世道……"李大妈叨叨着回到自己屋里。

我和母亲相对沉默了许久，当然，想的都是去还是不去。

"妈，我想还是去吧！"我先开口了，"打七月里我从上海回来，到现在五个多月了，就演了那两场戏，还没拿戏份钱。眼下物价涨得厉害，去南京、济南挣的钱全花完了。眼看年关又到，甭提过年，就是要债的，咱们也没法子对付。要是有了这七百五，还些急账，剩下的也够维持一阵子。"

母亲坐在我那张绿床上，没有说话，提起衣角擦了擦流下来的眼泪。母亲为难极了：让我去演出吧，家里日子能缓口气，但又怕兵荒马乱之年，我在外遭到不幸；不让去吧，家中的困境实在难以解决。

"听说，南边的仗打得很厉害，日本人把南京也占了……"

母亲听了此话连忙抬头向我示意：别说！我醒悟到母亲是怕二姐听了着急，二姐夫被截在浦口，不知去向，已经几个月没音信了。

"唉！这年月，还有谁能来邀角儿唱戏呀！"我叹了口气，一屁股坐在凳子上。

"还有……还有，重庆社我辞了，文杏社没听别人的挑唆，一直与我合作。这几个月，我和盛藻哥琢磨了许多三国戏，想排，想演，就是在北平没办法开锣。好容易哈尔滨约了我们，我不去，您想，成吗？于情于理，不去不成。妈，我唱我的戏，谁能把我怎样？您尽管放心，我也不是惹事的人。"

母亲听我说得很有道理，勉强同意了，但是，她不放心我一人前去，意欲让哥哥同行，文杏社满口应承，此事总算敲定。

行期定在腊月二十一。清晨，盛荫雇来一辆马车，接我们上路。母亲帮哥哥穿外衣时，还不停地嘱咐："你要多照顾他，你是哥哥。有事哥儿俩多商量！""没事就在旅馆内待着，别惹事！早点儿写封家信！"这些话，母亲近日来不知说过多少遍了。为了图吉利，她努力控制着，没让泪珠掉下来。

她又转过身来帮我掖好围巾，扯正帽子。

"到那里就赶紧来信！随时来信！"

"知道啦。"

"少说话，少管事，少出门。"

"嗳！"

"有事跟你哥哥多商量。"

"好！您放心！"为了减轻母亲的担忧，我尽量地放松语调，装作毫不在乎。

她一边嘱咐，一边将我的大衣扣扣好。霎时，母亲送我去富连成科班的情景，又依稀出现在眼前……

叁拾壹 铁蹄下 横遭欺诈

此去东北，文杏社只组织了二十几人，次要角色均由当地戏院的演员配演。

为了节约路费，避开山海关日军的严格盘查，我们听从哈尔滨戏院邀角人的建议，由北平乘火车到塘沽，换乘日本轮船到大连，再转火车至哈尔滨。

一路上，我们谨言慎行，总算平安到达大连，大连宏济舞台老板（经理）李香阁将我们接出码头。大连，沦为日本特区的大连，完全被日化了。街市上，日本式的房屋鳞次栉比，举目净是刺眼的日文招牌、日文商标、日本货，令人深感屈辱和悲愤。

李香阁热情地为我们接风。席间，他了解到我们的日程还有三天富余，动员我们抢顶帽子戴，即抢时间加演几场。当时，虽正值年底，是上座率最低的木刀时期（每年腊月下旬，人们忙于准备过年，无人看戏，剧团封箱停演，称此时为木刀时期），我们的三场演出居然都卖了七成座。宏济舞台是近两千人的大戏院，有七成座的收入，剧院、剧团三七分账，双方赢利加倍。我们除应得的戏份钱，每天还多分了些杂拌钱（杂拌是过年吃的一种混合蜜饯果脯，喻钱不多之意）。

临行时李香阁嘱咐我们说："哈尔滨不同于大连，那里'腿子'（指便衣特务）特别多，诸位多加小心，兄弟祝你们一路顺风！"

听了他这几句临别赠言，几天来稍觉松弛的心情，一下子又紧张起来。

哈尔滨的冬季是一片冰雪世界，所有的建筑都披着皑皑素装。它们在哀悼，它们在忧伤。离我们不远的地方，一群黑黝黝的乌鸦在低空盘旋，偶尔落在附近几棵高大的白杨树上，发出哇——哇——的叫声。

我们被带到一家旅馆安置下来。出于小心，大家都安分守己地坐在房间里闲谈。

正说着，门开了，进来一个人，将我们每人打量了一下，又将每个床位扫视一遍："你们从哪疙瘩来呀？"

我们见来人身穿羊皮袄、黑坎肩，头戴一顶黑皮帽，挺神气，听话音挺硬，眼睛还四处乱看，难道他就是便衣吗？大家不约而同地有些紧张，赶紧都站了起来。文杏社管事王慎之抢先一步，拱手作揖："我叫王慎之，请您多关照！我们从北平来。"

"你们在哪疙瘩唱戏呀？"

"华乐舞台。您有何贵干？"

"你们有衣服啥的，我求（取）走。"他要我们的衣服，这是什么规矩呀？

"您的贵处是……"王慎之胆怯地强笑着问他。

"咱是洗衣局的，咱洗的衣服又便宜又好。"

啊！这简直是开了个天大的玩笑！我们扑通一下都坐下了，笑哇，几乎笑背了气。唉！回想那时为了挣钱养家糊口，终日将心提到嗓子眼儿，即便如此，也没少受欺侮。

且喜我们的演出营业状况甚好。海报贴出，三天打炮戏的票很快售完。

几天过去，我们的心情相对地松弛了一些。我和哥哥去道里游逛。哈尔滨这座城市分道里、道外两个区域。两处地方截然不同，有天壤之别。道里的街道干净，整洁，绝大部分是俄式的高大建筑，饭店、地下咖啡馆、舞厅比比皆是，彻夜灯红酒绿。道外十六道街是中国百姓居住的地方，简陋，脏乱，破败。我们看后，不禁感慨万千。

经人指点，我们走进一个公园，里面有个立等可取的照相摊。我想到远在北平的母亲正在思念千里之外的游子，就和哥哥每人花两角钱照了一张相片，连同报平安的家信，一并给母亲寄去。

在这里，我结交了一位好朋友。

那是在我们演第三天打炮戏《群英会·借东风》的时候。离开演的时间不多了，专管后台的徐盛昌师兄发现没人化黄盖的装，连连大声地问了几句："哪位演黄盖?"我们带的人员有限，当地戏院的演员与我们配合演出。

"当然是从北平请的角儿来演!"坐在衣箱上养神的一位搭了茬儿。盛昌师兄见他那剃得光亮的头，猜他准是演花脸的，便向他走了过去："您演……"

"曹操。"

"不! 误会了，您演黄盖吧! 我们这位世海弟宗郝寿臣的路子，他演曹操。"

"那好，那好!"他匆匆地勾起黄盖的脸谱。

开戏后，黄盖上场了。盛昌师兄找到一位当地演员了解，才知此人名叫小鸿庆，姓赵，是当地一位颇有名气的中年铜锤兼架子花脸。他没扮黄盖，是因为东北演此戏受南方影响较大，曹操的表演很少，均由一般底包演员饰演，所以才出现刚才的误会。

及至我穿好服装，他见我从脸谱到服装都有很大的改变，于是十分留意。我在场上表演，他始终扒开台帘看戏。《回书》一场结束，我刚回到后台，捻下头网，喝水休息，他就走了过来。

"贤弟，佩服！佩服！演得真好！请问，您演的这出戏，完全是宗郝寿臣先生的路子吗？"

"略微学点儿皮毛吧。"

"您将剑眉、三角眼改成……这叫？……"他仔细地看着我勾的曹操脸谱。

"这叫单眉、细眼。"

"开氅、相巾改成红蟒、相纱，有气魄！曹操一出场就给人与众不同的感觉，统领八十三万人马的曹丞相的气魄出来了。怎么想的呢？"他看着我穿的服装，像是自言自语，又像是问我。他肯于琢磨的劲头打动了我。我的话破例多了起来。

"曹操改穿红蟒、相纱，是郝老师改的。我们科班的萧长华先生教我演全本《三国志》时，《群英会》这一折的第一场原是曹操操练水兵，身穿红蟒，头戴相纱。《回书》是第二次上场，所以换穿家常的便服——相巾、开氅。现在，头场删去，曹操还穿便服，气势不够，我想郝老师是为此而改的。"

"有道理，有道理。唱和身段也加得好，观众多欢迎啊！年轻有为。贤弟，您前途不可限量！"说着，他索性搬来一把椅子准备坐下畅谈。

我忙提醒他："咱俩都得听场，千万别误了。"

他点点头接着说："我们东北演曹操的戏都比较粗糙，没有您这种演法。去年，言菊朋老板来这里演过《阳平关》，曹操也是你们富连成一位叫孙盛……盛……"

"孙盛文吧？"

"对，对对，是孙盛文，他演的曹操也很细致，很讲究。"

"当然啦，盛文哥是手把手教我的师兄，这出《阳平关》正是他教会我的。"

"太好了，以后，您能给我说说吗？"

"说戏，没问题，尽我所会的吧！"

后来，他对我在艺术上向他倾囊而授很是感谢，我对他的好学精神也觉佩服，惺惺相惜，结下了深厚的友谊。临别，他送我很多东北特产，我也将一顶备用的相纱留给他作为纪念。

十八天演出顺利结束，我们受到观众和内外行的一致好评。但，事情并不总是这样顺利。

原定的最后三天的演出，海报没按常规刊登"临别纪念"的广告，就已引起我们的纷纷议论。第二天后，海报公然复登我们曾在前三天演过的打炮剧目，我们实在难以理解，询问二位管事，了解到，经理见上座率甚好，曾几次要求续演，王慎之等均未同意，此广告是经理单方做主刊登的。我们对经理强行续演的做法很是恼火，请管事去质问。

经理一副无可奈何的样子，说："你们的演出观众欢迎，续演是观众的一再要求。跟你们商量，你们就是不同意。不续演吧，观众又不肯答应，我不敢把观众惹恼哇！只好如此喽！这也是事出无奈，多包涵！多包涵！"几句话，就将王慎之、盛荫打发回来。他们考虑，事已至此，尽量大事化小，小事化了，别把关系搞僵，对付着演完三场，早日赴沈。于是好言劝我们："出门在外，这种地方别惹是非，忍了吧！何况经理说是续演三天，不会让大家吃亏的。"盛荫又挨个请求，婉言相劝，大家只好勉强应允。

可是，万万没料到，刚演完第二场戏，海报上又登出再续演三天的剧目广告。大家立即找二位管事质问：为什么经理又先斩后奏再次强行续演？为什么加演的两场，戏份钱拖着不给？二位管事也是怒不可遏，安慰我们先上场演出，他们理直气壮地去找经理评理。直到戏散场，我们吃过了夜宵，他们才回到旅馆。

盛荫一句话没说，呜呜地先哭了起来。

"你别哭，到底怎么回事？"大家焦急地追问着。

"唉！"王慎之长叹一声，委屈地说，"经理说啦，他们花了一万元，把咱们从北平接来，营业状况又不错，难道就这么谢字不答地走了吗？咱们在这个戏院演出，戏院原来的主要演员都停演了，他们'当老板的，不忍心白白地看着这些演员们耽误了正月的好买卖'，就把这三天的收入照顾给这些演员。还有戏院里的人和底包、龙套上上下下百十来号人，为咱们辛苦了半个多月，同行同伙也该照顾，所以，再演三天的钱就是为照顾这些苦呵呵的伙伴们的……"

这个经理说得多么好听呀！我们完全知道这是些骗人的鬼话，不过是他们敲竹杠的借口罢了。我们等不及王慎之将话说完，就愤怒地嚷起来。有的人还比较沉得住气，劝我们静下来让王慎之把话说完。

"是呀！经理的这种无理要求，我们俩一听就急啦！哪里肯答应呢，说死了也不同意再唱两场，一直和他讲理。从没开戏到这会儿，谈了几个钟头啦。最后，经理变成青红脸，说：'广告已登出去了，票也卖了，如果你们执意不演，我不勉强，到时候观众看不上戏起来闹事，甭说砸了戏园，就是碰坏一个茶碗，也朝你们说！'他说完就走，把我们俩给焊在那儿啦！怎么办呢？我们对不起大伙儿呀，盛荫越想越委屈，半路上就哭了……"

"太欺负人啦！这窝囊戏说什么也不能再唱！"

"对！说死不唱，砸了这个戏院才出气呢！我看着砸！看他们能把咱们怎么着！"

"越唱，他们越觉得咱们好欺负！"

大家群情激愤，拍桌子、跺脚地怒吼起来。世玉拍着口袋说："说死我也不唱，车票钱我还有，我这就坐车回家！"他转身就去捆铺盖。这句话很有号召力，顿时，就有几个人响应，七手八脚地忙着要收拾行装。房间里乱成了一锅粥。

扑通一声，盛荫双膝跪在地上。

"我求……求……大伙儿……听……我说……说……吧！"盛荫已经泣不成声。

屋里霎时安静下来，几个人过去将盛荫拉起来，按坐在床上。

"有话慢慢说，犯不上跪下呀！"

"我……我……说……"他哽咽得语不衔接，我给他递过手绢擦泪。他收住哭声，大喘一口气，才又接着往下说："我们无缘无故为他们白唱六场戏是窝火，若是翻脸，再出点儿事就更难办了。大伙儿别忘了这儿是什么地方啊！咱们在这儿又是人生地不熟，两眼一抹黑，找谁说理去呀？谁又能替咱们说话呀？兄弟们闹着回北平去，等于把娄子堆在我们两人的身上。这件事，是我给办砸了，我对不起兄弟们。事到如今，没别的路可走，我只求兄弟们帮帮哥哥，权当是给我唱几场搭桌戏，我给大伙儿跪……跪……"说着，他眼泪纵横，哽咽难言，又要跪下，被大家急忙拦住。

见此光景，我们的心一下子就软了。搭桌戏，是演员遇到老、病、死的境况时，同行们尽义务帮忙唱戏，是演员穷途末路不得已而为之的。我们此行的演员，大都是一师之徒的师兄弟，怎能到此刻撒手不管呢？

王慎之也作揖哀求："有补哥儿几个的那天，有补哥儿几个的那天！忍了吧！忍了吧！大家求个平安！"

大家思前想后，异乡的孤客，别无他路，只得强压怒火，乖乖地白演六场戏。

戏，总算演完了。盛藻哥、陈丽芳先行一天赴沈，给当地有权势的人物去送礼拜客。晚间，经理前来送行。他若无其事、满面春风地给我们道辛苦："辛苦，辛苦，大家辛苦，我们戏院的弟兄们让我代向大家致谢，有劳各位的关照……"我们一肚子火气，哪里听得进他的这套说辞，没人去搭理他，只有王慎之和盛荫与他虚与委蛇。

他们走后，我们无事早休息。睡梦正浓时，乓！乓！乓！"老三开门，老三！"我被敲门声、喊叫声惊醒，迅速下床打开房门。盛藻哥用手绢捂着脸，扑进房门，趴在床上痛哭。陈丽芳趴坐在对面床上，浑身打战，面无血色。盛荫双手抱头伏在桌子上，一语不发。

"你们这是怎么啦？为什么没上火车呀？"

"出什么事啦？快说！"大家被搞得莫名其妙，预感到祸事的降临，急急地追问。

原来，经理将他们送到车站，就先行告辞了。他们自去车站入口处检票，迎面走来几个军警。

"谁叫李盛藻？"

盛藻哥见他们一个个横眉立目、气势汹汹，连忙满脸赔笑地应声答道："我。"

啪！啪！啪！军警一句话没说，走上前来，伸手就抽了盛藻哥几个嘴巴。盛藻哥被打蒙了，王慎之、盛荫忙过去将他扶住，质问军警："你们为什么打人？"

"为什么？问问你自己，你他妈的给脸不要脸！想走？没么容易！我们哥们儿的钱也不是好挣的！"

"你们的行李、戏箱不能运走，都给我扣下！"说完扬长而去，盛藻等人受侮而回。

盛藻还在痛哭不止，他在科班里，从小天赋过人，禀性聪明，身体又瘦弱多病，叶春善师傅对他特别关照，七年时间没碰过他一根手指头。此回无端地受到这样的欺打凌辱，他怎能不失声痛哭啊！

其他几个房间的人也被惊动过来了，大家义愤填膺。我们几个年轻人拍桌子、跺脚，大声疾呼，急着要去找军警评理算账。年龄大些的先生们则摇首长叹，安慰盛藻，劝阻我们不能贸然行动，以免事态扩大。

正闹得不可开交，那位经理匆忙而入。

"诸位受惊了！诸位受惊了！"他拱手在屋内转了一周。

"事情我都听说了，怪兄弟我照顾不周，我给诸位赔礼道歉！"他又连作了三个揖。

"他们无理打人，不能容忍，欺负咱们官地面没人吗？哼！"说着，他满面怒气，又捋胳膊，又挽袖子。见我们无人搭言，顺手摘下头上戴的皮帽子，搔了搔头皮，又换了另外的腔调："不会呀？戏票早就送去了，关照过啦！"停了停，又接着说："诸位若是信得过兄弟，兄弟就去找他们评理。诸位是我约来的，他们这样无礼，以后，我还有什么脸面再去北平邀角儿呀！"他这番话，我们并未深信，但总算是句公正话。对于他肯出面与军警论理，我们颇有感激之意，天真地指望经理有更硬的关系，能压压地头蛇，替我们出出这口恶气。

经理走后，好容易才劝盛藻哥止住哭声，让他洗洗脸，大家各自休息。我的眼睛困涩得厉害，可又睡不着。唉，真是黑夜漫长盼黎明啊。

上午十点，盛荫、慎之二人去找经理听回话。中午已过，两人才像泄了气的皮球，无精打采地回来了。二人与大家相对愣神，沉默不语。大家很着急，一再催促，盛荫兄双眉紧锁，长叹一声说："经理说，军警们嫌戏票送得少，上司看了戏，他们没看到，因此才怒打盛藻。军警们扬言，不看足戏，不给他们赔礼，不许我们离开哈尔滨！经理替我们与军警达成协议：要我们更换新剧目，加演七场，请车站的军警和家眷看足、看够。余下的戏票卖出，用这笔钱筹办酒席、礼品向军警赔礼道歉！"

"你们答应了吗？"这样的屈辱"条约"，万万不能同意，我迫不及待地追问一句。

"太欺负人了，我们哪里肯答应呢？好家伙！经理还是那出戏，马上又变了脸，他说，你们答应，我就帮到底；你们不答应，我也不强迫。不过，再惹翻了他们事情就更不好管了。你们是直接找军警辩理，还是另请高明出面调解，你们哥儿几个自己商量吧！"

大家的肺都要炸啦！经理哪里是去找军警评理，分明是继强行续演之后，又施手腕与军警勾结、狼狈为奸，做好活局子（圈套）坑害我们。我气得怒火三千丈，两眼迸金星，大声喊道："豁出半斤八两，跟他们拼啦！"

年轻些的也都愤愤不平地叫嚷着："告他奶奶的，官司不打完，请爷爷离开哈尔滨，我都不走了！"

"要命有一条！演戏绝不能！"

大家虽是满腔愤恨，但是也都清楚，现在矛盾的双方已经不是我们和戏院经理，而是与军警了。这些家伙倚仗日本人的势力，为非作歹，无所不为。他们打盛藻，就是强迫我们入他们的圈套。不服嘛，他们还可以任意给戴个莫须有的罪名，置人于死地。我们意识到，在家中所顾虑的事情已经发生了。为了避免事态扩大，只得强压怒火，又演了七场戏，每天，他们只付给我们所需的饭钱。最后，又由我们出钱、经理出面，请军警们吃了赔礼饭，才将我们送上火车。大家忧心忡忡，生怕中途又出变故。

火车开动啦！大家异口同声地喊出："哎哟，老天爷！咱们可离开这儿啦！"

沈阳共益舞台的半月演出也很受欢迎。孙楼东（楼东是当地对戏院经理的称呼。孙楼东新中国成立后任北京大观楼电影院经理，具体姓名不详）点名要求我演《连环套》。我们一行人中没有武生，他特约了一名当地女武生陈麒麟。她扮相英俊，身形威武，嗓音也很洪亮。几次说戏，我将剧中节骨眼儿的细致表演给她讲清楚，演出较圆满。孙楼东要求续演，王慎之等婉言辞谢。我们星夜兼程地从沈阳赶到大连，本想多演几场，以补哈尔滨的亏损，然而，第一天打炮就是四成座。至第五天，天降大雨，戏院内寥寥百人，被迫停演。盛荫垂头丧气地哀叹："偷鸡不成，反蚀把米。"我们听他话中有话，再三追问，才了解到，李香阁曾说："哈、沈演出结束，望早返大连，春暖花开日，上座率会更好，肯定有好钱赚。"王慎之等考虑：在大连若能维持半月，七成座，就相当哈、沈一个月的赢利，而且是三七分账，比定数包银更得利。所以，哈尔滨戏院经理提出续演，他们一口回绝，沈阳成绩虽好，但总想早去大连，结果招来灾祸；更没想到在大连两次演出间隔太近，观众对吃"回头饭"并不感兴趣，他们的如意算盘彻底落空，使我们陷入更狼狈的困境。大家无不埋怨管事人贪心，错打了算盘。正在发愁之际，想不到风波又起，正所谓祸不单行啊！

我们在大连居住的小旅馆，房间内比较洁净，但后窗户与对面房屋的窗户相对，中间只隔将近两米宽的一条狭窄胡同，互相可以看到对面房内的一切，稍高的说话声也都能听到。我们的房间与一个便衣特务的外家相对，那个女人浓妆艳抹，妖里妖气，酸声酸语的讲话声刺激神经。晚上，她们一群不三不四的人聚在一起，抽、喝、赌，整夜吵闹不休，扰得四邻不安。李宝魁忍无可忍，趁那"女妖"一人在家的时候，打开窗户，朝她说了几句不太中听的话。得！麻烦又来啦。这一下可捅了娄子啦！

晚上，演出已停，大家无所事事，李宝魁、江世玉、高富全、管箱的童树泉四个人凑在一起打麻将牌。他们又说又笑，玩得正开心，听见有人用脚踢房门，误以为是自己人开玩笑，李宝魁叫嚷着："再踢门，看我不责打你八十军棍！"话声没落，门乓地被踢开，闯进两个人：一个日本警察，一个便衣。四个人一句话没来得及说，就被带走了。

事情发生在夜里十二点左右，熟睡中的我们，不知他们四人在房间里唱了如此一出"活捉"。第二天清晨，不见他们来吃早点，以为是夜里打牌，早上贪睡，到他们房间一看：桌上摆着麻将，被子整齐地叠放在那里，帽子、大衣都挂在墙上，他们去哪儿啦？我们正纳闷不解，盛荫、王慎之慌慌张张地跑进来，拍着大腿叫道："糟了！糟了！越怕出事，事越多。他们几个昨天夜里打牌，让日本小衙门逮走了，正托李香阁去说人情，将他们保出来，需要给他们送去五十元钱！快，快，大家凑凑吧！"连五十元钱都需要凑吗？岂不知在哈尔滨分文不挣，干耗了半个月，哈、沈的包银在北平时就都付了，大连不仅没挣，住店等开支还要赔钱，此时人人手里都没什么钱了，真是"屋漏偏逢连夜雨，船迟又遇打头风"。凑齐五十元，我也跟着他们去小衙门接人。

钱送去，人释放。

"哎哟，我的三哥呀！"世玉见了我，捂脸大哭。

"昨天夜里，把我们带进小衙门，无人审也没人问，就叫我们四个人在屋里跪着。我们心里非常害怕……不知日本人要使什么样的王法，生怕明天把我们拉出去枪……毙！"他哭得更伤心了。

这点儿小事，哪里会被枪毙呢？其实不然，日本军国主义自侵略中国以来，屠杀数百万无辜的中国同胞，有如铡草，从不眨眼。卖国求荣的汉奸、洋奴仗势欺人，草菅人命，无法无天，稍有不慎，无妄之灾就会从天外飞来。

铁蹄下谋生，难哪！近两个月的演出，深深领教了蜜饯石头子儿的厉害。虎狼之地不可久留，我们急于返回关内，怎奈囊中一贫如洗，盘缠皆无了。

求师(一)

QIUSHI (YI)

二十世纪三十年代末的我

叁拾贰 显身手 响名天津

发愁之际，文杏社管事听从李香阁的建议，给天津中国大戏院的经理李华亭拍去电报求援。幸好他们同意接我们去天津演出，即刻寄来路费，我们乘海轮赴津。

天津中国大戏院，是一座在当时屈指可数的新型大剧场，可容纳两千多名观众。其舞台突出旋门之外，演员声音全部射向观众席，使人即使坐在剧场中最次的座位上，也能清晰地听到从舞台上传来的声音。据李华亭讲，这是周信芳先生亲自设计的。尚先生也为此剧院慷慨资助全套戏装。其中，不仅有全新的靠、蟒，而且有十套贵重的翎子、狐狸尾。为了感谢他们的援助，休息室内挂着两帧照片，一帧是周信芳先生在《追韩信》中饰演萧何的剧照，一帧是尚小云先生在《相思寨》一剧中饰演云犟娘的剧照，都印在玻璃上，十分精巧。

当年，我和盛藻哥随富连成去天津演出，虽给天津观众留下了较好的印象，但中国大戏院孟少臣总经理认为我们这二十余人的小团体实力相对较弱，支撑不起中国大戏院的演出，为了更有把握，特从北平约来侯喜瑞、叶盛兰、孙盛武三位师兄助演。

第一天的打炮戏是《群英会·借东风》。

侯老饰黄盖，盛藻饰前鲁肃、后诸葛亮，叶盛兰饰周瑜，孙盛武饰蒋干，我饰曹操。

这是我出科后第一次与侯老同台演出。侯老饰黄盖，起霸的功架气度磅礴，念、唱充分发挥了黄润浦老前辈的特长。他运用平调、沙音的发音方法，以有力的喷口念道："二十年前摆战场，恰似猛虎赶群羊。光阴似箭催人老，不觉两鬓白如霜。"四句定场诗，观众两次鼓掌，尤其是在念末句时，用手捧起雪白的白满托于双臂，身体微微晃了几晃，将老将军英雄迟暮的无奈和老当益壮的豪情体现得恰如其分。好！好！我不由得暗自连连赞叹：不愧是当代著名架子花脸之一！

我意识到这次与侯老同台，有如小巫见大巫，陡然产生一种少有的胆怯心理。

我穿好服装去候场，看到几个专串后台的戏腻子（指专在后台讨好名角儿，贬低别人，借机听蹭戏的闲人），围在侯老身旁说短道长。我从他们中间穿过，向侯老鞠躬以示敬意。

"嗬，您快瞧，他的脸谱、扮相都是郝寿臣的路子！"

听见背后这些居心叵测的话语，反而激发了我的自信心，我一扫自卑感。没什么了不起，台上见吧！

我上场了。观众们不太熟悉我这个小青年，但当他们听到我使用高高的六字半调，响亮地唱出"每日里饮琼浆醺醺带醉"时，感到又惊又喜。这是一句普通的并无花腔的【西皮摇板】，我却一改原来架子花脸音平、低调的唱腔，糅进铜锤花脸高亢、畅快的特色和浑厚的鼻腔共鸣音，有着比较浓郁的郝派韵味。观众的感情开始炽热起来，掌声淹没了"醉"字的尾音。

此后，演曹操中计，误斩蔡瑁、张允，斥责蒋干是"书呆子""一盆面浆"时，我的神气，唱、做结合的表演，以及最后无可奈何地转身、背手、叹息的动作，均博得观众非同一般的赞赏。仅十几分钟的一场《回书》，形成全剧的高潮之一。后台也被震动了，大家纷纷挤在上下场门观看。这局面超出我的估计。就此我在天津一炮而红，得到观众的青睐。

接着，《青梅煮酒论英雄》《胭粉计》等剧目均受到好评。一次偶然的机会，我又与侯老同演了《闹江州》一剧。

一天，星期日日场，侯老、盛兰、盛藻合演《黄鹤楼》。不料海报误登带三江口《水战》，因连日演出顺利，谁也没能发现。演出结束，观众不退场，无休止地鼓掌，叫嚷着要看《水战》。这是张飞的重场戏。扮演张飞的侯老，《闯帐》之后，早卸脸回旅馆休息了。及至请回，他说《水战》属南派的演法，从未演过。这下可麻烦啦！观众不罢休，演员难开锣，经理团团转，奈何！奈何！

李华亭看见我也在后台看戏，抓住我去找侯老。

"干脆！您二位合演一场《闹江州》，张飞改李逵，观众一样欢迎！"

侯老欣然同意。他饰李鬼，我饰李逵。侯老的演法与利班无异，我们化装时，略略对了对词即粉墨登场。观众闻听欣喜之至，全场气氛极为热烈，我这个小青年也跟着沾了光。

十二天演出圆满结束，哥哥随盛藻回北平，我被中国大戏院经理特别挽留，续演一期，与章遏云合演《霸王别姬》《得意缘》《棋盘山》等戏。我声名鹊起，上升的势头很猛，已非当年和她去南京时的我，就是扮演《得意缘》中的一个小角色狄龙康，都有着较热烈的碰头好。

叁拾叁 识英才 通力合作

在此期间，李华亭找我商议，是否能陪李桂春先生的二儿子李少春演几场。这是少春在天津初登大雅之堂。我想，李桂春先生的艺术我很钦佩，但他属海派，少春必循其父的风格，与我不一定对路。如今自己刚见些起色，正需要名家的提携，若马上与他合作，恐对我不太……李华亭见我缄默不语，似有不愿之意，补充说："你别看他比你小几岁，还不到二十，可是文能文，武能武，非同一般。我邀的角儿没错！"

"他是李万春的什么人？"

"李万春是李桂春的女婿，李少春就是李万春的小舅子喽。你是想知道李少春到底怎么样吧，明天早上我陪你去他家——河北大楼，你亲自看看他练功。耳听是虚，眼见为实，然后再定演不演吧！不过根据我的看法，你们俩要是能合作排些好戏，将来每年最少来天津一次。"

第二天清早，我俩同到河北大楼。一个伙计将我们让进楼上客厅。

客厅里清一色的硬木家具，上面镶嵌着色彩斑斓的贝壳。李华亭说这叫硬木螺钿。两面墙上分别挂着李桂春先生饰演《宏碧缘》中的骆宏勋和《凤凰山救驾》中薛礼的五彩照片。所穿的戏装都属海派，骆宏勋足蹬花靴子，还在相片的服装上粘了五彩玻璃砂，晶莹绚丽。须臾，我们又被请到地下室。

地下室内锣鼓齐鸣。一位英俊的青年，身穿蓝棉袍，头戴紫金冠、翎子，腰系鸾带，足蹬二寸半高的厚底靴，手中双枪随着锣鼓点儿左右飞舞。这是《八大锤》中陆文龙打败四锤将后的枪下场。只见他动作矫健，技巧娴熟，与众不同。我立刻打消了看看就走的念头，坐了下来。

鹞子翻身是普通的身段技巧之一。少春旋转敏捷、稳健，节奏感强，煞是好看。为什么能产生五彩缤纷之感呢？我上下仔细打量他，原因找到了！关键在于狐狸尾。

狐狸尾是京剧舞台上代表异族或草莽人物的常用装饰品。它白茸茸的，系在头盔上，从耳旁直垂到后背至膝间。为了不使这两条笨重的狐狸尾妨碍舞技动作，通常都将它分别揽到前身，掖在腰间鸾带上。少春却仅将狐狸尾搭一道扣，散放在背后。他没受其拖累，仍是轻盈自如地舞动，狐狸尾乖顺地被指挥着，与鸾带、盔穗子、翎子一起，错落有致地飘甩翻舞，为少春的表演大大增色。这种变负担为烘托的能力，正是功夫之所在。佩服！佩服！

李华亭递给我一把折扇，我这才感到地下室人多、通风差，十分闷热。身上穿的咖啡色绉绸大褂后背处已被汗浸湿，紧紧地贴在我的身上。再看少春，他所穿的蓝棉袍早已渗出斑斑汗迹。鼓声停了，他卸去这身装束，用手巾擦擦满脸的汗珠。

清脆的胡琴声，划破了地下室中短暂的寂静。刚练完这样累的武戏，也不喘口气，马上就吊嗓子？我有点儿不敢相信。

"为国家……"少春拿起小茶壶，喝了几口水之后，高声唱起来。

这是《洪洋洞》中杨六郎的唱段，调门儿足有六字半调。接着，他唱了全本《四郎探母》《乌盆计》，又捎带唱了《珠帘寨》中李克用所唱"昔日有个三大贤"这段高八度之处多、难度大的唱段。

少春的演唱，嗓音圆润动听，高昂脆亮，低回委婉，刚柔相济，有着浓郁的余派韵味。而且他在演唱中，那带有稚气的面庞上神气十足，感情充沛，眉宇间透着一股英武之气。真是一名难得的文武老生。更难得这么年轻就有如此扎实的功夫。"将门出虎子"，李桂春先生为了培养他，肯定花费了不少心血呀！

就在这时，李桂春先生来了。他号称舞台上的"活包公"，虽年近花甲，体魄犹健，刚毅、果敢的气质，给我留下深刻的印象。李华亭向他介绍了我。

"好！好！前几天，你们演的《群英会》《借东风》我看了。好！你演戏对我的路，真卖力气。你学的是郝老板的路子，嘿！真像！你是不是他的徒弟呀？"李老先生拍着我的肩膀，一口气说着，言辞豪爽，单刀直入。

"这是我多年的愿望，只是还不够资格。"

"成啦！爷们儿！交给我啦！我提！我跟寿臣哥儿俩没的说，当年在哈尔滨松花江畔天天一起喊嗓子。这点面子，有！"

"您多栽培！"

"提起寿臣来，他为人正直。台上台下我都佩服。那年随雪艳琴去上海演出，他已大红了，能和梅老板挂并牌，月包银挣六千元，金少山才挣三百。就因为寿臣人耿直，得罪了班主。班主给他穿小鞋，挤对他。我当时在天蟾舞台为从北平约来的名角儿在前边垫出戏，班主非让他在我演的《风波亭》里扮演岳飞手下的张保。寿臣很生气，能不气吗？可是他认为艺术是艺术，一点儿也不能放水，他为张保劝岳飞反出监狱，加了大段披肝沥胆的道白，念得慷慨激昂、义正词严，把我这岳飞给感动得眼泪直流，观众也跟着掉泪。最后观众的叫好声，甭提有多热烈！"

说到此处，李老先生忍不住扯起嗓子学了一句张保与岳飞诉别时，郝老师念的那句"拜别——了！"果然，深沉、悲怆。老一辈艺术家通过实践证明了一条真理，只有小演员，没有小角色！

"好好学吧！有前途！你多大了？"李桂春先生将话头转了回来。

"二十三。"

"你是哥哥，少春十九。过来，哥儿俩见个礼！"少春靠近一步，笑着和我点点头。

"就叫他三哥吧。"李华亭插言。

"三哥！"

"好好捧捧你兄弟，小哥儿俩合作，排几出戏吧！"

我们在谈笑中离开了河北大楼。

"怎么样？定了吧！"刚迈出河北大楼的门口，李华亭跟着就问我。

"定了！少春的功夫多好哇！甭说武戏，就是这几出文戏，也足使我佩服！"

少春练功的情景，始终盘旋在我的眼前，印象太深了。我禁不住问李华亭："李桂春先生善演海派戏，为什么少春文的武的，都是正规的京派风格呢？"

"哎呀，李老板为他的儿子下了大本钱啦！为了少春学本事，将家迁到天津定居。文的请了陈秀华，这位教师对余派唱法多有研究啊！武的请了丁永利，精通杨（小楼）派、尚（和玉）派的路子。将他们长年养在家，手把手地教，还错得了？少春的功练得狠极了。咱们今天来得晚，《八大锤》的下场，已经是第三遍了……"

难怪，难怪！功不负人！李老先生真是教子有方啊！

少春在中国大戏院首次演出。第一天打炮我没参加，因我得回北平与盛藻哥演一场《青梅煮酒论英雄》，这是有约在先的，不能食言。另外，自去年底赴东北，几个月来未得回家探望，尽管每月将包银如数寄回，母亲也是盼子早归，理应去看望。幸喜家中平安无事，我演出后第二天清晨，放心地赶回天津。

李少春

我住在中国大戏院三楼的一间单身宿舍里。时间一长，戏院内卖票、检票及一些勤杂人员都与我处得比较熟悉了，见我从北平归来，齐向我伸拇指夸赞昨天少春的演出。

"没想到这个李少春还真有两下子！唱功好，武的也真冲，连我们都给他叫好了！"

"可惜了的，昨天晚上才卖了三百多张票，孟经理出面请了四百人，为嘛呢？天津人还不知道这个李少春。"

"你老别忙，照我看，这样的好戏，不出三天准客满。你们二位一起合作就更好了。"

这些夸赞都在我预想之中。凭我看到的少春练功、吊嗓的情景，演出的效果准错不了。当我与他合演了预定的四大剧目之后，对他的艺术有了更进一步的了解。在这四天演出中，少春展示了他的文武全才。可以说，唱功老生、衰派老生、扎靠武生、短打武生样样都行。这在二十世纪三十年代文武分工明确的京剧舞台上是极为罕见的。难能可贵的是，少春还不满二十岁，却能在吸收众家之长的基础上，紧紧抓住不同人物的不同个性去发挥、去创新，使各类角色不但栩栩如生，而且各有绝活。他所创造的这些舞台艺术形象，放射出夺目的光彩，永远地留在了我的记忆之中。

譬如，他扮演的侠义老英雄萧恩，摆脱书生气十足的文老生演法，突出人物的英武气概。与教师爷开打的一套单刀枪是溜而不快，扫蹚子稳而不猛。既表现出萧恩两鬓苍苍的龙钟之态，又不失当年梁山英雄的本色。

《恶虎村》中短打武生应工的黄天霸，原有南北两派演法。南派经盖叫天等先生创新，走边的技巧繁重。少春在此处采用了南派的演法。随着"你看云遮半月，路静人稀……"的念白所做的各式身段，一会儿如雄鹰展翅，一会儿如鱼跃水面，一会儿如骏马飞奔。最后扫堂腿、旋子紧接金鸡独立，疾转十数圈后稳稳当当地随着"四击头"停住。刹那间又在"丝边"的锣鼓点儿中起云手，将腰间所系的鸾带用脚踢搭在肩膀上。一连串优美大方的繁杂身段，集中地体现了少春短打武生美、健、帅的特点。

少春演出的《水帘洞·闹地府》一剧就更吸引人。少春承丁永利先生的实授，是京派大猴的风格，有着杨小楼先生所演孙悟空的派头、气魄，表现了悟空作为美猴王和齐天大圣的风采。同时他又适当吸收南派猴戏的特长，使悟空不离猴的本色。他加用了很多灵巧、敏捷的地蹦、乌龙脚柱等小跟头，而且花样翻新。他在《水帘洞》一剧中表演的猴王，能纵身翻起虎跳前扑，蹿入龙宫；又能跨腿蹿上龙椅背；还能双臂舞动三股钢叉，在地府，只见他将金箍棒往地上一杵，就势来个旱地拔葱，只身飞跃两张桌高的阎王殿。这个动作，如果是一名撑竿跳运动员表演体育节目，也许不足为奇，然而出现在二十世纪三十年代的京剧舞台上，可称一绝，观众感到格外新奇。武打设计也很别致。少春之弟幼春紧密配合，饰演地府中的大头鬼，于拿一把特大的扇子与悟空交战，左右一扇被悟空收去，他又变戏法似的拿出比前次略小的扇子，一次比一次小，直到最后从耳朵里掏出一把小扇子为止，毫不露出破绽。恰巧，这天李吉瑞、尚和玉二位老前辈来看戏，李桂春先生在下场门陪同。尚老先生看到此处，笑着说："嘿！您儿子发明了'化学（时髦的意思）把子'！真了不起！"李吉瑞老先生也说："恭喜！恭喜！您教子有方，李氏门中有后啦！"我也在下场门候场，听得一清二楚。这类开打虽是噱头，但设计得滑稽又不庸俗，就很是不易了。

少春的猴戏基础如此雄厚，所以新中国成立后，我们同赴日本、加拿大、西欧、南美各国进行友好访问，他在国际上一直享有"猴王"的美誉。

观众被少春的艺术征服了，我们的演出自《水帘洞》起，场场客满。到第四天演《八大锤》时，两千多人的中国大戏院，非但座无虚席，而且四周也站满了观众，从台上望去，黑压压一片。少春饰演前陆文龙、后王佐，一个是稚气十足的英雄少年，一个是举止大方、断臂报国的岳飞帐下之谋士。少春将这两个人物的表演尺度掌握得极有分寸。陆文龙大战岳云、狄雷等四将时，虽是每人均使双锤（故此剧得名《八大锤》），但对阵交锋的武打技巧并无雷同之处，增加了很多京派没有的技巧，却又无卖弄之感。少春每战败一将，无须缓锣鼓点儿借机休息，就又接战一将。真是一场激烈的车轮战。枪下场的撇桃、扔枪、蹦子、鹞子翻身、背手、十字别枪、亮相，比那天我看他练功时更干净、更帅。这也很自然，他平日练功，是接连反复练几遍车轮战的开打，有多累呀！舞台上只演一次，又脱去了练功穿的长棉袍，换上了箭衣，犹如穿上了单裤，怎能不透着一身轻快呢？当然水平也就更高了。他下场后，没有坐下休息，只略微擦擦汗，往脸上扑些粉，脱去箭衣，换上一件干水衣子，再穿上衬褶子，待几分钟的垫场戏结束，这位长髯飘飘、文雅而又气派的王佐便上场了。王佐的唱、做、念兼重。他放开柔嫩、脆亮的嗓音唱起大段的【二黄导板·原板】。在表演王佐为了混进兀术营内，向陆文龙讲明他父母被杀害的真相，为劝陆归宋而忍痛断臂时，少春又创新意。他在用剑砍断左臂、起吊毛范儿的同时，迅速地将左臂退出衣袖，待躺倒台上，左臂已然不见，检场人配合着从侧幕扔出一条假臂。观众为这逼真的断臂技巧惊讶不止，掌声如雷。

少春在《打金砖》中扮演沉溺于酒色的无道昏君，更有独到之处。以往，这出戏叫《上天台》，我曾见学前辈孙（菊仙）派的时慧宝和著名女老生李桂芬演此戏，是一出完完全全的唱功戏，都不带《打金砖》。李桂春老先生将此戏做了很成功的改动。少春将刘秀穿帔、戴九龙冠的服装改为穿蟒、戴王帽，比较合乎刘秀在金銮殿的皇帝身份。唱词也由原来的言前辙改成余派最常用的人辰辙。尤其《太庙》一场，彻底突破旧演法。在只有唱功老生才能胜任的繁重的唱功戏中，为了表现刘秀错杀姚期等功臣后，被他们的鬼魂活捉（后改为患精神分裂症的病态反应）的情形，增加了蹁腿吊毛、硬僵尸、倒叉虎等跟头，将其糅合在表演之中，却又丝毫不带有武生翻扑、卖弄技巧的感觉。这样处理可让观众清楚地明了，这位汉光武帝刘秀乃是弱不禁风、神魂颠倒地自然摔倒昏厥。这使观众耳目一新，有的人张着嘴看得入神，都忘了鼓掌。有的保守些的戏迷不禁为少春发起愁来。愁的是，连着看了他几天演出，不知将他排在文武老生、武生、长靠……哪一行当更合适。愁得好啊！这充分说明少春高超的艺术，打破了行当的界线，展示了文武全才的艺术素养。

由于是临时合作，我俩没有排生净并重的对戏，剧目是围绕少春自己的特长而定。我陪着他演，所饰角色都是配角，但我都是认真严肃地对待，将这些戏都作为自己的正工戏来演。准备时间很短，我抓紧时机，在符合剧情、不夺戏的前提下，设法发挥自己的特长，增加必要的艺术手段，使所演人物在舞台上有一定的力度。就以演《闹地府》中的判官跳判为例吧，我在科时学过《火判》，有一定基础；出科后，演《九曲黄河阵》中的赵公明跳财神，也有诸多借鉴之处。但这次为了演好《闹地府》中的判官，我特意又请韩富信师兄帮助丰富提高，采用了喷火技巧。他也热情地借给我火桶子。这是一个一寸多长的圆形桶，顶端都是小孔，类似装胡椒面的瓶子，里面存放烧好的纸灰。烧纸灰也是技术，必须火候恰当，否则难以点着。上场前，将点燃的香头放在火桶内，含入口中，通过口腔呼吸，用香将纸灰重新点燃，并随时用气吹着，不使火熄灭。上场后，需要喷火时，轻轻呼气，火星喷出。功夫就在憋住一口气，只呼不吸，只要用嘴一吸气，就会烫嗓子。

判官吹火后的四句定场白，我借用师大爷叶春善教过的《火判》中"狰狞侠烈满空庭……"几句，随着词义添了很多判儿（即判官）的舞蹈动作。功不负人，竟也两处获彩！

我扮演《八大锤》中的金兀术时，采用满硬的念白和棱角分明的身段，揭示这一番将蛮、悍、凶、猛的性格。第一场兀术登高台点将发兵的步伐，我借鉴郝老师的台步，使其具有欲吞中原、得意忘形的狂傲姿态。为配合少春由陆文龙接演王佐的换装赶场的需要,增加了一场兀术设宴给陆文龙(高维廉接演)庆功。这里,我为兀术精心设计了一段【导板·原板】的【西皮】唱段,从而改变了番将在舞台上净喊"巴图鲁""杀""啊"的简单化表演,丰富了金兀术的舞台形象。

观众们在看我演过曹操、霸王之类的角色后,又见我演这些角色,不仅没有看轻我,反而更增加了对我的了解和喜爱。同时,我也受到了李桂春先生的器重。

绿叶,要真正起到陪衬红花的作用,是必须下一番功夫的。

七月里,中国大戏院开办夏季游艺会,约请我和少春参加。

中国大戏院一楼剧场上演京剧,二楼休息厅演电影,屋顶凉台演杂耍(就是今天的曲艺节目),有常宝堃、赵佩如等人的相声,小彩舞(骆玉笙)的京韵大鼓,王佩臣的乐亭大鼓等。观众买一张两角的通票,可以任意观看,但要看京剧还必须再花四角。即便如此,票价依旧比往常便宜,我们的包银也就相对减少。少春为闯名,不计较包银;我很愿意与少春演戏,也就答应下来。

为期一个月的游艺会期间,演出之余,我们一起排练了几出戏。

那时,每逢七月初七,传说是牛郎织女鹊桥相会的日子,民间乞巧的风俗很盛行。姑娘们为了求看自己是否手巧,于七月初六之夜,在露天放一碗清水,接一夜天露。初七中午,往碗里投放一小段席篾或扫帚苗。它在水中的倒影如呈现剪子或针形就为手巧,如呈棒槌形则无疑就是个笨姑娘喽。风俗如此盛行,各剧团都要排应节佳剧。我们也必须赶排一出《牛郎织女》。剧中金牛星我演很合适,少春前演喜鹊王、后演牛郎,我们从织女的前世演起。传说织女曾是一位乡间的织布女子。喜鹊王违犯天条,玉皇大帝震怒,欲处死喜鹊王,喜鹊王不甘受罚,飞逃人间,巧遇织女,向她求救。善良的织女(中华戏曲专科学校高才生赵金容饰)同情喜鹊王,将其藏在怀内。织女是未来的星宿,雷公无法劈她,喜鹊王获救。其后,牛郎织女被银河阻隔，喜鹊王命子孙同搭鹊桥，以报前恩。这样一来，戏更别开生面了。少春饰演的喜鹊王也得以施展特长。

这种游艺会不同于平日的演出，所以，我们又排了两出老幼都喜爱的猴戏《智激美猴王》和《十八罗汉斗悟空》。《智激美猴王》就是三打白骨精的故事，不过剧中只将这段故事作为引线，而以悟空与黄袍怪斗法为主线。本子是在上海连台本戏《西游记》原本基础上修改的。少春、世善（饰白衣大仙）、李宝魁（饰猪八戒）、赵金容（饰百花羞公主）和我（饰黄袍怪）几个人边排边改边加新点子。我和阎世善琢磨着增加一场白衣大仙给黄袍怪祝寿的场面，众小妖各显其能，然后我和世善醉舞双剑。剑套子是在《昆仑剑侠传》的对剑基础上加以增删。我穿的服装是当年李桂春先生演《孟丽君》时扮演高延赞所穿的改良靠、扇面盔，真是一怪。特别要介绍的是少春在这出戏里又创绝活。孙悟空扮作女子，要去黄袍怪的洞穴探听虚实。下场门处立起一座三米多高的塔，塔的每一层都画有黑色塔门。但两米高处的那个塔门是个洞，内遮黑布。台下看去，此塔门和其他塔门并无不同之处。少春平地起蹿毛，嗖地一下蹿入这个塔门，跃入洞中，这可比翻跟头过城的难度大多了。要知道塔门的大小，只容他的身子笔直而过，蹿毛的范儿既要高，还要准，没有过硬的基本功是不可能办到的。此戏一直演到新中国成立后，不下百场，少春这招从未失误过。孙悟空化装成女子进入洞中后，与变成丫头的猪八戒一起将黄袍怪灌醉。八戒说："猴哥，咱们该动手啦！"悟空随着"动起手来"的话音翻过一个小翻，刹那间那个千娇百媚的假公主百花羞不见了，悟空恢复了原貌。观众发出一片啧啧赞叹之声，经久不息。我清楚少春的假脸、头套、褶子、裙子是连成一体的，可是他能在眨眼之间连翻筋斗，将这套装扮卸去，真是变幻得干净、利落。我在帐中多少次地观看，竟然也没看出破绽在什么地方。少春这身绝技，到目前为止，仍然少见。

我们在排《十八罗汉斗悟空》时，我主动要求饰演粗犷的伏虎罗汉。他手中的武器是圈。前几年在华乐园练功向张云溪学的哪吒耍圈，现在有了用武之地。我将圈扔出去使其滚回原地,用脚套起,串在脚踝上连转数圈,再高高甩起,伸出左臂,使圈斜挎肩上。此外,我还与少春编了一套棍穿圈的武打。观众们见架子花脸能借用武生的技巧,十分赞叹,给了我极大的鼓励。

游艺会的演出每天都不间断,星期日还要演日夜两场,比较累。记得有一天,是日夜两场《牛郎织女》,日场演出结束,我心想过不了多久夜场戏就开演了,索性不卸装。我叫了些小食堂的饭,好歹吃些,就在三楼休息。阴历七月的伏天,天气正闷热,一顿饭吃得我热汗直流,顺手拿起手巾擦脸上的汗。结果弄得满脸开"金花"(金牛星勾金脸)。脸,只得重洗,重勾,反而多花了时间。想来,懒也不是好偷的呀!

我和少春还在初交阶段,艺术上彼此都很敬重,生活上来往逐步增多,感情也很融洽。

连续几期的演出,使我在天津有了较深厚的观众基础,同时,也结交了一批天津京剧名票(业余爱好者)。其中有一位叫卞范吾(号称卞十三爷)的学演花脸,请我给他排演《连环套》中《拜山》一折,演出时特约我去看戏,并给他们勾脸、把场子。这天的剧目是卞范吾主演《拜山》,军阀张勋侧室之子张某主演《黄鹤楼》(饰周瑜),大轴子是近云馆主和大东皮鞋店的一位经理(名字记不清了)合演《宝莲灯》。近云馆主宗梅派,擅演《红线盗盒》《廉锦枫》《霸王别姬》等剧,在天津颇有与当时名角儿雪艳琴并驾齐驱之势。

一个月的游艺会未曾结束,陈椿龄(李桂春已约他做少春新组班社的管事)与万子和(新新大戏院的经理)同到天津,约少春到北平第一流的新新大戏院演出。李桂春老先生闻听,拍手说道:"太好了!说不定这次演出,就遂了我们爷儿俩北来的心愿了。"

八月初,我随少春一同回北平演出。

叁拾肆 应邀请 郝老观戏

秋阳煜煜，使新新大戏院门前刚搭起的五彩牌楼显得越发鲜艳夺目。来往行人不由得停下脚步，看看那用各色纸花拼成的"欢迎上海新到义武老生李少春艺员来北平演出"的字样，听听从戏院里面传出的琴声、鼓乐声和不时响起的掌声、喝彩声。

戏院内的舞台上，戏演得正起劲儿。一位头戴方巾、身穿青褶子的寒儒高唱着：

相府（哇）门前杀气高，
密密层层摆枪刀。
画阁雕梁双凤绕，
亚似天子九龙朝。
……

如此威严的相府，这寒儒竟昂首挺胸，高甩长袖，迈着轻盈的步子，摇摇摆摆地走了进去。见了上座的丞相曹操，微微点头打拱，行一般常礼，而未躬行大礼，好一副形神兼备的狂士之态！骄横不可一世的曹操见此情景，只两眼略略一瞟，就已泄出内心的奸诈。

这就是我和少春在北平新新大戏院首次演出的《击鼓骂曹》。少春扮演寒儒祢衡，我饰演曹操。少春虽有惊人的武功，但他从人物出发，因人而异，扮演祢衡这样的儒生，就不带丝毫武气。曹操羞辱祢衡，贬他为鼓隶。祢衡微微冷笑着唱道：

……罢，罢，罢，
暂且忍下了，
明日自有我的巧妙高。

随着"巧妙高"三字，少春三摆水袖，然后右手转袖、背手，左手轻撩褶襟，端的是一位手无缚鸡之力的文弱儒士。

他在此剧中极力发挥自己的唱功，以声夺人，声情并茂。【导板】一句"谗臣当道谋汉朝"几度翻高的激昂唱腔，他唱起来气力充沛、自如；"楚汉相争动枪刀"一句，"动"字平直上挑，爽脆地迸出"枪刀"二字，尤为动听；下面一句"我手中缺少杀人的刀"，他改成"杀贼的刀"，一字之差，目的性更明确了。我此时的表演很少，仔细听少春演唱，两眼直视前方，忽然发现台下前排座位上，稀稀疏疏的观众中，有一张非常熟悉的面孔。我不敢相信自己的眼睛，又迅速朝他看了一眼。那挺直的腰板，庄重认真的神态，慈祥的面孔，是那样的熟悉。千真万确，是郝老师看戏来啦！我顿觉全身发热，血脉贲张。刹那间，我意识到自己是在舞台上，不能分神，于是很快控制住了自己的情感。可是，我又陷入了新的思想矛盾之中：曹操听鼓的一段表演，是漂学（即自己看会）郝老师的，未必准确，现在郝老师就坐在台下，我岂不是在孔夫子面前卖《三字经》么！真有些拿不出手。要不然，这回就按一般的演吧，免得让郝老师见笑。但这一闪念很快就被驱逐了。不是吗？几年来，我一直渴望着郝老师看我的演出并给予指点，就是苦无机会，好不容易那次在科班陪高庆奎先生演《浔阳楼》，恰好压轴子是郝老师演头、二本《忠孝全》，在他候场时，我找机会和他见了面。郝老师认出是我，挺高兴，还想要看看我的演出。可惜《李逵夺鱼》这场戏与《坐楼杀惜》间隔的时间较长，郝老师还有别的事情，不能久等，没能看我的演出。真遗憾！这次郝老师是被李桂春先生请来的，借此机会，使他看到我的演出，是我求之不得的幸事，我应该格外提神，将戏演好。有朝一日，我一定拜郝老师为师，丑媳妇早晚要见公婆，我演得对与不对，再向郝老师求教，怕什么！为什么要临阵退缩呢？

咚、咚、咚咚……节奏清晰、铿锵悦耳的鼓声缓缓而起，渐转激越，声声急猛如雷，是在发泄这位赤身的击鼓人内心之愤怒，是在痛斥奸相曹操。曹操，先是悠然自得地听着，逐渐，随着鼓声的转变，开始听出鼓声之中另有弦音；遂起身站立，侧耳细听，啊！是在斥责曹操"挟天子以令诸侯"；曹操满脸愠怒，踱步再听，更难容忍，气得跌坐在椅子上，几待发作，终于强压怒火，想出借刀杀人之计，派祢衡去见刘表……我将平日所学到的点点滴滴都认真地发挥了出来。

《击鼓骂曹》之后，垫了一出程玉菁主演的《十三妹》。然后是大轴子《两将军》，少春改扮马超，我改扮张飞。此剧中的张飞是武二花脸应工，平时由张连庭师兄扮演。因此次是在北平首演，李桂春先生为了加强阵容，执意要我和连庭师兄合演此角色。前半部张飞闹帐、马超骂城，张飞有较多的性格表演，由我扮演；开城会阵再由连庭师兄接演。我只好依从。少春饰演的马超格外具有猛将风度，尤以瓷实的靠功、间不容发的开打，紧紧地吸引住观众。他与张飞的快枪，由慢入快，连续三次搭兜、一刺、蓬头、刺肚，紧密无隙，难解难分。挑灯夜战，马超、张飞已卸去铠甲（大靠），从马战转为步战。少春身着素白箭衣，摘去倒缨盔，甩发散放，越战越激烈。二人扭作一处，少春向后甩身过了小翻叉，又全身跃起，脖梗着地走了一个"乌龙绞柱"，那未用嘴叼的甩发，依旧是那么齐整。刘备赔情后，马超高喊一声"收——兵——哪！"嗓音又脆又亮，震动了整个剧场。观众们无不为少春真文、真武的高超艺术所倾倒，那雷鸣般的狂热掌声，直到大幕落下、鼓乐声停，仍然未断。

接着，《十八罗汉斗悟空》和新排的《周瑜归天》（少春饰演前鲁肃、后周瑜，我饰演张飞）连续上演，都获好评。上座率自然是快速直线上升啰！

叁拾伍 赴盛会 恭听赐教

前面提过,李桂春老先生父子有个心愿,就是想让少春拜余叔岩先生为师。这可是一件非常不容易的事情哪。

余叔岩先生是名须生余三胜之孙、著名青衣余紫云之子。幼年起便演祖父的剧目,后又拜谭鑫培为师。他学谭而不拘泥于谭,创立了独树一帜的余派,是继谭鑫培后京剧老生行当的奠基人之一,对后来须生的唱腔、表演有着深远的影响,是一代卓越的表演艺术家。余叔岩先生对收徒一事极为慎重。谭富英、杨宝忠、吴彦衡等人能成为他的弟子,皆因余先生与其父辈的交谊。杨宝忠之父杨小朵、吴彦衡之父青衣吴彩霞,都与余老先生同台多年。谭富英是谭鑫培之孙,余先生又是谭门弟子,所以情面难却。风闻余先生曾直言不讳地对谭富英先生说过,你和我在叹念方面搭不上钩,有了"谭"字就足够你"吃"的了。所以这几位都不过是其挂名弟子,并未得其真传。颇得真传的倒是位银行界的张伯驹先生。说到此处我想起了一段往事。

那还是我在科班时,一次,张伯驹先生家中办堂会,约我们富连成做底包。这天的大轴子是一出群英荟萃、不同凡响的《失·空·斩》。主演者是这位与余先生交谊笃厚的张伯驹先生,他在剧中饰演诸葛亮。余下的配演者可不是寻常人物。国剧宗师杨小楼先生串演马谡,余叔岩先生扮演二路老生角色王平,著名小生程继仙扮演底包小生所饰的挂黪满的马岱,著名老生王凤卿饰三路老生应工的赵云,名净裘桂仙饰司马懿,名武二花钱金福老先生饰张郃,名丑王长林、慈瑞泉饰老军。这种超级豪华的演员阵容当然是靠余老先生和张伯驹先生的面子和同行义气,否则绝难形成。

为了看这出好戏,我很费了一番脑筋和气力。我在这出戏里没有活儿,得在大轴子将上前,随科班大队回富连成。我很着急,思来想去,想到了一个躲藏的好地方——大衣箱案子底下。这是富连成学生们演出时藏身睡觉的宝地。对我来讲还属初次进"巢"。我一听说要集合大队回社,乘忙乱之机,咪溜就钻到衣案底下,被下垂的桌布遮掩起来。大部队走后,我再爬出来,放心地去看戏。

我记得,张伯驹先生临上场前,余叔岩先生亲自给他正口面(胡子),足见二人关系之密切。张伯驹先生的余味十足,四声音韵也颇讲究。遗憾的是声音太小,我在下场门扒开台帘,竖起耳朵,才能听清。这场精彩演出,至今记忆犹新。

少春拜余叔岩为师的事情,李桂春老先生先托万子和出面,请李宏春先生(这位李先生就是原中央乐团团长、著名指挥家李德伦的父亲,他与余先生交好)帮忙,李老先生看了少春的演出后,热情相助。为把事情办得更有把握,他又请了一位余迷张二爷,一同向余先生提及拜师之事。余先生已耳闻少春演出深获好评,答应看看演出再作决定。

余先生从不到戏院看戏,这次他能亲自去看少春的演出是件很不简单的事哩。当老先生看了《恶虎村》《打渔杀家》双出后,见少春功底深厚,唱、念、做、打兼优,是罕见的文武全才,岂有不爱的?余先生高兴极了,当即表示："好，难得他戏路如此之正，我开山门！"

就在择取黄道吉日，举行拜师仪式期间，又出了一段小插曲。

少春在华乐园演出《金钱豹》《真假猪八戒》双出，少春前饰金钱豹、后饰猪八戒。《真假猪八戒》就是变相的《盗魂铃》。

猪八戒所唱的【西皮导板·原板】的每一句唱词和唱腔，都是从别的戏的【导板·原板】唱段中择出凑在一起的。这类剧目在当时有着相当的号召力。

演出前一天，余先生从报上看到了广告，将少春叫到家中。

老先生明确地说："你的条件很好，文的、武的都行，这是好的。当初，你师爷爷（指谭鑫培老先生）曾一度是武生。我呢，给畹华（梅兰芳）的老太太办生日，能反串《艳阳楼》里的高登，没武功行吗？但是，你在一个晚上唱一文一武双出，我不同意。让观众从哪个角度来欣赏你呢？你的精力也势必分散，不如积攒力气演一出效果好。双出意味着什么呢？演一出分量不够，再饶一出戏？这和绸布庄的老尺加一有什么区别！（旧时布店为了推销布匹，声称买 尺布，可多饶给 寸；买一丈，多饶一尺。这种人甩卖，实际上是做生意的一种手段）艺术是千锤百炼的精品，不能大甩卖！你既拜我，我就得过问你的艺术。以后，不要在一晚上演一文一武双出。

"还有，我不愿见你演《真假猪八戒》这类戏！当初，《盗魂铃》是你师爷爷的一出拿手戏，我就不学，也从来不唱。这种戏不是艺术，是什锦杂耍。每出戏的好唱段都是颇费一番工夫琢磨出来的，不是东拼西凑凑成的。艺术不是'拼盘'，我不吃这种'拼盘'，也不教你'拼盘'，你更不要卖'拼盘'！"

师命不能违，少春从余先生那里回来，急忙找管事人陈椿龄商议。陈建议《真假猪八戒》由我替演。二人又同来找我，我答应来解此围。在科班时，盛章师兄演二本《安天会》，我曾在剧中扮演猪八戒，也有这种"拼盘"式的唱段，所不同的都是由花脸唱段组成，比如【导板】是《铡美案》

中"包龙图打坐在开封府"，【原板】第一句是《锁五龙》中单雄信的"不由得豪杰笑开怀"等。因此，这场戏演来算是驾轻就熟了。

如今想来，余叔岩先生的那番见解，确实独到，高人一筹。尤其是他对艺术的严肃态度，对那类荒诞剧目的批判，我是深深佩服的。

一九三八年的金秋季节里，少春在椿树上头条余先生家中举行拜师仪式。

下午，我从前孙公园刚刚走进西草厂，就看见许多出出进进的人力车、马车和衣着整齐的人们，拥挤在东椿树胡同狭窄的胡同口旁，使这条平日安静的小巷一片喧嚣。我拿出闪转腾挪的功夫，总算穿过这条窄胡同，拐进椿树上头条。

余先生家门庭若市。廊上、廊下、屋里、院内已摆好不下二十桌酒席。众多的贺喜客人，有的穿长袍马褂，有的是西装革履，还有衣着华丽的太太小姐们，令人眼花缭乱。

余先生的管事李玉安做总招待。在他的引导下，我到北屋客厅里给余先生贺喜。

北屋客厅内也是宾客满座，笑语喧哗，一片喜气。余叔岩先生的戏，入科前后，我看过不少，但真正见面接触，这还是第一次。老先生穿着簇新的袍子、马褂，坐在迎门的硬木椅上，虽是面色有些黄白，略带病容，但两眼却射出振奋而深邃的目光。他看上去文质彬彬，不像是位演员，颇有官宦的气派。少春掩饰着内心的喜悦，在旁垂手侍立。他那合体的蓝色团花袍子和黑马褂、乌黑光洁的分头、锃亮的皮鞋，映衬得他更加英俊。

我刚走到门口，被少春一眼看见，忙向余先生介绍："世海，是富连成的学生喽！"

"那天《恶虎村》中的大大个（指濮天雕，大大个是我们一个惯用的称呼）就是你演的吧？"

"是，您多指点！"我十分拘束。

"你那大刀花起蹦子的下场,是钱(金福)派的路子呀!念白又很像郝老板的味儿,不错!"

能在这样的场合,受到这样一位有威望的艺术家的称赞,我感到非常荣幸,但也有些尴尬。

"这孩子出了科,在我那儿待过几年。他挺有心胸,很见起色,混得不错了。"尚小云先生在一旁插言道。他穿着一身浅色的西装,梳着中分式的分头,显得格外精神。

又来了几位客人向余先生贺喜。我被尚先生叫到他的身旁。

"好小子!我正要找你呢!你把《别姬》给我们荣春社的学生说说。"此时,尚先生已经成立了荣春社科班。

"好,哪天他们有时间,您随唤,我随到。"

"祝贺!祝贺!"熟悉的声音传来。我回首一看,郝老师来了。他迈进门槛,拱手向余先生祝贺。余先生起身相迎。

"祝贺您喜收贤徒!"

"您一向不太参加这种热闹场合,今天居然将您给惊动来啦!深感不安!"余先生说话声音不大。

"后起之秀,拜在您的门下,余氏艺术有望,可喜可贺,自当前来!自当前来!"郝老师的声音很洪亮,而且说得一字一板,非常认真。

"哟!快听听,你们这位花脸老先生,说话总是这么咬文嚼字的,是刚从洋学堂里听课出来的吧?"坐在右边茶几旁的荀慧生先生指着我,高声打趣郝老师。荀先生平日说话与他在舞台上念京白,基本上区别不大。这几句话引得所有在座的人都哄堂大笑。郝老师也莞尔一笑,并不争辩。

余先生笑指荀先生:"慧生说话总是这样诙谐风趣。"荀先生爱开玩笑,是众人皆知的。

爽快的尚先生不肯放过这样的机会,紧接着向荀先生说道:"你呀!说话老是不忘你的姓!"又是一阵欢笑。尚先生指的是,"荀"字少一横

（苟），便是"狗"字的谐音。

这些老前辈，当初都有着多年同台合作的基础，相聚一起，互相打趣，很是随便。而在座的程砚秋先生和马连良先生，同这几位前辈相比，较为年轻，他们只是随和地点头微笑，并未插言。

当时，郝老师已经不常活跃于舞台了，一些老相识们都纷纷向他问好。郝老师一面不断地应酬着问好的人们，一面信步走出客厅。

我自从十五岁那年，去郝老师家拜访后，一直没有与他闲谈的机会。我料定少春拜师的盛会，无论是余先生的面子，还是李桂春先生的面子，郝老师都肯定会来的。我准备了很多要说的话。机会来啦，我赶忙走过去，向郝老师施礼问候。郝老师依然对我非常热情。

"几年不见，真长成大人的模样了。有二十岁了吧！"

"二十三岁啦！"

"好哇！你台上也很见出息！"

这句话给了我勇气，我说出了憋在心里好久的话："您那天看了少春的《骂曹》和《两将军》了吧？"

"看了，少春文武全才，前途不可限量。你演得不错，武功也很有基础。"郝老师是指我在《两将军》中演前部张飞，扎靠走马趟子而言。

"您，您要是有时间……请您教教我！"话说出来了，我的脸也红了。

"我是想给你……"

"哈，我听说你来啦！净顾在那边忙了，照顾不周，不要见笑！"李桂春先生兴冲冲走过来，打招呼。他瞧了瞧郝老师，又瞧瞧我，哈哈哈地大笑起来。李老先生今日了却了多年的心愿，由里到外透着股子高兴，本来就是十分爽快的人，今儿个更是快言快语。他这一笑，郝老师也笑了，我明白李老先生看我们这一眼的含义，也不好意思地笑了。

"说真的，老弟，今天，我心里这块石头才算落了地！"

"多年不见，宛如一晃，您李家后继有人，我钦佩、羡慕之至！"

"哪里，哪里！还差得远哪！"

说着李老先生拍了拍我的肩膀，话锋一转，认真地说："这孩子真有心，很多地方学你，还真学出点儿门径。那天，他演完《骂曹》我就夸他。我所看到这出戏里的曹操，都按一般的配角演，他演得不一样，脸上的神气，听鼓的那几步走，对了，你也看啦，你说像不像你?"

郝老师没有回答他的提问，笑着问我："你跟谁学的？"

"我跟您学的。"郝老师听了微微一愣，我接着解释说，"那年，您和高大爷（高庆奎先生）在华乐园演日场，大轴子是《骂曹》。我们富连成接演晚场。大队去得早，正赶上看您这出，就糙学过来了，动作也不准确，您别见笑……"

"不容易，不容易，漂学到这样，真是不简单，日后……"李老先生接过话茬儿说。

"李老先生，我们余三爷请您哪！"

"就去，这会儿太乱，不得谈。得工夫，咱们哥儿俩好好聊聊。照顾不周，您别见怪！"李老先生说着拱手匆匆而去。

得！李老先生正说到我的关键问题上，就被那位管事给打断了，遗憾！

三叩首的拜师仪式结束后，大家分批就餐。我有意识地与郝老师同入一席，相挨而坐。酒席间，郝老师将《骂曹》一剧中曹操的表演向我做了细致的剖析。他讲，《骂曹》中的曹操，看起来是配角，但在全剧中也是个举足轻重的人物，不可等闲视之。尤其是听鼓一段，绝不能平淡处理。骂曹，骂曹，究竟如何骂，一方面靠祢衡的唱、念、击鼓，一方面要凭曹操用表演来陪衬体现。当曹操听出鼓外有音后，要先静静沉气细听，细品；断定祢衡借击鼓责骂自己后，脸色沉下来，先愠，后恼，再怒，有明显的层次变化。何时站立，以示怒火难遏，何时随【夜深沉】的节奏踱步，以示曹操被骂得面红耳赤，坐立不安，思索对策；又何时被气得跌坐在椅子上，忍无可忍，欲待发作；再如何二次沉下气来，策划好借刀杀祢之计……郝老师一字一板地给我讲解了关键的眼神、动作、台步和内心情感,并且纠正了我那天表演中不正确的地方,像"尔有何德能,出此狼言"一句念白,"尔"字不能念"儿"音,应念"耳"的音,"狼言"要改念"狂言",等等。

我全神贯注地倾听着郝老师的讲解,宴席上的喧哗笑闹、猜拳行令,我仿佛都没听到;桌子上的名菜佳肴是甜还是咸,我也没有尝出来,就连肚内是否吃饱,也没感觉到。郝老师的话语,有如清泉,潺潺流入我渴望已久的心田,使我感到无比甘美,对郝老师充满了感激和敬佩。直到迈出余家大门,将郝老师送上车后很久,我的心情依然不能平静。

我遥望着天边的夕阳和那迷人的晚霞,信步向西行去。老前辈们常说:"宁给一元钱,不教一句词。"那时,艺术是自己的私有财产,艺术是饭碗,保住饭碗,艺不轻传,甚至为防止同行偷艺,临场改词、改唱腔、改动作的,也是大有人在。可是,郝老师与我还没有师徒名分,就能如此诚挚无私地倾囊而授。我愈想愈受感动,情不自禁地练起来。

"尔为何……儿……尔,尔为何……"我边走边念。

"嘻嘻!疯子!看疯子嘞!"顽童的嬉闹声,打断了我的练习。疯子在哪儿?我停下脚步,好奇地四下寻找。哪里有什么疯子呢?几个行人和站在门前聊天的几位老太太扭着脸,紧紧地盯着我。哟,身后还有四五个孩子,睁大眼睛,愣愣地瞧着我。噢!我明白了。真令我啼笑皆非。

"我不是疯子!我有事,你们别追着啦,玩去吧!"孩子们噢的一声跑了。

嘿!我不知不觉地走到与椿树上三条相对的下三条西口了,我转身往回走。少春的拜师会又在我的脑海里浮现出来。如今少春拜了名师余叔岩先生,我何时能拜郝老师,以求得艺术上的进步呢?我轻轻地咬了一下嘴唇,咽下一口唾沫。会有这一天的,凭我的自信心,凭郝老师的忠厚为人,不过是时间早晚罢了。我重新沉浸在郝老师给我说戏的幸福、宝贵的时刻里……

天渐渐地黑了,我走在间隔着上下椿树三条的西椿树胡同这条狭长的小巷中。前面一片亮光,是左边岔口里一家的门灯亮了。我朝着灯光走过去,反正，走这条路一样可以回家。嘀！是一所讲究的四合院，高高的台阶，红红的大门，一对石狮子分立两旁警戒着。真神气！我认出来了，这是椿树三条西口，荀慧生先生的家宅。萧先生不止一次地对我们讲过，不论住房三间五间，所挣钱多钱少，也要想办法住独门独院。不然的话，前来邀角儿的人，看你住在大杂院里，没有角儿的派头，原想给你五百元的包银，眼珠子一转，告诉你包银只给三百，料你生活不宽裕，钱少也不敢推辞。难怪京剧界中略有点儿名气的人物，都有好房住呢。看来，像我这样一无所有的人，要想创业，需要及时将门面撑起来，才会少受人欺呀！我和哥哥年龄也大了，迟早要成亲。二姐夫自七七事变后杳无音信，二姐在家中长住，只这三间南房和一间小东屋，是不够住的，倒不如还清曹大爷的钱后，索性存一笔钱，将这小杂院买下来，修整一下。这几年，雨季前抹灰修修，下雨不用接漏了，但仍旧潮湿泥泞。像这样年久失修的破房子，必须来个彻底修整才行。母亲吃了这么多年的苦，该让她住上好房子，过过舒心的日子。只是，这需要很多钱哪！拜师也要很多钱哪！少春说，他拜师时送给余先生四季衣料、 件珍贵的水獭皮大衣、 顶水獭皮帽，另给师母、师姐妹们、佣人们各一份礼品。李桂春先生又馈赠五十两上等大烟土。再有今天的拜师仪式，这件轰动京剧界的大事，他办得有排场、有气魄，所需用项，有几千元之多。我要想拜名师，也必须有几千元的筹款才行呀！再加上买房修房的钱……我禁不住倒吸了一口凉气。不留心，地上的石块绊了我一个趔趄，我用力一踢，石块滚开了。

四周一片漆黑，我感到有一股无形的巨大压力朝我袭来。我承受着，我在极力与它搏斗。

叁拾陆 雕美玉 有幸旁听

几天后,晚上十点半,我和少春几乎是同时来到余先生家的前院客厅,等候余先生亲授《战太平》。我在剧中饰演陈友谅,故能有幸旁听。余先生尚未起床,他的生活习惯特殊,白天睡觉,子夜起床吃早饭,再抽足鸦片,才开始吊嗓、排戏。

我们静静地等候着。少春反复地观看客厅墙壁上挂着的张大千、齐白石等名人的字画,然后久久地站在一幅余先生自作的字画前仔细观赏。李桂春先生很注重培养少春学习文化,因此,他不仅有文化,而且能画一手好国画。记得解放后,一九五八年,号召全民皆书画时,他画了一张《雄鸡啼晓》,相当有水平。我也突击学习临摹齐白石先生的《富贵牡丹》,在人民剧场的春节联欢会上展出。大家曾评论,少春的画是工笔细致、清新淡雅,酷似一"生";我的画是写意粗犷、色如泼出,俨然一"净"。想来,倒也颇有情趣。

我简略地看过画后,在迎门的大靠山镜前面停住了。对着它出神,亮几个幅度较小的姿势，自我欣赏一番。

有人送来茶水，我俩都回到椅子上，端起茶杯，各自喝着。

"三哥，您休息好了吗？"少春问我。

"不错，白天睡了个香香的午觉。我出科时，搭尚先生的班社，经常夜里通宵排戏，问题不大。你呢？"

"白天背背词，准备准备，晚饭后眯了一会儿，也没睡实。"

"看你这精神劲儿，可不像没睡的。"

"当然，当然。"少春笑着点头回答。看得出来，少春是在尽力抑制着内心的激动，但无论是从他那闪烁的目光，还是微微上提的嘴角，都流露出无比喜悦之情。别看少春在舞台上喜怒哀乐的面部表情那么鲜明，平时却是寡言持重，经常是一副不苟言笑的神情，叶盛章师兄曾给他起了个绰号叫冷面。可是，这天他的话格外多。我们闲扯一阵以后，就言归正传了。

"那天我看你演《两将军》中的马超，出场、亮相，跟一般的不同。这出戏，你也是向丁（永利）先生学的吗？"我问。

"是。您说上场亮相——"他略一思考，接着说，"我是斜身上场，斜身亮相。"

没等他说完，我抢着说："对，对！又好看，又和同扎白靠的赵云有区别。好！"

"不光为这，丁先生说过，别看马超也是上将之一，他生长在西凉（现甘肃武威），那里是树少人也少的地方。马超有勇少谋，侧身上场，侧身亮相，表示他的蛮。"

对呀！《三国演义》介绍马超之父马腾系羌女所生，所以在《七擒孟获》一剧中马超的堂弟马岱挂八字胡，身穿改良靠，头戴倒缨盔，足蹬花薄底靴，也很有蛮将的特点、气度。我们表演一个角色时，一定要搞清他的来龙去脉、生活环境和成长背景，才能抓住角色的特征加以充分体现，所塑造的人物形象才会丰满。丁先生追随杨小楼先生多年，教得就是非同一般。

"三哥，我很佩服您，您真会演戏。张飞的脸谱勾得喜兴，做戏有神，和奸诈的曹操有天壤之别。一个角色一个样。我们老爷子真没少夸您。"

"嘿嘿，你能文能武，能唱又能翻，我也很佩服。你那筋斗范儿多正呀，《智激美猴王》的蹿塔，真棒！"

"您哪知道哇！当初，给我开了筋斗范儿以后，我能串五个虎跳前扑，老爷子还是不让撒把（不抄扶），怕走了范儿，怕将来筋斗翻得不顺。他说，这和唱、做、念一样，要顺，功底要扎实。"

正说间，余先生推门走进来。他穿着一件蓝色长夹袍、一双洁净的礼服呢面小圆口便鞋，在灯光下显得清瘦，却又透出刚毅。

互相寒暄几句之后，余先生就将我们带到庭院中。

在这静谧的初秋之夜，我和少春聆听了余先生对《战太平》一剧的指教。

"《战太平》这出戏，原本第一场是《金殿》。花云应召上殿，只有几句戏词，就领旨而去，作为全剧的主角，这样出场，没气魄。而且，回府后，还要将领旨抗敌的经过向两位大人背一遍，很重复。所以，我将《金殿》一场删去，改为二场的上场。先在幕内喊一声'回府哇！'随即踩'水底鱼'的锣鼓点儿快步上场，比较醒目。但是，二场开始是二位夫人小锣打上，每人一句定场白：'夫受皇家爵''妻沾雨露恩'。念完归座。然后花云上场。如果将这变为第一场，舞台气氛差，观众们也没有静场，效果不好。所以，第一场就改成现在的《陈友谅发兵》，让陈友杰起霸。钱先生演这个角色时，借用了《铁笼山》中司马师的路子，用翎子起霸，很有独到之处，既不刨后边的花云起霸，又将场子压住了。"

余先生坐在院中的椅子上，滔滔不绝地说着。他说话的声音不大，但字字都很有分量。我联想到郝老师演《落马湖》改李佩的戏词、演《除三害》改周处的戏词，乃至对《风波亭》中张保戏词的改动……都意味着，一个好演员等着吃剧本中给的现成饭是不行的，一定要通观全剧，统筹安排，一定要有重新加工剧本的能力，使其更完善，更能体现人物的性格。从前辈们的艺术实践中，我所悟出的这条经验，在我以后的舞台生涯中，一直起着指导作用。不论我接到什么剧本，即便我在剧目中扮演配角，也要进行适当修改。《李逵探母》《九江口》《黑旋风李逵》等剧，演到现在，也未停止剧本的修改。因此，青年演员们一定要留心剧本，培养自己对剧本的再创造能力。

余先生透彻地讲解了改动剧本、安排场次的意图后，让少春先走一遍上场前后的动作。少春手执马鞭，到九龙口亮相后，随着"水底鱼"锣鼓点儿，加马前行，到台口，又一加马，勒住。

"停住！"余先生摇了摇手又看着我说，"这是个普通出场，你按照花脸的架势走一遍给我看看。"我硬着头皮也走了一遍。

"你们两人走的，只能算是看得过去。锣鼓点儿踩得都不够准。'水底鱼'的锣鼓点儿有快有慢，脚步也得有快有慢。你们的步子快慢一致，似乎是踩上了，又似乎没踩上。记住：锣鼓为脚步而打，脚步要踩着锣鼓点儿走。再有……你先说说，舞台上，用马鞭加马是什么意思？"

少春说："让马快走！"

"走到台口的勒马呢？"

少春眨了几下眼睛回答："来到家门，让马停住。"少春脸上已透出不解的神情，我心里也感到有些莫名其妙，我们都吃了十几年的戏饭了，余先生怎么向我们提这么简单的问题呢？

余先生听了少春的回答后，微微一笑，又问："既然是来到家门，让马停住，为什么在勒马时先用马鞭加马呢？这一加马，马会快跑，还能及时勒住吗？二位夫人都在门外相迎，马在门前飞奔，花云岂不是要越门而过吗？"这几句话把少春和我问得哑口无言，我俩默默地对视了一下，都不好意思地笑了。

"你们看着！"余先生从少春手里拿过马鞭。

"○大台｜仓才｜仓大八来才｜仓大八来才｜……"

余先生一边出场亮相，一边念起"水底鱼"的锣鼓点儿。他加马前行，步伐中用了个小蹉步，又帅又俏。到台口，侧身一缓马鞭，勒马，停住。

"看见没有？亮相后的加马是心急嫌马慢，快马加鞭嘛。马快了，我们的步子就要加快，中间用小蹉步，表示他行路之急，又能与锣经节奏吻合。来到家门，自然要让马停住，绝不能再加马，而是缓一下马鞭，做个勒马的辅助姿势。记住：身段不能胡用！"

余先生这番讲解，我牢牢地记在心里。加马、勒马这些普通、常见的程式动作，从没引起过我的注意。然而，其中竟有着貌似简单而又深奥的道理。在艺术的海洋里，我仅仅只知一粟呀！举一反三，触类旁通，我领悟到在舞台上的每一个动作，不单单要求外形好看，或是很像某某前辈，更要深入思考一下是否符合情理。

就这样，余先生将起霸、枪架子的软硬劲头，乃至如何提甲、扣腕等细微动作，都一一加以指点，宛如一位雕刻家在月下精雕细刻一件艺术品。兴之所至，老先生索性脱下了长夹袍，将动作、唱腔、念白，都示范出来。老先生手、眼、身、法、步，高度配合，臻于精妙之境。

"陈友谅下位把话讲，背转身来自思量……"尽管余先生只是低声吟唱，可是那醇厚的韵味，依旧沁人心脾，令人沉醉。连院内花草里不知疲倦的蟋蟀也仿佛自觉地停止了鸣叫，而影壁前绽开的子午莲，也纷纷从鱼缸里探出身子……

不觉东方泛白，晨曦初露，通宵陪伴我们的弯弯明月和闪闪群星，目送我们返回室内后，才悄悄地离去。

十二月三日，《战太平》公演。

我乘坐人力车去新新大戏院，刚刚走到和平门前，火车来了。拦挡车辆行人的破木杆缓缓地往下放。我用脚踩了一下踏板上的脚铃，喊："快抢着过去！"车夫听见，又往前快行几步。

"不许抢行，退到栏杆外边去！"看道口的人摇着绿旗，大声申斥。我们和另外几个行人只好退了回来。栏杆放平后，过了一会儿，一辆车头从东向西慢慢爬行而过。车夫端起车把，做好前行的准备，但是栏杆并没像平时那样，火车一过即刻抬起。又是几分钟过去了。我掏出怀表，借着光亮一看，不到九点，心想问题还不大，我赶到戏院，程玉菁的压轴子《十三妹》刚刚开始。这出戏有三刻多钟，我有足够的化装时间。

突！突！突！火车头慢腾腾地倒行回来，它不再前行，也不后退，停在对着马路的地方一个劲儿地往外喷白雾。我有些着急了，不住地埋怨这破火车头太误事！晚上是少春在新新大戏院首演余先生亲授的《战太平》，若是误场，可麻烦大了！哪怕从家里再早出来两分钟，也不会被拦在这里着急。我又掏出表来盘算，如果从现在起，十分钟之内放行，还能有不误场的希望。我目不转睛地盯着那辆一会儿前行，一会儿停住，一会儿后退的车头。时间太长了，堵在路边的人力车、马车、汽车和行人都不耐烦地骚动起来。我也与车夫商量好，争取用最快的速度到达新新大戏院，我给他加几毛车费。小伙子高兴地答应了。

火车头终于开走。吊杆抬起的瞬间，人们就像参加长跑的运动员听到起跑的枪声那样往前冲去，我坐的车一下子蹿出了几米远。

车行至府右街，我看到路边停满了汽车，一直延伸到新新大戏院门前，这景象颇使我震惊。余老先生盛名纵贯南北，因身体患病，早早退出舞台，这次亲授爱徒，演出余派代表剧目《战太平》，消息一经传出，轰动一时。余迷们纷纷从上海、天津等地赶来看戏。听说当时北京饭店、六国饭店里几乎住满了前来看戏的观众，难怪汽车如此之多。

车走得很快。我由衷地感谢这位小伙子，提前多准备出五角钱，下车时，告诉他不要找钱，就直奔后台去了。

陈椿龄站在后台门口翘首相望，急得团团转。见我跑过来，他搓着双手，一口气地说："哎哟！袁老板，您怎么才来呀？场上已演到十三妹给安公子提亲啦！一再地'马后'……"的确，时间太紧张啦，《陈友谅发兵》是第一场啊！我简单地告诉他，我被火车截在路上了，就急忙去赶装，经过二十多分钟的奋战，一切准备就绪。

《战太平》开演了。观众议论纷纷，剧场内一片嘈杂，就连大锣的声响都相对地显得音弱。直到我上场，观众席里仍然乱哄哄。"统领雄兵，取太平。扫荡烟尘，马到功成。"我放足嗓音念这几句，官中词改为专用的【虎头引子】，"烟尘"归鼻音，取得良好效果。观众们终于不再说话，静下来安心看戏。我很高兴，没有白费心思。那天，听余先生讲，陈友杰起霸是钱金福先生以优美的功架来压住场。这样，扮演陈友谅的裘桂仙先生也就无须费力，只念普通【点绛唇】就可以了。而我们这位扮演陈友杰的演员没有钱先生那样高的艺术威望，恐压不住场，结合我们的具体情况，我将陈友谅的普通【点绛唇】改为【虎头引子】，果然，这既能发挥我之所长，又能起到压场的良好作用。

少春在幕内喊了一声"回府哇"，就迎着热烈的掌声上场了。我回身去将摘下的盔头放好，刚要去揿头，就听到台下传来欢快的掌声，久久不息。怎么回事？这里不应该有掌声！是台上出差错啦？我忙将揿下的头网放在桌上，急返下场门处观看。噢！原来是余先生给少春把场子呢！余先生穿着一件团花蓝袍子、黑坎肩，头上戴着一顶额前镶有绿色碧玉和珊瑚帽顶的黑缎子瓜皮帽，手里端着镀得亮锃锃的水烟袋，威风凛凛地站在下场门台帘外。观众疯狂地为他鼓掌、喝彩。老先生微笑着频频向观众点首致谢。他很兴奋，平日黄白的面色变得红润了。很多关心京剧界的记者不请自到，抢拍镜头。一亮一亮的闪光灯，使剧场的气氛更加热烈了。以后只要是少春表演的关键时刻，余先生都要出台帘外站脚助威，观众也就相应狂热一阵。余先生退回台帘内之后，抓住表演空隙，向少春喊话："很好！""沉住气！"少春退回后台，余先生还要过去帮他整整服装，捋捋甩发，连我这旁观者的心里都感到热乎乎的。

《战太平》的唱、做都繁重。唱腔中高八度音多达几处，像"齐眉盖顶""一声炮响惊天地"等，少春演唱毫无疲劳、吃力之感。高音域唱腔，他绰绰有余，撒得开，放得足，毫不带虚音。"陈友谅下位把话讲"和"大将难免阵头亡"等唱段是余派精华之所在，少春字字句句将余派风韵体现无遗。我听了，真为他高兴。随着余先生的反复调教，严格要求，少春用心学习，又请余先生的琴师王瑞芝给其吊嗓，进一步加工、找劲头、找尺寸、找气口，功夫不负有心人，他终于攀登上余派演唱的高峰。

谈其功架，更为精益。只从简单的基本身段——子午式亮相、出手、提甲、拉山膀、抖靠拍子等来看，手、眼、身、法、步配合有素，一招一式都严格遵循了文武老生所要求的气度和节奏。就是被擒的虎跳，也效法其师，是直而不快，稳而不溜。《劝降》一场，斩千岁朱元信时，花云焦急难耐，咚嗒，号鼓一通，少春猛将头前的甩发甩到脑后，紧搓手中铐链，跨右腿，踢左腿，走稳且碎的蹉步。然后，右腿大跨步旋转一圈，弓箭步亮相，向下场门一望再望……此时，舞台上一切音响停止，只听见花云手上哗哗哗的铐链相击之声。观众们睁大了眼睛，看着这一系列又帅又美的动作。这些动作，没有武功基础是做不出来的。尤其是穿厚底靴跨腿一周的动作，难度较大。但有了武功而锋芒外露也不行，少春是自始至终保持着文武老生的风格，毫不露武生的气质。

少春没有辜负恩师的一片苦心。他理解快，记得准，用得恰到好处，不温不火。更难得余老先生教得如此细腻，使得《战太平》的演出非常成功。从那此起彼落的掌声、啧啧的赞叹声，就可以看出观众们是满怀希望而来，心满意足而去，由此足见艺术的魅力之大！

而后，我们一直在新新、华乐两戏院轮流上演该剧。此后去上海、天津以及东北各地演出，都是座无虚席，反响强烈，可谓红极一时，震撼南北！可惜余派《战太平》的精华只传到少春，没能传承下去。

叁拾柒 鬼门关 严查受辱

少春向余先生学习《战太平》之后，又学了《定军山》《洪洋洞》《洗浮山》《卖马》等戏。余先生虽有将自己的艺术倾囊相授的想法，少春也有将余派精华尽学到手的愿望，然而，现实是不允许的。一个剧团绝不能久居一地，必须保持观众的新鲜感以维持营业。少春已在北平演出近半年之久，自他听从余先生的劝告后，一场戏又从来不演文武双出，逐渐地，上座率有所下降。为此，我们排演了《讨荆州》，少春前饰鲁肃，以文为主，后饰周瑜，着重武打，但仍不能满足观众的要求。少春拜师花了几千元费用，李桂春先生早已退出舞台，家中的庞大开支完全靠少春一人。若再长期停留北平，会有诸多难处。恰好沈阳、长春等地邀约，他就决定暂离恩师出关巡演。

我和少春在北平演出期间，从来都兼顾着盛藻哥的演出。此时，文杏社也要去长春、沈阳。大家可能不理解，文杏社上次已在东北吃了苦头，为什么又去，难道不怕挨打吗？是呀，上次文杏社是在哈尔滨、大连吃了亏，受了欺负，这次再也不敢去了。但是上次在沈阳的上座率是极好的，共益舞台的孙楼东待人平和，与盛藻关系极好。那次，孙楼东提出续演，未得同意，他就说："咱们互相约好，明年我一定还请你们来！"所以，今年前来邀请，文杏社满口答应。想着哈尔滨、大连不去，也就出不了问题了。

我当时搭这两个班社，他们都要去东北，我只能随行。至于跟谁走好，我的意思是由盛藻、少春两人商定。我和盛藻哥演出《青梅煮酒论英雄》时，请少春看了。他说："三哥，这样的对儿戏非您和盛藻兄合作不可。尽管您不在，我的戏减色，我也情愿相让。等东北回来，咱哥儿俩再聚会。一定要排几出像《论英雄》这样的好戏。我做功吃重的文戏还比较差，要补上。"

事情顺利解决，我随文杏社二次赴东北演出，乘火车直奔沈阳。

那是一个寒冷的冬夜，我们乘坐在开往沈阳的列车上，没有人睡，忧心忡忡地等候着过那称为鬼门关的山海关车站，接受那为时两个钟点的盘查。我凝望窗外，黑洞洞一片，借着途中小站上昏暗的灯光，能看到被凛冽寒风吹弯了腰的树木飞快地向后退去。

子夜十二点，山海关到了，坐着几十人的日式通连软卧车厢里，顿时沉静下来，静得能清楚地听到车厢外狂风的呼啸，听到站台上来往巡逻的日本兵呱呱的皮靴声。阴森、恐怖的气氛笼罩着整个车厢。王慎之、盛荫等人急忙下车，去用钱疏通关节。

一个日本兵端着刺刀，像僵尸一样机械地走进车厢，后面跟着几个穿着日本军服的假日本鬼子和穿黑警服的伪军警。

"把行李打开，打开！"一个穿着日本军服的汉奸，气势汹汹地喊叫了几声，开始从那些已打开的箱子、手提包中，一件一件往外扔衣物，直到掏空为止。扔出的衣物或掏空的箱子，妨碍了对下一个人的检查，他们便一脚踢开。刹那间，车厢里变成了混乱的杂货铺。吃的、穿的、用的，各样物品乱七八糟地堆放在座位上、地上。乘客们应付着检查，被查过的又在忙乱地收拾。叮！哐！啪！忙中难免出错，碰翻了瓶子，摔了物件的声音和踢扔箱子的声音汇成一片，刺激着每个人的神经。

文杏社虽然出面给了人情钱，也未得幸免，照样检查，只是放松一点儿。他们查着查着，查出一张我饰演曹操的戏像，问："这是谁？是你？"我点点头，没说话。他将相片扔在地上，又去检查盛藻等人。最后，狗腿子向那个日本兵躬身龇牙地说了一句："戏八的（意思是唱戏的）！"又去检查另外的乘客了。我的小箱子被母亲收拾得很整齐，经此一查全乱了，我赶紧手忙脚乱地往里装填，就是塞不进去，好容易塞了进去，又盖不上箱盖，急得我满头大汗。我感到心里堵得难受，使劲儿地嗽了几声嗓子，痰，没有咳上来。我暗暗发誓，再不过这鬼门关演出了。

我们这次没出意外还算侥幸。日军岂止是在山海关盘查？他们在各大城市及交通要道均设岗检查箱物，甚至脱衣搜身。我们四处流动演出，受尽日本人和汉奸的欺诈。他们借机勒索钱财是轻的，寻衅破坏更是司空见惯。同行受害甚多。曾听说童芷苓从上海返平，因为钱没事先付给，他们曾借检查戏箱之名，故意弄翻一瓶蓝墨水，致使箱内一幅白缎子上绣五彩孔雀的精致大帷幕被玷污，完全报废。另有某花脸的一副二尺多长的髯口，被他们从中截成三四寸长，再也无法使用。制作髯口所用的犀牛尾极珍贵，十分稀缺，竟被如此糟蹋，受害者有苦难言，饱尝了亡国奴的苦痛。

在沈阳，因观众对我们有前次的良好印象，上座率尚好。半月后转至长春，这里是日本帝国主义操纵溥仪建立伪满政府的"首都"，改名新京。街上冷冷清清，做买卖的人很少，行人亦少，气氛萧条。看戏的观众寥寥无几，上座率极差。大家终日提心吊胆，称此地为"心惊"。原定演出半月，只演了七天，就惶惶然离开这令人心惊肉跳的地方，返回关内。以后，我再也未去东北演出，直到新中国成立。

叁拾捌 访卧龙 各施所长

年底，文杏社应天津大戏院之约，赴津与吴素秋合演一期。当时吴素秋年龄不到二十岁，但在天津很有观众缘。她与盛藻二人平起平坐，同挂头牌，有时合演《王宝钏》《拾玉镯》《法门寺》之类的戏；有时分开演，吴素秋演《玉堂春》《人面桃花》《刘兰芝》等戏，盛藻哥就和我及应戏院之约而来的盛戎、武生茹富兰、小花脸孙盛武等师兄弟合作演出《群英会》等戏。需要介绍的是饰演周瑜的茹富兰师兄，从扮相、嗓音条件讲，均属上乘，初在科里，也学小生；盛兰改小生后，也从他而学。他表演《群英会》中周瑜佯醉舞剑的一段，文中见武，一派儒将风度，很有独到之处。盛兰演此戏，基本上仿效他。可惜，茹先生为了继承家传（他的祖父是武生茹莱卿、父亲是武生茹锡九），总以演武生为主，兼演小生、武小生。然而，他的小生、武小生戏较武生戏更有风采，更胜一筹。

这次演出中最引人入胜的是《三顾茅庐·博望坡》。剧中盛藻哥饰前刘备、后诸葛亮，我饰张飞，茹富兰师兄饰赵云。关羽原应由二位文武老生饰演。在科时，常是马盛勋（名坤旦琴雪芳之弟）饰演。当下，缺少合适的人选，正好盛戎空闲，就将此角色接下来，由徐盛昌师兄给了他单头，将戏大致一说，演出前草草一对，就台上见了。盛戎在科里从没演过红脸的关公戏，基础全在看得多、听得多。那次挨打，不就为了看后学唱周信芳先生《困土山》中的关公吗？平时，科里又经常演《三顾茅庐》，他再稍稍留点儿心，需要用的时候，不仅是撒马过来，而且完全具备关公威严庄重的神态，还颇有麒派的风度。新中国成立后，他排演《将相和》，廉颇开打中戳刀亮相的姿势，就是借用了关公的亮相。

《三顾茅庐》完全是按萧先生所教的原样演。出科几年来，大家不断地在舞台上实践，每人的表演水平都有提高，重演起这出戏来，更见长进。其中《二顾》一场尤为精彩。

《二顾》中，刘备在幕内唱【西皮导板】"雪花飘飘飞满天"。在前边开路的张飞、关羽，趟马而上，扬鞭纵马，刘备紧紧跟行。三兄弟为了求访诸葛亮，不顾大雪纷纷，二次奔往卧龙岗。天寒路远，求贤心切，加马飞奔。三人在场上编辫子（即跑∞字形，往来穿梭）。人困马乏了，只好暂时缓辔而行。三人一起亮相后，刘备唱"山道崎岖行路难"。这句【西皮原板】，行腔跌宕，盛藻哥演唱得驾轻就熟，逸兴遄飞。关羽接唱第三句"闻得醇酒香扑面"，盛戎的演唱，甘甜优美，韵味醇浓。张飞唱最后一句"且上酒楼避避寒"。我这句唱，既无腔，又不拔高，是普通的封腿唱。我只好抓住"寒"字的寓意，以情动人，于是，张嘴吸气而唱。我们三人各施所长，别具一格，果然，个个"箭不虚发"，观众热烈鼓掌。

刘备二顾茅庐未逢诸葛亮，留下书信，三人快快出门。刘备不忍上马归去，在演唱"离别仙庄把马上"一句时，将"把"字延长，余音欲断不断，同时边拉马前行边回首顾盼。仿佛，只要肯再略等片刻，诸葛亮定会归来似的。关张二人二次催促："大哥，上马回去吧！"刘备这才无可奈何地接唱"马上"二字，转身认镫上马。这段表演细腻地揭示了刘备求贤若渴的心理，给人印象极深。舞台上，这样的处理手法是少见的，完全是萧先生的独创。

由于演出效果好，上座率高，我们决定在天津过年，继续演下去。

大年初三，我和盛戎、徐盛昌、李盛荫等人凑在一起打麻将牌。此时我们早已沾染了打牌的坏习气。头一圈，我就赢了个一条龙加门前清，心中暗暗得意，想争取连和三把，正专注地考虑打出哪一张牌好，忽听有人操着湖北腔说："谁赢啦？"用不着瞅，准是天津大戏院的李华亭进来啦。我没顾得抬眼皮看他。

"老三的运气好，他开市大吉。两三天不见，你又上哪儿去啦？"盛戎问他。

"我去北平待了两天，又给他送财来啦！"他边回答盛戎的问话，边指着我。我手中的牌很好，哪张牌都舍不得往外打，可是，无论如何也得舍出一张。我一心琢磨着怎样出牌，顾不上理他们。

"嘿，老三，你钻到牌里去啦？抬眼看，经理给你送财来嘞！"

我终于打出一张牌，腾出空对李华亭说："有事快说，别叮搅。这把和不了，你赔我！"

"马先生要请你回北平，跟他演几场戏，这里的包银不动，那里又给一份，算不算送财呀？"

"什么时候？"马先生约我，这真是个好消息。我停下手中的牌，问道。

"明天走，后天演。"

"明天？好，我听你的安排。"

李华亭既是中国大戏院的副经理，又兼扶风社的管事，他一手托两家，有权调动演员。

"叶盛兰、刘连荣、马富禄三位都去上海黄金大戏院与章遏云合演一期。马老板那里缺人，约了姜六爷（因姜妙香先生排行第六，我们都称他六爷）、萧先生，还缺花脸，知道你在我们这里，跟我商量请你帮演三场：

《甘露寺》《法门寺》《开山府》。我同意了。你明天回北平，演完再赶回来。"

"明天，我跟富兰师兄的《战濮阳》咋办呢？改戏？还是……"

"请盛戎帮忙吧，师兄弟没的说喽！"

"好！明天你自管回北平，这里我接着，祝你'三场文章夺锦绣'（这是《乌盆计》中包公的唱词），早点儿回来。"盛戎对我郑重其事地说完后，扭脸问李华亭："我们哥儿俩没的说，《战濮阳》我揭榜。可你跟我怎么说？"

"您帮忙，我请客！"

"别当天桥的把式，马上敲定，去哪儿？"

"鸿宾楼！"

"好，我们陪着！"我们几个一起嚷起来。

"你们敲我竹杠啊？"

"好极了，我就爱吃鸿宾楼的砂锅撒蛋和玉米全烩。打完牌就走！"那时的鸿宾楼在天津，离中国大戏院不远，后来才搬到北京的李铁拐斜街，现又迁至长安街。

三言两语，事情定了下来。不过，因为我的思想不断地开小差，惦记回北平的演出，牌，一把也没和。散了牌，我们五人同到鸿宾楼，风卷残云地饱餐了一顿。

叁拾玖 新春乐 三战三捷

第二天清晨,我乘火车返回北平。全家人对我的突然归来既高兴,又诧异。当我讲清原委,母亲更高兴啦!她说:"咱们家的日子一年比一年好,你的事由也一年比一年更活泛了。"

饭后,稍事休息,我就动身去棉花七条,给萧先生拜年。出科后,每逢春节,我都要去叶春善师傅家和萧先生家以及几位师兄家拜年的。

萧先生家中也是红烛高照,供奉着祖师爷和三代宗亲,一派过年的喜庆气氛。我给萧先生、萧师娘恭恭敬敬地磕过三个头后,萧师娘给我端来一碗白糖水,里面还有两个红枣儿。她说:"喝吧!甜甜蜜蜜,事事如意。"我端起来喝了一口,真是甜如蜜呀!

萧先生听了我介绍盛藻、盛戎我们师兄弟在天津演出受到欢迎的盛况后,兴奋地说:"好哇!眼看着你们都起来啦!晚上的戏,也要沉住气。去你师哥(指马连良先生)那儿了没有哇?"

"没有。"

"应该去一下，他对你很有好感，你去拜拜年，有需要对词儿的地方，顺便可以问问他，免得台上撞！"

"我就去！"时间挺紧，我不便久坐，起身告辞。

"喝完糖水再走！都喝了，甜甜蜜蜜，吉祥如意。我再给你添两句，多长心胸，好好唱戏！"

"嗯！一定照您说的做！"

辞别萧先生，赶紧回家吃过晚饭，将近六点钟，我赶到兴隆街瞿家口马先生家中。

马先生正与琴师杨宝忠说唱腔。前边我提过，杨宝忠大哥是余叔岩先生的徒弟，怎么又当起了琴师呢？因他感到自己个子高，与女演员不好配戏。杨小楼与郝老师合作时，他在其班社只是三牌老生，前途不是很大，偏巧自己喜爱胡琴，就在操琴上下了一番功夫。马先生与琴师赵桂元分手后，杨宝忠就与马先生合作。他原本就熟悉老生唱腔，况且又对余派很有研究，与马先生合作，不仅小垫头托得严，而且大过门儿又花又俏。一段唱腔，胡琴过门儿先得"好"，才能营造出良好的气氛。所以，杨宝忠操琴，一下便立住了，以后逐渐发展成一代名琴师。

"早晨，接到李华亭的电话，知道你回来了。你们在天津的演出很不错呀！"

"过得去。"

"那年唱堂会，你连椅子还蹲不着呢，几年的工夫就长大了。"马先生很是感慨，接着又对杨宝忠说，"那场《黄金台》，他临时替演，真不含糊，我挺喜欢他。我这班里又缺花脸，有心约他，一问他什么时候出科，好，还有三年多，那可等不了。所以，约了（刘）连荣。"

"那年您演《失街亭》，我见他的马谡，都是郝爷的路子。"杨宝忠插言。

"以后，有机会你也到我这儿来吧。"马先生对我说。

"好！"

"我跟你排几出当年跟郝老板演的戏!"

"好极了,您多给我说说。说真的,明天晚上我和萧先生第一次同台,真有些担心。"

"你别担心,放开了,大胆演,全是自己人。咱们都是他的弟子,我们大家兜着你!"

杨宝忠说:"演这台戏的演员就数他年轻了吧?"

"不,还有君秋呢。"马先生对君秋很是器重。

"君秋演宋巧姣,年轻些好。他演刘瑾,萧先生演贾桂,是不好演。"宝忠大哥颇体谅我的难处。

"他有股子冲劲儿,那年演《失·空·斩》就能放得开,错不了!"马先生倒也十分信任我。

时间不早,该去戏院了。马先生的夫人陈慧琏双手托来一个玻璃匣子。她取下玻璃罩,从那镶红缎子的硬木托上,拿起一个二尺多长、晶莹洁白的东西,小心翼翼地交给马先生。正在这时,新新、华乐两戏院的经理兼扶风社的管事万子和,喜气洋洋地来了。

"马老板,我接您上园子。咱们该走啦!"

"好!我全准备齐了,你拿得真严哪!"马先生说着用手抚摸了一下那个东西,抱着它,一同出门坐上汽车。

我坐在和司机并排的座位上,他们三位坐在后面。万子和兴高采烈地说:"马老板,票卖得真快,见报就(客)满了!"马先生微笑地点点头,我从车前挂的小镜子里看得很清楚。停了一会儿,马先生说:"嗨,宝忠,'杀'字后边的过门儿和'休'字的停顿,是不是再脆亮点儿?再来来。"他们又开始推敲《甘露寺》中的唱腔。红遍大江南北的一代名须生,上演自己已演过多次的代表剧目,难道还用这么仔细地与琴师说腔吗?我想,正因为他对待艺术如此精益求精,这出戏才成为他的代表作,他也才成为马连良啊!

汽车驶到长安街了。马先生停止对腔,问万子和:"一会儿世海跳财神,扔元宝,谁接呀?"

"自然是您接喽!"

"不行,我跳完加官,要赶《大赐福》中的天官哪!"

"马老板赶不及,您接吧!您姓万,万事亨通,又添一层吉利呀!"宝忠大哥一句话,把大家都逗笑了。

到了后台,我悄悄地问萧先生:"马先生手里抱的是什么?"

萧先生笑了笑说:"傻孩子,那叫玉如意。他(指马先生)正月里演第一场戏,抱着如意出门,这一年里他会事事如意的。"原来如此。

过去,正月里演第一场戏的趣事,可多啦!观众也好,演员也好,都想图吉利,希望在新的一年里顺利,如意,发财。所以,演出的剧目也要挑选喜庆、吉祥的。开锣第一出大都是《大赐福》,就是福、禄、寿三星和魁星、财神、喜神(麻姑)唱些吉祥的曲子,向观众祝福。这次,马先生饰天官(福星),萧先生饰寿星,姜六爷饰禄星,张君秋饰喜星,我饰财神。

在《大赐福》的前边,先跳加官、财神。听萧先生讲,这加官乃是唐朝魏徵丞相,也有传说是五代冯道。

大幕徐徐拉开,马先生戴着加官假脸,着红蟒、黑相貂,左手拿着四卷条幅(也称金榜),右手抱着牙笏,踩着"台台乙台乙台台……"较轻快、喜悦的"小锣抽头"锣鼓点儿,倒着醉步,缓缓上场。至台中,他将一卷条幅打开,上写"天官赐福"。这时,一位身穿大褂、头戴帽头的检场人上台来接过条幅,在台中心高举。加官用牙笏引观众来看条幅上的字,然后,又一一打开另外几卷条幅,都写着"加官进禄"等吉祥话,也同样交给检场人。

加官下场后,锣鼓点儿陡然改换为欢乐气氛更浓的"大锣抽头",场内气氛也随之更活跃了,台上、台下、演员、观众、检场的、剧场看座的,所有人员都在演员的带动下,在"大锣抽头"中,有规律地、一声声不停地叫喊着"嘿!""嘿!"这是欢迎财神爷送财来啦!大家都盼着得财进宝,情绪高涨。我扮演的财神,勾金脸。一般跳财神都是戴脸子,我因还要演《大赐福》中的财神,故合二而一了。我头戴着二郎叉子盔头,身穿绿蟒,衬高胸部、臀部。右手托着红盘,上放系着红绸子的一大锭金元宝和四卷写着"开市大吉""得财进宝""恭喜发财"等吉祥祝词的条幅。在大家的欢叫声中,我喜悦、幽默地走上场来,将条幅逐一打开给观众看清,交给检场人之后,我双手托着盘子,示意要将元宝往左边观众席里扔。这一下,左边的观众们立时激动起来,"嘿""嘿"的叫喊声更高了,甚至有许多观众站起来,做出准备去抢接的姿态。可惜这锭元宝不能向他们扔去。我转身又向右边的观众去示意,使他们刚刚产生的嫉妒心理消除了……最后,新新大戏院的经理万子和穿着崭新的长袍马褂,站到下场门的台帘外边,微笑着向观众示意,向财神招手,我终于将元宝扔给他。观众大声哄笑,全场沸腾。万子和接过元宝,赶快从怀里拿出一个红封套(内装二十元),递给"财神"。"财神"便洋洋得意地"驾云而去"了。

《大赐福》的后面,加演一出武戏(其中不能有杀人的情节,以图吉利),是《白水滩》。接着演《甘露寺·美人计·回荆州·芦花荡》。马先生饰乔玄,萧先生饰乔福,张君秋饰孙尚香,我饰前孙权、后张飞,李洪福(李洪春之弟)饰刘备,刘俊峰饰吴国太,马春樵饰赵云。这位马春樵先生会的戏非常多,是个文武昆乱不挡的戏

我在《芦花荡》中饰张飞

包袱。他能演《四杰村》中的余千，是武生应工；能演《嘉兴府》中的鲍赐安，是武二花应工；能演《古城会》中的关羽，是红生；也能演《四进士》中的杨春和、《春秋笔》中的陶二谦等老生角色；还能演《夜奔》中的林冲。扶风社中缺花脸，他演花脸；缺老生，他演老生。嗓音也随之变化。他为人和气，大小活儿全不计较，称得起扶风社中层演员的支柱。他的遭遇却很不幸。他的儿子马君武长大成人后，工武生，有很好的武功基础，也参加了扶风社。一次，他们随扶风社到上海黄金大戏院演出。第一天打炮，有马君武主演的《螺蛳峪》。他在剧中舞双锤，一只锤扔上去，能恰好直立在另一只锤上。这一绝招，平口他百发百中，稳拿。这一次偶有闪失，锤没接住，掉在台上了，观众一阵哄笑。偏巧黄金大戏院的老板坐在台下看戏，很不满意，起身离开座位。刚走进休息室，又听见观众一片笑声，这位老板以为锤又掉了，很生气，也没有去问清情由就告知扶风社："给他包银，不要他演啦！"其实，第二次笑声是马君武扔锤成功，观众给予的鼓励。马春樵先生一怒之下，带了儿子和一家人去跑小码头唱戏谋生。一次不幸乘船触礁，只有马春樵一人获救，腿还落下残疾，再不能重返舞台，马先生将其养在家里。一九六〇年我推荐他到辽宁省戏曲学校任教。后来听袁菁（彼时她正在辽宁戏校学戏）讲，他到校不久就患病住院，学校请人侍候，直到病故。今天，还有多少人知道这位马春樵先生呢？是的，他是一位无声无息的人物。为什么要介绍他呢？我想，一盆值得观赏的花卉，被人们瞩目的往往是那绚丽芬芳的花朵和把花朵映衬得更加妩媚的绿叶，然而那任劳任怨地给娇花嫩叶输送着水分、养料，支撑着花叶使其亭亭玉立的花茎，不是也应受到赞美吗？可惜它被花叶遮盖着，从没引起人们的注意。马春樵先生多才多艺，不计较角色大小、活儿轻重，剧团里缺什么，他演什么，默默地发挥着最大能量，这正是花茎所具有的美德。然而，在黑暗的旧社会，他受到欺侮和凌辱。今天回忆起来，他的悲惨遭遇值得我们同情，他的美德值得我们怀念，而他的这种花茎精神，更值得我们颂扬和提倡。

《甘露寺》演出盛况空前。此时马先生才三十余岁,正值壮年,气足力壮。他演唱"劝千岁"一段【流水板】,唱词长达几十句,一气呵成,唱腔根据词意、情感不断变换节奏,听来潇洒、酣畅,动作、神情与唱腔、词意配合谐调,堪称声情并茂,引人入胜,是名不虚传的一曲绝唱。我扮演孙权坐在乔玄对面,比以往在台下观众席上听得更清晰、更准确,情不自禁地被马先生的精彩演唱所陶醉,也随着观众的掌声暗暗在心中称赞叫好,几乎忘记了自己的身份和职责。我想起在科班时,听萧先生与郭春山先生聊天谈到,有人贬马先生这段唱是数来宝,郭先生愤愤不平地说:"数来宝也是艺术,能用到京剧里,同样不简单呢!"说得对!观众多欢迎啊,马先生接念的一段台词"启奏国太……"完全被掌声的浪潮淹没了。但当我隐约听到马先生念"得配君子也"这一句时,猛地意识到我是在演戏,不是在听戏,赶紧接念我的戏词。亏得我反应快,否则,就要出差错啦!

马先生是以【流水板】取胜的首创者,这段"劝千岁"是马先生的代表唱段之一,谁演《甘露寺》这段唱,都要按马先生的唱腔演唱。曾有位名演员试着将这段【流水】改为【二六】,刚一起唱,观众就一片哗然,不了认可。足见这段唱腔经受住了时间的考验,已成为深入人心、脍炙人口的优秀唱段。

后两天的演出,对我来讲,可以说是一次小测验。

马先生对舞台演出有两个突出的要求:一是净,二是严。所谓净,是他的化装干净,服装干净,水袖、护领、靴底保持三白。为此,他的化装室收拾得一尘不染,摆上一面大镜子,以便于检查自己的装束,地上铺设一领新席,以免将拖地的戏衣弄脏。他也极力要求一些龙套角色保持舞台上的净。那时,基层演员生活较苦,他补贴每人四角,请他们剃净胡须,理好发,再来化装。所谓严,是要求整场演出认真严肃,并且要胡琴托得严,乐队打得严,其他配角傍(配合)得严。

《法门寺》一剧的演出,我就遇到了这样的情况。《大审》一场,按照常规，我扮演的刘瑾每审过一人后，都要回首问郿坞知县赵廉："县太爷，该带谁了？"赵廉回答该带谁，刘瑾再向衙役重复一遍带某某上堂。这样多次重复，拖沓、烦琐、乏味。马先生就不愿在这些毫无意义的戏词上多费唇舌。可是，类似这种比较大众化的剧目，台下并不对戏。马先生的演法，我并不了解，就在刘瑾审过刘彪之后，刚要问其再带谁上堂，饰演赵廉的马先生自己就向差役念出："带刘公道！"我心里一怔，马上刹住将要念出的戏词。他为什么要抢这句词呢？刘公道上场的时间很短，不容我多想，但我已清楚地意识到马先生要"马前"，就主动免去再次询问郿坞知县的戏词。马先生对我在舞台上能迅速地领会他的意图，善于随机应变，没发生"撞窗户"（双方同时念词）的现象，感到非常满意。

《打严嵩》（即《开山府》）这出戏，就更不好演了。剧中只有四个角色。马先生饰邹应龙，姜妙香先生饰常宝童，萧先生饰严侠。这三位都是南北驰名的前辈，艺术威望极高，萧先生又是我的老师。我这个小青年饰演老奸巨猾的严嵩，戏份在他们之上，戏名就是《打严嵩》，说明严嵩是剧中的主要角色。孙权、张飞、刘瑾几个角色，戏保人，容易讨巧，好演。而严嵩这个人物，从身份、地位、剧情来看，需要人保戏。唱、做、念都必须有体现此角色的特殊手段才行。我很清楚，这场演出是对我的一场严峻考验。有如将我只身放在天平的一边，那三位前辈在天平的另一边。如果我的演出水平一般，天平就会将我高高翘起，再想登上它就比较难了。我必须使天平保持接近平衡的状态，才能再开拓出一条崭新的道路。所以，在我扮戏时，萧先生特意叮咛："今儿个更要沉得住气，千万不要'起尊'（慌）！"萧先生对学生是多么关心哪！

我的演出达到了预期效果！还是那句老话：功不负人。多年来，我日积月累，留心仿效郝老师，关键时候，这些经验就会发挥威力。而更主要的因素还是这出《打严嵩》在当年马先生与郝老师合作时已打下了良好的观众基础。郝老师塑造了一个栩栩如生、有血有肉的奸相严嵩的形象，深受观众的欢迎。他们二位分手多年，观众强烈渴望再看到这出戏。故只要我学郝老师，学得有那么点儿意思，观众就热情鼓励。我的嗓音也真给力，出奇的痛快、响亮。萧先生在场上将戏为我铺垫得平平整整。他扮演严侠，是严府的家奴，在请严嵩出来时念"有请太师爷"一句，音挑得高高的，使观众全神贯注地注意看我上场。我铆足劲儿，在幕内一声"嗯哼！"观众迎声给我鼓起掌来，犹如当初在科里演这出戏一样的热烈，这个闻声见好的阵势，确实是对演员的极大鼓励。

三场演出都顺利结束了。我感到心中无比轻快。从后台众人对我的态度便能看出大家对我的演出是极为满意的。我竭力控制着兴奋的心情，慢悠悠地坐到镜前。当我往绒布上倒些油，开始擦脸时，禁不住哼唱起窦尔墩的几句词："御马到手精神爽……扬扬得意我回转山岗……"

萧先生卸装省事，但没有提前走，特地来告诉我，他想看看君秋的《三娘教子》，然后同我一起走。这天晚上马先生演的是双出：压轴子《开山府》，大轴子《三娘教子》。我卸完装，看见萧先生坐在后台的椅子上，仔细地听着。"你道他年纪小……"从场上清晰地传来君秋那悠扬悦耳的演唱。这句是层层向上拔高的大腔，他唱得那么婉转自如。我走过去站在台帘旁侧耳细听，君秋丝毫没有吃力之感。我回到萧先生身边。

"这么又宽又脆亮的嗓子，少有。连良唱这段【二黄】的调门儿足有六字半调，君秋和他唱一个调门儿，还能这么绰绰有余，韵味又浓，真不含糊！是块好材料。后起之秀哇！"萧先生不住地向我夸他。后来，君秋挑班唱《女起解》，萧先生大力支持，为他饰演崇公道。

的确，君秋饰演的三娘，和当年在重庆社《九曲黄河阵》中饰演的三妹云霄相比，真是突飞猛进了。从观众多次的热烈掌声可以断定，君秋已脱颖而出。

肆拾 受教诲 语重心长

将要散戏了,我帮着萧先生穿好大皮袄,搀扶着他一同来到戏院门口。恰好,长安街马路上来了一辆洋车,我向他大声招呼:"喂!到棉花七条,去吗?"萧先生连连向我摇手,制止我喊叫,说:"不,不不,我愿意走回去!"

"您累了一个晚上,路程又不近,走到家太……"

"这是我多年的习惯了。"

"那么,我陪着您走吧。"我了解萧先生的性格,他生活简朴,多年来安步当车,是他的习惯。

"也好!咱们爷儿俩好好聊聊,难得有这样的工夫。"

萧先生甩开我的搀扶,迈开矫健有力的步子。

"年岁大啦,应该多走走路,活动活动筋骨。"他一边说,一边往回家的路上走。

借着暗淡的路灯,我久久凝望着我从少年时就无限尊敬的老师。哦,他那平整宽阔的前额和眼角旁增添了一道道皱纹。转眼间，我二十四岁了，萧先生已经年至花甲。为了我们的成长，他花费了大半生的心血呀！佛殿前打把子，被萧先生看见，找去问我喜欢不喜欢学花脸的情景，初学花脸，打不出"哇呀呀"的情景，一股脑儿地又闪现出来……

"你什么时候回天津？"

"明天早上。明天晚上天津还有戏。先生，这三天的戏，您给我再说说。"

"我是想说呢。这些年，你挺见起色，你心里也有数，甭多说啦！这三天的戏，都挺好。你在外边闯练，长了不少见识。连良也向我夸你，说在《甘露寺》宫里见国太那场戏，最后'五锤'时你出门斜目瞥一眼乔玄，抓袖子下场，跟他配得挺严。别人演孙权，都没有这一着。你是怎么想的？"

"我想，乔玄破坏了美人计，事情要弄假成真。孙权无可奈何辞别母后，回宫另想别计，对乔玄是极为不满的，可当着母后又不能发作，只能出门时狠狠瞪他一眼，泄泄内心的气愤。这一眼正好遇到马先生的目光，他那得意的样子刺激了我，我才抓袖子，愤愤而下。"

"你开窍啦！这就是戏呀！"萧先生笑了，接着又说，"还有《佛殿相亲》一场，乔玄夸赞桃园弟兄的每段道白，你配合的神气、层次都很清楚，连良挺满意，还想约你搭他的班呢！"

"是吗？"我满怀希望地又转脸看了一眼萧先生。

他接着说："细琢磨，有些地方，你还欠火候。就说严嵩出场前的一声'嗯哼'吧，你的音调抬得太高了。你想想，我的那句'有请太师爷'为什么要扯开嗓子把调门儿定得高高地念呢？"

"为了给观众引神。"

"不尽然。还为了把太师爷摆的谱儿托起来。严嵩的'嗯哼'，就应该沉着气往下压着念。你来来！"

我四下一看，夜阑人静，顺治门（即宣武门）内大街上没有行人。"嗯哼!"我试着往下压着念了一遍。

"再往下压一点儿!"

"嗯哼!"

"对了!就这样!别忘记,严嵩是当朝一品,又是黪满,一定要念得有分量!"

是呀!萧先生点化得很有道理,"嗯哼"的调起高了,人物显得轻飘、没分量,与严嵩的身份、年龄不相符合。

"大班演戏,可不同科班的小孩戏。在科里,你高高的调门儿,奶声奶气地喊一声'嗯哼',跟着出来一个孩子演的老大人。观众听这奶音,又脆又亮,好儿(掌声)就上来啦!大班里可不成,讲的是分量,上得台来,要压得住。要不,唱一辈子戏,也开不了舞台上的窍。"我不住地点头。萧先生又接着说:"今儿个观众对你那么热,真不易!你的嗓子可大见长进,真不像那年排《横槊赋诗》的时候,让我急不得、恼不得!"说着,我们都笑了。

"您那时总说我的嗓子是阴晴不定。可是,后来我的嗓子也没正式倒仓,就这么稀里糊涂地混过来了。"

"那时你也许是在仓门上。唉!可惜呀!挺好的一场戏,你没唱了。搭了大班,再想往《群英会》里加这场《横槊赋诗》,就比较难了。不过,有机会,我还是要提倡。"

随着谈话,我们的步伐早就慢下来了。要走进顺治门门洞时,寒风迎面,只得停止谈话。为了不使风吹嗓子,我用力闭住嘴,将头低下。萧先生的围巾散下来了,我忙给掖好。门洞的大长方砖地年头太久,高低不平,远不如大街上的土路好走。我扶着萧先生慢慢走出门洞。

"你要好好看住了嗓子,清食养气,多吃鸡蛋。家里的日子缓过来了吧?"

"差不多了。"

"有了富余钱,别胡花,学那些坏毛病。要保住身体,保住嗓子,才能保住饭碗!你今年二十几?"

"二十四。"

"啊,正是好时候!但愿你能洁身自爱,心思搁在正处。功夫不负有心人,千万别把功夫荒废了。别像你有的师哥那样,不吃捧,一捧就晕,忘乎所以,走了下坡路,歪门邪道的都学会了,年纪轻轻地把自己给耽误了、断送了!想起来,我真替他们惋惜。唉!你是明白孩子,洁身自爱吧,不用我多说啦!"

"洁身自爱,洁身自爱……"我心里反复地默念着,深深地吸了一口气,尽管萧先生没有转脸看我,我还是郑重地连连点头说:"我记住您的话了!"

"你如今学寿臣,倒是真学出点儿门径来啦!有条件,应该拜他嘛!"

"我一直有这个想法,郝老师不会不肯收我吧?"

"他为人很正直,待人宽厚,我想他会很高兴的!"萧先生这句话,更增强了我的信心。

"继续求师深造,请名师指点,很要紧。一点就透的地方,靠自己去琢磨,也许要三年五载,也许一辈子都不能解透。这张窗户纸要那么容易捅破,不就全成角儿了吗?你这出《打严嵩》已经不错了,若是让寿臣再给你规整规整,还能更好!"萧先生每一句话都说到我的心坎上了。我们慢慢地走着,萧先生滔滔不绝地说着,我静静地听着。

"我想起来了,《法门寺》你好像有点儿撒不开呀?"

"我……我……"我没说出来,只得笑了笑。的确,那天演《法门寺》,有几处使我感到很拘谨。若是萧先生演大太监,我演小太监,就绝不会出现这种现象了。偏偏是我演大太监,小太监总是一副奴颜婢膝的样子讨好大太监。萧先生是我极为尊敬的老师,如此这般,我心里很过意不去。那天,戏里有这样一个情节:贾桂念完状纸,刘瑾夸他"真不容易,你会把状纸给念下来啦"，贾桂说"本来嘛，人家孩儿才多大呀"。萧先生让我在这后边加念"是啊，你断奶才五十几年"一句笑料，我很不好意思念出口。所以，类似这些地方，就都有些不太自然。

"我明白了，你是不是觉得有些不好意思呀？"萧先生一句话击中我的要害，我只好低头嗯了一声。萧先生笑着摇摇头。

"嘻！傻孩子，这是演戏。在台下，你是我的学生，我是你的先生，你得尊敬我。到了台上，贾桂就是刘瑾的奴才，他得处处巴结着主子。刘瑾一叫'桂儿'，我就得毕恭毕敬地答应'喳'！忘了那句话了？台上无大小！有什么不好意思的？孩子气！咱们师生同台，不算什么。当初，姜六爷与富英呢？你知道吧，姜六爷是富英的岳父。翁婿同台演《珠帘寨》，富英饰李克用，姜六爷饰大太保，要向李克用见礼下拜，参见父王。台下的老岳父在台上管女婿称父王。谁让小生行的角色多数没老生行角色的辈分大呢，这是演戏嘛！谭小培与富英也父子同台，演《群英会》《借东风》。小培饰诸葛亮，富英饰鲁肃，当鲁肃对诸葛亮念到'我怎么不替你担忧哇'一句普通的戏词时，观众又是笑，又是叫好，说：'富英真是位孝子，在为老子着急。'你再看咱们这两天的戏，只要咱们爷儿俩一对话，观众就觉得新鲜、有趣，反应多热烈呀！所以说，再遇到这种情况，你不必撒不开，只管大胆地去演。"

刚拐进裘家街，就从远处传来了又高又脆、似唱似叫的叫卖声："水萝——卜咧——赛过——梨——咪——！"我们中断了谈话。虽已到深夜，因是正月年节期间，为了生活，还有走街串巷做生意的。

"这条嗓子，要是给了我们，可就省大事啦！"萧先生这么一说，我们都笑了，笑着拐进了棉花七条。

将萧先生送进家门，我继续前行。散戏时的轻松之感完全消失了。路，对于刚刚起步的我，还是那么漫长，我还得不停地往前走，走……

弹指间，几十年过去了，我由一个青年变成老叟，萧先生离开我十六年了。回想当年这番教导，对我后来的艺术成长、人生道路，都有着深远的意义。正是因为有这样的良师，在我取得一定成绩、沾沾自喜之时，直言不讳地指出我的不足，我才能保持清醒的头脑，继续奋斗，才有今天的点滴成绩呀！

肆拾壹 大合作 五老二小

春季里，李华亭出面约请尚和玉、程继仙、萧长华、时慧宝、王福连五位均是六旬上下的老先生合作，并约我和贯盛习两个二十多岁的青年参加，在天津中国大戏院演出五天。

尚和玉老先生早年在外地向名武生俞菊笙老前辈的内弟张玉贵先生学戏，继承了俞派艺术，享誉天津，和天津的李吉瑞、薛凤池二位武生是鼎足三分。但当时尚先生以武花脸为主、武生为辅，直到薛凤池故去，尚老先生才专演武生。传闻，他在《挑滑车》中饰高宠，所使长枪的特制大枪头，也是从薛凤池的表演中仿效来的。尚老先生在天津有如此基础，李华亭特请他在这次合作演出中主演大轴子。几天的剧目是《四平山》《铁笼山》《水帘洞》《战徐州》《艳阳楼》和久未演出的《金钱豹》。

尚老先生在《四平山》中饰演李元霸。这一人物按《隋唐演义》所讲，是雷公转世，神勇非凡，因此，尚先生勾尖嘴黑脸，抡使双锤，借用了很多武花脸的功架，彪猛异常。难怪当年尚先生挂三牌武生时，来北京演出，一出《四平山》轰动了京剧界。那时，杨小楼先生正排头本《晋阳宫》，演的是李元霸与宇文成都比武的情节，二本即是《四平山》。他见尚老先生的《四平山》已被观众接受，就放弃了原来要排四本《晋阳宫》（到李元霸归天而止）的想法，只演头本《晋阳宫》，不演《四平山》。而后来尚先生是只演《四平山》，不演《晋阳宫》。直到新中国成立后，杨小楼先生已故去多年，一九五一年为抗美援朝捐献飞机，老前辈们在大众剧场举行联合义演，尚老先生才演出了《晋阳宫》。

尚和玉先生和杨小楼先生虽同宗俞派，但二人的舞台风格迥异。杨小楼先生将俞、钱的特长与自己的特点结合，融为一体。其表演风格是绵、软、巧、俏。尚先生也是在俞派的基础上结合自己的特点加以发展。虽嗓音欠佳，但功架敦实，棱角分明，雄健有力，以稳、准、狠著称。二位老前辈能互知彼此之长短，发挥所长，回避所短，各自开创自己的艺术之路，又能互相尊重，确实给我们树立了好典范。

尚老先生虽年过六旬，但对艺术一丝不苟。《铁笼山》的起霸、拔剑蹦子、蹚泥，应有尽有，与壮年演法完全一致，令人钦佩。《金钱豹》《水帘洞》是尚先生在壮年时也难得一演的剧目，如今已至高龄，又演如此武功吃重的剧目，更是使后台所有人员和观众们惊叹！

不料这天的演出竟发生了意外的情况。《金钱豹》一剧中，金钱豹坐洞时欲赴蟠桃盛会，便呼唤小妖们"驾风前往"，随即从高桌上跳下来。不想，一位好心的检场人恐尚先生年事已高，从高桌上跳下来有闪失，连忙在桌前垫放一把椅子，以便尚先生蹬椅子走下来。尚先生对待演出一贯认真，不肯偷懒，唉了一声，照旧从桌上往下跳。桌前的椅子反而增加了难度，不仅需要跳，而且需要往远跳，越过椅子才行！尚老先生终是年岁大了，跳下来没站住，坐了台上。扒台帘看戏的我们和观众都大吃一惊！我着实埋怨这位检场人多事，老先生若摔个好歹可怎么办呢！更意外的是，人们还未从惊讶中清醒过来，尚老先生已迅速立起，扳起朝天蹬（手将脚托住，高抬到头部），紧接着在"四击头"中掏翎子，敦敦实实地亮相，又在"急急风"中带风似的跑下场来。观众和我们无不为尚老这种高度认真而又刚强的精神所感动。"好！"所有的人，不论观众还是演员，齐声鼓掌叫好，直将尚老先生送到后台。大家平日都称尚先生为"尚老将"，真不愧是位令人敬佩的老将。

尚先生一下场，我们都围了过去。

"尚先生，您摔着了没有？"

"您以后可别再跳高桌啦！"

"真吓人，没事儿就好！"大家关切地问长问短。那位好心的检场人帮了倒忙，很过意不去，也赶过来挽着尚老先生说："尚老板，今儿……您看……唉……我……没摔着您吧？"他吭吭哧哧好容易才迸完这句话。

"我没什么。你，棒槌！"棒槌是我们比喻笨人的一句行话。

"我怕您跳桌子不方便，特意去给您垫把椅子，没想到……"

"你棒槌，大元帅、大将军高桌点将，垫把椅子下来是卖派头。金钱豹是妖精，他 说'驾风前往'，呼地就下来了，我'过桥'（即蹬椅子）下来还是金钱豹吗？你把妖精当成人啦！"尚老先生是河北宝坻县人，他操着浓重的乡音这样一解释，大家都笑了。

"我是怕您年岁大，跳……"检场人搔着头皮又找补了一句。

"你棒槌，棒槌！"大家哄堂大笑，尚先生自己也笑了，他接着说："我唱得了《金钱豹》，我就能跳桌子；我跳不了桌子，就不唱《金钱豹》啦！今天的事情，我不怪你，就是你太——"

"棒槌！"记不清是谁，故意提高嗓音，模仿尚老先生的口音，代说了一句。大家又是一阵哈哈大笑。

尚先生简单明了地讲清高桌跳下的道理，阐明了表演手段要服从刻画人物的需要，塑造人物必须要有相应的表演手段的道理，并以自己对艺术极端负责的精神，为我们后辈做出了表率。

就是这天的演出，压轴戏是程继仙老先生的《临江会》。他饰周瑜，萧先生饰周瑜帐下的旗牌官，我还演关羽，贯盛习师兄饰诸葛亮。程先生是京剧奠基人之一著名须生程长庚之孙。他自幼入小荣椿坐科，功底扎实，擅演《雅观楼》《石秀探庄》等戏，雉尾生、穷生、扇子生、官生也样样精通，虽嗓音欠润，但做工精细、风度翩翩，是继名小生王楞仙之后，与朱素云同代并驾齐驱的著名小生。俞振飞、白云生、叶盛兰等都是他的弟子。

我们和程先生事前未说戏，但互相之间的眼神，一举一动，都配合默契。程先生十分满意，到后台就问萧先生："这戏是你给他们说的吧？地道！"

"嘿！我还不是捋点儿你的叶子，按你的路子说的。哪些地方不合适，你再给说说，孩子们也算没白陪着你演这场戏呀！"

"不错，不错！你教的东西是名不虚传！"

"咱们老哥们儿啦，说句实话，我教他们都是外边趸来里边卖，有时候是现趸现卖。"

"有这两下子就成了呀！唉，我老啦！'崩登仓'那个身段，不敢使啦！"

"你脸上的神气，再配合袖子的身段，不用蹦子退步，也都表现出来啦。我还真怕你用这个身段，还好……"

我听到这里，想起盛兰饰演周瑜时的一个动作。那是他向刘备敬酒之时，发现一个身躯魁伟、面庞红赤、美髯飘飘的大将，眼射怒火地站在刘备身后，便问："此将何人？"当他闻知此人就是关羽时，心中大为震惊。盛兰每演到此处，右手反翻袖，背手，左手正翻袖，同时蹦子退步后撤。这一连串的动作，都在节奏极快的"崩登仓"之内完成，是个难度大、有独特风格的技巧表演，将周瑜惊、嫉、怯的心理揭示得淋漓尽致。程先生可能就是为不能再做这个动作而遗憾吧！

这虽是老先生们之间随便的说笑，我听了却触动很深。萧先生就是在与这些好演员配戏的过程中，留心将他们的艺术精华吸收过来，教授给富连成的学生们，从而使这些艺术经验得到继承和发扬！

我陪时慧宝先生演了一场《上天台》。这是孙菊仙老前辈的拿手剧目。时慧宝先生完全继承了孙派艺术，保持了孙派特点。我很钦佩老先生气力之足，但与激昂的高（庆奎）派、俏丽的马（连良）派、委婉的余（叔岩）派比较起来，孙派唱腔明显有陈旧之感。

回忆这次与五老的合作演出，我领悟了一条哲理：时代在不断地前进，我们的艺术也必须与时俱进。如果只是单纯地、机械地对某个流派进行继承，而不去发展创新，结果就会使其逐渐失去艺术魅力，导致有"派"而不"流"，最后濒于失传。

求师（二）

QIUSHI (ER)

一九四〇年十二月二十七日,我拜名净郝寿臣为师

肆拾贰 一炮红 不虞之誉

以前，一个演员被称为红遍南北或南北驰名，多是指其受到北京、天津、上海三大城市观众的欢迎。

我二十一岁时随重庆社去上海，戏路不对，自己的长处没发挥出来，结果是烧鸡窝脖而回，所以再若去上海演出，一定要慎重，切莫轻举妄动。夏季，上海黄金大戏院邀角人马志中来平约我赴沪，与宋德珠、杨宝森二位合演一期。我想，宋德珠是武旦，杨宝森是以唱功为主的老生，我们之间合作的戏太少，便婉言谢绝了。随后，我欣然应李华亭之约，拟赴天津与章遏云合演一期。不久，海河泛滥，天津市内被水淹成一片汪洋，盛兰等人结束天津演出返回北平，是从惠中饭店乘船到火车站的。李华亭随行来平，告诉我天津戏院恐在较长时间内不能恢复营业，建议我去上海，与杨宝森合演《失·空·斩》《捉放曹》等剧，与宋德珠合演《凤吉公主》等剧。我为了生计，只好同意。李华亭出面与马志中联系好，我即刻赶赴上海。不曾想，我们"三位一体"在上海的合作受到内外行的一致好评。

杨宝森是大家熟悉的一位演员。惜哉，他年纪未到五十，就被病魔夺去生命，结束了艺术生涯。从他曾祖父杨贵庆（工刀马旦）算起，已是四代梨园世家。他自幼在唱功方面打下了坚实基础，虽是学余，却能结合自己宽厚的嗓音条件，唱得韵味醇厚。此时，谭富英以嗓音脆、亮、冲而著称，马连良先生潇洒、飘逸，别具一格，高庆奎先生嗓哑病休，奚啸伯又较杨的音量窄小，相比之下，尤显杨宝森的唱功突出。所以，此番上海刚演了一出《失·空·斩》，就压住了阵脚。《斩谡》最后一句"后帐与老将军贺功！掩门"的普通念白，竟获得观众的热烈掌声，直至大幕落下，观众仍在热烈地议论不止。

宋德珠当时被誉为四小名旦之一，在艺术上受名武旦阎岚秋先生的影响较多。他的武打速度快，旋转敏捷，满眼云烟，下场的鹞子翻身有如彩蝶翻飞，亮相及舞蹈身段却又妖娆柔媚。特别是他的出手稳而准，且花样翻新，有独到之处。枪，向他扔去，他无须多看，踢出后也无须担心对方是否接住，早又转身去踢另一杆向他扔来的枪。他踢得那么漫不经心，可是双头银枪就像长了眼睛一般，围在他身旁穿梭似的有次序地飞舞。红（红缨）、银（枪头）、白（枪杆）三色上下错落交织，似流星飞溅。尤为高人一筹的是他还有一副甜亮动听的嗓子。他在《演火棍》中从打青龙开始，打孟良、打焦赞、打韩昌、打耶律休哥的"五打"里，为杨排风安排了大段【导板·慢板】唱腔。他给武旦应工的凤吉公主增添了文场表演。在赤福寿战死后，增加《祭灵》一场，凤吉公主唱大段凄凉、悲怆的【反二黄】。凤吉公主的音乐形象饱满了，《取金陵》这出武旦开锣戏也被加工成一出头尾完整的大型剧目了。他演的《铁镜公主》也是从金沙滩开始，包括《双龙会》《双被擒》《双招亲》，然后再接演《坐宫》《探母》《回令》。宋德珠饰演剧中的铁镜公主，先是身穿软靠，通身锦绣地开打；然后又换旗装，成功地演唱青衣行才能胜任的唱段。他这种亦文亦武的全能表演，打破了原有的武旦、刀马旦、花旦、青衣分工明晰的行当界线，堪称出类拔萃了，所以，深受上海观众的赞赏。可惜他的嗓音未能持久,中途辍演,后来从事教学工作,培养优秀的武旦人才。

我头天打炮,与杨宝森合演《失·空·斩》,在剧中扮演马谡。早年,金少山先生在上海时,每逢演出此剧,通常由他饰司马懿。马谡的角色一直没有专工的架子花脸扮演,均是由武二花脸兼演,因此,马谡的表演比较简单。我演这出戏,是完全按照郝老师的演法,着重刻画马谡向诸葛亮讨令时的自大自满情绪及在山头上与王平对话时的主观、轻敌思想。斩马谡时,马谡在"望家乡"的锣鼓点儿中被带上场来,也由几句【散板】变为"忽听丞相令传下"一段圆圆满满的【垛板】,跪下又接唱八句。特别是在诸葛亮决心下定,定斩不赦后,马谡思娘而痛哭的哭头,一反往常架子花脸普通而低平的水腔,运用了郝老师所创的架子花脸加铜锤唱的较高昂唱腔。这些都是上海观众多年罕见的,引起轰动。第二天,一家刊登戏坛新闻的小报登出署名"南腔北调"的一篇赞扬文章,标题是:《没见过这样的马谡》。随后我们又合作演出《捉放曹》《击鼓骂曹》《托兆碰碑》,均收到良好的效果。接着,我在《凤吉公主》中饰赤福寿,在《演火棍》中饰孟良。观众这才知道,原来我不仅能演架子花脸应工的角色,还能演武二花脸应工的角色,既沿用了武二花的开打,又以架子花脸的表演手法细腻地去表现人物;并根据剧情自编唱词、唱腔,增加唱段,弥补了这类角色唱段少、表演粗糙的不足之处,使赤福寿、孟良的形象更加丰满、鲜明了。

在这里,我交了一位好朋友。他在《空城计》中扮演老军,看他的扮相,面熟;听他的声音,耳熟。我很快认出了,他就是当年随同周信芳先生赴北平演出,在《封神榜》中扮演奸险滑稽的尤浑,在《六国封相》中扮演一位鬓发银白、嘴里只剩两三颗牙齿的年迈老妈妈苏母的那位名丑刘斌昆!那时,少年时代的我和盛戎,曾为他的艺术赞叹不绝。他那逼真的老妪化装形象,也引起我们的极大兴趣,甚至受了他的蒙蔽。为什么他演尤浑是满口白牙,演苏母时牙齿就脱落成两三颗,一念白就露出豁齿?难道为了演这个老太太，临时把牙都拔了不成？过了几天，再看他演《追韩信》中的夏侯婴，这牙又长上啦！简直想象不出他是怎么化装的，故而在我们眼里他始终有一种神秘之感。

刘斌昆看了我演的这几出戏，对我也很有好感。于是，我们一见如故地攀谈起来。我向他讲述了为看他们演戏而受罚挨打的笑谈，并询问了他扮苏母时牙齿的化装方法。他说用乌金纸将不需要外露的牙遮盖住就可以了。我们愈谈愈投机，从此，这位比我大十几岁的刘大哥，经常到金老公馆来找我谈天，彼此交换对艺术的看法。这金老公馆是金廷荪（黄金大戏院总经理，上海四大亨之一）的旧居，在黄金大戏院附近，当时就安排我们北平去的演员住在那里。刘大哥对我说："为什么我爱来找你谈天呢？瞧你很沉稳，年轻人到了上海，像你这样的不多。"因此，虽然我们的年岁相差较大，但很快成了忘年之交。

一次，我夸起刘大哥的身体健壮，令我羡慕。他说："上海这个花花世界，无奇不有，容易糟蹋人。想要成角儿就得自重，光是不学坏不成，还得学好。我每天早晨都到兆丰公园练气功，注重养生之道，所以很少生病。"

"能不能教教我你的养生之道呢？"身体健壮才能适应舞台上的需要，我对此很感兴趣。

"这种气功，不好学，你还年轻，不适宜。你可以练习坐着睡觉。"

"坐着睡觉，哪儿能解乏呢？"我有些疑惑。

"我说的是中午。你每天吃过午饭，坐在椅子上，两手掌心向上自然地放在腿上，闭目静心养神，睡不着也有好处，慢慢地会睡着的。假如能睡上一个小时，效果会更好。日久见其功。贤弟，信得过，你就试试。"

我相信了他的话，自此开始练习坐着睡午觉，逐渐养成习惯，一直坚持下来。

宋德珠贴出《铁镜公主》即将上演的预告，我在《金沙滩》一折中饰演杨七郎。

我与刘大哥闲谈，自然就扯到正在排练中的杨七郎。我说："当初，许德义师傅演《金沙滩》中的杨七郎，会耍牙。武生周瑞安演《金钱豹》也耍牙。钱金福先生演《问樵闹府》中的煞神，耍牙的技巧、花样更多了。可惜，我年岁太小，没能向许师傅学。现在的舞台上，看不见谁还耍牙啦！"

刘大哥见我十分遗憾，就故意问："你是想让杨七郎也耍牙喽？"

"只能是想想罢了！"

"愁什么，我知道谁会耍牙。"刘大哥笑着跟我兜了个圈子。

我一听有人会耍牙，精神马上百倍振作，霍地从椅子上站起来，高声探问："谁？"

"我，哥哥我会！包教包会，还发愁吗？"刘大哥慨然应允，使我喜出望外，接着一想，空欢喜。问他："我没'牙'，怎么学？怎么用？"

"我有哇！"他斩钉截铁地说。

之后，刘大哥将耍牙技巧原原本本地教给了我，并将"牙"送给我留作纪念。

这对"牙"，每个有二寸多长，一头粗，一头尖，和象牙形状相仿。用的时候将"牙"含在嘴里，凭舌头的功夫，将"牙"从嘴里交替顶出或同时顶出，还有人能从嘴里伸出"牙"来，又捅入鼻孔里去，技巧很多。但我觉得太多地用在杨七郎身上没必要，他是人，不是神。现在想来，金钱豹与煞神耍牙，可以夸张地表现鬼怪的凶猛。杨七郎尽管骁勇无敌，终归是人，耍牙并不太恰当，不过是耍技巧罢了。但在当时它真为我的演出增添了光彩。

杨七郎在"四击头"中上场，台口亮相。在"搜场"的锣鼓点儿声中，他突然从嘴里伸出一对"尖牙"，双双收回后又单出一只，收回，出另一只，收回，再双出双涮，两"牙"同时收回。此举真将观众镇住了。观众们认为像我这样一个年轻的架子花脸，能兼武二花已属不易，居然还会耍牙等多年不见的技巧，由此更增加了对我的喜爱。

斌昆大哥在艺术上主动地给予我无私的帮助，使我很受感动。但他在艺术追求上如饥似渴、不耻下问的精神,更使我备受感动。他坦率地对我说:"兄弟,这回得看你的了。《法门寺》中的贾桂和《群英会》中的蒋干,我没谱儿。南边的演法太不讲究,我看过萧先生演的蒋干,真好,你给哥哥说说!"刘大哥当时在江南一带是位艺术威望很高的名丑,我不过是一个刚崭露头角的青年花脸,他肯跟我学习,是我始料未及的。于是我全力以赴,将在科班时萧老师教的和后来我在演出中的心得体会,一一告诉了他。几年后,我们同周信芳先生在黄金大戏院演出《群英会》《盗书》《回书》等场次的表演都收到了良好的效果。

宋德珠、杨宝森、我,三人都是二十几岁的青年演员(杨宝森略大,但也未到三十),由于我们能各自发挥特长,相互间又能密切配合,使剧目充满朝气,故一个月的演出,博得上海观众的认可,在上海打下了良好的基础。

上海一个大买办资本家虞洽卿,为娶儿媳兴师动众,让在沪的周信芳、赵如泉各位名家以及我们三人为其去唱堂会。

赵如泉已是五十多岁的老先生了,他有着超人的才能,戏路宽,生、净、丑,文武昆乱,无所不能。我到上海后,常看他的演出。共舞台(戏园名)门前摆放着他的剧照,饰演的角色有《走麦城》中的关羽(红生),《济公活佛》中的济公(文丑),《三盗九龙杯》中的杨香武(武丑),《时迁偷鸡》中的时迁(武丑),《伐东吴》中的黄忠(武老生),《粉妆楼》一折《胡奎卖人头》中的胡奎,还有饰演包公、鲍自安、骆宏勋、赵云、黄天霸、窦尔墩、朱光祖等角色的剧照。而且他连演四十多本的《狸猫换太子》,能分别扮演陈琳、狄青、呼延赞等众多不同行当的角色。难怪上海京剧界称他为"赵老开"。

堂会上,周信芳先生和这位赵如泉先生演《战长沙》,还有宋德珠的《金山寺》、杨宝森的《空城计》、王少楼的《驱车斩将》。这位王少楼就是我在杭州大世界看《霸王别姬》时演霸王的那位武生演员。

周先生演《战长沙》，点名要我饰演剧中的魏延。能与我从小就喜爱、仰慕的周先生一同演出，我的心情可想而知。为演好这出戏，我做了充分的准备。

后台，周先生特意与我对了一遍戏。他笑眯眯地鼓励我："我看了你（演）的马谡，演得的确不错。魏延这个角色适合你演，我就点了你的名。你别担心，放开了演，一切有我！"这几句话如同给我吃了一包强力定心丹。我沉着应战。智慧和灵感，随时指挥着我在舞台上的意识。

黄忠（周先生饰演）和魏延双起霸上场。周先生的几个转身，都与通常的起霸不同，靠后台说一遍，不会记得十分牢。我想起当初与章遏云在南京演出时，与芙蓉草先生同住平江府宿舍，他与我闲谈时曾说："就拿《金山寺》来说吧，我陪着梅、尚、程等多少个白蛇演青蛇。他们有相同之处，又各有不同，有的不同之处还相当多。我都一一死记，可记不清。遇到这种情况，就得用眼睛不时地扫着白蛇，动作也就瞄下来了，万无一失。这就叫傍角儿。"他说者无心，我听者有意。后来看他同章遏云演《金山寺》，同尚先生在上海演《金山寺》，这次与宋德珠演《金山寺》，确实与他说的一样。我就将他这番话记在心里。眼下，这个窍门正好为我所用。我也很自然地不时瞄着黄忠，动作配合得比较协调。黄忠、魏延上场各念两句念白："老将威名大，镇守在长沙。"周先生以他独有的宽、厚、沙的嗓音，念得字字铿锵，显示出黄忠老当益壮的威风，观众报以热烈的掌声。演员之间的互相激发，力量非常大。我的激情顿起，想起萧先生所讲："在舞台上，跟有名望的前辈们演出，更需要有股子比劲，要有将他比下去的劲头，你就撒开手脚了。"我不由得铆足劲儿，念道："丹心能贯日，保主锦中华。""锦中华"三字放足高音、亮音，以体现魏延这员血气方刚的猛将的气概，也博得了观众热烈的掌声。

周先生在舞台上，正像他所说，一切有他呢。关键时刻，他都为我的表演做了很好的铺垫和暗示。魏延强逼黄忠降汉，黄忠不肯，魏延急不可耐的一段表演，周先生比科班的演法更细腻，增加了魏延两次抓黄忠鸾带相逼的动作。当时黄忠斩钉截铁地回答："要去你去，我是不去！"魏延道："你若不去，我就要哇——"黄忠："你要怎样？"说着，他用胳膊揽住胡须，露出腰间鸾带，明确地示意：来吧！该抓鸾带啦！我自然早已领会，过去一把抓住他的鸾带，二人扭住绕圆场，做出"三漫头"等复杂而又有层次的动作，似乎我们已合作多年，配合得相当默契、娴熟。台下观众的欢迎不消说了，就是后台的人们也都站在上下场门观看。

戏，是很吸引人。周先生扮演的黄忠，不单满怀激情，气势恢宏，更应该介绍的是，他在这出戏里的表演也有很多绝活儿。关羽用拖刀计将黄忠打下马来，令其换马再战。黄忠闻听此言，"屁股座子"摔在地上，羞愧得浑身颤抖。他控制着自己，站起身来，转身拉马。由于无比羞愤，他又几次蹬马以泄内心的怨怒。这一场鏖战，战马和主人一样地疲惫不堪。主人蹬骑，它几次卧槽。周先生左手将刀杵地，右手紧勒马缰，几次下叉，终于站立。如何更进一步揭示老将羞愤难当的心理呢？只见周先生左手将刀背于身后，右手托起银须，难过的刹那间，雪白的胡子完完全全、整整齐齐遮盖在脸上，转身又将胡子完全抖下来，下场而去。这里没有唱、念，完全是无声的表演，通过周先生的面部表情和一系列的动作，加之"胡须蓬面"的点睛之笔，将老英雄战败坠马、无地自容的情绪，活灵活现地表现了出来。

周先生的"胡须蓬面"这一绝活儿，小时候我就看过。那时他在《南天门》一剧中饰演曹福。曹冻饿而死时，僵尸将要倒下，忽又一立，胡子蓬面，直到躺下胡子还是全部将脸遮盖着。可惜，这一绝活儿已经失传了。

这出戏的上演，轰动了上海。报上纷纷赞扬这是一出珠联璧合的好戏。我的名字，也在两位前辈的提携之下红了起来，上海观众承认了我是一名较好的青年架子花脸。

回顾我的艺术历程，每向前迈进一步，除去主观上的努力钻研，离不开前辈的爱护与提携。与他们同台演出，就是我提高艺术水平的最好时机。它使我从前辈高超的艺术表演中，吸收多种营养，促进我在艺术的道路上不断成长。

肆拾叁 游上海 洁身自爱

演出大获成功。我被黄金大戏院的经理孙兰亭挽留下来,准备等王玉蓉演过一月后与章遏云再合演一期。我考虑,自己将开始在上海立足,应该趁热打铁。我与章遏云合作演出《霸王别姬》《十三妹》等剧,所扮演的霸王、郑九公等,艺术上另有不同,可使上海观众对我有进一步的了解,基础会更牢固一些。所以,虽是间隔一月,也值得。为了免除我平沪旅途往返的劳乏,孙兰亭执意约我在这段时间到他家食宿,乘机游逛一番大上海。盛情难却,我终于同意了他的安排。

孙兰亭在大马路开了一座兰汤浴池。浴池楼上是他的家,尚有两间空房,安排我在那里居住。每天,只要我在,就有位厨师单给我开饭。

这一个月,是我自进富连成学戏以来,从未有过的轻闲日子。我可以不必四处奔波去演戏,可以不为嗓音的痛快与否而担心。每天除去早晨到黄浦滩散步,再到黄金大戏院练功外,其余时间尽可以随心所欲地到各处游玩。

那时,看电影是我的一大爱好。当年在科班时,一次分包演出,我从同兴堂行会到广和楼赶包，途经大栅栏，因见同乐电影院上演胡蝶主演的《啼笑姻缘》，心想时间还有富余，进去看一会儿再出来也不耽误那边的事儿，不想看得入了神，将赶包的事情忘得一干二净。电影散场，我才猛然想起，待赶到广和楼，早误场了。幸而刘盛常师兄（刘连荣之弟）平时和我关系很好，见我没来，以为我赶不及，就将程咬金脸谱勾好，代我演出《贾家楼》，免了我一场祸事。

上海美琪电影院、大光明电影院装有译意风，专演外国电影。我在那里看了泰隆·鲍华主演的《碧血黄沙》、埃罗尔·弗林主演的《罗宾汉历险记》，还有《人猿泰山》《鸳梦重温》《魂断蓝桥》《蝴蝶梦》等经典影片，遗憾的是影片中讲了很长时间的话，译意风里才译出一两句，令人着急，故事也只知梗概。

我也到新光等电影院，看了许多当时最红的中国影片，有陈云裳、梅熹主演的《木兰从军》和周璇主演的《渔家女》。其中，《月亮在哪里》（《木兰从军》插曲）和《疯狂的世界》（周璇唱的《渔家女》中插曲）已成为上海的流行歌曲。还有袁美云、王引主演的《乡下大姑娘》，王元龙主演的《秦香莲》，顾兰君主演的《荡妇》，李丽华主演的《唐伯虎点秋香》。还多次观看了周信芳先生与袁美云合拍的《斩经堂》。这部片子是前几年我随重庆社到上海来演出时就已放映的，片子已老化，经常断片。

另外，我又特地去天宫小剧场看唐槐秋、唐若青父女与孙景路、邵华等人演出的曹禺先生的名剧《日出》《雷雨》，还看了《葛嫩娘》《水仙花》等剧。

天宫小剧场在一家小吃店的楼上。小吃店专卖赤豆汤。天宫场内也只有三百来个座位，但是，他们的表演很吸引人。在这里我学到了很多塑造人物的技巧，以提升自己的表演水平。

京剧更是看了不少。时值盖老腿摔坏，在家养伤。我看了他儿子张翼鹏在大舞台所演的连台本戏《西游记》。他练就一身扎实的武功。头本《水帘洞》，张翼鹏饰孙悟空，到龙宫借兵器，用一对一寸见方、二尺半长的鞭，他能将一根鞭扔上去，落下立在手中另一根鞭上。这与锤对锤相比更为不易，锤的接触面要比鞭的接触面大几倍呢！当时，外国的脱衣舞之类的邪风已刮到京剧界，孙悟空到龙宫，龙王设宴款待，宴会上，龙女大跳四脱舞。剧场门前的广告牌上居然大登特登"脱得光""脱得崭"（崭，上海方言，音zāi，意思是好），以招徕观众。

我还看了赵如泉先生演的多本的《济公活佛》。

我最常去、看得最多的是王玉蓉、盛戎的戏。这一个月，王玉蓉在黄金大戏院演出。我去车站送走宋、杨二位，正好将王玉蓉和盛戎从车站接来。王瑶卿老先生跟随王玉蓉前来亲自把场。王玉蓉号称铁嗓钢喉。一般演《王宝钏》均是由"武家坡"演起，他能从《彩楼配》开始，包括《三击掌》《别窑》《母女会》《银空山》《武家坡》《算粮》《大登殿》，共演八折（即"王八出"），嗓音不疲劳。他在《孙夫人》一剧中也是从《甘露寺》《美人计》《回荆州》直演到《别宫》《祭江》为止。盛戎在《孙夫人》一剧中饰张飞，但只演《听琴》一折，不带《芦花荡》。另外还演了《牧虎关》《大·探·二》。他们有王瑶卿老先生亲自把场助阵，这一期演出也比较成功。

我小时候去城南游艺园，就听说它是仿照上海大世界的营业形式开设的。这次我和盛戎特去大世界游玩。一进大门，摆放着几面哈哈镜，将我们照成胖瘦不同的各种怪样子，引得我们发笑，就是没琢磨透这是根据什么原理造成的宝镜。大世界内部的建筑结构精巧别致。露天剧场上演潘氏姊妹的杂技。楼里一个个小剧场，分别上演曲艺、评弹、京剧、越剧，还有一位艺名叫张冶儿的先生专门主演什锦京剧。一九八三年春节我看到相声演员与电影演员串演的京剧《三不愿意》，就很有什锦味道，与我小时候看过的天桥云里飞主演的滑稽京剧相仿。什锦京剧《甘露寺》，化装和演唱郑重其事，"劝千岁"几段也唱得颇有味道，但剧中不时会出现各种滑稽的即兴表演。

比如招亲的婚礼上，赵云变成司仪。主婚人吴国太与证婚人乔玄操着上海话将刘玄德称为先生，将孙尚香称为女士。立婚书时，吴国太、乔玄分别从怀里掏出大印盖章。仪式结束，吹起洋鼓洋号，孙尚香与刘玄德一对，吴国太与乔玄一对，赵云拉了一位宫女，大跳交谊舞，唱流行歌曲。

我经常花费半日时间，从南京路走到海格路，或是从霞飞路的东头走到西头，也就是游逛今天南京路和淮海路的各个商店，为母亲、哥哥、姐姐们买些衣料，为我自己买些所需物品，包括一些鲜艳的丝绒衣料，以备结婚时用。余下的时间，不是去兰汤浴池洗澡，就是与孙经理夫妇、斌昆大哥等人打麻将，或去老公馆找盛戎打麻将。由此，我养成爱洗澡的习惯，打麻将的牌瘾也随之见长。一次我到老公馆找盛戎打牌时，他对我说："今儿咱们哥儿俩玩点儿新鲜的！"说着，从怀里掏出宛如拇指大的一个黄澄澄的东西放在桌上。

"这不是一两金子吗？"我不明白他要干什么。

"把它押上，看你赢得去不！"

"出门在外，带这个下什么！多招惹是非呀！"

"这你就不知道了！这是我防身用的！"

"防身？"我更加迷惑了。

"防身！要是傍的角儿不硬，上座率不高，崴了泥（意为不成功），把它一卖就是路费，能坐车回家，算不算能防身？"他一解释，还真有点儿道理。

我说："算！这样的防身之宝，你把它收好了吧！今儿个你一时高兴把它拿出来，我要是把它赢过来，日后你有急用时还不骂我吗？我可受不了。再者，咱们是随便玩玩，你还是收好吧！"盛戎笑着把它拿起来放在手里掂了几掂，又小心地将它收好。

今天我写回忆录，想起了这件小事，也把它记了下来。我的子女们不太理解，说："这有什么价值，也要写上，宣扬你们在旧社会赌博？"不！沾染打牌赌博的恶习是不好的，它反映了当时腐朽、没落的社会风气。我之所以要写，是因为盛戎防身用的这锭金子引起了我的深思。透过这锭金子，可以看到旧社会艺人们的辛酸之处，这是新中国成立后培养起来的演员们所不能理解的。要知道，旧社会的艺人，若是唱红了，也许会红得发紫，但不等于生活有了保障。说不定哪一天，有什么情况发生，就会猴吃核桃——满砸！红变成黑，落得个一无所有，困居异乡。那年文杏社在大连，若非天津中国大戏院肯出路费相约，真不知会落到什么地步！盛戎在当时也是公认的一名后起之秀，尚有此举，随时以防万一，岂不发人深思吗？

一个多月的时间转瞬即逝。章遏云一行来到上海，其中有张云溪、叶盛兰、贯盛习等。我和云溪自七七事变时在上海一别，再未相见。当时他因交通阻隔，未能返平，经人介绍，从水路到东北谋生。这次章遏云特地将他从东北请来。

我与章遏云的合作演出，剧目风格焕然一新，收到了预期的效果。章遏云演出荀派戏《钗头凤》（她饰唐惠仙，叶盛兰饰陆游，我饰宗子常）、《得意缘》（她饰狄云鸾，叶盛兰饰庐昆杰，我饰狄龙康），均采用程派唱法，受到观众的好评。

云溪与我一别三年，艺术上大有长进。他在《四杰村》中饰余千，使用双斧开打，很新颖别致；《八大锤》中饰陆文龙，不单凭枪下场的技巧，重点放在与四锤将的开打，既合乎情理，又显得火爆。他的演出也受到观众的极力赞扬。这段时间，云溪向上海专教武打的李双凤先生学了很多新的武打套路。我也向李先生学了一套单刀对双钩，可惜始终没用上，现已还给老师了。

恰逢更新舞台贴出新艳秋头天打炮《红拂传》的海报。章遏云将我请到家去，要我看新艳秋这场演出，用心将场子记熟，我们也准备排演此剧。

她们这场戏是满堂，我买了一张楼下后排座位的票。新艳秋的扮相秀丽，嗓音动听，学程砚秋先生很有成绩。当戏演到虬髯公与红拂女、李靖结拜的高潮时，轰的一声巨响，顿时场内大乱，就听楼上包厢里怪叫着："炸死人啦！炸死人啦！"喊声响彻剧场，观众纷纷你拥我挤，争先恐后地逃离剧场。说实在的，我没有害怕。我随着人群来到剧场前厅，想看个究竟。工夫不大，来了一辆汽车，军警们从戏园里抬出一具尸体，送至车上。车开走了。

"观众们，请留步，下面继续演出！"几声呼喊，使一些观众重新回到座位，我也是其中之一。

这样的事件，在上海是屡见不鲜的。第二天，听说这是除奸团炸死一个大汉奸。我很高兴，心想这些祸国殃民的东西早就该死！死一个，少一个！

过了几天我们着手排练《红拂传》，由我负责。章遏云饰红拂女，我饰虬髯公，盛兰饰李靖。这台戏很齐整。最后，临别纪念演出时，连演三场，获誉不小。正要北返，突然接到李华亭从天津中国大戏院打来的电报："旧历年请你与吴素秋合演半月，包银四百伍拾元。速回电！"

我随即奔往天津，赴李华亭之约（水患早已平息），正月初三与吴素秋在中国大戏院合演一期。

回忆这段在上海历时四个月的演出，颇有庆幸之感。特别是那一个月在灯红酒绿、无奇不有的花花世界里闲游，是很危险的。我的演出受到欢迎，稍一忘乎所以，就会难以自拔。那时，我牢记着萧先生教导我的警世之言——洁身自爱，对自己有着一定约束。为了事业，我没有学抽烟，更不学抽鸦片，也没有酗酒。我爱听流行歌曲，晚间，去金谷饭店喝一杯咖啡，听歌星姚莉的演唱，但不下舞场，更不去接近女色。

我清醒地知道，许多有条件的、刚刚崭露头角的演员，就是红在上海，葬身于上海！像斌庆社的文武老生王斌芬，在科里是高才生，出科就被邀到上海。红啊！可是，他生活上堕落了，终被大烟和美色所葬送。可怜，自出科来到上海，就没能再返回北平！

前车之覆，后车之鉴，我的路还长着呢，只有洁身自爱，才能到达那理想之境！

肆拾肆 探慈母 旧居新颜

上海演出结束，我乘海轮赶赴天津之约。由于偶然的原因，我得以回家探望母亲。当我站在门前，凝望着那扇抹了泥子还露着白光光新木茬的大门时，心头真是快慰呀！我抚摸着平整光滑的门板，发现门角上溅了几滴泥点，连忙掏出手绢将它擦掉。家里变成什么样子啦？我迈进门槛，急行两步，走过半间门道。啊！这整齐的小院落在我眼中是那么熟悉，却又那么陌生。它变了，南屋正中向前伸展的小鸡窝廊子（房檐下一间廊子称为鸡窝廊，二间以上的为长廊）有多神气！朝外单开门的北房，也在院里开了门窗。院子四周一水儿齐的白茬门框、窗框。窗上新安的玻璃，那么明亮耀眼。我满意极了，光顾打量房子，连手中沉沉的皮箱也忘记放在地上。

"谁呀？"母亲听见外边有动静，高喊了一声。

"妈！是您儿子回来啦！"

"哎哟！我的宝贝儿子，是你回来啦！"母亲从来没有这么叫过我，这回可能是太高兴又太意外了吧！哥哥姐姐也从屋里奔出来，哥哥接过我手中的箱子，母亲拉着我的手，高兴地指着房子对我说："全是按照咱们想的那样盖的。南房改成一明两暗，共走堂屋。"

"南屋开后窗户了吗？"我迫不及待地抢着问。

"开了！三个，一间一个。"这小四合院是南为上。南房开了北窗户，室内就能透进阳光。

"东房和西房都改成通连了。"母亲说着绕过一堆渣土，拉开东屋门，屋里墙上还没挂灰，夕阳之下竟也显得明快豁亮。

"这回，下大雨也不会漏了！"我自言自语地说了一句，这是我的心病呀！

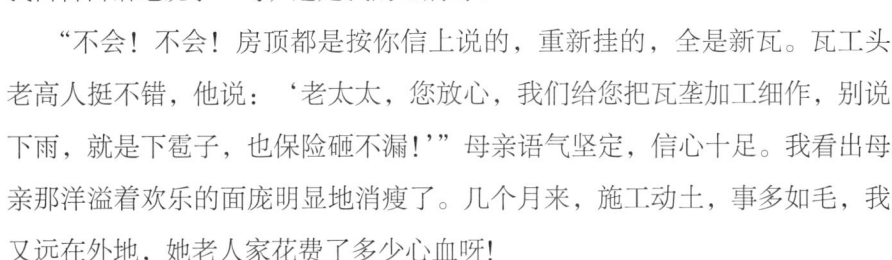

二十世纪末，我在前孙公园旧居前留影

"不会！不会！房顶都是按你信上说的，重新挂的，全是新瓦。瓦工头老高人挺不错，他说：'老太太，您放心，我们给您把瓦垄加工细作，别说下雨，就是下雹子，也保险砸不漏！'"母亲语气坚定，信心十足。我看出母亲那洋溢着欢乐的面庞明显地消瘦了。几个月来，施工动土，事多如毛，我又远在外地，她老人家花费了多少心血呀！

"走吧，先到屋里暖和暖和，待会儿再看吧！"我们随着母亲走出东屋。

院里东、西、北几面房都空荡荡的，只有我们母子四人。这与以往大不相同。往日，我外出归家，挂着拐棍的李奶奶，驼背的张六叔、张六婶，几家街坊都要出来问长问短。如今，我望着空空的西屋，一种思念又加冷清的感觉涌上心头。

当然，高兴和激动马上又占据了我的心间。我站在南屋廊下，环视这小小的院落，这个我生于斯、长于斯的房屋。你，比我们更多地经历了人世间的风吹雨打。当我降临人世，第一次睁开眼睛看见你，就从没见过你有欢乐的时候。我为你鸣过多少次不平，从幼年时就想给你做件白白的衬衣穿。如今我终于长大了，到底用我自己的血汗，改变了你的容颜，使你从里到外焕然一新，使你恢复了青春。你看，母亲看着你笑，哥哥姐姐看着你笑，我也在看着你笑！我看见啦！你，在同我们一起欢笑，我们要力争永远这样甜美地笑。

"别看不够啦！给你倒好水了，先洗把脸吧！"听到母亲再次亲切的召唤，我才转身进屋。堂屋供桌上丰富的供品提醒了我，此时正值过年期间呢！我脱去大衣，接过毛巾，温热的洗脸水驱走了我几天来的疲劳。

"你往家里寄包银的时候，信上说正月初三赶到天津唱半个月，怎么突然又回来啦？"母亲略有些不放心了。

"我从上海坐顺天海轮，准备初三赶到天津，晚上和吴素秋演《别姬》。没想到年三十那天，船开到烟台港，船长说顺天号停船三天，船员上岸过年，乘客敬请自便，初三准时开船。幸好，送我去天津的上海黄金戏院的邀角人马志中，在烟台有个女朋友，马志中拉我一起去她家住了几天。"

"几年来，难得在家里过个年，好端端地跑到烟台不认识的人家去过年，有什么意思！"母亲很觉遗憾。

"是没意思，打了打牌，逛了逛烟台山。冬天没看头。烟台市也就是一条马路，铺子全关张，只是晚上咖啡馆的霓虹灯有点儿上海的味道。"我洗过脸，母亲将毛巾接过去，搭好，将洗脸水倒了。我接着说："早上，李华亭他们去塘沽将我接到天津，告诉我，怕船还不能正点，索性将《别姬》改到初六，初五演一场《失·空·斩》。我出去几个月了，很惦记您，正好回家来看看。我跟他们一说，中午，就给我送来了当天的火车票。"

"吃饭吧！"姐姐已将现成的年饭热好端来。

吃过丰盛的年饭，我们一同来到母亲居住的西套间。屋内炉火熊熊，温暖如春。我们沏上一壶酽茶，大家欢快地听我介绍上海的所见所闻和我演出的情况。我打开箱子，取出给母亲购买的棉衣缎面，给哥哥、二姐买的衣料，大家高兴极了。我又从手包里掏出四百五十元钱，交给母亲。

"妈，这是去天津的半个月包银，您收起来吧，因为我在上海红了，李华亭将我的包银也加了。"

"妈，家里买房盖房的钱够吗？"

"够，富富有余。说起来，房子的事办得挺痛快，你大爷一点儿没难为咱们。他说这所房子是马车行挣的，里面多少有咱们一份，让我看着办。我不懂行情，请人估价，让我给四百元。李掌柜的北屋两间铺面房单算，给了二百元。西屋李老太几位，每家也都给了搬家费。大伙儿都挺高兴。咱们困难的时候，街里街坊的，大家没少帮咱们的忙。我跟他们说啦，等房子修好了，接他们一块来热闹热闹。这阵子盖房，事儿太多，出不去。过一阵子，我真得去看望看望他们……"母亲一口气说着，我专注地听着。

姐姐拿来了瓜子等年货，这个话题才算岔开。我抬眼向外望去，借着月光，瞧见没上漆的门框、窗框，就问道："妈，您想把人门和窗户漆成什么颜色？"

"原先想漆大红柱子、绿窗户，一打听红漆太贵，我想将红色改成栗子皮色，门框上起金线也挺漂亮，价钱就便宜多了。"

"可是不如大红门好看。我看，贵就贵点儿吧！"说着，我又用眼睛征求哥哥的意见。他点点头说："我也是这么想，九十九拜都拜了，最后这一哆嗦，还有什么舍不得的！"

"话不能这么说，盖房子的事儿不同别的事儿，不能将就的地方，一点儿也不能含糊，要不，以后不是塌就是漏。太讲究，就不必了。漆颜色不就是为看吗？虽说眼下的日子一天好似一天，别忘了，咱们一点儿家底也没有，哪儿不需要钱哪！钱，你挣得不易，咱们处处还得省着些，说话你就二十五岁了，该张罗着把事儿办了，还有你哥哥，都得用钱哪！"

母亲的话有理。她真是一位吃苦耐劳、勤俭持家、心地善良的好母亲。听到她说该张罗着给我办事，哥哥姐姐都笑了，我的表情有些个不自然。母亲见状又说："提到这儿啦，索性问问你，你打算什么时候办事呀？"

"我……我……我没想过……"

"妈，甭听他嘴上说，他箱子里的花衣料……"二姐也插言打趣。

我没等她说完，就抢着说："人家都说上海的衣料好，我是买下来准备着……总归用得着哇！"

"别争了，说真的吧，早点儿把事办了，家里才像个人家。"母亲郑重地征求我的意见。

我只好说："不忙吧，我等着和我哥哥一块儿办吧！"

"别等我，别等我，我现在谈不到这个。"哥哥连连摆手，他又说，"这些日子，我学拉胡琴入了点儿门，我想让你给我托人拜个师傅。"哥哥的事情，一直令人发愁。他这些年来始终没找到合适的事由，闲散在家，跟着我出去跑过几趟，也不是常事。听说他这半年喜欢拉胡琴，我很高兴："你真要想学拉胡琴，太好了！将来咱们哥儿俩合作，还有的说吗？拜师的事容易，不知你想拜谁呢？"

"想拜张九先生。"

"噢，阎世善的岳父。好办！我天津演出回来，就去说。咱们一起去过东北，他认识你，估计没问题！"

"他的事要是解决了，我就去了一块心病啦！"母亲说。

夜深了，哥哥姐姐们都各自休息去了。母亲催促我："天不早了，睡吧！明天又得赶火车，晚上还有戏！"我掏出怀表一看，两点半了。

"不想睡，睡一会儿就得起，更难受！我今儿个跟您补熬年三十的夜，我好几年都没在家过年啦！"

"那也好！索性咱们娘儿俩说个痛快。刚才人多不好说，这会儿清静，你把你的想法说出来我听听。"母亲眼盯着我，等我回答。我只好说："我是想，房子盖好，攒一笔钱作为拜师的费用，拜了师再……"母亲明白了，她笑了笑，顺手提起炉上的壶，往碗里续上半碗水。我接过水壶，又把它坐在炉子上。母亲端起碗来喝了一口水。

"你是打算先立业后成家。妈也不是糊涂人，听了，只有为你高兴。可是，你还差五天就二十五岁啦，不能再拖喽！结婚的钱足够用，结了婚不碍你攒钱拜师，也了了我一桩心事，你说呢?"

我没好意思说什么，站起来，将炉子上吱吱作响冒气的开水壶拿开，看了看火，不该添煤，只好又将壶坐上。我觉得嗓子干辣干辣的，便将壶盖拿开，弯下腰，张开嘴往里吸蒸气。母亲见我没有回答她的意思，有些不高兴了，轻轻地责备我："你总是这么拗。你自己掂量着办吧，反正话是提给你了！"

我一边哈湿气，一边冲母亲做了个鬼脸，说："我听您的，您看着办吧！"母亲笑了，我也笑了。

"你这是干什么?"

"我嗓子发辣，吸点儿湿气，润润。"

"桌子上有的是苹果，你多吃几个，败火，嗓子就不辣了。"

我拿出在上海买的水果刀，给母亲削苹果。

"您看着，我能将苹果皮削成一整条下来，这也是在上海学的，上海人吃果子都削皮。尤其吃地梨，咱们叫荸荠，他们先把皮削下来串成糖葫芦样，再把皮套在荸荠上，等荸荠吃完，皮成了一个个小圈圈。"苹果削完了，我将皮提起让母亲看，果然是长长的一条。我将苹果给她递过去。母亲接过削好的苹果，笑得合不拢嘴。

"也就是现在，你舍得削皮，再早，能舍得吗?"

"是啊，以前哪有钱吃苹果。好容易吃一个，还舍得削皮？也不懂什么叫削皮！"我又开始为自己削。

母亲咬了一口苹果，说："这苹果削了皮倒是好吃!"她吃着吃着，脸上没有了笑容。我马上意识到，准是想起大姐来了！大姐病成那个样子，我转遍大街小巷，买来两个小苹果，竟让瞧香的巫婆骗着吃了，真可恨！如果大姐还活着，过上如此舒心的日子，该多高兴啊！这么想着，我不由得心头一酸，急忙控制住了。我得用别的话题岔岔，不然，母亲肯定又会伤心了。

"妈，刚才我忘了给您讲上海大世界了。那里一进门放了几面镜子，把我照得别提多寒碜啦！"我把哈哈镜、什锦京剧等都讲给母亲听，很快，母亲就让我给逗乐了。

"将来有机会，我也去逛逛大上海，逛逛大世界，照照哈哈镜！"

第二天清晨，我告别了母亲，赶至天津演出。由于火车上受了风寒，初五我与陈少霖演《失·空·斩》时嗓音失润，散戏后赶紧吃药。初六，我与吴素秋演《霸王别姬》，嗓音已大见好转，但不如以往。我自己很不满意，观众依旧极为热情。

九十年代中期，一天饭后，我在三里屯使馆区散步，一位老同志过来问我："您是不是姓袁？"

"对。"

"我是您的老观众，我看着像您嘛！"

"您有什么事吗？"我问。

"没事，没事。我年轻时在天津看过您的《霸王别姬》。"

他当时在天津英租界一家洋行里学徒，正巧看了这场《霸王别姬》。他说，记得那年正月初三去看戏，戏园门口右侧立了一块牌子，上面写着："袁世海艺员所乘轮船误期，今晚上演的《霸王别姬》改为正月初六补演。"我说："太对了！"他说："那时，您很年轻，多受观众欢迎啊！您这位'霸王'上场前和上场时的掌声真足。我这个洋行的小徒弟也没少给您鼓掌。您演得真带劲儿！"

事隔多年，没想到，这位在东直门副食店工作的孙锡山同志，成了我这次演出的见证人。

肆拾伍　结良缘　新婚之喜

母亲盼望着我能早日成家，经她老人家再三催促，我从天津返平后，即去原东安市场棚内，请卜算先生择选吉期，将婚期定为二月初七。此时已值正月中旬，我忙碌着准备结婚。

这件婚事是怎么订下的呢？

我对自己的婚事，曾暗暗立下誓愿，在我事业没立住、生活没安定下来之前，暂不考虑。因此，出科后几年来，不断有人给我提亲，一些有名望的同行前辈也愿将女儿或亲戚给我提说，甚至情愿以房子做陪嫁。我不愿过早谈及此事，更不愿攀高枝，不愿依靠陪嫁、沾妻子的光度日。自己娶得起便养得起，养不起时就先不娶。所以，我将所提的亲事都婉言辞谢了。近两年，我声名鹊起，颇引人瞩目，又有几家提亲，也未能成。

这时，高富远师兄给我提了一门亲。当年，我们同在重庆社，他对我很不错。我离开重庆社后，互相间感情依旧。我搭盛藻哥的文杏社，也推荐他加入。他颇有感谢之意，对我的婚事很关心。在他了解到我对婚事的想法之后，大为赞成，说："好样的，有志气！既然不愿攀高枝，我给你说一门好亲。女方是我多年的老街坊，姑娘的父亲在世时开小杂货铺。故去后，留下几间小楼房，一家四口住在楼上。楼下的小杂货铺关了张，出租给另一家开豆腐店。你嫌不嫌？"

"家里的条件好坏没关系，只要本人好就行。"富远兄一听我的口气很有意，积极性更高了。

"好，她的寡母靠这点儿房租，带着他们兄妹三人过日子。姑娘行二，下面有个妹妹，哥哥是咱们同行，先在志兴成学过一段时间，这个科班解散，就跟于莲仙师哥学戏（于莲仙，原名于连仙，富连成学生，借'连'字改为'莲'，别名小荷花。与同科的于连泉，别名小翠花，同工花旦行，为富连成'连'字辈的两朵花）。他学旦角的条件还不错，叫任志秋。姑娘叫任遇仙。她是我亲眼看着长大的，沉稳，老实，性情温和，一手的好针线活儿。年岁和你也相当，小你四岁，除了家里条件差些，其他的没得挑。你若有意，先到我家相看相看，怎么样？"

富远师哥的介绍，给我留下了好印象。几天后，我来到大沟沿富远师兄的家中。

他的家是二明一暗的三间南房。父母已过世。祖父高福禄老先生，是比钱金福略早一点儿的名武二花脸，早已去世，只有双目失明的祖母住在里间。我在堂屋和富远师兄闲谈。不大工夫，富远嫂陪着一个姑娘从外面走进来，我迅速地正了正本来就坐得很端正的身子，不好意思直视，只用眼睛微微一瞄，见这位姑娘面庞清秀，皮肤洁净、白皙，身材苗条，穿着一件合体的蓝色素花夹袍，显得十分文静、朴素、庄重。她见堂屋坐着陌生的男客，迈进门槛，低着头，径直拐进里间去了。

对这"一面之缘"，我很满意。事隔几天，富远师哥给我送来了遇仙的八字。所谓八字就是写着她的生辰年月日时、属相以及父母的生辰属相等的庚帖，再连同我自己的八字庚帖，一齐交与东安市场卦棚里的卜卦先生给我们合婚。过去男女双方的婚姻，虽凭父母之命，媒妁之言，但合婚也是一道关键步骤。这位卜卦先生将亲事合个上等婚，不成的婚事也许就成了；若批个下等婚，一段美满的姻缘也有可能被拆散。现在看来，卜卦先生真比月老的权力还要大些呢。我们的婚事合为中等婚。对此，我的态度是将信将疑。说一点儿不信，在当时的社会不可能；说特别信，却又不十分看重。中等婚就中等婚吧，我将我俩的八字交给富远师哥送到任家，女方还要再次合婚，这也是不可缺少的程序，以防女婿给女家带来灾殃。

任家请人合婚之后表示很中意，做大媒的富远夫妇同到我家贺喜。当时我不在家中，而这件事情我还未及向母亲说明，母亲被富远夫妇的贺喜搞得莫名其妙。母亲问他们给道的什么喜，顿时将富远师兄也搞糊涂了，连忙说：“世海的亲事说定啦，岂不是正该给您道喜呀！"

“嘻！哪儿说定啦！这几年提亲的不少，他都没点头。前些日子，说的是尚富霞先生家的亲戚，姑娘挺不错，没想到合了个下等婚，世海点头说不在乎，我有点儿不愿意。正拿不定主意，女家来人说八字写错啦，需要取回重写。我想这可好了，劝世海拿改好的八字再合合，也许不会是下等婚了，世海呢，反又不愿意啦！他说，写八字是姑娘一辈子的大事，哪能写错来回改呢！唉，挺好的一门亲又搁下了。世海许是没跟你们说清，让你们白跑一趟！"

富远夫妇听了母亲这一席话，全笑了，解释说：“老太太，您弄岔了，这另是一档子。前几天，世海的八字都给送去啦，女家合过了婚，都很愿意。今儿个我们一来给您贺喜，二来是给您送八字来啦！"他拿出一个方方正正的红纸包，递给母亲。

母亲欢喜地说：“这孩子，整天忙忙叨叨的，没顾上对我说。定的是哪家的姑娘啊？"

当母亲听富远夫妇将前后经过讲述一遍之后，兴奋地说："只要他看着好，就成啦！总算了却我一档子心事。"

富远师哥走后，我回来了。母亲合不拢嘴地笑着询问此事的详情，对我没有丝毫的埋怨之意。母亲真开明，也是由于母子之间多年来的充分信任，我得到了最大的自主权。后来我的儿女们的婚事也都受到这种影响，一不高攀，二是婚姻自主，父母的意见仅供参考。

我打开送来的红纸包，里面除了我们的八字庚帖之外，还有几根松树枝和一些大米。我不得其解，问母亲这是何意。

"松树枝是长生草，希望你们能像松柏一样长青不老。米嘛，是人家姑娘从娘家带饭来了，日后你们有饭吃！"

"那就是说将来会有好饭吃。她带来的是大米，不是玉米面，不会吃窝窝头啦！"

母亲开心地笑了。

"听老人说，大户人家聘姑娘，送八字要装在一个很讲究的红漆木盒里呢！"说着，母亲小心翼翼地将红纸包原样包好，收了起来。

随后，我到观音寺一家首饰店，打了一对金戒指，请富远师兄给任家送去，这就叫放定，至此，婚事才算初步定下来。

眼下婚期已定，双方过礼。过礼，即男方往女方家中送迎娶衣物，女方给男方送来姑娘的嫁妆。所以，过礼也称过嫁妆。其中，男方所送物品中必须有一只鹅，这只鹅养在女方家中，它若叫声勤，长得壮，将象征着新姑爷能说会道，有出息。这是婚前的重要一步。过礼前，婚事有变，双方退还定礼即可。过礼后，一般不会出现退婚的现象。

我们过礼的形式很简单，但送鹅是必不可少的。任家花了一百元给遇仙买了些饰品及随身衣服。他们怕我们挑眼，事前，特让富远师兄来探一探母亲的口气，母亲回答得很爽快："咱们是娶人，不是娶衣物，够用就成啦！我跟世海也这么说，衣服别多做，过了门，身形且变哪，她若是个旺夫的命，使这个家平安、兴旺，她想穿什么，还不就做什么，那多好哇！"

当时的社会，是很讲究这些形式的，母亲能有如此见解，算得上是开明之人了。任家老太太尽管家中不富裕，也并没向我要任何彩礼。

那时，南城外金鱼池一带专卖婚庆用品，我去那里买了一个镜子上画有龙凤的梳妆台和四个带推拉门的箱柜。箱柜不需上下搬挪，使用方便。而且，推拉门的玻璃上画着五彩牡丹，也为新房增添了喜庆的气氛。配上我从上海带回的一架喷蓝漆的棕屉铁床，新房布置得大方、实用。我很满意。

一九四〇年阴历二月初七，我在煤市街一家新开的饭馆凤鸣园举行结婚典礼。

这一天，女方家也要摆宴席请客热闹一番的。因志秋尚在跟随连仙师兄学戏，所以一应事项均由连仙师兄酌情而定。他考虑志秋很快就要登台演出，需要置办戏衣等物品，有诸多花费，况且女方家里生活并不富裕，嫁姑娘不应花费很多钱财，更不应借债。于是，在李铁拐斜街功德林素菜馆摆了几桌素席（免酒）。他这种务实的态度，引得我岳母很不高兴。老太太认为遇仙出嫁是家中第一桩喜事，又找到满意、有前途的姑爷，应该排场一些，免得被人笑话，在素菜馆办喜事太寒酸，怕我不满意挑眼，又怕对不住女儿。其实，我是不在乎这些的。

上午十时，我准时到功德林"请"新娘。实际上，只是给岳母磕头，让到女方家贺喜的宾朋看看新郎，新娘还需用轿子来迎娶。大媒也在此地恭候，我将大媒接到凤鸣园。

凤鸣园饭庄新开业不久，两进院落，油饰粉刷得洁净明亮，又经张灯结彩、囍字高悬地一番布置，很有些气派。我的至亲和前来帮忙的师兄弟们都已到了，正穿梭在喜堂里忙碌着。和尚四大爷笑眯眯地端坐在院中账桌前，他是出家之人，不便出入喜堂，主动承担起掌管出账、入账的工作。母亲喜上眉梢，笑容满面，梳得光溜溜的发髻上斜插着一朵鲜艳的红绒花，越发使她老人家显得精神振奋，喜气洋洋。她一会儿看看这儿，一会儿看看那儿，随时纠正着她认为不妥之处，并且不断地和董二奶奶商量着应办的事情。董二奶奶是母亲特意请来的一位大忙人，贺喜客人中的女眷全靠着她老人家替母亲上下应酬啦。

中饭后，吉时，发轿娶亲。讲究的人家要使"头水轿"，即第一次使用的花轿。这不过是轿房的生意经罢了。平时，轿子保护、收存得极好，用过几次的，看上去有如"头水"一般。除非真正有钱的大户，请人在家中自己绣制，才能称为真正的"头水"。

我租用的三顶轿看着都很新，挺好，说得过去。其中，两顶绿轿分别给娶亲太太、送亲太太乘坐。这次娶亲太太是陈少霖大哥的夫人，送亲太太是富远师兄的夫人。按照北京方言来讲，她们二位都是全口儿人，即老辈、爱人、儿女齐全的人。就这样，三顶花轿，全副执事，全堂乐队，吹吹打打、浩浩荡荡地去大沟沿迎娶新娘。

此刻，我的主要任务是在凤鸣园内招待亲朋好友。贺喜的客人们络绎而至，不仅有尚小云、马连良等前辈名家，还有众多的师兄弟、同辈的演员、基层演员以及搭过班社的大小管事，远远超过我发请帖请的人数。郝师娘、郝师嫂也来了，这是我前几天持帖子登门拜请的。因有小时候拜访郝老师的交情，加之我演《青梅煮酒论英雄》时德元师兄的赞誉，郝老师看我演曹操的印象和少春拜师会上的幸会，此时郝老师与我虽无师徒之分，已有师徒之情，所以，才能过堂客（女客）。

结婚典礼与举行拜师礼性质不同，前来的女眷多、小孩多，母亲应接不暇，她平时没怎么见过这种场面，认识的人又少，面对络绎不绝的客人，几乎不知所措。多亏了董二奶奶精明强干，久经这种场合，帮着给母亲介绍来宾，并上上下下代为周旋，使得凤鸣园内虽是宾朋满座、笑语喧哗，却又有条不紊，不致对客人们失礼，董二奶奶真是梨园界中办婚丧嫁娶不可缺少的人物。

客人们为了祝贺我的新婚之喜，或送几角、几元、十几元不等的喜钱，或送喜幛子（几尺长的红布或红绸，上面用针别着"天作之合""新婚志喜"等贺词）。尚小云先生额外地又送给我一幅精致的画，以表祝贺。

回想当年我离开重庆社时，尚先生一度对我是非常不满的，我们之间中断了往来。及至在少春拜师会上见面，尚先生主动地找我谈话，打破了僵局。他提出要我去荣春社给学生们说《霸王别姬》，没隔多久，便派人来约我前去。当时，孙荣惠学虞姬，王福春学霸王，尚长春、杨荣环等旁听。我尽自己所知给他们详细地解说、示范。事后，尚先生高兴地留我在他家吃饭。席间，尚先生感慨地说："哈，我没想到，咱们爷儿俩还能又坐在这儿一起吃饭！知道吗？你离开重庆社，我很不高兴！后来，听说你混得不错，台上挺见起色，我压下火仔细一想，你出去闯练闯练也好，比在我这儿戏路宽，得发展。我让你来荣春社教《别姬》，是想试探试探你，看你忘旧不忘。好小子！不错，你实心实意，一遍遍说得挺细致，我很满意。你没有忘旧。好！说破无毒！来！吃！"尚先生兴冲冲地给我往碗里夹了很多菜。尚先生如此豪爽地说出心里话，又是如此爱才，我深受感动。说破无毒，从此，我们尽释前嫌，所以尚先生会送我这份厚礼——《送子图》。这是一幅很精致的工笔画，画面上是一株石榴树和"囍"字，七个顽童在树上地下抢摘石榴。此画用笔工细，色彩鲜明，人物意态生动。我非常喜爱，一直将它挂在我的卧室，直至一九六六年破"四旧"，被迫烧毁。

就是因尚先生参加我的婚礼，看见扶轿杆送亲的大舅哥任志秋文质彬彬，对他颇有好感，待志秋出师搭言菊朋班社挂二牌旦角后，尚先生又特意去看他饰演《四进士》中的杨素贞，很满意，继而招志秋为婿，又成一段佳话。

这些都是结婚仪式的序幕，高潮还是新娘到达之后。

"花轿马上就到啦！"报信人一声高喊，凤鸣园内一阵忙碌。喜堂内摆好了马鞍子、火盆，近门铺好了红地毯。鞭炮手们点燃长香，在凤鸣园门外等候。

须臾，从外面传进高亢、嘹亮的唢呐声和八面大鼓咚咚咚的击鼓声，这声音由远而近，由小到大。很快，齐鸣的鞭炮声就与欢快、喜庆的吹打乐竞相争鸣，震动了整个凤鸣园。客人们停下互相之间的寒暄、闲谈，放下手中的茶杯，目光集中到门口。花轿直接抬入后院，严严实实地堵在喜堂门前（新娘上轿、下轿都不能见天日）。两位喜娘（送亲太太和迎亲太太）先行下轿，打起新娘的轿帘，挽新娘下轿，顺着红地毯往前走。

"高——抬——贵——步！"喜娘们像唱歌似的拉着腔调大声提示新娘，扶着新娘迈过马鞍，那是象征我们今后的生活会平平安安。

"高——抬——贵——步！"该迈炭火盆了。新娘头上顶着红缎绣花盖头，身穿像戏装一样的红缎裙，外罩长衫，想迈过那烧得红通通的炭火盆是很困难的。不过这个仪式必不可少，它预示着我们今后的生活会越过越红火。好！喜娘们帮助提裙、指路，新娘顺利地迈过火盆被挽进里屋改换装扮。她脱去戏装似的裙袍，换上我从上海买来的粉纱栽绒旗袍，重施脂粉。这是因为新娘在轿中大都是要哭的。也难怪，马上就要被抬到一个陌生的家庭，与一些陌生人生活一辈子，好坏难以预料，自然会产生对父母的依恋、对未来生活茫然难测的惆怅吧。

吃子孙饽饽、长寿面就更有意思了。我俩坐在喜房内吃预备好的半生半熟的花生、栗子、面条、饺子，象征着将来会早生贵子。

"生不生啊？"窗外有人大声问。

"生！"我按照事先他们教我的回答道。这句话很关键，马虎不得。

老式婚礼仪式的烦琐，侯宝林在相声《婚姻与迷信》中揭示得淋漓尽致。回忆起来，真如笑谈，但在当时人人如此，而且做得那样认真，唯恐遗漏不周。

该拜堂了，顿时鼓乐喧天。五色彩屑，飘香的花，红雨般洒落在我们身上。拜天地、拜高堂、夫妻对拜，然后开始给每一位长辈磕头行礼。贺喜的客人沸腾起来。我的师兄弟们施展闹花堂的身手，想方设法搞一些恶作剧来捉弄我。一位向来爱开玩笑的同辈，用毛笔蘸满演出勾脸用的大白粉，欲往我脸上勾画。我猛然发觉，忙用手去挡，大白没抹到脸上，却画到衣服上，我身穿的那套蓝色毛葛长袍、黑毛葛马褂是上海黄金大戏院赠送的结婚礼服，可惜只穿了这一次就报废了。

"成啦！别闹不够啦！给自己留点儿后路！"

"时间不早，大家请入席吧！"

多亏董二奶奶东拦西阻，闹花堂的都是她的晚辈，只好听从，分批入席了。

最后一拨酒席撤去后，又是董二奶奶劝阻了那些想到我家中闹洞房的人们。

我和任遇仙的结婚照

晚上九点多钟，我们单独乘坐一辆马车返家。在喧闹气氛中度过一整天的我们，此刻更感到马车里的安宁。我听着那节奏鲜明、轻快的马蹄声，心情渐渐地松弛下来。浮在眼前的热闹场面渐渐地消失了。我见新娘低垂着头坐在我身旁，我想，应该跟她说两句话。说什么好呢？刚刚松弛的心，似乎略略有些异样的紧张。

"你累不累？"她没有说话，轻轻地摇了一下仍然低垂着的头。下一句还说什么呢？我搜肠刮肚地想着。没想到，一贯爱说话的我，终未寻思出下一句话该说什么。我只好像她一样地沉默。这是幸福的沉默。

我，小登科的新郎官，作揖，磕头，应酬客人，一举一动都按照事先安排的进行，好似在演招亲的戏。"戏"很累，比演《牛皋招亲》累，比连演三场最吃重的《连环套》还累。然而，喜悦的心情使我有着旺盛的精力，并未感到疲乏。我用手抻抻衣角，正正衣冠，准备将这场"戏"圆满地演下去。

"啪！"清脆的鞭声，引得我掀开车上的帘子向外望去。多么温柔、宁静的夜晚啊！看看她，仍然低垂着头，一动不动地坐在那里。

马车停了，我们被大家簇拥着走进家门，开始给至亲们磕头见礼。

"希望你们二人和和美美、白头偕老！"

"小两口，互相多谦让，和和气气，甜甜蜜蜜！"

"你婆婆吃了多少苦才熬到今天。你以后要多孝顺她，来年让她抱上个胖孙孙！"

大伯父、大妈、和尚四大爷、董二奶奶、母亲都向我们说了美好的新婚寄语，祝愿我们今后幸福美满。

我们被送入洞房。

她低垂着头，坐在床沿上，一动不动。我站在桌前，望着熠熠闪烁的长寿灯，目不转睛。多精致的一盏油灯啊，一只展翅欲翔的仙鹤托着圆圆的油盘，里面满满地盘绕着整齐的灯芯。它虽是荧荧之火，却燃得正旺。

我清楚地听到母亲送走了亲戚们，渐渐外面一切归于沉寂。

"你累不累？"我考虑了半天，终于说出的，竟还是早已说过的那句话。她没有回答，轻轻地摇摇那低垂的头……

啊！陪伴我们的，是那盏长寿灯。它，彻夜通明。

肆拾陆 鸡爪宴 拜师有望

这个阶段，由于不断到各地演出，使我经常与火车打交道。说实话，我对乘火车无一丝好感。汽笛的长鸣是那么刺耳，隆隆隆隆的行车声又是那么枯燥乏味，有如催眠曲，使我感到疲劳、困倦。然而这次——我们婚后七天，随马连良先生赴青岛演出的旅途生活，却是兴味盎然。

遇仙像刚出巢的小鸟那样，用新奇的目光去搜寻和探索周围的事物。但她稳重、寡言，对我还有着生疏之感。这一点，恐不会被现在的新婚夫妇所理解。我指着窗外向后退去的无垠原野、疏落村庄，滔滔不绝地向她讲述所经之地的特点，介绍以往坐火车的经验。不觉夕阳西下，该吃晚饭了。我们拿出行前在西单天福号买的两只熏鸡和两瓶啤酒，准备就餐。可巧，邻铺盛兰的爱人四嫂妊娠呕吐不止，我们只好转移阵地。日式软卧车厢设有列车员休息室，那里搭着一个不高的木行李架，上面也没什么行李，就权做我们的餐桌了。

"哈哈！小两口躲在这儿吃好的来啦！连香味都不让我们闻着！"我们才

将啤酒倒进杯子，马富禄师兄就站在我们身后，开心地嚷起来。他性格爽快，又极风趣。

我赶快回头拉他入席："来，来来，一块儿喝几杯！"

"啤酒没劲，白的才过瘾。我最爱吃鸡爪子，讨个鸡爪子吃吧！"他说着用手使劲儿地往后捋了捋长长的、向后背梳的头发，又将衣袖高高卷起，摆出真要吃鸡爪子的架势。

我递给他一杯啤酒、一个鸡爪，当然，是连带着鸡大腿的。

"好！祝贺你们新婚之喜，蜜月过得甜甜美美。来！干了这杯！"碰杯后，我和遇仙各自喝了一口。这位大师兄可好，一扬脖，咕嘟咕嘟全喝光了。他把杯子放在手上掂了掂，说："你们慢慢咂摸滋味吧，我可不喝啦，比不上白的有喝头，喝啤酒好比喝凉水，让它支使得尽去撒——"说到这里，他戛然而止，换了口气说："尽去跑茅房（厕所）。"

富禄师兄说话从来是快人快语，不拘小节，而且善将舞台上小花面的戏词运用到平日的讲话之中。这会儿，他当着腼腆的遇仙，极力收敛着。

"您尝尝天福号的熏鸡，真香！"我拿出主人的身份，热情地招待他。

"得嘞！我可不客气啦！你们喝着，我啃着。"他咬下一口鸡肉，嚼着嚼着就笑了。

"没想到哇，咱们在火车上又唱起《时迁偷鸡》来啦！"

"这出戏，您唱吗？"

"学过，没唱过，在科班里我只唱过'八大拿'的鬏帽戏。""八大拿"即指《河间府》《淮安府》等八出捉拿人的剧目，如《河间府》拿猴七、《淮安府》拿蔡天化等。

"我想起来了，当年，我看过高（庆奎）大爷、郝老师的《连环套》，就是您演的朱光祖。"

"快别提啦！为演这场戏，我捅了个不大不小的娄子！"他一提醒，我想起曾流行一时的传闻，不知是否确切，就问他："是不是让傅（小山）先生将您的鬃帽收走啦?"傅老先生是与萧先生同辈的名武丑,他的嗓音不佳,极力主张文武丑严格分工。因此,对应工文丑的富禄师兄演武丑应工的朱光祖极其不满,他联合了武丑行的人等在后台,待"马"一下场,就将其头上戴的鬃帽扣下。

"可不是,我那时候年轻,一根弦。高大爷约我演朱光祖,我心想,咱科班出身,文武全行,在科班里又唱过,脑袋一热就应了。坏喽!招惹出一场是非!要不都说这行饭难吃,少拜一尊佛,就能将饭碗砸喽!亏得萧先生将王长林老先生请出来,在梨园公会大摆香堂。好,大伙儿在祖师爷像前,论资排辈地各就各位。那气势,吓人。别看王(长林)老先生,我们爷儿俩同台的时候没少别过我,还骂过我是戏贼,扬言说:'不会,找爷爷来学,想站在前台、后台偷哇!我今儿这样,明儿那样,你小子什么也逮不着!'"萧先生称呼王老先生为二叔,所以凡富连成的学生都排为他的孙子辈。正是由于辈分的关系,叶盛章师兄虽一直跟从王老先生学艺,也只能拜他儿子王福山先生为师。过去,论资排辈就是这么严格。

"这回,王老先生真给我坐劲,够爷爷的分儿。他那天穿着黑栽绒的马褂、紫袍子,脑后拖着梳得光溜溜的白小辫,手里揉着铁球,坐在首位,半眯着眼,听大伙儿说。唉,叽里呱啦说什么的都有,一句话,就是我这个文丑不能演武丑戏,没前例。要演么,得打招呼。我真寒啦!怪我没事儿显什么才,自找麻烦。大伙儿说够了,请王老先生拍板定案。王老先生这才说话,他说:'听我的?你们全有理,也全没理!要说富禄演武的,欠打招呼是对的。可是谁给定的文丑不能演武丑戏?我应工武丑,可也没少演文丑的戏,《问樵闹府》里的樵夫、《奇冤报》里的张别古、《珠帘寨》里的老军,文丑没把我拦住呀?老旦戏也演啦!《清风亭》(饰贺氏)、《探母》(饰佘太君)都唱了,龚云甫也没找我拼命呀?要按你们的理,头一个先拿我王长林开刀吧!'一席话说得大伙鸦雀无声,面面相觑。王老先生最后说:'得啦!我做主吧!富禄跪下,给小山磕个头,叫他声师傅。看在我的面上,小山,把这个徒弟收下吧!以后,鬃帽戏归你教他啦!'傅先生闻言,赶快站起来向王老先生赔笑说:'哎哟!不敢当,我还得跟您学哪!'王老先生说:'成啦,就这么着,咱们爷儿们没的说!'王老先生算是丑行的鼻祖,文武全才,谁能不听?就这么,我拜了傅先生,才得满天云雾散。"我听了也不胜佩服王老先生对此事处理得圆满果断。这段往事,足以说明旧社会京剧界的行帮制和封建、保守的陈规陋习。

富禄师兄越说越有兴头,他感到有些热,索性解开领扣,使劲儿伸伸脖子,又接着说:"萧先生为我忙前忙后,临了,他还在两义轩请客,替我圆场。萧先生不愧是这个——"他放下手中的鸡爪,用丑行惯用的表示称赞的手势,并排竖起拇指,向我示意"好"。接着他说:"科班的事甭说啦,没少为我操心。你也受益匪浅。单说出科后吧,我的戏份钱没到,摊儿得先支起来,不然,谁瞧得起你呀!房子非得买,钱又不够,急得我转磨。你猜怎么着?萧先生知道了,非要借给我。数目大,我真有点儿不好意思收哪。他说:'怕什么!使我的钱还不放心?又不要你的利息!'这可不是说嘴的,换别人谁肯哪!哪个钱不是一颗汗珠掉在地上摔八瓣挣来的呀!"他有点儿激动,话越说越快,嘴里又啃着鸡爪子上的小骨头,一不留神,卡到嗓子处。他咳咳嗓子,没解决问题,"嗯",他使劲一嗽,骨头咳上来了。他嗽的音又高又脆又亮,我离他很近,震得我的耳朵嗡嗡响。难怪有人说他与金少山先生都有一副特殊的好嗓子呢,所以出科就红了。当年,我看他演《打棍出箱》里的解差,在幕内喊一声"啊哈",在前台听来也是又脆又亮,令人惊叹,观众为他叫碰头好,受欢迎的程度并不亚于饰演樵夫的王长林老前辈。他本人聪明好学,不死守这一铁饭碗,而是充分利用嗓子的长处,唱好丑行以外,唱起老旦来更是响堂,演《清风亭》里的贺氏,受到众口称赞。

遇仙见他被骨头卡着了,忙给他斟上啤酒,让他喝几口压压。他大口将酒喝干。我问:"您的嗓子真好,倒仓的时候呢?"

"倒仓?人家倒仓用几年,我倒仓,就用一个晚上。信不信?在科里,一天晚饭后，萧先生给我们排戏，我觉得嗓子发哑，忽然就一声不出了。萧先生让我睡觉休息。你猜怎么着？怪了！第二天一睁眼，在被窝里赶紧试试，好，嗓子一点儿不哑啦！打从这儿起，就没再闹毛病！"他这样的嗓子，这种倒仓法，真让我羡慕。

"您再喝点儿吧！"遇仙拿起酒瓶又要给他倒酒，他阻止了。

"谢谢，谢谢，别倒了。名义上我说不喝，其实这酒都让我灌了。你们喝吧！我再叨扰那只鸡爪子吧。"他自己动手，又撕下一只鸡爪子。

我们一边吃一边喝，一边漫无边际地闲谈，慢慢地就归入正题。

"说真格的，前几年，你来扶风社演一场《失·空·斩》，我看了你演的马谡，就跟你说过，你学郝爷，学得不错。前年，你又来演了几场，我去上海与章遏云合了一期，没看着，回来就听温如夸你是活脱脱地像郝爷。嘿，提起郝爷，我们哥们儿处得不错。他人品正，待人实在，说话痛快。性情是刚直不阿，有人存心挤对他、坑他，他就不吃这套。喂，听说过华乐园经理摔他的戏牌子的事吗？"

"有过耳闻，我还小，不太清楚。"

"当年，杨、郝合演《连环套》，是一出珠联璧合的好戏，逢贴必满。管事人打坏算盘，总告诉郝爷，客票多，只卖七八成座，不给郝爷开全戏份钱。郝爷忍无可忍，提出，约我唱《连环套》就得加价，每票多加两毛戏份钱。开戏之前，先派人去看票图（剧场座位示意图，所卖之票按座号勾销），按票图给钱。不先给钱，郝爷不去剧场。华乐园经理吴明泉吴二爷，说没这种规矩，局面就有点儿僵。快开戏了，人，乌泱泱地往里进，窦尔墩还没来扮戏哪！吴二爷又急又气，跑到戏园门口，将郝爷饰演窦尔墩的戏牌子摘下，摔在地上用脚踩。"

"后来呢？"我问。

"后来，哼！乖乖地将钱如数付清，郝爷才来扮戏。打从这儿起，那些人再也不敢抽他的戏份钱了。吴二爷明了真相后又给郝爷赔礼道歉，这场风波才算平息。有的人说郝爷方有余，圆不够，我就不爱听。咱们还少受人欺啦？混到今天这份儿上甭说啦！你也如是。当初，刚搭班时，谁没吃过承班人的苦头？不方着点儿，就让人捏扁了。台下，我佩服郝爷；台上，我更佩服！他演的曹操，气魄大，武气足，文气也足。不错，曹操是率领大军攻打江南，可他终归是丞相，是文官挂帅，不是武将挂帅。要不然，曹操为什么在台上戴相纱，穿蟒，而不是扎靠？"这些话，我听了很受启发。郝老师的表演与别的前辈有很多不同之处，对于郝老师饰演的曹操，我始终处于模仿阶段，尚未上升到理性认识的高度。富禄师兄一语道破关键之所在，使我在以后的表演中逐渐摸索着抓住这条准绳，去选用形体动作，体现曹操文中带武、武中有文，文官武职的气质。新中国成立后，我又逐步了解到曹操不但是军事家，还是政治家、诗人，更加认为郝老师对曹操这个人物的理解、把握是比较准确的。

富禄师兄见我听得认真，兴趣更大了。

"当初，郝爷跟温如合作时，创作了多少出生净的对儿戏呀！《论英雄》《审潘洪》《广太庄》《除三害》，就是开锣戏《渭水河》也全是高的！演起来一个角色一个样儿，在观众中人缘多好哇！就拿《四进士》中的顾读来说吧，你说顾读有什么？活儿不重，事儿不多。经他一演，这个角色就变了样儿。台上的门子一说：'启禀大人！'他在幕里搭一句：'何事？'嘿！观众竟报以满堂掌声，怪不怪？不怪！他把观众给征服了。后来，顾读换别人来演，都没这种声势。不服行吗？咳，说真格的，你这么学他，怎么不拜他呢？"

"我早有此愿，就是还在等时机。"我略一沉吟，说道。

"时机？等什么时机？按你现在的情况，还等什么呢？他现在退出舞台，正好收几个徒弟，将能耐往下传传。他又是个爽快人，保险会一口应承。"

"我没有经济实力。您说拜名师不送礼，不请几十桌客能成吗？"

"当然，拜名师不花个千儿八百的哪行啊！"富禄连连点头。

遇仙听我们这样讲，很不理解，插言问："拜老师要花那么多钱哪？我哥哥怎么没有哇？"

"不是一码事儿。世海是拜名师求深造，你三哥拜于连仙是学本事，吃饭，那叫'写字'，就是你哥哥写给师傅了。如果写三年，三年中你哥所挣的钱和师傅分账。"

"还有这些个说法，我一点儿都不知道。"她恍然大悟。

"你知道得太少了。"我忍不住说出了这句话。

"那么，你知道的事情一定很多啦？"

"我……我……"这个问题还真不好回答。

"哈哈！成！姑奶奶这句话问得挺有劲儿！"因遇仙称富远师兄为三叔，所以富禄也为叔辈，故他称遇仙为姑奶奶。我们一齐笑了，火车上的鸡爪宴欢快、活跃。

我心里不住地暗自盘算：此次加入扶风社演出，我的包银又涨了，按现有的收入支出，再有半年，拜师的钱就能攒够。于是就说："您看，到时候我请谁出面向郝老师提呢？"

"我！"他拍了拍胸脯，自告奋勇，"我们哥们儿，台上台下混了那么多年，这点儿面子他不会不给。你放心吧，回北平我就给你出面向他提，没跑！"

"那就麻烦您啦！"

"没的说，别的不看，还得看着是一个师傅呢！"这是指在富连成科班，同是叶春善师傅的徒弟。他吐出嘴里的鸡骨，将嗓子压低，又找补一句。

"我这个人爱管闲事，可也不瞎管闲事，得看出点儿道道来，才管哪！"

"那么，这件事您就多费心吧！咱们一言为定，我就不再另请别人啦！"我有意识地又确认了一遍。

"放心！我包啦！"过了一会儿，他望着手中最后的一点儿鸡骨头，不禁笑着说:"嘿!真有你的,几个鸡爪子,就把我给打发啦!话又说回来啦,我也不白吃你的鸡爪子,就是一样,我和郝爷是多少年的哥们儿,这事办成喽,咱哥们儿也就变成爷们儿啦!"在我们梨园界,辈分关系很乱。师徒关系、师兄弟关系交织在一起,况娶妻聘女大都是在本行中结亲,又交错着一层亲戚关系,往往没有准确、固定的辈分。我拜了郝老师之后,马连良先生及富禄等人与我虽是一师之徒,但他们与郝老师兄弟相称,又长我十五岁至十七岁之多,所以后来我均改称其为叔。

我们的小宴持续了两个多小时才散席。拜师的事情有了准着落,我心里很觉踏实。这一晚,虽是置身于摇晃的列车中,却睡得格外香甜。

肆拾柒 三结合 精改《回书》

扶风社在青岛光陆戏院演出，很是轰轰烈烈。马先生的艺术威望极高，吸引着大批观众前来看戏。为时半月的演出盛况，热度不减。其中，演出场次最多、效果最强烈的还要数全本《借东风》。这出戏，马先生以《借东风》为主，所以，他在戏报上宣传时，只登全本《借东风》，《群英会》自然包括在内了。全剧演员配备得相当齐整。叶盛兰饰周瑜，马富禄饰蒋干，我饰曹操，马春樵饰前黄盖、后赵云，马先生饰前鲁肃、后诸葛亮。他原在朱琴心班社演此戏，只饰诸葛亮，王凤卿饰鲁肃。王先生是按照早年汪（桂芬）派的风格进行表演，以塑造鲁肃的忠厚、老实为主。萧先生在富连成教这出戏，鲁肃也是这个路子。马先生自己挑班后，演此戏时二路老生张春彦饰鲁肃。马先生认为前半场鲁肃的戏吃重，孔明的戏少，恐显松散，便自己改演前鲁肃。到周瑜观风得病、诸葛亮开药方起，换演诸葛亮。马先生所饰的鲁肃，既保持其忠厚老实的一面，也强调了鲁肃在历史上曾是一位军事家的身份，表演得颇显灵活，唱腔也加以创新。如"诸葛亮出帐去呵呵大笑"，两句【摇板】改用马派独有的唱法，进帐向周瑜汇报说"那孔明出得帐去是呵呵地大笑哇"，大段绘声绘色的念白及后面"打盖"时的表演都深受观众欢迎，从此马派鲁肃开始盛行于舞台。后半出戏尤以《借风》一折拿手。《借风》中脍炙人口的【二黄】唱段，婉转悠扬，魅力无穷。当年，我曾听萧先生介绍过，老本《借风》，诸葛亮在【小拉子】中上场，只唱四句，东风就已借来。后来我在上海与周信芳先生演此戏（周先生饰前鲁肃、后关羽，由刘韵芳饰诸葛亮），他的演法是一句不唱，直接拜北斗，"一祭天灵，二祭地灵，三祭百灵，东风速降！"于是东风自起。这两种演法都过于简单。萧先生教马先生演这出戏时，见马先生嗓音甜润柔和，便重新编写了大段唱词，借用《雍凉关》的唱腔，丰富了"祭风"时的唱功技巧。通过诸葛亮的演唱将剧情中人物之间的关系、风的重要，一一向观众剖析清楚。而且唱腔新颖俏丽，一唱即中，受到观众欢迎。此后，马先生自己不断加工、改进，使唱段日臻完美，成为他的代表唱段，流传至今。

在青岛，第二次上演《借东风》前，我坐在楼上化装室准备勾脸，马先生的鼓师乔玉泉——乔三爷进门来对我说："世海，《回书》的下场是怎么回事呀？上次，我没傍严哪！"

这位乔三爷鼓技娴熟，有着几十年丰富的经验，自马先生挑班以来，一直由他担任鼓师。他在扶风社是位举足轻重的人物，马先生也对他颇为尊重。我不过是一位出科不久的青年演员，尽管是饰演《借东风》中的曹操，也没有资格在演出前去找他对戏的，所以，第一次演出《借东风》，《回书》一场，曹操下场动作和他打的锣鼓点儿配合得不很协调，"撞"了，使得这段表演没有收到应有的效果。第二次演出，我原准备再"撞"一下。像他这样有经验的鼓师，或许会"逮"住我。若是他还未改动，过几天找个适当的机会，请与我同场的富禄师兄（蒋干的扮演者）跟他说一下。没想到乔三爷却主动地来问我，我赶紧站起来说："让您费心了，《回书》的下场，我在'大大大大衣大大仓'的锣鼓点儿后面甩袖，再左手抓袖，右手绕袖，随着转身背手、摇头、叹气走下场去。"我没好意思直接说让他给加"扎扎仓"，只是将我的动作说明了。

"成啦！那就再给你加个'扎扎仓'吧！"乔三爷一说就中。

"你再来一遍试试！"他念锣鼓点儿，我做动作，很合适。

"就这么着吧！爷们儿，跟你说句倚老卖老的话，从当年郝爷演这个曹操，就是我打鼓，他可从来没这么下过。我瞧你在台上处处学郝爷，这个下场怎么给改啦？"

"对，郝老师甩袖后便径直下场了。我们在科班里学的是，甩袖后转身双背手，轻摇两下肩膀，跺脚走下。我想，用后背表示曹操的心情很合适，但摇肩似有得意之感，我就改为摇头，将这两种表演糅在一起了。您看，行吗？"

"行，不错！"

"三大爷，刚才您说戏，我看了，觉得'扎扎仓'后边有些干！"站在门口看了我们 会儿的马先生的琴师李慕良走进门来，对我们说。

慕良原是湖南人。马先生到他家乡演出，见他爱好京剧，就将他收为徒弟，带回北京学艺。慕良戏学了一些，可惜嗓子倒了仓，始终没缓过来。他很喜欢拉胡琴，不断地听马先生与琴师杨宝忠说腔，他便将杨拉胡琴的手法学了很多。有时宝忠大哥不在，他就学着给马先生吊嗓子。慕良本就学习马派，对马派唱腔很有研究，久而久之，琴技也有所提高，待杨宝忠与马先生分手，慕良便肩负起琴师的重任。他和乔三先生熟人熟事，说起话来是很随便的。

"干脆，我也跟着凑凑吧。"他用眼睛征得乔三爷的同意，又接着说，"我想，倒不如我在三哥摇头、叹气的时候加个小垫头，免得他这个动作淹在'长锤'里，您说行不行？"

"好！试试！"乔三爷听了很高兴地点头答应了。

慕良在"扎扎仓"的后面加了个６２１—。

"好极了，索性等你的垫头完了，我再起'长锤'吧！"乔三爷说着示意我再来一遍。

这一遍，我自认为很好，乔三爷、慕良也很满意。

乔三爷主动找我说戏，这在当时旧班社是件极不容易的事情。《回书》下场，前次配合不严，马马虎虎也过得去。他傍马先生，并没挣我的钱，他从十几年前马、郝合作演《借东风》起，就是这么打的锣鼓点儿，现在完全有理由概不负责地照原样打。配合得不合适，只能我去改。但他没有这样做，说明老先生对于艺术具有高度的责任心。

我大受感动，脱口将心中的另一个想法向乔三爷说了。

"乔先生，曹操原来《回书》一场穿开氅，戴相巾，'长锤'打上用单键子'大大大大——'挺合适，后来，郝老师改成穿蟒袍，戴相貂，再用单键子打上，显得文雅有余，气势不足，您看能不能改成'丝边'上场？"

"行！行行！爷们儿，是个有心胸的！没错，准保傍得严！"

果然，这场《回书》与前次大不相同。我在"丝边"中上场，曹操统领八十三万人马，乘胜前进，不可一世的威风神态更得以烘托出来。站定后，我微微两晃肩头，示其扬扬自得，再迈开矫健的步伐走到台口，观众大加赞赏。下场时的效果更强烈。蒋干盗回书信，曹操观之盛怒，斩了水军头领蔡瑁、张允两员大将。曹操善疑、多诈，立时醒悟自己已中周郎借刀杀人之计，对蒋干盗回书信极为不满，斥他是"书呆子""一盆面浆""做事荒唐""你就是他二人要命的阎王"（新中国成立后，唱词改为"这件事坏在你，要仔细思量"）。曹操很清楚，信，是蒋干盗来的；人，是自己杀的。心里有着难以言说的懊悔之情，这就要依靠唱后的动作来表达了。我随着"大大大大衣大大仓"的锣鼓点儿，向蒋干一甩衣袖后，第一声鼓板"扎"，左手抓袖；第二声鼓板"扎"，右手绕袖。赶至大锣一击"仓"时，转身双手背好，胡琴起气氛低沉的伴奏６２１-，我轻轻摇头叹气。起"长锤"的锣鼓点儿了,我再迈步走下场去。这样表演,鼓,打得严;胡琴,垫得好,我的表演,在鼓和胡琴严密恰当的衬托下,动作节奏鲜明准确,符合曹操的心理状态和剧情的需要,因此,受到观众的热烈欢迎。此动作,几十年来一直沿用,始终保持良好效果。如果说这是我的一段比较成功的表演,那么这其中凝聚了多少人的智慧呀!京剧,这种综合性的艺术,靠个人单枪匹马是绝对不行的,必须依靠集体的力量。

肆拾捌 度蜜月 海滨趣话

青岛的海滨是美丽的。

我们居住在海岸边的饭店内。凭窗远眺,呈现在眼前的是一望无际的浩瀚大海,蜿蜒起伏的崂山临海屹立,近处是一片平坦的金色沙滩。在这风景如画的胜地,我们度过了婚后第一个明媚的春日,度过了遇仙一生中最欢乐的美好时刻,给我留下了永久的怀念。

在这里,凌晨,我曾被她轻轻唤醒,按照事前的约定,推窗观赏那瞳瞳红日是怎样拨开缕缕云丝,跳出茫茫大海,以绚丽的霞光驱散蒙蒙夜雾。

在这里,我们曾携手并肩,漫步走过大坡度起伏的马路,去参观水族馆,使谨守闺门的她,幼时失学、知识贫乏的我,大开眼界。

我们同对往来倏忽、色彩斑斓的各种鱼类感到新奇,同为第一次见到的恐龙化石感到惊讶。原来,想象中的龙与真龙差距竟是如此之大!

在这里,深夜演出归来,我们一同倚窗赏月,倾听海水拍岸的涛声。哗,哗,哗,这响声彻夜不停,似乎至今还回响在耳边。

记得那是一个风和日丽的中午，饭后，我们没有午睡，一同到海滩上散步。

那轻轻拂面的柔和春风，浩渺烟波中的点点白帆，镶嵌着白色花边的层层海浪，五彩缤纷的贝壳、卵石，松软的金色沙滩，奇形怪状的礁石，这一切都有着无限的魅力，使人心旷神怡，诗兴大发。我情不自禁，放开声音念道："海水滔滔波浪翻，山高万丈遮蔽天。新婚到此度蜜月，夫妻携手游海边。"请别误会，我不会作诗。前两句是《落马湖》一剧中李佩的戏词，后两句不过是我的即兴胡诌。

在大自然的怀抱里，我感到自己放开的声音很小，但还是惊动了不远处正在打捞海产的渔民，他们冲我们回首而笑。

"看你……"遇仙嗔怪地看了我一眼。

"你不知道，二十年来，我什么嗜好都无有，就知道学戏、唱戏。"我诗兴大发，说出的话中还夹杂着一些戏词。

"对了，昨天你看了《群英会》，还没仔细说说你的观感呢！"她不太去剧场看我的演出，通常会留在旅馆内，做些找散戏回家的准备工作。闷了，看看书。她的文化嘛，和我差不多，能凑合着写封信，可以连蒙带猜地看本小说。

"我不太懂，说不出什么。"她有些不好意思。

"随便说吧，你说，我听，错了，我不笑话你。对了，我封你为'贤内助'！""贤内助"是《牛皋招亲》一剧中，牛皋夸奖夫人戚赛玉的词语。

"你……"她笑了，"好，我说，你别笑话我。我看这出戏的角儿配得齐整。马先生的水平自然是高。其余像四哥（指盛兰）演的周瑜，唱、做都好，把周瑜演活了。马三叔（指马富禄）演得也真像书呆子，可笑又可气，他的嗓子真亮。还有……"

"我呢？"

"你，戏不多，其实就是《回书》一场戏，我看了看表，才一刻钟，可是在这出戏里的分量占得很重,挺吸引观众。上场有气派,吐字清楚,我都听出唱词了。下场时的那些动作能使我看出来,曹操杀了蔡……蔡什么?"

"蔡瑁、张允。"

"曹操杀了蔡瑁、张允以后,很后悔,有苦难言。有的观众议论,说你像郝寿臣。他是谁?"

"就是那天富禄师兄在火车上说的,我要拜的郝老师。看不出,你还真有一番见解,给我的评价太高了,是不是爱屋及乌呀?"

她没有回答,莞尔一笑。

"结婚以前,你看过我的戏吗?"

"没有,只在耳机子里听过播放你的戏。"那时,还没有无线电收音机,只有木盒式带有耳机子的矿石收音机。

"是偷着听的吧?"

"先前,也经常听,并不留意。后来,我注意听节目预告,听你的戏就得……"她害羞地头一低,顺势弯腰从沙滩上捡起一颗极圆极圆的石子,掏出手绢擦了擦,握在手里,不停地摆弄。

遇仙性情温顺寡言,对我照顾得十分周到,而且百依百顺。看她低头而走,使我联想到,相亲时她一见到我就低头走进里屋的样子,便问她:"那天,去富远家中,你知道究竟是怎么回事吗?"

"不知道。高家老太太让我给她做一件夹袍,那天,高大婶叫我和她一起去给老太太穿上试试,有不合适的地方,改着方便,我妈也说:'这样最好。'我就去了,谁知,你们设下了圈套。"

"你看清我了吗?"

"没有,我见堂屋里坐的是男客,哪里敢抬头看哪!"

"那么,等你知道了内情,一定后悔,没仔细地多看我几眼啦……"我们都甜蜜地笑了。

三月下旬,青岛的天气很暖和,我们穿着冬装在阳光下行走,不觉感到有些热了。我见前面是礁石群，那一块块礁石有的高高突起，有的半露水面，有的低伏水中，静静地与大海相伴，就走过去坐在礁石上休息。忽然我一眼看见不远的地方有一块特别高大平坦的礁石，突出在海面上。

"遇仙，咱们到那块礁石上坐坐吧。"

"算了吧，在这里坐一会儿，该回去休息了。晚上你还有戏呢！"

"今晚上是《苏武牧羊》，我上场晚，活儿又不累，何必忙着回去？站在那块石头上看海景会更有趣，也算休息嘛！"我说着抬步就走，她只好跟在后边。没想到，去大礁石的路还很艰险，我拉着她的手，好不容易才越过忽高忽低的小礁石，爬到大礁石上。

果然，站在这三面环海的高大礁石上，风景更是壮观。仿佛我们已高高地凌驾在海面之上，迎着那汹涌的海浪，悠悠地向前浮动。但不是驾着小舟在波光粼粼的海面上航行，而是像神仙般地在半空中向前飘游。美好的大自然使我陶醉了。

"瑞麟，这里海风大，把大衣的领扣扣好吧，小心别吹了嗓子！"多亏她提醒。适才感到热，我将大衣扣都解开了，万一被风吹了嗓子，可不是闹着玩的。我连忙扣好衣扣。她又将我的围巾往上提了提。

"你看！"我顺着她手指的方向看去，嗬！沙滩上留下我俩几行清晰的脚印。这是幸福的足迹。

"真美呀！"她无限感慨。是呀，遥望着蓝天、白云、海浪、沙滩、远山，感到天地是多么广阔呀。

"下次再来青岛演出，把妈也接出来玩玩，她老人家准会高兴的！"

不知怎的，听了她这句话，我感到无比温暖。在这美好的时刻，她能想到我的母亲，真是不简单。一瞬间，我感到，我们的心贴在一起了。值得自豪的是，我的眼力不差，只凭那一眼，就找到了一位贤妻。

"应该请妈出来玩玩，老人家吃了多少苦才将我们拉扯大，好容易过上舒心的日子。"

"在家的时候,听我妈说过,你两三岁上父亲就去世了,家里很贫苦。"

"谁说不是呢,我三岁那年……"

我们俩,面对面,坐在这无人往来的大海礁上,在声声海涛的伴奏下,我向她讲述了童年的苦难生活,母亲、兄弟姐妹之间相依为命的往事,出科后的艰难处境。她静静地听着。我说到伤心处,她眼里饱含着泪花;我讲得兴奋时,她面带微笑。最后,她说:"你放心吧!在家的时候,我妈就反复地叮嘱我要孝顺妈,伺候好你,做个贤妻良母。我也是这么想的。我父亲也是很早就去世了,剩下我妈支撑那个小杂货铺,拉扯我们兄妹三个,艰难极了。我完全能理解你的心情,会尽力孝顺老人家的。"

她说到做到。在我们共同生活的日子里,她不仅孝顺我的母亲,且能诸事忍让,她实践了自己的诺言,称得上是一位贤妻良母。

太阳渐渐西斜,我掏出怀表一看,五点已过。我们站起身来欲往回走时才发现开始涨潮了,许多适才露出海面的礁石,已被上涨的海水淹没。不能再有任何犹豫,咬咬牙,冒着危险,深一脚浅一脚,连蹦带跳地跑上岸。我们跑上沙滩,海水紧追不舍地漫上来。刚才在沙滩上漫步留下的足迹,早被海水浸没。再看那高大的礁石已变成临岸的一座小小孤岛。好险哪!我们差点被"热情"的海潮留在"孤岛"上通宵赏月了。低头看,我们的鞋湿了,挽起的裤腿一高一低,难以顾及的围巾,长短不齐地散落在胸前,几乎要掉下来。看着彼此狼狈逃窜的样子,我们忍不住捧腹大笑。

自结婚后,我们在北平只住了七天,忙于回门、回拜亲属、收拾行装,互相间又很拘谨,难得深谈。随马先生到青岛演出,是我加入扶风社以来第一次较长时间的演出。一方面要赶排新戏,另一方面即便是熟悉的戏、熟悉的角色,也都是生搭档,要请人说戏,自己背戏,精神上比较紧张。尤其是马先生在舞台上要求严格,我更要多方谨慎。连日来演出顺利,心情渐渐放松,才能有这次愉快的漫步谈心。

回忆这段往事,我们虽没有如今电影中新婚夫妇们那样浪漫的生活,但是颇有点儿先结婚后恋爱的味道呢!

肆拾玖　演道济　群情激昂

半月后，我们乘海轮赴上海。

上海为期　月的演出也是场场爆满。

在上海，我赶排了三出戏：《串龙珠》《春秋笔》《胭脂宝褶》。我在《胭脂宝褶》中饰演去遇龙酒馆宣读圣旨的太监。戏不多，很讨巧。我又有在《法门寺》中饰演刘瑾的基础，演此角色毫不费力。排练时，马先生亲自给我指点，当太监向白简宣读圣旨时先佯装大怒，说："把他的衣裳扒了！""把他的帽子摘了！"然后，突然改换成恭敬、温和的口气说出："看衣更换！"双手捧上皇帝所赐的衣冠。这段表演前后神情、语气截然不同。马先生给予详细的讲解，对我有很大的帮助和启发。不仅这出戏，演《串龙珠》一剧时他也是很细致地向我介绍了当年郝老师饰演完颜龙的表演特点、成功之处，使我在表演上得以提高，并走了一条捷径。

《串龙珠》在当时是一出很有意义的剧目，它的公演曾引起很大一场风波呢！

这出戏是吴幻荪先生根据山西梆子《五红图》改编的。内容大致是：徐州百姓遭受元朝徐州王完颜龙的欺压。终于，在州官徐达的率领下，乘完颜龙与朱元璋交战败退之际，杀死完颜龙父子，投奔了朱元璋。故事情节颇有联合民众抵抗外侮的含义。上演于当时的沦陷区北平，只在新新大戏院首演一场，就被汉奸告发"有抗日思想"而遭禁演。后来，听郝老师介绍，当局也曾四处追查编剧吴幻荪，主演马先生、郝老师等人，后几经托人花钱周旋，才平息下来。然而这出戏深得民心，虽不能在沦陷区公演，却在日本汉奸政府无权干涉的租界地不断上演。上海黄金大戏院位于法租界，所以，再度公演。

《串龙珠》前几场，体现了完颜龙的暴戾恣睢。他耀武扬威、横冲直撞地前去行围射猎，肆意践踏无数禾苗。众百姓气愤至极，郭广庆出面与完颜龙辩理，完颜龙蛮横无理，欲借"以下犯上"的罪名将郭斩杀。多亏州官徐达为之辩护，郭死罪虽免，却无辜遭受鞭笞，枷刑三月，游街示众。完颜龙回府途中，为强夺民妇水桶，竟野蛮地割断民妇的手臂。府第门前有民妇身穿孝服而过，完颜龙借口不吉利，残忍地剜去民妇的双眼，摔死其怀抱的婴儿。我按照马先生介绍的郝老师饰演此角色的路子，着力表现完颜龙的专横、残暴，激发观众对他的憎恨，为徐达率领百姓反出徐州做好铺垫。

乔三爷特为完颜龙第一场去行围射猎的下场，创作了"长锤"变"钮丝"的锣经。当完颜龙说："行围射猎去者！"乔三爷先用较平缓的"长锤"将兵士们送下后，骤然撤慢节奏，加重劲头，改换"钮丝"，使我借劲使劲，更加夸张地表现出完颜龙目空一切、蛮横骄奢的情态。

这种下场锣鼓点儿的打法，是乔三爷的首创，对表现完颜龙的嚣张气焰确实起到了极好的烘托作用。

马先生在这出戏里充分发挥了唱、做、念融为一体的精湛演技。

第一场《劝农》所唱的【西皮三眼】，借鉴《法门寺》中"郿坞知县在马上"的唱腔，又根据徐达的心情加以变化、创新，体现两个不同人物的情感。前者，郿坞知县被勒令三天内带齐相关人犯，否则有杀头之罪；三天到了，郿坞知县押解人犯到刘瑾处去交差，但刘瑾是否能满意，案子是否能查清，自己将是福至还是祸降，都是未知数，因此，在马上行路的演唱是表达郿坞知县惆怅、忐忑不安的心情。而徐达则大不相同，他此时看到自己管辖之地，虽处元朝统治之下，但因自己关爱民生、苦心治理，百姓们尚能安居乐业，甚觉欣慰。所以，马先生此段唱得优雅自如。

接下去，徐达奉命责打郭广庆。一段【二黄碰板·原板】唱腔，是从《搜孤救孤》中程婴打公孙杵臼的【二黄】唱段发展而来。马先生同样以相同板式的唱腔，抒发了不同人物的不同情感。《搜孤救孤》一剧，程婴面对白发苍苍的好友，不忍鞭笞；又恐他年老体衰，受打不过，而将换子的详情供认出来，因此演唱要突出程婴紧张、担心的心理。徐达则是在他一面唯唯应诺敷衍完颜龙，背转身来，又要安抚不肯下跪、跪而复站、极力反抗的郭广庆（马春樵饰），劝他暂忍一时的情况下演唱，所以要将这位父母官怜恤百姓、爱民如子的心理表达充分。

由此可见，无论什么剧目的唱段，虽都是由一些固定板式脱化而来，作为演员，却应当善于根据不同人物的不同遭遇，表现出不同的情感，达到"同曲异工"的境界。

其余人员也搭配得很是得当。

叶盛兰饰开当铺的康茂才。郭广庆受刑被监禁后，亲友花婆、侯伯清将家传至宝串龙珠押于康茂才当铺，用换来的钱去向完颜龙之仆乐儿行贿，以求释放郭。完颜龙闻之，夺走串龙珠，诬康为盗，施用极刑。盛兰在这时几摔抢背、蹲吊毛、舞动甩发，充分施展了他唱、念、做、翻扑俱佳的本领。

张君秋赶排被剜眼的妇人（原是林秋雯饰），着一身缟素，扮相更为俊雅。戏虽不多，一段【西皮原板】激昂高亢，格外悦耳。

马富禄饰粗犷、爽朗、武艺高强、富有正义感的花婆。虽属老旦行，但扮相特殊，揉红脸，鬓插红耳毛子，手使钢叉，突显其刚烈的性格。这个人物富禄师哥演得别有一番风采。

《串龙珠》剧情紧凑、动人，在当时日军侵华的大背景下，容易引起观众共鸣，又有齐整称职的好演员，以精湛的艺术手段来表现、渲染，使此剧具有更强的感染力。因此观众的欢迎非同一般。

《春秋笔》是马先生在一九三九年根据山西梆子《灯棚换子》《杀驿》《困营筹粮》几出单折戏改编上演的一出新戏，反映了历史上一段有名的史实佳话。

北魏时，外寇入侵。朝中大将檀道济和掌管春秋笔的王彦丞坚决主战，奸相徐羡之主和。一番争论，檀和徐赌立生死牌，派檀去边关御敌。檀若胜，杀徐；檀若败，杀檀。王彦丞作保。

檀无子，只有一女。檀妻想要儿子，命盖婆抱着女儿于上元节去灯棚换一子回来。恰王彦丞命仆张恩抱子往灯棚观灯，王彦丞之子被盖婆换去。王夫人得知，不忍苛责，赐银命张恩逃走。张做了驿丞。檀初战大捷，王彦丞如实以春秋笔记下，徐命王篡改史实，说檀战败，王不允，徐怀恨在心。王彦丞终被徐羡之陷害，发配途中，住在张恩的馆驿。当夜，校尉奉旨欲将王斩首，张恩感王正直、忠厚，替其死去。校尉深感其义，伴王彦丞逃至前方檀道济军营。檀道济因被徐羡之断绝了粮草，遭敌军围困。王献上一计，二人用唱筹量沙之计使敌以为军粮充足，不敢进犯。敌军撤去，王、檀凯旋还朝。因二人谊属通家，互见妻儿，王彦丞见檀子所佩元宝镜乃传家之宝，换子真相大白，各自归宗，永结秦晋之好。

我扮演大将檀道济，重点是《巡营》一场。这场很有戏，我在原来演出的基础上做了一些修改。原来，檀道济是挑灯而上。我想，檀道济此时被敌包围，陷入内无粮草、外无援兵的困境，遂改成借月光悄悄巡营。原来的唱腔是比较激昂的【导板】，我改唱低沉、矮拖腔的【二黄散板】。众将士饥饿难忍，失职而睡，使檀非常恼火，唱【原板】："……又只见众三军俱已睡着，按军令我就该将他等人头割掉。"也用低腔叫散，以渲染其军中断粮的窘迫惨景。众兵士幕后夹白："饿呀！"给予檀道济很大刺激，他意识到，缺粮固然于战不利，但军心涣散更为可怕，于是，平息怒火，将众兵士唤醒，不料三军鼓噪，将刀枪掷地喊饿不战。檀耐心地向三军陈明利害关系，鼓舞士气。原本劝慰三军的念白比较简单。我认为此处正是戏眼所在，为檀道济增加了大段念白。从当初如何主战，与徐羡之打赌挂帅，如何胜利之际，徐断粮草，被困在此，都向大家讲明。最后念道："……我今已设法筹粮，待等粮草一到，我们即当奋勇杀敌。如今你们不能忍受一时之苦，倘被敌军知晓，乘虚而入，那时，不仅我们性命难保，就是北魏江山，也要付与敌人之手，可怜百姓们必受那刀兵之苦，陷入水深火热之中，岂不做那亡国的奴隶！"

场上，我念这段道白时，自我感觉很有激情。台下静极了。观众们聚精会神地听着、看着。他们受剧中情节的感染，已情不自禁地置身于剧中，急剧中人之所急，想剧中人之所想。似乎，他们已由观众变成了檀道济手下的兵士。

待我刚刚念完"岂不做那亡国的奴隶"，剧场内立即响起了振奋人心的掌声。它像一道飞瀑，凌虚而下，来势迅猛；它像涌起的洪涛，波澜起伏，奔腾不息。这是我十七年舞台生涯中，从未遇到过、从未获得过的最热烈、最有价值的掌声。我很清楚，掌声，已经远远地超出了艺术欣赏的范畴。掌声告诉我，我说出了观众的心声！收复失地，赶走日军，是我们共同的心愿。我和观众的心已冲破舞台界限，息息相通，紧紧相连了。我眼含热泪，将戏演完。

今天，回忆这段往事，我的心犹在沸腾。细推敲，这一段念白，我编得并不十分高明，其中有些词句，像"水深火热""亡国的奴隶"等，从剧情来讲，用得并不十分恰当，却与当时的社会现实紧密地结合起来了，与人们渴望赶走日军，收复失地，挺直腰杆站起来的心声相吻合。心声，引起了观众的掌声；掌声，表达了观众的心声，所以掌声才异乎寻常的热烈。

当然，根据剧情的需要编词、加唱是我久已有之的习惯，并非要借檀道济之口，宣传党的抗日主张。那时，我还真不知什么叫共产党，也还没有那么高的觉悟。但当时全国已掀起新的抗日高潮，热爱祖国、不愿做亡国奴的我，遇到剧情与国情相似，这种情感便自然地流露出来了。但作为一名热血青年，我未能拿起刀枪，奔赴抗日前线，为拯救灾难中的祖国贡献力量，是我一生中的憾事。

扶风社在上海黄金大戏院连演三十六场，盛况空前，又续演十二天，才圆满结束。马先生在上海休息，班社人员返回北平，我被黄金大戏院挽留。

接续在黄金大戏院演出的是毛世来班社。师兄弟见面分外亲热，我们合演一期。

世来是毛庆来之弟。庆来是斌庆社的高才生，武二花脸应工，出科后，一直与李万春合作，是李不可缺少的下串（武打对手）之一。世来受其兄影响，喜爱武功，在科里，除应工花旦外，也能演《破洪州》《英杰烈》等刀马旦戏。世来的跷功尤见功夫，演全本《十三妹》等戏，都踩跷，再加上他扮相娇俏俊美，台风洒脱、泼辣，所以被誉为四小名旦之一。

前两年，我参加天津大戏院组织的夏季游艺会之前，也曾与世来合演半月，这次的剧目基本和上次一样。第一天打炮，压轴是沙世鑫主演的《甘露寺》《回荆州》。我演《芦花荡》一折中的张飞。大轴子是毛世来主演的《十二红》。这出戏是在科班时萧先生给排演的。戏的内容不健康。但世来有一绝活儿，大鬼将叉向他投来，他可以接叉摔踝子，仍有当年迟月亭老先生在《金钱豹》中接叉的表演特色。作为玩笑旦，能有这般高超的技巧，实属不易。

黄金大戏院的基层演员中有个名叫筱玲红的女演员，十八九岁，品貌条件都不错，经常给世来配戏，像在《杀子报》中饰演申冤报仇的女孩子，等等。排戏演戏中，毛世来与她相互产生了好感，大家也觉得他二人年貌相当，很般配，极力撮合。一位喜爱毛世来表演艺术的鄂先生，叫鄂吕弓，有意从中作伐，约我们同到他家吃饭、打牌，让毛、筱二人能借机谈心、交往。筱玲红的养母坚持向世来索要一大笔钱作为聘礼，方才允婚。世来无能为力，此事只好作罢。世来戏路较窄，此后难得到上海演出，筱玲红终被养母卖嫁给年逾半百的日伪汉奸周某，成了他的许多姨太太中的一个。旧社会女演员的命运悲惨哪！

作为临别纪念，我们演了一场反串戏《白水滩》。毛世来饰十一郎，艾世菊饰青面虎，我饰青面虎之妹徐佩珠。我很能造魔，特为徐佩珠在"山头"一场加唱四句【慢板】，完全仿照风行一时的四大名旦录制的《五花洞》唱片。四句【慢板】唱出四个流派、四种风味。第一句"徐佩珠坐山寨自思自忖"是模仿梅兰芳先生的演唱。我在科班排《霸王别姬》时反复听过他的唱片，摸索到了他的一些演唱规律。第二句"想起了我兄长坐卧不宁"仿尚先生的唱腔，我在重庆社几年，自当学会了。第三句"怕的是他喝醉酒把祸事闯定"学的是程砚秋先生的唱法，程先生的演唱是我素来喜爱的，平时，我看过他很多戏，学会了他的唱腔。然后，我走下高桌，用了两个荀先生特有的身段，表示徐盼兄长回山而焦急不安的心情，再用荀派唱出第四句"那时节少不得要动刀兵"。不想，我这四句唱，居然赢得观众四次掌声。

扮演青面虎的艾世菊，与我同岁（略小几个月），同科。二十世纪八十年代听从上海回北京的舅兄迟世恭说，他虽高龄，还能演出《时迁偷鸡》等武功吃重的剧目，足见武功之扎实。想当年，他很瘦小，又因他曾与相声演员焦得海学艺，入科时，说了一段报菜名，所以被分到丑行。同科的小花脸詹世甫为大丑，世菊只演二丑、三丑。他很有心，跟定叶盛章、孙盛武二位师哥，给他们拿靴包、彩匣子，使盛章、盛武给他说了很多戏。虽在科没唱，出科后，文武丑应工的戏逐一演唱，显出他的文武全才。多年后艾世菊仍能活跃在上海的京剧舞台，举起丑行大纛，更使我十分钦佩和高兴。

伍拾 《连环套》久经考验

盛藻哥、童芷苓、高盛麟三位一同来沪,接续在黄金大戏院演出。这期演出,我必然是要参加的。高庆奎先生正值嗓哑病休,特为子盛麟、婿盛藻把场助威。

第一天打炮,盛藻哥与童芷苓演大轴子《四郎探母》,压轴子是我和盛麟演的全本《连环套》。

曾记得,我少年时代,为了能演上这出铜锤、架子两门抱,唱、做、念均重的花脸看家戏,在月下苦练,花费了相当多的工夫。出科后,一直难有机会演此戏,除第一次赴沈阳与当地女武生陈麒麟演过一回,再一次就是天津游艺会期间与少春合演了一场。那次演出,我遇到挫折。

在天津,《连环套》是杨小楼先生与郝老师、侯老与周瑞安的合作戏,有着雄厚的观众基础。剧中一些唱段脍炙人口,甚至妇孺皆会哼唱。换成少春和我两个青年演员演这出戏,观众不太重视,上座率不十分高。但看了演出的观众对我们还是很欢迎的。美中不足的是，我扮演的窦尔墩，连着两次拣头。

一次是窦尔墩刚刚将御马盗在手，被更夫发现。我左手拉着御马，右手执刀欲杀更夫，抡刀之际，刀将头上戴的扎巾挂住，使扎巾、头网、水纱全被带掉，露出光亮的头皮，观众虽笑了，但很快静下来继续看。勒头师傅拿着镜子来到场上，我们在舞台上后场桌重新勒好头。我又从"千里驹休得要啼跳叫嚷"演起，接着更夫上场，喊"拿奸细"，我拔刀将他们杀死。这不是出彩之处，此次观众破格为我鼓掌，鼓励我不要灰心丧气。观众如此支持，使我体会到他们对我的喜爱，得到很大安慰。可是，观众的谅解，也使我很不安，心里总有些平静不下来。接着《拜山》一场，窦尔墩与黄天霸互问姓名，窦闻听黄天霸的名字，应惊坐椅上。这就必须事前将自己背后的狐狸尾提早挪开。我因心神不定，忽略了这个细节，结果坐在狐狸尾上，二次又将扎巾盔拽掉。观众不宽恕了，非但满堂哄笑，而且有人操着天津口音高喊："好家伙！为嘛帽子一来一掉哇？"是呀！如果说第一次不小心拣头尚可谅解，第二次就说不过去了。我心里非常难过。下场卸装，大家都再三劝我：舞台上失误是难免的，别太往心里去，下次注意就是了。然而，内心严厉的自责，使我无法平静下来。盛利哥、世善陪我出去遛马路，散心。走到天祥市场后面一家有夜宵的西餐馆，他们拉我去吃冷饮，以解懊恼烦闷。我第一次喝了啤酒，算是借酒消愁吧。他俩帮我分析：之所以出现这样的失误，原因是我用力过猛。这很有道理，此戏已长时间不演，心里不免有些紧张，自然就慌；又一心想将戏演好，所以一举一动都格外卖力气，抡刀杀人本是轻而易举的，即使挂带了扎巾，若不是用的劲儿太狠，必会发觉，处理一下，是不会将头网全挂带下来的。第一次拣头纯属偶然，在我的舞台生涯里缺少应对突发情况的经验，没能正确对待，心里沉不住气，慌乱之中造成第二次掉盔头。由此可见，我们在舞台上，不仅要经得住掌声的鼓励，也要经得住失误的考验。

这次与盛麟合演此戏，我接受了上次的教训，沉住气将戏演好。我们二人随着演出经验的丰富，技艺日趋成熟，开始由对杨、郝二位前辈单纯机械的模仿逐渐注入自己对人物形象的理解和发挥。

比如，前面曾介绍过，在科班时，我和盛麟表演《拜山》一折，窦尔墩与黄天霸刚一见面，窦狂傲地将黄手压下去拉着前行，被黄发觉将手扳回，窦暗暗吃惊黄的力气过人，二人相视大笑……这段表演，是靠单纯模仿杨、郝二位前辈而取得较好效果，缺乏内心的情感。因此，二人大笑前演得很到位，大笑后二人同行，戏就中断了，看上去许多表演都是单摆浮搁。此次，我们开始懂了一些人物情感的贯穿，就是要将戏做足，要前后呼应，合情合理。我俩大笑之后携手进寨门，四目一直相对而视，窦视黄的目光是由藐视逐渐变为佩服，直至流露出恭敬。有了这些情感的连续变化做铺垫，窦才有可能对黄轻信，中黄之计，最后承认自己是盗御马之人，随黄下山投案，以致丧生。

另外，我们对剧中一些重复的念白、锣鼓点儿、唱腔板式也大胆地做了删改。

比如《拜山》一场，黄天霸向窦尔墩夸耀御马时，二人对唱的一段表演，老的演法是：

黄：（念白）……绿林中，若有人盗来御马，可算得天下第一英雄也！

【闪锤】（窦夹白：好马呀，好马！）

【西皮散板】保镖路过马兰关。（收住）

【闪锤】

【垛板】

……

只是无有英雄汉，不能到手也枉然。（收住）

窦：（白）好马呀，好马！

【闪锤】

【西皮散板】忽听镖客讲一遍，（收住）

【闪锤】

【西皮垛板】

……

窦某可算胆包天。

二人短短几句对唱，用了四次【闪锤】起唱，听起来十分拖沓。我便将窦尔墩"忽听镖客讲一遍"的唱段全按郝老师的改成【垛板】，既避免了与黄天霸演唱形式的雷同，也减少了起唱、收住的次数，使这段戏的尺寸圆着下来。窦尔墩两次念"好马呀，好马"，不仅重复，也不合情理，第一次夹白正当黄天霸念"可算得天下第一英雄也"，分明借夸马探盗马之人。窦夸马，不吻合。我改为念"好汉也"，以示窦的暗自得意。待黄唱完"也枉然"之后，我学郝老师取消了在【闪锤】中夹念"好马呀，好马"，改为惊呼声"噢！"然后接唱【垛板】。改动后，这段戏更加紧凑，高庆奎老先生也对此给予肯定："你在台上有股子谁也不让的斗劲儿，很好。戏，就得这样演才会有戏！"

"当初，我和寿臣演过这出戏，我反串黄天霸，寿臣演窦尔墩。我们有些地方就改得紧凑了。你很有他那股子劲儿，学他学得很像。拜了他，继续深造、提高！"老先生说话无声，我只好凑到他身旁，让他趴在我耳边说话。

"是的，我回去就请富禄师兄向郝老师提拜师的事。"

"好极了！到时候一定给我个信儿！"

这一席话，体现了老先生对后辈的关怀、爱护，增强了我拜郝老为师的决心和信心。

扮演朱光祖的苗胜春（同行称其为苗二爷）是位善演老生、老旦、武生、小生、小花脸、开口跳（武丑）各行，文武全才的老先生，在《走麦城》一剧中他可以饰演关平、周仓、廖化及华佗等不同角色。他身怀绝技，甘当配角，是位威望较高的前辈。下场后，老先生伸出双手的拇指向我赞贺。

芙蓉草先生在《四郎探母》中饰演萧太后，可是，当我到上场门候场时，他早已来到剧场，热情地为我把场子了。

"您来得这么早哇！"他这样主动地照应，使我深感不安。

"嘿！我是专听你的出场来啦！"

窦尔墩坐寨发兵点将，喽啰兵站门。"四击头"一起，掌声也随之而起，热烈、持久。

"成啦！我没白来，听的就是这个（指掌声）！"

《连环套》的演出结束了，芙蓉草对苗二爷说："几年前，我和世海都随章遏云在南京演出。我一瞧，就发现世海是个有出息的。您瞧，我没……"

"没瞧错，两个青年人演这样的重头戏，观众反响这么热烈，足矣！老的不行啦，小的顶上来啦！"苗二爷点着头，感叹道。

苗二爷说的话是很客观的。此时，老一辈的杨小楼先生两年前病故，郝老师几年前退出舞台，他们的合作演出已成绝响。观众对我们青年一代寄予了厚望，而观众高涨的热情自然也是我们演出成功的重要因素之一。剧场七点半开戏，前边只有"粉菊花"（原姓孙，后居香港）和杨善华合演的《大卖艺》，不过二十分钟的垫戏，接着就是《连环套》。夏季，八点钟天还未黑，按照上海观众的习惯，是不会这么早就来剧场的。可这天台下居然座无虚席，满坑满谷，由此可见观众的热情了。

观众的确很"热"。回忆那天的演出，从我（饰窦尔墩）最后一句念白"你们拿刑具来"开始，朱光祖、黄天霸、窦尔墩在尾声锣鼓点儿中亮相，朱伸出双手向窦尔墩比英雄式，黄向窦拱手，三人再次亮相，我撕褶子转身下场……整个表演都是在不间断的掌声中进行的。我步至后台之后，掌声才渐渐平息下来。

《连环套》上演后，我收到三个大学生姐妹的来信，信中阐述了对我表演艺术的喜爱，愿与我见面结识。在上海，女学生和演员交朋友的事很普遍，但多找生、旦行，找大花脸的太少了。后来，我们结为不错的朋友，一起看电影逛公园、照相、吃饭，建立了纯洁的友谊，直到现在，还有着通信联系。这也可以算是上演《连环套》时观众反响强烈的一个例证。

童芷苓与盛藻哥同演《四郎探母》，在剧中饰铁镜公主。她原是天津人，学生出身，因喜爱京剧，便在天津拜师学艺，但还保持着朴素的学生气派。这次初出茅庐到上海，穿着一件竹布大褂，足蹬平底青布鞋。黄金大戏院的老板一看，称她是"乡下大姑娘"（上海上映了袁美云的一部电影叫《乡下大姑娘》）。在那号称花花世界的上海，这身打扮根本行不通。于是，黄金大戏院的经理之一汪其俊，带她去烫发，到永安公司订制旗袍等衣服，从头到脚改换装扮。可见旧社会对衣着外表有多么注重了。

演出期间，盛藻哥、盛麟，我们经常一起合演三国戏和东周列国戏，如《马跳檀溪》《二桃杀三士》《三顾茅庐》《重耳走国》《群·借·华》等。童芷苓的事儿较少，恰逢吴素秋在上海更新戏院演《纺棉花》很红，黄金大戏院的经理搞营业竞争，让童也排此戏。因我反串徐佩珠，学四大名旦的演唱颇受好评，孙兰亭就让我给童芷苓点拨一下。她很聪明，一点就透，很快就将四大名旦的演唱特点掌握了。黄金大戏院特地给她设计了一件银丝大褂，金皮鞋，并做了一个霓虹灯的纺车，开关安在手柄上，只要用手一转摇柄，霓虹灯纺车就五光十色地旋转。此剧内容虽并不很黄，但也属荒诞无稽之类，与《猪八戒盗魂铃》等如出一辙，只是生、旦不同罢了。但因有了这些噱头，相当招徕观众，芷苓就此成名。她受上海皇后大戏院约请，连演几年，一直很火。可贵的是，新中国成立后，芷苓将模仿四大名旦的特长纳入正轨，正式演唱四大名旦的代表剧目，如程派的《锁麟囊》、荀派的《红楼二尤》、梅派的《霸王别姬》、尚派的《白蛇传》。特别是二十世纪八十年代，我重看了她在北京演出的《坐楼杀惜》《宇宙锋》《樊江关》《四郎探母》等戏，使我大为敬佩的是，芷苓已将四大名旦的特点研究得非常透彻，正确地、综合地糅合在自己的艺术表演之中并加以创新，使剧中人物焕发了新的光彩。她所演的剧目称得起老戏新演，既有独到之处，又符合人物情感，具有时代的气息。这是芷苓几十年来孜孜以求，奋发图强，勇于探索，追随时代步伐而获得的成果。

伍拾壹 赞高老 观众情深

《连环套》《四郎探母》两出大戏连续演出，时间之长已经超乎寻常了，但是高庆奎先生同来的消息轰动了上海，在观众们的强烈要求下，高老先生加演跳加官。

高老先生表演的跳加官，醉步上场，手中不拿条幅，每逢该引观众看条幅的时候，他都改成摘下加官假脸，露出未经化装的本来面目，挥舞着假脸向观众致意。

"侬嗓子哪能啦？"

"侬好啦哇？"

"阿拉等着看侬的戏来！"

如雷的掌声已不能充分表达观众对他的期望和关心，大家竟然争先恐后地放开声音向在台上表演的高老先生直接喊话啦！是啊，高先生何尝不想放开喉咙为大家演唱啊，哪怕是能大声地向观众说几句感谢的话也好哇。可是，他的嗓子哑得太苦了，一点儿也发不出声音。他只好眼噙热泪，高高举起双手向观众拱手作揖,以作答谢。

观众的一片深情,不要说使高老先生心情激荡,我们所有在场的旁观者,也无不为之激情难抑,感叹不已呀!为什么演员情况如此,观众还不离不弃?冰冻三尺,非一日之寒。高老先生多才多艺,艺术上大胆创新。他虽学刘鸿声老前辈,却又不拘一格地结合自己高亢、嘹亮的嗓音条件,开创出以悲调夺人心声的高派唱腔。而且他又吸取了贾洪林等前辈精微、细腻的做派表演,兼有良好的武功基础,饰演武生戏的黄天霸、武松等角色均不在话下,也能演唱工极重的老旦戏——《掘地见母》中郑庄公之母武姜,还能唱《遇后》、《探阴山》(带《闹五殿》)中的包拯等铜锤花脸的角色,戏路宽阔至极,因而创作出众多具有极高造诣的新剧目。《浔阳楼》《哭秦庭》《史可法》《煤山恨》《赠绨袍》等都出自他的首创,成为他的代表作,总之,高老先生是二三十年代一位深受观众爱戴的艺术家。过去一些有保守思想的人曾称他为"高杂拌",依我看,这恰恰说明他造诣高、戏路广。不幸的是,高老先生正值精力旺盛,艺术纯熟之际(年岁只四十余),患嗓病久治不愈。观众们旧曲犹在耳,新声久不闻,渴望之情自然在与老先生会面时倾泻无遗。

至于我,对这位老艺术家的舞台艺术,是既钦佩又熟悉。当年在富连成学艺时,高老先生正与郝老师合作。他们每逢星期六日在华乐园上演日场,富连成接演晚场。学生大队到剧场早,使我有幸看了很多他们二位合作演出的佳剧。前边所提《除三害》《青梅煮酒论英雄》《击鼓骂曹》,都是这时期所看。此外,还有全本《捉放曹》带《温酒斩华雄》、全本《群·借·华》以及他们首创的剧目等,数不胜数。那时,二位老先生的舞台艺术已达炉火纯青之境,对我的教益也就更深,我不仅学到很多郝老师的表演艺术,也受到高老先生艺术的熏陶。高老先生那传神感人的表演使我很受启迪。就以当年诸位名须生最常演的《空城计》来讲,高老先生的表演独树一帜。如诸葛亮冒险设下空城计后唱:"虽设下空城计我心神不稳,望空中求先帝大显威灵。"一般演法大都是几句普通【散板】，唱过下场。高老先生并未设计别的唱腔动作，但他唱这两句【散板】的神情，每每对我有所触动。他唱过"我心神不稳"走到下场门，回身面向观众，眼睛慢慢向空中遥望，眼神中充满了祈求和哀告，然后才唱"望空中求先帝大显威灵"。唱腔结束，起"抽头"锣鼓点儿，该下场了，他并没急于转身下场。戏，还在继续演，目光依然凝视空中，仿佛在苦苦哀告先帝，祈求神灵保佑空城计成功。接着才慢慢后退几步，再缓缓转身，转身时仍然面向观众，眼睛还在祈求先帝。

这段表演我看过之后，有所触动。许多年后，我终于悟出来，这就是感情贯穿到底的表演手法，渐渐地也运用到自己的表演中来了。这不过是从高老先生的舞台艺术中所学得的一点点体会罢了，实际上，有形的教益好谈，那潜移默化的无形影响，是难以历数的。

眼下，面对这动人的场面，我和观众们一样，深为高老先生艺术生命的过早结束而惋惜。我不禁想到高老先生另一场动人而又令人遗憾的演出。

那是一九三六年，高老先生赴上海演出，中途突然哑嗓，回平将养。经过德国医院几位专家的医治，嗓音有所恢复。迫于生计（要知道，演员不上台，就没了饭碗），定于端午节前夕演出两场。第一天是老先生的拿手杰作全本《浔阳楼》，第二天是《煤山恨》。当时，郝老师和杨小楼先生合作，班中架子花脸是李春恒先生，他在《浔阳楼》一剧中扮演李逵。我那时尚在重庆社，赴武汉等地演出完刚刚回到北平，应邀饰演刘唐。

高庆奎先生已辍演了一段时间，再次登台，观众颇有久别重逢之感，购票极其踊跃。结果竟事出意外。高老先生饰演的宋江，首次出场刚在幕内念出一句："列位，少陪了！"我的心就咯噔地沉下来，险些哎哟一声喊出口。怎么高老先生的嗓音完全失去了原有的高亢、嘹亮，变得干涩、沙哑啦？后台的人们也都惊讶地竖耳静听。"嗓子还没溜开，一会儿就好了。"这一愿望，霎时间从每个人的心头掠过，我也在这样地祝愿着。大家都为老先生暗暗捏一把汗呢！

老先生上场了。"大老爷打罢了退堂鼓"等几句四平调，几乎坠入无声的演唱，到我演的刘唐上场，和宋江酒楼会面，老先生完全失音了。全凭眼睛、手势、动作与我对话。我望着老先生那认真、严肃的神情，看见他那从脸颊上滚落下来的黄豆粒一般的汗珠，痛惜、焦虑的心情更添了几分。我能理解，此刻老先生为他的嗓子失音该多么焦急，但他表现得很沉着，他不遗余力地凭借动作、神情将戏演下去。我只能竭尽全力地放开喉咙，让观众听清我的唱、念，以协助他们理解宋江的无声表演。

观众的情绪、态度更是令我感动。面对舞台上的半哑剧表演，他们竟能长时间地屏气欣赏。该静场时，场内悄无声息，逢老先生表演到精彩之处，仍报以热烈的掌声。是出于对高老先生艺术的热爱？是对他嗓哑无音的同情、惋惜？是被高老先生一丝不苟的认真表演所感染？还是相信高老先生的嗓音过一会儿会好起来呢？都有吧？都有！我认为。

客观事实冷酷无情，不遂人愿，高老先生的嗓音一点儿都没好转。戏演至宋江吃屎装疯已近结束，部分观众才惋惜、感叹地提前退出剧场。绝大多数的观众都坚持到散场。

第二天，《煤山恨》只得回戏。但是，有很多观众不肯退票，他们还没灰心，依旧渴望着、等待着，等高老先生嗓子一旦恢复，再来换票看他的演出，而且认为这个日子的到来是不会太久的。所以一直拖了几个月的时间，票才退完。

写到这里，感动、遗憾、同情、惋惜的情绪萦绕在我的心头。对一个演员来讲，嗓哑失音，脱离舞台，是最痛苦不过的；而观众给予的同情、鼓励、关心，则是不幸中的最大安慰！

几十年过去了，高老先生和高派艺术并未被人们遗忘。

一九八三年春季，我照例去内联升鞋店做鞋，因为我的脚短而肥，穿普通号码的鞋，不是瘦，就是大，只好定做。这次给我量脚样的是一位老师傅。他穿着一件洁白的的确良上衣，腰系一条蓝布围裙，身体壮实。但从那花白的头发和戴着的老花镜来判断，可能近六十岁了。他的动作非常熟练、敏捷。很快，脚样量好，商定了样式。

"谢谢！"我向他致谢，准备起身告辞。

他摘下老花镜，将手中的铅笔别在耳后，习惯地撩起围裙擦擦手，笑眯眯地对我说："袁老，我是您多少年的老观众，您太客气啦！"

"噢！我们是老相识喽！您贵姓？"

"这是我们的陈技师。"旁边一位青年插言介绍。

"陈技师，您好！您好！"我们再次握了握手。

"我叫陈绍棠。"他谦逊地自我介绍后，就滔滔不绝地讲起当年看戏的情景。

"解放前，我在内联升学徒的时候，就是个京戏迷。前门、大栅栏一带戏园子多，得空，我就去华乐、庆乐、广和楼听蹭戏。尤其是放年假，从正月初一到初六开市的这几天里更是看个没够。像广和楼，旦角李世芳、毛世来，老生迟世恭、沙世鑫，花脸是您和裘盛戎，武的有骆连祥、叶盛章，嘿，真齐整，可看了不少好戏。庆乐园是昆班，李桂云、秦凤云在那里唱文明戏（现代戏），什么《一元钱》《孽海波澜》，我都看过。"

"您可是我们名副其实的老观众啦！"

"嘿，这几个戏园子离着我们近，借口上厕所都能溜进去蹭两眼。晚上关了店门，有时蹭进去能看不少，有时进去就听吹喇叭啦！"

过去散戏前，都用喇叭吹奏尾声。

"还有一场戏，我记得特别清楚。端阳节，华乐园高庆奎老先生演的《浔阳楼》。我买不起池座，买了一张廊子的票（边上的次票）。老先生多好的嗓子呀，这天一点儿音都没有……"

"对、对、对！有这么一次，我……"我的话没说完，他就抢过去接着说："您演的刘唐。"

"对。"

"马富禄演张文远，李慧琴演阎惜姣，还有……"他没说出来，我给他补充。

"范宝亭先生演张顺，慈瑞泉演黄文炳。"

"对极了！可惜！真可惜！高先生出不来音，我坐在底下真替他着急。开始，大伙儿都以为他烟瘾大，嗓子糊住，溜开就好了。谁知道，不是这么回事。就是这样，我也没少使劲儿地给他鼓掌，《杀惜》《装疯》演得多好哇！我看得又过瘾又着急！唉，可惜！"他深深地叹了口气，"从此，我再没看过这位老先生的戏。"

"高老先生嗓音一直没恢复，后来只好到中华戏曲专科学校教学，没几年就潦倒故去了。"

"可惜，可惜！"这位技师满面遗憾，好像他所谈的，不是发生在几十年前的事情，而是刚刚看过这场演出，从剧场内走出来似的。

我也不胜感慨地离开了内联升。

闭目静思我从艺以来走过的道路，所受的挫折，数不胜数；意外的风险，防不胜防。哪方面稍不检点，都会断送艺术生命。要想保持艺术青春经久不衰、永放光彩，那么洁身自爱，勤奋谨慎，应是一个演员永久的座右铭。

伍拾贰 颂郝师 一代名净

在上海,我又与新艳秋合演了一期。此时,拜师资金终于筹齐,我即从上海急返北平,准备拜师之事。

写到这里,我不禁要将恩师的生平经历和艺术造诣,做一个较系统的介绍,作为我对恩师的缅怀和纪念,也使大家理解,为什么我如此崇拜、敬慕我的恩师——郝寿臣老师。

郝老师与我一样,有着贫苦的家世。

郝老师祖籍山西洪洞县。因村里闹瘟疫,祖上逃难来到河北香河县五百户村落户。连年灾荒迫使郝老师的父亲进京学了木工,全家迁居崇文门东皇城根。

一八八六年四月初七,郝老师降生了。父亲、母亲、哥哥和郝老师一家四口,单靠父亲出外做木工活,维持着饥一顿饱一顿的生活。郝老师七岁时,只上了一年私塾,就被迫走街串巷叫卖五香煮豌豆,挣些小钱帮家中维持生计。

一次，暴雨刚过，天将放晴，郝老师像往常一样托着小铜盘上街叫卖。

"甘蔗香的豌豆哇！"

一声声银铃般清脆、高亮的童音，惊动了唱影戏、专应堂会的王德正。他正坐在家中，为自己八岁的女儿王菊子学习京剧老生缺少个花脸配角而发愁呢。他来到门口，打量着这个站在泥泞土路上卖豌豆的小孩，见他头戴一顶破草帽，赤着背，只穿了一条带补丁的短裤，光着的双脚上沾满了雨后的泥水。

"甘蔗香的豌豆哇！"又是一声悦耳的叫卖声，多好的一副铜锤嗓子呀！王德正动心了。

这小孩子喊过之后，机警、敏捷地向四处搜寻，看看有没有顾客。有！那不是有个大人正站在门口盯着他看吗？他蹚过一汪泥水来到王德正跟前。

"您买点儿豌豆尝尝吧，可香呢！"

王德正见这个衣裳破旧的穷孩子，长方脸、宽脑门儿，五官端正，尤其是那一对流露着恳求目光的眼睛中透着一股聪明和自信。王德正借买豌豆为名，与小孩闲谈起来，他将小孩家住哪里、家中几口人及家境如何都盘问得仔仔细细。可喜的是，小孩子口齿清楚，对答如流。王德正认准了这孩子具备唱花脸的素质，第二天，找到郝老师家中商谈教他学艺之事。年幼、单纯的郝老师很愿意跟随他去学艺，虽然从没看过戏，但在他幼小的心灵里，觉得唱戏总比串街卖豌豆强。郝老师的父母迫于生活压力，明知学戏有着千般苦，还是咬牙同意，和王德正立下七年学艺的典身字据。从此，郝老师失去了人身自由，被王德正带回家去，开始了艰苦的学艺生活。

郝老师典身学艺，比我坐科的条件更艰苦。不仅是生活上缺吃少穿，最主要的是没有名师指点。年幼的郝老师深深懂得，唱戏就是自己将来的饭碗。他聪明、用心，开蒙戏《锁五龙》，只用了不到两个月的时间就学会了。紧接着又学《二进宫》《捉放曹》。半年后，以小魁禄的艺名登台演出《锁五龙》，为王德正效力。难能可贵的是，他那么年幼就能以敏而好学的精神，弥补师资力量之不足。一次偶然的机会，教习花脸的吕福善先生带郝老师去广德楼看朋友，看了金秀山先生演出的《探阴山》。郝老师久闻金先生的大名，现听到金先生在幕内的一句【导板】"扶大宋保华夷赤心肝胆"，立即被他的艺术迷住了。其优美醇厚的唱腔，与自己所学的有天壤之别。他屏气凝神仔细听认真记，居然将老先生的唱腔大部分都用脑子记了下来，回家后，学唱给王德正听。王德正非常高兴，当即叫郝老师以后就照这个样子唱。于是，郝老师逮着机会就去听戏，刻苦地向前辈名家学习。

郝老师走过的人生道路比我更曲折、更坎坷。

七年典身契约期满，十四岁的郝老师倒仓哑嗓，不能再登台演戏，被迫返家，再度帮助父亲做木匠活儿。时值八国联军攻占北京，慈禧太后避难西逃，城中市民惶恐不安，哪儿还有人修盖房子？揽不下木工活儿，只好修理一些旧桌椅，在东华门大街东兴楼饭庄门前摆摊出售，聊以谋生。

意外的灾难降临了！这天，郝老师照旧在那里看摊，忽然从西边来了一个骑着高头大马的外国军官，后面紧跟一队兵士。只见这军官张牙舞爪，抡开右手中那杆挑旗长枪，边走边画了个大圆圈，左手一挥，兵士们蜂拥而上，将凡画在圈内的人——不管是行人还是摊贩，也不管是男是女是老是幼，总共五六十人之多，一齐掠进医院，充当了民夫。

十四岁的郝老师在医院里，终日伺候德、俄两国伤兵。端屎倒尿，什么脏活累活都干，两个月后，才被释放回家。

一次，郝老师又在地摊前面望着卖不出去的桌椅，为日益艰难的生活发愁长叹，无意中看见一名俄国军官带着一个中国苦力，推门进了隔壁皮货商店。小孩子好奇心重，他便将摊子交给旁边同样摆地摊的小兄弟帮忙照看，转身也进了那家皮货店。俄国军官左挑右选，选中了一件皮大衣。这件皮大衣该卖多少钱呢？难办了。语言的隔阻，使皮货店经理与俄国军官反复打手势比画，可是，你问东，他答西，谁也不明白对方的意思，眼看这笔好生意难以做成，皮货店经理急得直冒汗，上哪里去找位翻译呢？在一旁看热闹的郝老师听得清看得明，再也忍不住了，他走上前，和俄国军官用俄语对起话来。经理和伙计全都惊呆了，他们无论如何也想象不出，这个每天在店门口摆小摊的穷孩子居然会说俄语。郝老师转身对经理说："他想买你们这件皮大衣，给你五十两银子，你卖不卖？"经理恍然大悟。

"卖！卖！"经理喜笑颜开，大声地回答。

俄国军官付了钱，拿着皮大衣走了。皮货店经理为了让他的皮货能向外国人打开销路，能赚大钱，竟然重赏了郝老师。郝老师满怀喜悦地早早收摊回了家。全家人世代贫穷，哪里见过这么多钱呀！郝老师的父亲再不让郝老师摆地摊了，而是让他专候在皮货店门口，只要有德、俄两国人来买货，郝老师就当起小翻译。买卖做成，便得一些钱。

郝老师是怎么学会这两种外语的呢？自然是在德国医院充当两月民夫，伺候德、俄伤兵时学会的。因他年纪小，伤兵们经常派他出去帮忙买烟及一些生活必需品。郝老师天资聪明，好学，很快学会了一些日常生活用语，并清楚了中外货币兑换关系，他就是这样在苦难的生活中谋得一条生路的。

但这终归不是长久之计。不久，郝老师被招到德国营盘里当boy（即服务员），实际上养马、翻译都干。有心劲儿的郝老师没有让这段光阴白白虚度。他热爱、渴望学习文化，在学会流利的口语的基础上，自学中文和德文。酒瓶上的商标、各种广告，全变成了他的课本。

德国将官瓦德西手下的一个副帅，很喜欢郝老师这种好学精神，欲将他带回德国，然而他并不了解郝老师的内心世界。为了谋生，去德国营盘伺候外国兵，在郝老师是不得已的，他怎舍得远离家乡呢？何况，郝老师无限热爱京剧艺术，"身在曹营心在汉"，每天竭力存钱去看戏，广和楼、庆乐园、三庆园，哪儿都去，刘鸿声、金秀山等老先生的演出全看。他博闻强记，为重返舞台做好充分准备。此刻的郝老师非但故土难离，而且是执意要求回家。德国人给了他五元钱的辞退费，郝老师似鸟儿飞出樊笼，心情急切地直奔妙峰山。这天是四月初八，妙峰山举办庙会，郝老师去求娘娘保佑他的嗓子早日恢复。

他虔诚地在娘娘塑像前点上香火，跪下磕头，求告祈祷。响头着地，引起一阵钻心的疼痛，郝老师赶紧用手一摸，原来，一个尚在燃烧的香头粘在了印堂上。香头虽拂掉，香火烫的疤却永久地留在了印堂上面。

郝老师这样的经历，在梨园行内是少见的。透过他这段苦难的经历，我们看到了清朝末期我们祖国、人民遭受的苦难，看到了老一辈艺术家的辛酸。

直到十九岁，郝老师的嗓音才开始恢复。由于难在北京立足，只好到外埠谋生，开始了比我更艰难的创业道路。

他先到天津演出，被安排在妓院打手居住的地方，待遇低下难忍，无奈转奔烟台。时间不长，又因受帮派排挤，被迫乘海轮北上至大连、营口等地，几年中曾三度往返东北。

李桂春先生说他曾与郝老师在哈尔滨松花江两岸喊嗓，就是这个时期。二位老先生青年时代刻苦练功，冬季喊嗓后，经常互乘冰船在江心会面，各抒己见，互勉勤学。

最后一次去东北，是由路三宝、马德成二位先生介绍去朝鲜的仁川演出。天寒偏又遭霜打，郝老师本就挣扎于艰难竭蹶的生活之中，偏偏演出的剧场又失火成灾，所带行囊焚烧一光。可怜郝老师身无分文，流落于举目无亲的异国他乡，求救无门。饥饿、绝望的阴云笼罩在他心头。无意间，他低头看见坎肩上的纽扣，眼前顿觉一亮。生路，奇迹般地出现在面前。坎肩扣，是白俄年间的"刺头猫钱"，虽已作废，但属银质。于是，郝老师卖掉纽扣，买来饭碗，以价钱最低廉的白薯、咸菜、蒜片充饥，渡过了难关。

境遇如此恶劣，可郝老师时刻不忘学、看、练，充分利用机会，向唐永常、朱自久、阎保衡等东北的诸位前辈学习。唐永常先生所说的"花旦要媚，花脸要美"这一格言，就被郝老师运用到了他的艺术实践之中。

宣统元年（1909），郝老师返回北京，经路三宝介绍到丹桂舞台、经马德成先生介绍到三庆园、经李春福介绍到三乐科班等几处赶包演出。他仍属基层演员，受尽剥削、欺诈。有一次，他陪着一位外江女武生演《连环套》里的窦尔墩、《落马湖》中的李佩等重头戏，戏份钱也只有十二吊。

身居下位的郝老师，看了无数的眉高眼低，听了无数的冷嘲热讽，受了无数窝囊气，但坚强的性格使他没有气馁。他勒紧肚皮，咬紧牙关，将默默咽下的苦水化作刻苦学艺的动力。他不顾夏阳酷暑，不顾雪虐风饕，坚持五更起床，去天坛东门外四块玉坛根喊嗓。在一个寒冷的冬日，郝老师又冒着满天飞雪外出喊嗓。天寒地冻，他只好将双手揣在袖内取暖。坛根儿前，有个三步就可以迈上去的小坡，完全被冰雪覆盖。郝老师只迈了两步，就滑落下来。双手未及从袖中抽出，致使嘴碰到坡边，满口是血，门牙也磕下半个。回家后，他到打磨厂西口郭子良镶牙馆，拔掉残留的半个牙齿。虽是疼痛难忍，但环境所迫，还得照常去华乐园演出。

为练嗓子失去门牙，不过是郝老师勤学苦练的一个小例证罢了。

功夫不负有心人，显露才华的关键时刻终于来到了。

谭鑫培老先生演《问樵闹府》，饰演葛登云的郎德山先生因故临时请假，管事们一时找不到合适人选，急得团团转。大管事却胸有成竹，不慌不忙地说："郝寿臣又在台下看戏呢，把他找上来问问，我看准行！"往常，郝老师演完戏，准会夹着靴包去前台看戏，多次被大管事发现。他认定郝老师是有心之人，准能替演葛登云这个角色。果然，郝老师一口应承。演出结束后，谭老板回到后台就打听："今儿个演葛登云的是谁呀？"

"郝寿臣。"大管事回答他。

"嘿！比德山强啊！扮戏干净，念词时脸上有戏。揪胡子、打脑袋的节骨眼，托得挺严。"这是指范仲禹觅妻儿不见，精神失常；又闻其妻被葛登云掠走，便径直寻进府内，找葛算账，用手往下捋葛的胡须，脱鞋往葛头上打等几处表演。

就此，郝老师在谭鑫培老前辈的心目中留下了好印象。事隔不久，谭先生演《捉放曹》，原定是金秀山老先生饰曹操，因病未到，谭老先生即亲自点名请郝老师替演。

这期间，郝老师开始经常为刘鸿声老先生配演《失·空·斩》里的马谡。他能随着刘老先生高亢的一字调，唱得脆亮、响堂，深得刘老先生的喜爱。继之，杨小楼先生在东安市场内丹桂戏院演出《连环套》，请郝老师代替患病的李连仲先生饰窦尔墩，也是一炮打响，遂成这二位一出固定的对儿戏。

这几场重要演出，使郝老师声名大振，演艺事业从此平步青云。

机遇，就这样悄然无声、出其不意地降临到郝老师身上。郝老师凭着素日所下的功夫，沉着地、紧紧地将机遇抓住，尽情施展才华。

这时，一位名叫董桂生的女武生，约请郝老师协助演出"三斩一碰"（即《斩子》《斩黄袍》《斩马谡》《托兆碰碑》），郝老师一向以唱铜锤花脸为主，尽管也曾演过《霸王庄》里的黄龙基、《双盗印》里的蔡天化、《伐东吴》里的潘璋、《翠屏山》里的杨雄等架子花脸应工角色，但未演过焦赞和杨七郎。郝老师便向谭春仲先生（原小荣椿社的）学习了架子花脸一些应有剧目。从此，郝老师开始了由以铜锤化脸为主过渡到铜锤、架子兼工，直至以架子花脸为主的新转折。

同时，谭春仲先生送给郝老师《打龙棚》《审七长亭》等架子花脸为主的剧本。谭曾在《审七长亭》中扮演陈唐，便向郝老师讲解了前辈的表演特长、艺术见解。经郝老师反复推敲、琢磨，终于改排出二本《赛太岁》（头本《审七·闹盗》、二本《起解·长亭》）。这出戏后来成为郝老师全盛时代的代表剧目之一。

为了感谢谭先生的倾囊相授，他每月都送给谭老一些生活费，直至谭老去世后也未终止。这位谭春仲先生就是张盛利师兄的岳父，盛利哥经常向我提及此事。后郝老师也常以"受人家点水恩，当报涌泉"的戏词，表达对谭老的感激之情。

高庆奎先生请三麻子——王鸿寿老前辈到北京合作时，郝老师已升为中层演员，曾与侯（喜瑞）老同班。二位一起合演过《闹江州》，郝老师饰李鬼，侯老饰李逵。排演《七擒孟获》一剧，郝老师饰魏延，侯老饰孟获。当时的我六七岁，常去听蹭戏。记得海王村公园（即厂甸）对面土地庙内照相馆的橱窗里摆了许多戏装相，其中就有侯老饰孟获的相片。侯老戴着脑门儿、下颌假脸，手使鬼头锯齿刀，身披短斗篷，样子十分凶猛。郝老师饰演魏延的形象我也记忆犹新，特别是魏延擒住孟获后，那从鼻音"哼"韵开始的得意的敞怀大笑，至今尚在耳边萦绕。以后郝、侯形成各自的流派，在我的记忆中，再没有同班合作过。

不久，郝老师加入了朱琴心先生的和胜社。郝老师已成为挂第五牌的中上层演员，除演了《取洛阳》《闹江州》等架子花脸为主的剧目外，又与朱琴心先生合演《战宛城》《陈圆圆》等戏，与马连良、王凤卿二位合演《群·借·华》。特别是与马连良先生一起排演了《广泰庄》《渭水河》《鸿门宴》《取荥阳》《骂王朗》《斩郑文》等深受观众欢迎的生净对儿戏，为以后的生净并牌打下了良好基础。

与此同时，郝老师又加入梅兰芳先生的承华社，两边赶包演出。早在梅先生初露头角时，郝老师就曾与他一起搭同心社，在张宝昆（小生）主演的《白门楼》中，梅先生配演貂蝉，郝老师配演曹操。曹操召见貂蝉的一段表演，大受观众称赞。结果，这出小生戏，倒给旦角、花脸唱了。有这样的基础，梅先生挑班后，便以每场戏三十元的优厚待遇聘请郝老师，一起演出了《法门寺》《回荆州》《长坂坡》及时装戏《孽海波澜》等剧。

马连良先生离开朱琴心班社后，自己组班成立扶风社。郝老师考虑到花脸与旦角的合作剧目有限，而实践已证明生净对儿戏具有广阔的发展前途，为了艺术的发展，毅然舍弃承华社的优厚待遇，到扶风社与马连良先生并牌合作。二位名家在艺术上如鱼得水，各展其才，很快排出众多优质的生净对儿戏，如《青梅煮酒论英雄》《除三害》《夜审潘洪》《捉放曹》《十道本》《要离刺庆忌》等。郝老师的艺术进入鼎盛时期。

听德元师兄介绍，当时舞台上已大放异彩的梅兰芳先生排演《西施》，曾以每场八十元的酬劳特约郝老师饰演吴王夫差。

郝老师的艺术已达鼎盛时期。这时扶风社约请了正在教我戏的吴彦衡先生，我也得以看到他们的演出。虽因年幼尚不太懂，可是无意中的熏陶也对我起了作用。郝老师表演的奸雄曹操、浪子周处、歪脸李七、猾吏王朗等各类艺术形象，生动地印在我的脑海之中。一颗钦羡郝派艺术的良种，伴随着观众对郝老师表演艺术的狂热喜爱，播撒在我——一个将要迈进艺术大门的少年的心灵之中。

之后，郝老师加入庆胜社，与高庆奎先生合作。高先生唱、做、念俱是上乘，又善于创新。二位配合默契、众口称赞的生净合演剧目层出不穷。《马陵道》《鼎盛春秋》《史可法》《煤山恨》《八义图》《赠绨袍》等都是此时推出的佳作。又因班社内演员极为齐整，遂将当年马、郝合演的单折戏，丰富为完整的大型剧目，如将《青梅煮酒论英雄》发展为从《许田射鹿》《血带诏》起至《斩车胄》止；原《除三害》只《路遇》一折，现增加《砸窑》《告状》等场次，发展为全本的《应天球》；全本《捉放曹》连演《温酒斩华雄》……

郝老师还根据时代的发展要求，排演了《郑子明打龙棚》、《鲁智深大闹桃花村》、《张飞醉打曹豹》、《黄一刀》、《荆轲传》、《飞虎梦》（《牛皋招亲》）等以架子花脸为主的新剧目，改善了架子花脸剧目贫乏的现象。

郝老师与杨小楼先生的合作是贯穿始终的。最后几年，二位又排出了《灞桥挑袍》、《康郎山》（三四本）、《连环套》、《野猪林》、《坛山谷》、《陵母伏剑》、《甘宁百骑劫魏营》等剧，也曾与程砚秋先生合演《红拂传》。

几十年的舞台实践，郝老师成功地塑造了具有将相风度却又奸诈多疑的奸雄曹操，袒胸露腹、好打抱不平的花和尚鲁智深，喜洋洋洞房吟诗的福将牛皋，害人反害己的须贾大夫，粗中有细、莽中有美的上将张飞，口讲山西方言、有着浓郁劳动人民气息的卖油郎郑子明，骑马飞驰的清王爷多铎等诸多发于内、形于外的鲜明的舞台形象。这些经典的人物形象宛如一朵朵娇艳的奇葩，盛开于舞台之上，芳香沁醉了万千观众之心。

其中，尤以饰演曹操的剧目为多。郝老师在多达近二十出剧目中，饰演了不同时期、不同境遇的曹操。他精读《三国演义》，将曹操的脸谱谱式、服装、戏词，及唱、念、做的表演形式都给予大胆创新，取得了惊人的效果，被赞誉为"活孟德"，成为继"活曹操"——架子花脸老前辈黄润甫之后又一代充满新意的"曹操"。

京剧中曹操的舞台形象，是以小说《三国演义》为根据脱化而来的。他是一个图谋汉室、多疑善诈的奸雄。郝老师认为曹操尚有胸怀大志、知人善任、礼贤下士的一面。遂在采用表示奸骘的水白脸的基础上，略略放高前额，用干烟子打画有绒感的单眉，代替传统的墨勾粗剑眉，下垂三角眼改画平形细眼，又根据自己面部肌肉纹理的特点适当增加智慧纹，令人感到曹操面带文气，貌虽奸险，又不过分凶恶。

曹操的服饰也做了相应的革新，原上翘的相纱翅改为平翅，减少了奸味。原紫色绒绣的蟒，改为色彩鲜艳的平金线绣大红蟒，再配上垂在胸前那口用头发所制、舒顺平展的黑满，丞相的磅礴气魄陡然而增。

曹操不得志时所穿的青素褶子、红风帽不便改动，郝老师便在色彩上动脑筋。演《捉放曹》时，就改为宝蓝褶子、紫风帽、紫箭衣。特别是内衬小鬃帽的尝试，使风帽在头上被支撑而立，人物显得挺拔、高大；再配以落落大方的上场台步，令青年时期的曹操亦有不凡之感。

郝老师幼学铜锤，深敬金秀山先生的艺术。他刻苦琢磨金派唱腔，具备了雄厚的唱功基础。他自改演架子花脸以来，认识到架子花脸用念白时所用的横音、炸音，是造成其唱腔板式单调、音低、腔平的主要原因，因而大胆地创用横音念、顺音唱的表演方法。顺音唱是使用鼻腔共鸣音、亮音及他特有的一种脑后憨音来演唱铜锤式的高亢、激情的唱腔。这一创举，弥补了架子花脸唱腔苍劲有余而激情不够、力度不强的弱点，更好地刻画了人物的性格、体现了人物的情感。

郝老师上演的所有剧目，无论是新编的、改编的还是传统的，凡他所饰演角色的唱腔均重新设计，改铜锤唱腔。就连《法门寺》中太监刘瑾仅有的四句唱，也都做了改动，更深刻地表现了这个一人之下、万人之上的专权宦官专横跋扈、目中无人的神态。

为曹操改动的唱腔和增加的唱段，更不胜枚举了。

如《华容道》一折。赤壁之战，曹操八十三万人马中了孙刘联盟火攻之计，被烧得只剩十八骑残兵败将落荒而逃。这时他有一段总结自己兵败经过的【西皮导板·原板】转【流水板】。经郝老师改动后，不仅提高了此段唱腔的音调、韵味，而且适当地糅进带有哭音的演唱，与其啼笑皆非的神态紧密配合，真可谓声情并茂，将曹操大败后悔、恨、悲、怨交织在一起的复杂心理揭示得淋漓尽致。

我们通常说："旦角怕笑，花脸怕哭。"郝老师不但为《专诸别母》中的专诸、《斩马谡》中的马谡等人物创出了感人落泪的悲腔，而且在《捉放曹》一剧中丰富了曹操的悲腔。当曹操听吕伯奢讲，自己刺杀董卓未成，连累父亲异乡避难不知去向而放声痛哭时，原只是"听说爹爹逃外乡，不由孟德两泪汪"两句普通腔的【散板】，郝老师改成"听罢言来泪汪汪，年迈爹爹逃外乡。哭声爹爹难得见，严亲哪（哭）! 只恐爹爹遭祸殃"四句。其中，"哭声爹爹难得见，严亲哪"的两句哭头腔，感情深沉，不仅较好地表达了曹操思父的心情，也为陈宫接唱称赞曹操孝行纯笃的唱段做了有力的铺垫。

做、念，更为架子花脸所擅长。郝老师学习黄润甫先生的表演神韵，结合自身条件，创出独具风格的念白和连贯、细腻的表演，深刻地揭示了所表演人物的内在情感。

郝老师在表演鲁智深、李逵等人物时均糅进不同程度的浊音，加重句尾的夯音，以体现这些草莽人物的粗犷、莽撞。饰演曹操时的念白，却又声音清晰，富有一种文气，不失为一位既有雄才大略又文采出众的丞相。最突出的如《青梅煮酒论英雄》中，曹操与刘备谈论谁是天下第一英雄时的大段念白，郝老师念得朗朗上口，温文尔雅。轻重缓急分明，抑扬顿挫，既有音乐感，又具有较强的艺术感染力，自然地表现出了曹操博闻强识、才华横溢的一面。然而，这也并不妨碍表现曹操的骄横狂妄、善疑多诈的性格。

还以《青梅煮酒论英雄》为例，曹操将刘备请来吃酒。二人相见，曹操劈头就变颜变色大声质问："使君！你做的大好事！"其态度冷若冰霜，语气寒似利剑，与后来说龙时的斯文之态判若两人，但这仍在规定情境之中，迎面诈问是合乎情理的。请想，曹操请刘备来吃酒、谈论英雄的用意，就是对刘备种菜隐居疑心甚大，想借机试探。因此，佯装一诈也好，品评英雄也好，都是试探刘之内心所变换的手法罢了。

再如《许田射鹿》，曹操为了观察百官动静，强迫献帝应允召集百官去许田射鹿后，虎视眈眈地斜眼瞪献帝，鼻中发出"哼"声，猛一抓袖，端带出门，念："大权归吾掌，谁敢（哼哼）不遵从！"其盛气凌人的口气，施展权术上欺天子、下压群臣的狂态，都被郝老师刻画得入木三分。

《血带诏》中，曹操堵住宫门，向国舅董承逼问献帝召见的谈话内容时，面色阴沉，眼露锋芒。先是急问："还有什么？"二次追问时，眼睛微眯，压低声音，托气又念出"还有"，待念到"什么"时，即二目圆睁，目光咄咄，变成高声质问，其气势咄咄逼人。曹操听说献帝赐锦袍玉带，更起疑心，仔细搜查，未发现锦袍玉带破绽，继而翻脸道："莫非其中有诈？""诈"字用架子花脸的炸音高声抖出，使董承毛骨悚然，不得不同意将锦袍玉带转赠曹操。此时，郝老师却又突然发出一阵藏奸狂笑，缓和了口气，讲："不过是戏——言——耳！"他一边拖长"戏言耳"三字，一边仔细观察董承的反应，一边将锦袍玉带又送回董承手中，令其回府。戏，并未就此结束，只见郝老师乘董承转身将锦袍玉带递与随从之机，又伸手在锦袍玉带上触摸。妙！这些多变而细腻的神情、念白、动作，惟妙惟肖地表现了曹操奸诈多疑的性格！

爱才，也是曹操的特点之一。对徐庶、阚泽、庞统、黄盖等人，他都以宽阔胸怀待之，甚至到了受蒙混的程度。对待关羽，爱之更甚。郝老师对此也给予较细致的体现。

《温酒斩华雄》一剧，刘、关、张三兄弟皆在公孙瓒帐下，跟随公孙瓒来到曹操处，初次与曹操相见。曹操定神一看，三人仪表不俗、相貌非凡，使他顿生爱慕之心。待刘备回身相谢时，曹操笑容可掬，躬身相让，竟比对袁绍等大诸侯还要恭敬。之后，关羽请战受袁绍申斥、挖苦，曹操直言讲情。在关羽出战华雄前，他起身、离位，诚挚地为关羽敬热酒。《灞桥挑袍》中，关羽战汝南，得胜回营，郝老师为曹操设计的亲自出迎数里并为关羽扶鞍的细致动作，也给观众留下了曹操爱才的深刻印象。

同时，郝老师为演好老年曹操，也运用了特殊手段。《阳平关》中曹操老年脸谱黑色下面都压了一道灰色，使其面目显得苍老，动作相应迟缓，登山观阵时蹒跚的步伐与当年《长坂坡》中上山观阵的步伐迥然不同。

郝老师还经常对剧本的戏词进行符合情理的改动，使曹操的思想脉络清晰明了。

《汉津口》一剧，张飞在长坂桥上一喝，曹操被吓得退了兵。郝老师认为不仅如此，曹操在火烧博望坡之后，已知诸葛亮的厉害，张飞虽勇，他并不十分惧怕，怕的是张飞又在执行诸葛亮的计谋。所以，郝老师在这里给曹操加了一段念白："看桥后烟尘四起，恐那诸葛亮设下埋伏，你们要仔细了。"然后，才令三军退兵。等张飞过桥后砍断桥梁，曹操恍然大悟：此不是诸葛之计，遂速令三军填平河水，奋力追杀。

郝老师就是这样巧妙地运用了高超、精湛的艺术手段，将曹操既君子又小人，既善弄权术、狡诈多疑、欺君罔上又胸有文才武略、求贤若渴、唯才是举这样矛盾的两方面，糅成一个整体。而且在各个表现曹操的剧目中，既贯穿着曹操的基本特征，又分别根据年龄、环境、事件、心情的不同，各有侧重地表现曹操的特殊情感和心理，使京剧中曹孟德的舞台形象有血有肉、活灵活现，观众耳目为之一新。郝老师真不愧"活孟德"之称。

综观郝老师的舞台生涯，十九世纪二十年代至三十年代后期，其艺术造诣已达到炉火纯青、出神入化的境地。他创造性地为架子花脸丰富了铜锤唱，突破了架子花脸只重做、念不重唱的局限，使架子花脸的表现能力日益加强，戏路日益宽阔，剧目日益繁茂，为架子花脸开辟了新的发展途径。郝老师与梅兰芳、杨小楼、马连良、程砚秋、高庆奎诸名旦、名生合作，煊赫于京剧舞台，不但大大提高了架子花脸的地位，也标志着架子花脸走上了新的发展阶段。

在此时期，我恰好由小戏迷进入到科班学戏，萧先生又因我长得像郝老师而让我改学花脸，逐渐对艺术有了一定的鉴赏能力。恰逢高、郝二位在华乐园演出日场，由富连成接演晚场，我幸运地得以饱览郝老师的精彩表演，深深地被他高超的艺术魅力所吸引。因此，郝派艺术在我艺术风格形成的关键时刻，起到了决定性的作用。回顾我的艺术成长过程，可以说，我是在郝老师为架子花脸开创的良好局面中，在他铺平了的康庄大道上长驱直入的。郝老师舞台下为人正直，像莲花一样出淤泥而不染。生长在那糜烂、没落的旧社会，他不抽烟，不嗜酒，不近女色，与萧长华、程砚秋先生一样，自律甚严，真正做到了为人师表。不错，我还没有拜郝老师，然而，这位为架子花脸继往开来做出贡献的一代英豪——郝老师，早在我改学花脸的时刻就是我心目中最崇敬的老师了。

伍拾叁 偿夙愿 喜拜良师

富禄师兄去向郝老师提出我的拜师请求。回想那时，尽管我觉得此事十拿九稳，却还是急不可耐地盼望着富禄师兄的回音。我在南屋里坐卧不宁，欣赏欣赏前些天刚买来的那盆盛开的千日红吧，可是，此刻竟然看不出它有多么娇艳。不过，望着那恣意绽放的鲜红的花朵，我觉得它也有一颗火热的心，就像我一样。我打开抽屉，翻找了一会儿，又觉得没有可找的东西。虽然心神不宁，我的耳朵却时时倾听着院中的声音，眼睛不住地透过玻璃窗观瞧着过道的动静。

东房上最后一缕夕阳消失了。怎么还不来呀？莫非……绝不会……

"世海！"富禄师兄来了！我赶紧跑出去，把他让进南屋。

"怎么样？"我迫不及待地问。

"我三言两语地跟郝先生这么一提，你猜怎么着？他二话没说，高兴地接受了，愿意！往下该瞧你的啦，你也得去一趟呀！"

"最好还是您跟我一起去，该怎么筹备，您好帮着商量。"

"成!"

"咱们吃点儿东西就走!"我恨不得马上去郝老师那里将一应的事情定下来,急急地要去催问晚饭,被富禄师兄一把拉住。

"贤弟!你沉沉气,看看表,快六点半了。咱们喂饱肚子,赶到奋章大院,郝先生恐怕都睡着啦!有话,明天再说吧!"

可不是,郝老师的生活非常规律,晚上九点准睡觉,没有特殊情况不演夜戏,这是梨园界人所共知的。我心里一激动,竟忽略了。

于是,我高兴地请富禄师兄去两义轩共进晚餐,给他道道辛苦,同时也想听听他去郝老师那里的细情。

第二天午后,我们一起来到郝老师家。那间西客厅还是那么整洁、素雅。十年前,我第一次坐在这里与郝老师聊天时,就曾有过"有朝一日,我一定拜郝老师为师"的念头,十年奋斗,我的这个愿望终于实现了。

"我把世海给您带来啦!你们爷儿俩,当面锣对面鼓地好好谈谈吧!"富禄师兄进了房门,没等坐下,就抢先说道。

郝老师自一九三八年退出舞台以来,身板还是那么硬朗,依旧气宇轩昂。他兴奋地说:"好哇!昨天听富禄讲,你早有此念,我很高兴。年轻人应该发奋学习求上进,所以,痛痛快快地答应了。你是我收的第三个徒弟,你的那两个师哥一个是樊效臣(入川搭班,后至云南,晚年定居北京,其女儿樊凤曾在南京剧院应工老旦),一个叫王永昌(在庆乐彩头班演出,后来到新疆),你知道吧?"

"我听说了。"

"我老了,已退出舞台,这点儿艺术,是我费了多半生心血才得来的。我愿意都掏给你们,传下去。能不能接得过去,就看你们是不是真用心。'功到自然成',这也算是老师给你的见面礼吧!"

短短的几句话,单刀直入,道出了郝老师对我的殷切希望。

"我敢打保票,这个徒弟没错,您的郝派艺术大纛,非由他举不可!耳听是虚，眼见为实。这次在青岛、上海演出，别的甭说，就说他演的顾读，一句'何事'，满堂开花。这个阵势，除了您，就属他，足可见啦！"富禄师兄说得音高气粗，我感到有些发窘。

"如能这样，当然是我之所盼。昨天你走之后，晚上，细想这件事……我们爷儿俩挺有缘分。那年，他还在科班，刚十……"

"十六岁！"我看郝老师犹豫，忙补充道。

"对！过年的时候来过一回。我看他挺懂事，谈得也挺投缘，难怪那时焦六爷夸他。后来他出科和盛藻演《青梅煮酒论英雄》，德元去看了，回来直夸他像我。还说：'将来这个徒弟，您收也得收，不收也得收，太像了。'我想德元若这么说，就非同一般啦！又过几年，桂春请我看他儿子少春的《骂曹》。可巧，世海演的曹操。果然，他在台下抄着学，能学到这份儿上，算是有心的。"说着说着，他猛一抬头，看见墙壁上挂着的那块镜框了。"你们看！"郝老师说着从沙发上站起来，走过去，用手指着让我们看。

客厅里的这块镜框，里面镶嵌着一幅书法作品，上面是笔迹圆润的四个大字："名能寿世。"

"这是一位大学教授赠予我的，'名能寿世'言下之意是希望我能名传后世。我挺喜欢，配了镜框挂上。不想，如今这字应到我们爷儿俩的头上。你看，正好用了我名字中间的'寿'字，你名字中间的'世'字。这是天凑！主啊！"郝老师虔诚地将右手放在胸前，随口念"阿门"，头略一低行了个基督礼。

郝老师对当时社会现状不满，看不惯人与人之间的尔虞我诈，二十岁时在朝鲜加入基督教，将美好的希望寄托于救世主。

"世海！咱们跟着！"善开玩笑的富禄师兄又借机与郝老师逗哏了。他原是随意地站着，顺势收回支出的右腿，双脚并齐，模仿着郝老师行礼时的样子，手放在胸口，上身略往前倾，微闭双目，装模作样地喊了一声"阿门！"我哪里敢和他一起开这样的玩笑哇！郝老师没有生气，笑着说："老三（指富禄师哥）哪，你是说着说着就没有个正形……"

"哎！我这是真心地想当您的教友，要不要？"没等郝老师的话说完，富禄师哥就抢过话茬儿，满认真地说道。

"你？不行！又抽又喝又馋，什么教也入不了！"郝老师一边似开玩笑又似认真地回答他，一边走到沙发前坐下，话锋一转。

"你又抽又喝，嗓子却总是那么豁亮，用你们的话说，真是祖师爷赏饭！"

"按您的话，怎么说呢？"富禄师兄一句也不放过。

"按我们的话说是主赐的！"大家都笑了。

适才那种严肃的气氛，一下子就让富禄师兄给冲淡了。

郝老师转过身子又对我说："放心，你拜了我，我也不劝你入教，咱们爷儿俩各信各的。不过，告诉你，只有主，才能救世。"我点头称是，郝老师见我还站着，又说："坐下吧，在这儿跟在家一样。"我又坐回茶几旁的椅子上。

"趁着今儿个有时间，您有什么规矩，也跟他说说吧！"富禄师兄开了新话题。

"我不讲什么规矩，我最看不惯那些从徒弟挣的钱里打扣头的旧规矩。当然有些同行台上不行啦，收些徒弟，教戏挣些钱，维持生活，在咱们这行虽说是末路饭，可也没办法呀！你尽管放心，老师不要你的钱。'三节两寿'……"

"'三节两寿'，是我应该孝敬您的。""三节"指春节、五月初五端午节、八月十五中秋节。"两寿"是指师傅、师娘的寿日。

"对！'三节两寿'是应该的！拜师仪式是不是在您家举行？"

"不行！不行！"郝老师右手举过头顶，来回摇手，示意不行。这是郝老师表达不同意或不好时常用的一个手势。

"在家里可不行，太乱！来那么多人，地方也不够用，还是在外边找个地方吧！"

"那就找个合适的饭庄子吧。"富禄师兄附和道。

"我看……找个羊肉馆，温如他们都会来的，免得再单预备清真席。"

"长安街西来顺不错，地方又宽敞，酒席要……"

"鸭果席足矣！这个仪式既要办得体面，免得人家挑眼，也不要花太多钱。世海的钱来之不易，该花的一定要花，不该花的不能乱花。"老师这样体谅我，我很感动。

"您挑个好日子吧？"我问。

"哪天都是好日子，我不讲什么黄道吉日。事情定了，抓紧办吧！明天，我让德元开个我这边该撒请帖的名单，估计着人家接着帖子还有几天的时间就成啦，具体的时间，你跟富禄……哎，对了！你们是师兄弟我不管，以后从我这儿论辈，你得称呼他三叔啦！"富禄师兄听见此话，冲我挤了挤眼，笑着点了点头。

"细节的事儿跟你三叔多商量，改日再定。老三，这件事，你得忙里忙外，受累啦！"

"您说到哪儿去啦，累点儿也应该，不累点儿能长一辈吗？"我们在笑声中告辞而回。

一九四〇年十二月二十七日，是我十几年夙愿终于得偿的一日。这一天上午十时，我在长安街西来顺饭庄（后改为新丰饭馆）举行了隆重的拜师仪式。

郝老师在梨园界德高望重，前来贺喜的人们摩肩接踵，应接不暇。多亏了德元师兄里外忙碌，富禄师兄前后张罗。

萧先生很早就来了。他格外兴奋，见面就对郝老师说："我的眼睛没看错，世海一小，我看着真像你！今儿个你们师徒俩的这场戏，算我给垫得不错吧？"

郝老师欢喜地回谢说："向您致谢，我能喜收爱徒，多亏您慧眼识才呀!"

对呀！能有今天，多亏昨天！我心中对萧先生充满了尊敬、感激之情。萧先生和郝老师同样地在我的艺术生涯里起到了不可估量的决定性作用。

拜师仪式一切从新。富禄师兄任司仪。按照仪式程序，我给老师磕头、认师。尚小云、萧先生、马连良等诸位前辈都当众讲了庆贺老师收徒、鼓励我继续发奋的贺词。郝老师也提出"教者诚心，学者用心"的要求。气氛热烈而庄重。然后摆下五十余桌酒席，宾主同庆拜师、收徒之喜。

拜师礼结束，我陪着郝老师回到家中，给师娘磕头行礼，给德元师兄、师嫂行礼，并将送给师傅、师娘、师哥、师嫂每人一份衣料的礼品送上，另外给佣人们每人十元的红封。

郝老师也按照传统习惯给我一份"衣包借牒"。这原是出家拜师，师父赐给徒弟的见面礼，一直被梨园界借用。其中共有四样礼品：一个化装用的彩匣子，一件穿在戏装里面起支撑作用的胖袄，一条红色镶白骨的玉带，一双厚底靴。可惜，这双厚底靴我穿不进去。郝老师在一旁着急地说："你使劲蹬，蹬进去，里面有富余！"但任凭我怎样用力，就是穿不进去，只好作罢。

那个彩匣子，我一直使用到新中国成立后参加国家剧院时，才留在家里作为纪念品，最后在"文化大革命"开始时，由于它是硬木的，又镶有铜边，被列入"四旧"劈碎。

黑缎面的胖袄，更成为我的心爱之物。过去，我看郝老师在舞台上的形象丰满、魁伟（其实在台下郝老师并不比我高），肩部与身体很是适称，只知是胖袄合身，奥妙究竟在哪儿，不清楚，更不知这件胖袄还有它曲折的来历呢。

郝老师初搭杨小楼班社时，著名的武二花脸兼架子花脸钱金福前辈以功架、靠架、武打著称，对郝老师在舞台上使用的各种小跺泥身段看不习惯。郝老师以宽阔的胸怀对待，毫不介意，仍以钱老为尊，师生相称，在后台让座、倒水，热情照顾。时间一长，彼此间感情融洽。而且，郝老师在舞台上渐露峥嵘，与杨先生演出头、二本《连环套》，所饰的窦尔墩大受好评。钱老嗓音枯哑，只能在此剧中饰关泰。虽然如此，郝老师依旧非常尊重钱老，使得钱老逐渐对郝老师有了钦佩之感，慷慨地让郝老师将自己特制的胖袄拿走做样子。钱老的胖袄样式非同一般，他身材不高，形体瘦削，可是一旦内衬此胖袄，再穿服装，就完全具备了花脸的气势。郝老师请人根据自己的体形特点，精心仿制，又讲究地采用黑缎面（胖袄大都是白布面，略好些的也只是黑布面），既漂亮，又取得同样的好效果。它陪伴着郝老师度过了舞台春秋。而今，老师的胖袄由我继承，我和老师的体形基本相似，它同样为我的舞台形象增色，成为我几十年舞台生涯中不可缺少的物品。我对它十分爱惜，多次更换缎面，整旧如新，只在"文化大革命"期间，才被冷落在角落里。它是"幸存者"，一直与我"并肩战斗"。

除此四样礼物外，老师的所有服装、盔头、道具，全归我继承，价值七千多元。老师爽快地讲："我已经离开舞台了，心里总有两个'想'：一是想让你帅兄德元出国求学，取得博士学位；二是盼着能收个继承我艺术的徒弟。你成全了我。我会将我所知全都教给你，你的身量与我相近，我的那些行头如果你需要，就全归你。但是，我家生活只出不入，全送你，老师送不起。你有多少给多少，什么时候有，什么时候再给，老师绝不催着要。"

我深知这全套戏装倾注了老师多年的心血、汗水，归我继承是老师对我寄予极大的希望和信任。我能领受已是感激不尽，怎能白收呢！

道具中只有一个牙笏没有给我。原因并不在于它是老师当年从天桥挂货屋（委托商行）花七元钱买来的明朝时的真牙笏，而是老师离开舞台后已将它作为在家教子的用具了。那时德元师兄尚在辅仁大学上学，老师常用墨笔在牙笏上书写前人格言以做德元师兄的座右铭。至今，牙笏上面有许多细小的黑纹，都是当年老师无数次擦写的墨迹所渗透的。"文化大革命"期间，牙笏被抄走，然而后来它又奇迹般地回到德元师兄的手中。师兄回想一九六一年，老师患病，逝世前二十一天，王昆仑同志代表北京市领导慰问郝老师时，曾建议，待老师百年后，可将老师生前最喜爱的格言刻在牙笏上面以作纪念。于是，德元师兄请北京师范大学的启功教授写了老师解放前自编的一些格言，请象牙雕刻厂的人雕刻在上面，并且雕了一幅一九六〇年老师荣获北京市先进生产者称号时所照的肖像。牙笏上所刻的格言是：

> 为人立志自琢磨，莫在人前说奈何。
> 富贵易凑银百两，贫穷难借数升合。
> 雪里送炭君子少，锦上添花小人多。
> 至亲厚友切莫靠，人情更比秋云薄。
> 巧厌多忙拙厌闻，善嫌软弱恶嫌顽。
> 富遭嫉恨贫遭辱，勤曰贪婪俭曰悭。
> 遇事不明先笑蠢，见机而作又言奸。
> 试问哪件如君意，唯有人间处世难。

从这些格言里，可以看出老师一生饱经了多少人间沧桑。新中国成立后，老师热爱党、热爱新社会，担任北京市戏曲学校校长后，将满腔热血贡献给了社会主义戏曲事业，成为北京市劳动模范。

我们师徒互相送礼之后，我怕老师太累，起身告辞。"别忙！别忙！"老师摇手相留。"这些天，忙的都是些给别人看的事，现在轮到咱们自己的事了，我一点儿也不累！"见老师如此说，我只得又坐下了。

"我的行头都归你，意味着什么？"

"希望我能将您的艺术传下去。"

"对！你既拜了我，我就要诚心诚意地教，你也要踏踏实实刻苦学，不要徒挂虚名。"老师的态度严肃极了，我不由得又挺了挺笔直的腰板，用心听。

座、倒水,热情照顾。时间一长,彼此间感情融洽。而且,郝老师在舞台上渐露峥嵘,与杨先生演出头、二本《连环套》,所饰的窦尔墩大受好评。钱老嗓音枯哑,只能在此剧中饰关泰。虽然如此,郝老师依旧非常尊重钱老,使得钱老逐渐对郝老师有了钦佩之感,慷慨地让郝老师将自己特制的胖袄拿走做样子。钱老的胖袄样式非同一般,他身材不高,形体瘦削,可是一旦内衬此胖袄,再穿服装,就完全具备了花脸的气势。郝老师请人根据自己的体形特点,精心仿制,又讲究地采用黑缎面(胖袄大都是白布面,略好些的也只是黑布面),既漂亮,又取得同样的好效果。它陪伴着郝老师度过了舞台春秋。而今,老师的胖袄由我继承,我和老师的体形基本相似,它同样为我的舞台形象增色,成为我几十年舞台生涯中不可缺少的物品。我对它十分爱惜,多次更换缎面,整旧如新,只在"文化大革命"期间,才被冷落在角落里。它是"幸存者",一直与我"并肩战斗"。

除此四样礼物外,老师的所有服装、盔头、道具,全归我继承,价值七千多元。老师爽快地讲:"我已经离开舞台了,心里总有两个'想':一是想让你师兄德元出国求学,取得博士学位;二是盼着能收个继承我艺术的徒弟。你成全了我。我会将我所知全都教给你,你的身量与我相近,我的那些行头如果你需要,就全归你。但是,我家生活只出不入,全送你,老师送不起。你有多少给多少,什么时候有,什么时候再给,老师绝不催着要。"

我深知这全套戏装倾注了老师多年的心血、汗水,归我继承是老师对我寄予极大的希望和信任。我能领受已是感激不尽,怎能白收呢!

道具中只有一个牙笏没有给我。原因并不在于它是老师当年从天桥挂货屋(委托商行)花七元钱买来的明朝时的真牙笏,而是老师离开舞台后已将它作为在家教子的用具了。那时德元师兄尚在辅仁大学上学,老师常用墨笔在牙笏上书写前人格言以做德元师兄的座右铭。至今,牙笏上面有许多细小的黑纹,都是当年老师无数次擦写的墨迹所渗透的。"文化大革命"期间,牙笏被抄走,然而后来它又奇迹般地回到德元师兄的手中。师兄回想一九六一年，老师患病，逝世前二十一天，王昆仑同志代表北京市领导慰问郝老师时，曾建议，待老师百年后，可将老师生前最喜爱的格言刻在牙笏上面以作纪念。于是，德元师兄请北京师范大学的启功教授写了老师解放前自编的一些格言，请象牙雕刻厂的人雕刻在上面，并且雕了一幅一九六〇年老师荣获北京市先进生产者称号时所照的肖像。牙笏上所刻的格言是：

> 为人立志自琢磨，莫在人前说奈何。
> 富贵易凑银百两，贫穷难借数升合。
> 雪里送炭君子少，锦上添花小人多。
> 至亲厚友切莫靠，人情更比秋云薄。
> 巧厌多忙拙厌闲，善嫌软弱恶嫌顽。
> 富遭嫉恨贫遭辱，勤曰贪婪俭曰悭。
> 遇事不明先笑蠢，见机而作又言奸。
> 试问哪件如君意，唯有人间处世难。

从这些格言里，可以看出老师一生饱经了多少人间沧桑。新中国成立后，老师热爱党、热爱新社会，担任北京市戏曲学校校长后，将满腔热血贡献给了社会主义戏曲事业，成为北京市劳动模范。

我们师徒互相送礼之后，我怕老师太累，起身告辞。"别忙！别忙！"老师摇手相留。"这些天，忙的都是些给别人看的事，现在轮到咱们自己的事了，我一点儿也不累！"见老师如此说，我只得又坐下了。

"我的行头都归你，意味着什么？"

"希望我能将您的艺术传下去。"

"对！你既拜了我，我就要诚心诚意地教，你也要踏踏实实刻苦学，不要徒挂虚名。"老师的态度严肃极了，我不由得又挺了挺笔直的腰板，用心听。

"这些日子，我一直在想，第一出该给你说哪出戏好。最后，我琢磨着还是《黄一刀》吧。"这是老师的一出拿手戏，可是为什么要先教我这出戏呢？老师一口气地说了下去："这出戏，不仅做、念吃重，而且一上场，张嘴就唱十八句【流水板】。开门就唱，称之为拦路虎，一般架子花脸唱不了。老辈的何九、钱宝峰先生唱过，由铜锤花脸兼演，往往只凭那段唱取胜，后边的表演又马马虎虎。我因为有铜锤的底子，所以把它拿过来改了。我觉得，咱们要将架子花脸的表演艺术提升一个层次，应该从丰富铜锤唱入手，加强做、念。你会这出戏吗？"

"我在科班时演过，很多地方和您演的不一样。"

"没关系，从明天开始，下午三点，你就来，我给你说说词。"

十几年的拜师夙愿得偿，我原已非常兴奋，老师又是这样诚挚相待，我就更激动了。我无须再向老师剖白，唯有勤学苦练，以报答老师的一番苦心。

从此，在郝老师的精心指导下，我的艺术生涯开始了新的里程。